D1726558

A Ilha de Sacalina

Notas de Viagem

Relógio D'Água Editores
Rua Sylvio Rebelo, n.º 15
1000-282 Lisboa
tel.: 218 474 450
fax: 218 470 775
relogiodagua@relogiodagua.pt
www.relogiodaguaeditores.blogspot.com

Título: A Ilha de Sacalina — Notas de Viagem
Título original: *Ostrov Sakhalin* (1893)
Autor: Anton Tchékhov
Tradução (a partir do francês) Prefácio e Notas de tradução:
Júlia Ferreira e José Cláudio
Colaboração de Nailia Baldé na grafia de nomes russos
Revisão de texto: Anabela Prates Carvalho
Capa: Carlos César Vasconcelos (www.cvasconcelos.com) sobre fotografia do autor

© Relógio D'Água Editores, Abril de 2011

Se não encontrar nas livrarias o livro que procura da R. A., envie um e-mail para
relogiodagua@relogiodagua.pt

Composição e paginação: Relógio D'Água Editores
Impressão: Guide Artes Gráficas, Lda.
Depósito Legal n.º 326751/11

Anton Tchékhov

A Ilha de Sacalina

Notas de Viagem

Tradução e Prefácio de
Júlia Ferreira e José Cláudio

Viagens

Prefácio

A Ilha de Sacalina *tem um lugar à parte na obra de Tchékhov e foi, segundo o próprio autor, o livro que lhe levou mais tempo a elaborar. Essa diferença, aliás, é logo marcada pelo subtítulo. Com efeito,* Notas de Viagem, *remete o leitor para a literatura de viagens, enquanto espaço de descoberta e de aprendizagem no contacto com gentes e lugares desconhecidos.*

Aos trinta anos, médico e escritor já conhecido, Tchékhov desloca-se a Sacalina, uma remota ilha do oceano Pacífico, onde estava instalado o mais temível presídio czarista, e esta deslocação intriga e provoca a admiração dos seus contemporâneos. Embora desaconselhado a fazer essa viagem por amigos e familiares, o Homo Sachalinensis *(expressão com que o escritor assina muitas das cartas relativas a essa deslocação) leva avante o seu projecto para conhecer de perto uma colónia penal onde decorria uma experiência única («com excepção de Caiena na actualidade e da Austrália no passado») de «colonização feita por criminosos». Numa altura em que ainda não existia o transiberiano, a deslocação envolvia riscos tremendos, resultantes da dureza do clima, do carácter inóspito dos caminhos siberianos e da existência de salteadores.*

Há quem atribua a viagem à instabilidade do autor que, durante toda a vida e apesar da sua saúde precária, deambulou continuamente pela Rússia (Moscovo, Petersburgo, Melikhovo ou Ialta) e pelo estrangeiro (França, Itália ou Alemanha). As grandes viagens, porém, só ocorrerão após esta deslocação iniciática ao «fim do mundo», depois de, como Ulisses, «navegar num mar desconhecido» e pressentir «vagamente que ia encontrar seres fabulosos».

Tchékhov, nascido no Sul da Rússia, vai estudar Medicina em Moscovo em 1879. Devotado às letras (dirá, quando ainda exerce a profissão de médico, que há duas mulheres na sua vida: «de dia, a ciência,

*a mulher legítima; à noite, a literatura, a amante»), começa a publicar
as suas primeiras crónicas humorísticas. Em 1888, após já ter escrito
a novela* A Estepe, *a peça* Ivánov *e a colectânea de contos* Ao Entardecer *(com que vence o prémio Púchkin), dedica-se apenas à escrita e
abandona a medicina, que passa a exercer só a título gratuito. É em
Moscovo que o encontramos em 1890, quando parte para Sacalina.*

Em carta a Suvórin, seu amigo e editor da revista Tempo Novo, *confessa não dispor dos conhecimentos e dos planos de um Humboldt ou de
um Kennan que lhe permitam pensar que o seu projecto trará benefícios
à ciência ou à literatura: «Só desejo escrever duzentas ou trezentas páginas e desse modo saldar uma dívida que contraí com a medicina.»*

*A ideia da viagem não resultou de um impulso e foi preparada com cui-
dado. Tomada a decisão, no Verão de 1889, Tchékhov desenvolve uma actividade febril e, com a ajuda de amigos, reúne informação disponível sobre a Ilha porque, conforme diz a Suvórin, ainda não encontrara
nenhuma obra que lhe tivesse dado uma visão global daquele «inferno».
Lê e recolhe dados em obras especializadas e relatórios e muitos desses
conhecimentos serão citados ao longo da obra em interacção com os factos narrados, quer para reforçarem os pontos de vista apresentados, quer
para serem contestados, face às informações ou à experiência vivida no
terreno. Noutra passagem da carta a Suvórin, Tchékhov exalta-se com a
realidade que as suas leituras lhe deram a conhecer e indigna-se: «Dei-
xamos milhões de pessoas nas prisões (…); obrigamos pessoas algema-
das a percursos de dezenas de milhar de* verstás, *ao frio; transmitimos sífilis; corrompemos; multiplicamos os criminosos; e imputamos tudo isso
aos carcereiros de nariz vermelho. Hoje toda a Europa culta sabe quem
são os responsáveis: não são os guardas, mas cada um de nós.» E é este
sentimento de culpa colectiva que nos faz entender os principais objectivos da viagem: denunciar o sistema prisional czarista e tentar despertar
as consciências para alterar as condições de vida dos reclusos.*

*Tchékhov parte a 21 de Abril de 1890 e, respondendo aos que o ad-
vertem da dureza do percurso, alega que não viajará mais de trinta
dias de carruagem e que o resto do tempo será passado «na coberta de
um navio» ou num «camarote». A verdade foi outra. De Moscovo a Sacalina, efectua uma viagem, penosa e fértil em incidentes e paragens,
percorrendo as distâncias de carruagem, comboio, barco, ou a cavalo.
Só a 5 de Julho, onze semanas após a partida, chega a Nikolaievsk-no-
-Amur, cidade situada no Extremo Oriente russo, onde se inicia a narrativa e onde o narrador se sente estrangeiro, ao encontrar-se com
gente incapaz de «compreender Púchkin ou Gógol».*

Desembarca em Sacalina a 11 de Julho, e aí permanecerá três meses e dois dias percorrendo, de norte para sul, toda a zona colonizada. A 13 de Outubro inicia a viagem de regresso, vai de barco até Odessa e chega a Moscovo a 8 de Dezembro.

No dia seguinte, escreve a Suvórin contando-lhe impressões da viagem. E acrescenta: «Eu vi tudo; portanto a questão não é o que vi, mas como vi (...) vi tudo menos a pena capital.» Pela leitura da obra, sabemos que houve lugares que, por vários motivos, não visitou. Mas viu muito.

Ao desembarcar em Aleksandrovsk, preocupado por só dispor de uma credencial de jornalista, resolve, porém, não a usar por não ter «a intenção de publicar nos jornais fosse o que fosse» sobre Sacalina. Instalado em casa de um médico bondoso, «parecido com Ibsen», mas em conflito aberto com as autoridades locais, é contudo bem recebido pelo governador-geral, que o aconselha até a anotar por escrito o seu ponto de vista sobre o presídio e as colónias, autorizando-o a visitar o que quisesse desde que não contactasse com os presos políticos.

A concessão deste salvo-conduto iria permitir-lhe concretizar o seu projecto. O autor tem consciência de que não poderá competir com outras obras testemunhais, especialmente com os Cadernos da Casa Morta *de Dostoiévski onde, de forma magistral, é descrita a vida dos presos na Sibéria. Os seus objectivos, porém, são outros e a sua intenção é que a obra seja o resultado de uma investigação mais científica, distanciada e plural sobre a realidade da Ilha. Por isso, decide fazer um recenseamento, percorrer «todos os pontos do povoamento e ver (...) como vivia a maioria dos deportados». Para registar os dados, utiliza um questionário reproduzido localmente em 10 000 exemplares, os quais serão preenchidos durante as suas deslocações. Demonstrando uma energia extraordinária, acompanhado de um guarda ou de um recluso, percorre prisões, colónias e isbás, para conhecer* in loco *a verdadeira situação dos deportados, que, muitas vezes, não coincide com a versão oficial. Oferecem-lhe ajuda mas, convicto de que a «recolha de impressões» é tão importante como a recolha de dados, prefere trabalhar sozinho. Não nos esqueçamos de que Tchékhov é médico e de que a anamnese é fundamental ao acto clínico. Mas, não contente com estes dados, irá sempre cruzá-los com outros, provenientes das secretarias e das paróquias locais, procurando assim avaliar a credibilidade dessas informações.*

A obra está dividida em duas partes. A primeira centra-se na descrição dos diversos lugares habitados que visitou. A segunda é dedicada à análise de aspectos particulares das gentes e da vida de Sacalina,

*com descrições rigorosas e exaustivas do universo concentracionário
da colónia penal. Nada escapa à pena do escritor: as dimensões das
celas, as condições de salubridade e de higiene, o vestuário, as cabeças rapadas, as grilhetas, o acorrentamento a carros de mão, a marca
da infâmia (o ás de ouros), a qualidade e a quantidade da alimentação,
os recursos hospitalares, as condições e a dureza do trabalho forçado
(na taiga, nas minas...), os «aquartelamentos familiares», o comportamento de funcionários e vigilantes, a miséria das isbás onde vivem os
reclusos que dormem fora da prisão...*

*Tudo é analisado e comentado para se chegar à conclusão de que
quase tudo é deplorável.*

*Em relação ao projecto (utópico) de colonização agrícola, que levou
à redução de penas na prisão e à atribuição de terras a reclusos,
tornando-os proprietários, Tchékhov estuda os factores que condicionam tal projecto, e denuncia a incúria das autoridades, que, sem se
preocuparem em encontrar novos terrenos aráveis, distribuem pelos
colonos terras improdutivas ou diminutas ou sobrecarregam colónias
existentes com excesso de proprietários e rendeiros que a produção, já
de si reduzida, não suporta devido à severidade do clima.*

*Dois outros problemas preocupam igualmente o autor: a situação
terrível de muitas mulheres (livres ou condenadas) que se vêem obrigadas à prostituição ou à partilha da vida com colonos na condição de
concubinas; e o desamparo das crianças, esses meninos «pálidos, magros, indolentes», (...) vestidos «de farrapos, sempre esfomeados», que
«morrem de doenças do aparelho digestivo» ou ficam destruídos pelas
baixas temperaturas e pela humidade. No entanto, no olhar enterneci-
do do narrador, essas crianças, que «amam acima de tudo a mãe corrupta e o pai ladrão», são o melhor de tudo na Ilha e o único suporte
moral de muitos lares desfeitos.*

*O mal-estar que reina na colónia é sentido por todos... «Toda a gen-
te quer fugir daqui (...) sejam eles condenados, deportados ou funcionários.» Quase não há adolescentes e também há poucos velhos. Quem
pode regressa ao continente e foge desse «buraco perdido» no «fim do
mundo». Sacalina é* terra incognita, *que nada tem a ver com a Rússia,
salvo numa ou noutra rara paisagem. Por isso, a pátria longínqua surge nas recordações nostálgicas dos residentes como o paraíso perdido:
«Na nossa terra, na Rússia, é melhor...»*

*Na obra desfilam também alguns grupos da população importantes
no desenvolvimento da vida local, tais como os soldados, considerados
os «pioneiros» de Sacalina, que, antes de haver condenados, faziam to-*

das as tarefas árduas, e os colonos livres, que, ao chegarem ao seu des-
tino, tinham de abater árvores, arrancar cepas, abrir caminhos, dormir
ao relento. Os vigilantes, esses, são vistos como «um travão constante
da actividade da administração, que continuamente são punidos por
actos de indisciplina, roubo, imoralidade, tráfico de álcool, suborno,
violência sobre os detidos, etc.».

Mas, na pesquisa global que é A Ilha de Sacalina, *são tratadas mui-*
tas outras questões que determinam o quotidiano da colónia: os rigo-
res do clima («Sacalina não tem clima... só tem mau tempo»), a geo-
grafia e a flora local; os meios de subsistência da população (a
agricultura, a caça e a pesca); a migração de arenques e salmões; o
abate das focas e a construção das vias de comunicação. Também não
é esquecida a história da Ilha e a dos grandes navegadores (La Pérou-
se, Nevelskói...) e dos seus primeiros colonizadores (o agrónomo rus-
so Mitsul e o agrimensor japonês Mamia Rinzo). E, em sequência,
debate-se a realidade geopolítica de Sacalina, que se torna pertença da
Rússia por troca com o Japão de todas as Ilhas Curilhas.

O narrador dedica também algumas páginas aos guiliaks e aos ai-
nus, aos seus costumes e formas de vida, procurando ainda explicação
para o acentuado declínio demográfico destas populações nativas. Se-
gundo Juan José Herrera, na altura em que o darwinismo é transpos-
to para a evolução das sociedades e se considera inevitável o desapa-
recimento das «raças» humanas menos adaptadas, Tchékhov escolhe o
lado dos mais fracos e lamenta que a «russificação» fomente a «de-
pravação» com «garrafas de vodka*» que funcionários gananciosos*
trocam por «ricas peliças de raposa e de zibelina», em vez de privile-
giar a assistência médica e a comida.

Como afirma Roger Grenier (no prefácio da edição francesa, agora
traduzida), ao «transformar-se em investigador, Tchékhov não deixou
de ser Tchékhov, fixando e transmitindo-nos histórias muitas vezes se-
melhantes às que surgiram (...) da sua pena».

E, para fixar essas histórias, a narração é entrecortada com obser-
vações e reflexões (ora sobre as paisagens e a natureza humana, ora
sobre os problemas do quotidiano relativos à viagem e aos lugares vi-
sitados), muitas vezes pautadas por um olhar melancólico e poético.

Ao longo da obra, o «mundo narrado», que nos remete para um pro-
jecto mais científico, alterna permanentemente com o «mundo comenta-
do». Com efeito, o estilo conciso e distante cede frequentemente lugar à
reflexão e à opinião sobre os factos observados, quando foca cenas sin-
gulares como a cerimónia religiosa de um casamento entre reclusos, o

*funeral de uma mulher de condição livre ou uma festa que não anima os
condenados (porque, apesar da «luz do clarão dos fogos-de-bengala, um
presídio é sempre um presídio»), quando se detém nos comportamentos
corruptos e negligentes de alguns sectores da administração, ou quando
analisa os vícios e as perversões de «homens privados de liberdade, reduzidos à escravatura, esfomeados e constantemente amedrontados».*

*Nos retratos de condenados, funcionários, colonos, camponeses
proscritos e homens livres, ingénuos, cínicos, lastimáveis ou cruéis, galeria de figuras que Goya não teria desdenhado desenhar, reencon-
tramo-nos com o Tchékhov da crítica social, dos contos, com as personagens das suas peças. Vejam-se, por exemplo, o caso do vagabundo
Beleza ou a «história de Egor», um verdadeiro conto, em que estão sub-
jacentes objectivos de denúncia das injustiças cometidas pelos tribunais do Império e da desproporção das penas em relação aos crimes
cometidos, que, «vistos de fora, (…) são quase sempre banais, com
pouco interesse».*

*A Ilha é um inferno e as evasões, com todos os seus riscos, são jus-
tificadas pelo «desejo de liberdade inerente ao ser humano» e pelas
condições de vida dos reclusos: «Parece-me que, se estivesse preso, faria tudo para me evadir, e nada me faria desistir desse projecto.»*

*Muitos prisioneiros são vítimas do ciúme, da loucura ou do amor,
cujos comportamentos desviantes mereceriam uma intervenção clínica
e não prisional? Mas é evidente que a colónia penal também tem criminosos inveterados: incendiários, falsificadores de moeda, assassinos... E, na enorme galeria dos retratos tchékhovianos, também surge
uma mulher fatal em ruínas. É uma reclusa com a alcunha de Mão de
Ouro, «uma mulher pequena, magrizela, já com cabelos grisalhos, de
rosto enrugado e punhos acorrentados (…) que, ainda não há muito
tempo, era tão bela que conseguia seduzir os carcereiros...».*

*O Capítulo XXI, proibido pela censura (tal como o XX) em 1893, na
1.ª edição que saiu em capítulos na revista* O Pensamento Russo, *foi um
dos que levantou maior celeuma quando, em 1895, a obra foi, pela primeira vez, publicada em livro. Nele são narradas execuções e «assisti-
mos» à administração de chicotadas. Esta cena é relatada de forma minuciosa, com as palavras do inspector, os gestos do médico, o pavor
estampado na cara do condenado, a preparação do carrasco, a satisfação de um enfermeiro militar que pede para assistir à aplicação do castigo... Mas, de repente, a aparente frieza do narrador-espectador
quebra-se, confessando: «Dir-se-ia que desde o princípio do suplício tinha passado uma eternidade, mas o inspector ainda conta: "Quarenta e*

duas! Quarenta e três!" Ainda faltam muitas para chegar às noventa. Vou para a rua, onde o silêncio é cortado pelos gritos lancinantes que vêm da sala dos guardas e que se devem ouvir, julgo eu, por toda a cidade.»

Outra prática local que suscita a indignação do narrador é o hábito, instaurado entre todos os funcionários da Ilha, mesmo entre os mais modestos, de se servirem gratuitamente do trabalho dos presos para tarefas domésticas, o que o leva a denunciar a intelligentsia *local de não ter «sabido fazer outra coisa da colónia penal senão reduzir os reclusos à forma mais grosseira de servidão».*

Mas nem sempre o tom da obra é tão pesado e, por vezes, mesmo quando denuncia uma situação grave, o humor tchékhoviano de outras obras reaparece, no tom e no vocabulário utilizados. É o caso da história de dois carrascos que, por terem sido castigados, se chicotearam ferozmente um ao outro, como «duas aranhas venenosas fechadas no mesmo recipiente» que se batem «até à morte». Cómica é ainda a narrativa das peripécias de um colono encarregado de «cultivar vinha» numa terra que continuou sem vinhedos; irónica é também a situação da nomeação oficial de um intérprete de guiliak e de ainu que não conhece nenhuma destas línguas, assim como a do inspector de um posto inexistente…

O modo como são narradas certas manifestações de hipocrisia e de incúria de funcionários faz muitas vezes sorrir o leitor. Como um leit-*motiv, ouve-se que «tudo corre o melhor possível», em locais onde há tortura, fome, desleixo, actos de insubordinação e corrupção… Na prisão de Alexandrovsk, com presos acorrentados, «está tudo bem na casa das grilhetas» e o vigilante-chefe, «baixinho e enfezado», de uma colónia em construção, cheia de carências, tem como único trabalho dizer aos visitantes que no seu território «está tudo bem, no melhor dos mundos». E somente o governador-geral, quando o inspector de uma colónia lhe entrega um relatório acompanhado da máxima panglossiana, consegue dar a resposta adequada, apontando para a terra e para o trigo que não cresce: «Tudo corre o melhor possível, só que não há trigo.»*

Mas, em Sacalina, também há quem queira «cultivar o jardim»; há exemplos de humanidade a seguir e, apesar de tudo, já houve alguns progressos: «Entre a intelligentsia *que tem cargos de responsabilidade (…) encontrei pessoas sensatas, bondosas e dignas, cuja presença torna impossível a ideia de um regresso ao passado. Hoje já não se pode chicotear um homem até à morte ou levá-lo ao suicídio…»*

Contudo, a presença do presídio e do quotidiano prisional condicionam toda a vida da colónia e só a contemplação da natureza faz, mo-

mentaneamente, esquecer esse pesadelo: «Quanto mais se sobe, melhor se respira; o mar estende-se sob os nossos olhos e, pouco a pouco, deixamo-nos invadir por pensamentos que nada têm a ver com o presídio, com os trabalhos forçados ou com os colonos, e é aí que por fim se compreende quanto a vida que se leva lá em baixo é triste e dura.» O presídio é omnipresente e enquanto os presos e colonos cumprem as suas penas, as pessoas livres conversam permanentemente sobre um preso que foi chicoteado, sobre um outro que se evadiu, sobre um terceiro que foi recapturado...

Ao regressar a Moscovo, na carta que escreve a Suvórin, Tchékhov confessa-lhe que esta viagem o transformou e acrescenta: «Enquanto estive na Ilha, sentia permanentemente dentro de mim um sabor amargo, como se tivesse comido manteiga rançosa; agora Sacalina surge-me como um verdadeiro inferno.»

No entanto, para este espaço com «mar em redor, inferno no interior», fica uma mensagem de esperança. Enquanto homem «devedor à ciência», como sempre assumiu, Tchékhov considera que a construção da via-férrea do transiberiano (que iria pôr fim ao tremendo percurso feito pelos condenados, ao longo da infindável estrada siberiana de Vladimirka), o desenvolvimento da navegação e a abundância de peixe e de animais (cujas peles rendem muito dinheiro) atrairão muita gente livre à Ilha. «Será o princípio da imigração (...) [e,] a julgar por outros casos análogos, começará a exigir-se que uma parte desse trabalho seja feita por homens livres.»

A publicação do livro terá conseguido atingir um dos objectivos do autor: agitar a opinião pública e com isso obrigar o império czarista a suprimir os castigos corporais mais cruéis e a rever procedimentos do sistema prisional.

Generosamente, logo após o regresso, por intermédio de uma comissão de luta contra o analfabetismo, Tchékhov envia milhares de livros para a colónia. Contudo, além de A Ilha de Sacalina *(que, nas* Obras Completas, *por exigência do autor, é publicada num volume à parte), qual a importância desta viagem na sua obra posterior? É certo que, por vezes, é evocada a Ilha e são retratados criminosos, como em* A Deportação *ou* O Assassinato. *Mas, para o atento observador social que Tchékhov sempre foi, o maior contributo da experiência sacalinense parece ter sido o desenvolvimento da sua capacidade de traduzir em ficção aquilo que observava.*

Os tradutores

A Ilha de Sacalina

Notas de Viagem

I

A cidade de Nikolaievsk-no-Amur — O Baikal *— O Cabo de Prongue e a entrada no estuário — A península de Sacalina — La Pérouse, Broughton, Krusenstern e Nevelskói — Exploradores japoneses — O Cabo de Djaoré — A costa da Tartária — De Castries*

Cheguei de barco a Nikolaievsk, um dos pontos mais orientais do nosso país, a 5 de Julho de 1890. O rio Amur é aqui bastante largo e a cidade está situada apenas a vinte e sete *verstás*[1] do mar. O local é belo, majestoso mesmo, mas a recordação do seu passado, a descrição que os meus companheiros de viagem me fizeram dos seus Invernos duros e dos seus costumes não menos duros, a proximidade da prisão dos condenados a trabalhos forçados, bem como o próprio aspecto da cidade, que parece abandonada e a morrer, tiram-nos o desejo de usufruir da paisagem.

Nikolaievsk foi fundada pelo célebre almirante Guenádi Nevelskói ainda não há muito tempo, em 1850. E esta data é talvez o único marco histórico da cidade. Até cerca de 1870, implantou-se aqui a civilização, sem falarmos nos soldados, nos prisioneiros e nos deportados. Na cidade, estabeleceram-se então os funcionários administrativos da região, apareceram todos os tipos de aventureiros russos e estrangeiros, instalaram-se colonos livres atraídos pela extraordinária abundância de peixe e de animais cujas peles rendem muito dinheiro; e é provável que a cidade não fosse desprovida de interesse humano, porque um académico que por aqui passou julgou que seria útil — e possível — dar uma conferência pública no Círculo cultural. Mas, nos dias de hoje, metade das casas, abandonadas pelos seus proprietários, ameaça ruína, e as janelas sombrias com as vidraças partidas olham-nos como as órbitas vazias

de um esqueleto. Para além disso, os actuais habitantes, na graça de Deus
e de barriga vazia, vivem na indolência e na bebedeira, limitando-se a
mandar peixe para Sacalina, a saquear as minas de ouro, a explorar os indígenas, e a vender as *pontas*, quer dizer, os cornos das renas com que os
chineses fabricam pílulas afrodisíacas. Na estrada de Khabárovsk para
Nikolaievsk, encontrei muitos contrabandistas que nem sequer procura-
vam dissimular a sua actividade. Um deles disse-me com orgulho, enquanto me ia mostrando pepitas de ouro e cornos de rena: «O meu pai
também era contrabandista!» A exploração dos indígenas, além de ser
feita através da incitação ao excesso de bebida, ao embrutecimento e aos
males habituais, manifesta-se, por vezes, de uma forma mais original.
Assim, por exemplo, Ivanov, um negociante de Nikolaievsk, já falecido,
ia todos os Verões a Sacalina para cobrar uma dízima, que impusera aos
guiliaks, sob pena de sujeitar os maus pagadores à tortura e à forca.
   Na cidade não há hotéis. Depois de almoço, deram-me autorização
de fazer a sesta no Círculo, numa sala de tecto baixo onde, conforme
me foi dito, se faziam bailes no Inverno. Quando perguntei onde poderia passar a noite, limitaram-se a encolher os ombros. Não havia nada a
fazer, tive de voltar para bordo, o que aconteceu duas noites seguidas.
Mas, quando o barco partiu para Khabárovsk, fiquei outra vez «a ver
navios»: onde ficar? As minhas bagagens estavam no cais, e eu deambulava ao longo do rio sem saber onde me havia de enfiar. O *Baikal*
fundeou a duas ou três *verstás* de distância, em frente da cidade. É este barco que me deve conduzir no Estreito da Tartária, mas diz-se que
só deve sair dentro de quatro ou cinco dias, apesar de o pavilhão de partida já lhe ondular no mastro. E se eu fosse para lá agora? Não, pode
ser uma situação embaraçosa, não me vão deixar entrar e vão dizer que
ainda é muito cedo. Levantou-se o vento, o Amur tornou-se sombrio e
agita-se como um mar. A tristeza apoderou-se de mim. Fui ao Círculo,
onde prolonguei infinitamente o almoço para matar o tempo. Na mesa
vizinha, ouvi falar de ouro, de cornos de rena, de um prestidigitador que
apareceu na cidade, de um japonês que arranca os dentes com os dedos
em vez de usar boticão. Ao ouvir com atenção, durante muito tempo,
estas conversas, disse para comigo: «Meu Deus! Como a vida desta
gente está longe do modo como se vive na Rússia!» A começar pelo
balyk[2], que acompanha os cálices de *vodka*, e a acabar nas conversas,
tudo tem a sua própria especificidade e não tem nada a ver com o nosso país. Enquanto navegava ao longo do Amur, tinha a impressão de estar num lugar como a Patagónia ou o Texas, mas não na Rússia. Para já
não falar da paisagem, que é inteiramente especial, sentia a cada mo-

mento que a maneira de viver dos habitantes das regiões do Amur divergia totalmente da nossa, que eles nunca conseguiriam compreender Púchkin ou Gógol, os quais, por conseguinte, lhes pareciam inúteis, que a nossa História os aborrecia, e que nós, pessoas recém-chegadas da Rússia, lhes parecíamos estrangeiros. Em relação à religião e à política notei uma indiferença total. Todos os padres que aqui vi comem carne durante a Quaresma; e cheguei mesmo a saber que um deles, que se veste com um cafetã de seda branca, rivaliza com as suas ovelhas no ardor de pilhar as minas de ouro. Se querem ver um habitante desta região a morrer de aborrecimento e a bocejar, falem-lhe de política, do governo russo, da arte da Rússia. As suas regras de moral não têm nada a ver com as nossas. Manifestam em relação às mulheres uma atitude cavalheiresca que quase atinge as dimensões de um culto mas, ao mesmo tempo, não vêem nada de censurável em cederem, por dinheiro, a mulher a um amigo. E ainda há mais: por um lado, não têm preconceitos de casta e tratam de igual para igual os deportados políticos, mas, por outro, não vêem grande mal em disparar, na floresta, às escondidas, sobre um vagabundo chinês, ou mesmo sobre um corcunda.

Mas voltemos à minha história. Não tendo encontrado abrigo, ao cair da tarde decidi mesmo recolher-me no *Baikal*. Mas tive de enfrentar uma nova contrariedade: o vento tinha provocado uma ondulação muito forte e os barqueiros guiliaks recusaram-se a atravessar o rio, embora eu lhes tivesse oferecido uma soma considerável. Então, vi-me a deambular de novo ao longo da margem do rio sem saber o que fazer. Contudo, quando o Sol descia no horizonte, as vagas do Amur viraram-se para norte. Tanto numa margem como noutra, os cães guiliaks faziam um concerto de uivos enlouquecidos. «Por que razão vim para estas paragens?», interrogava-me, e pareceu-me que, ao empreender esta viagem, me tinha comportado com uma terrível leviandade.

A ideia de que estava próximo da colónia penal, que dentro de alguns dias poria o pé nas terras de Sacalina sem possuir uma única carta de recomendação, e que, talvez por isso, me iriam pedir para voltar para onde tinha vindo, continuava a preocupar-me. Por fim, lá encontrei dois guiliaks que concordaram em me transportar por um rublo num esquife formado por três tábuas pregadas a trouxe-mouxe, mas lá cheguei ao *Baikal* sem qualquer percalço.

É um barco preparado para navegar no mar, de calado médio, um rico candongueiro bastante aceitável (quando comparado com as modestas embarcações de cabotagem do lago Baikal e do rio Amur), que assegura a ligação entre Nikolaievsk, Vladivostok e os portos japoneses. Habitualmente, transporta correio, soldados, condenados, passageiros e mercadorias (quase sempre pertencentes ao Estado), o que lhe proporciona uma choruda subvenção, devido a um tratado assinado com o Tesouro. O barco é obrigado a aportar a Sacalina várias vezes durante o Verão, no Posto de Aleksandrovsk (a norte) e no de Korsakovsk (a sul). Tem umas tarifas muito elevadas, as mais elevadas do mundo, creio eu. A colonização, que exige acima de tudo liberdade e facilidade de movimentos, associada a tarifas altíssimas, parece-me absolutamente incompreensível. A sala de jantar e os camarotes do *Baikal* são exíguos mas estavam limpos e mobilados inteiramente à europeia, havendo até um piano. Nós, os passageiros, éramos servidos por chineses com longos aventais que se denominavam *boys*, à inglesa. O cozinheiro de bordo também era chinês, mas preparava-nos pratos russos, embora todos eles estivessem temperados com caril e exalassem um odor que fazia lembrar o do *corylopsis*[3].

Farto de leituras que só me falavam das tempestades e dos gelos do Estreito da Tartária, esperava encontrar a bordo caçadores de baleias com vozes roucas e a cuspirem tabaco de mascar; no entanto, só encontrei pessoas de estatuto social bem elevado. O capitão, M. L., nascido na Rússia ocidental, que navegava pelos mares setentrionais há mais de trinta anos, percorrendo-os de um extremo a outro, já tinha tido oportunidade de observar um monte de coisas extraordinárias, sabia muito, e era um admirável contador de histórias. Metade da sua vida tinha sido gasta a dobrar e a passar tantas vezes em torno de Kamchatka e das Ilhas Curilhas, que, na minha opinião, tem mais direito a falar dos «desertos mais estéreis, dos elementos medonhos e das inabordáveis falésias» do que Otelo. Devo-lhe um infindável número de ensinamentos utilizados nestas notas. Tinha três adjuntos: o senhor B., sobrinho do célebre astrónomo, e dois suecos, umas pessoas amáveis e muito generosas: Ivan Martínitch e Ivan Veniamínytch.

O *Baikal* levantou ferro a 8 de Julho, antes do almoço. Tínhamos connosco cerca de trezentos soldados comandados por um oficial e alguns prisioneiros. Um deles estava acompanhado pela filha, uma pequenita de cinco anos, que se agarrou às correntes quando o pai trepava a escada do portaló para subir a bordo. Também me chamou a atenção o marido de uma condenada que, voluntariamente, tinha decidido acompanhá-la à colónia penal[4]. Além do oficial e de mim próprio, seguiam também, na primeira classe, alguns viajantes de ambos os sexos e até uma baronesa. O leitor não deve ficar admirado de ver tantas pessoas distintas neste deserto. Em função da baixa densidade populacional, a *intelligentsia* representa uma percentagem bastante elevada e é aqui proporcionalmente mais numerosa do que a que existe em qualquer outra região da Rússia. Nas margens do Amur, há uma cidade que tem dezasseis generais civis ou militares[5]. E talvez nesta altura até já tenha mais.

O dia estava calmo e luminoso. Na coberta estava calor, nos camarotes abafava-se e a água estava a dezoito graus. Um tempo digno do Mar Negro! Na margem direita, a floresta ardia: da sua massa verde e contínua saíam labaredas púrpura; os turbilhões de fumo misturavam--se no ar e uma longa faixa, imóvel e negra, permanecia suspensa por cima das árvores... O incêndio era colossal, mas em volta dele tudo parecia calmo e silencioso, e toda a gente parecia indiferente ao ver assim em perigo florestas inteiras. Pelos vistos, o ouro verde nestas paragens só diz respeito a Deus.

Cerca das seis da tarde estávamos já perto do Cabo de Prongue. Aqui termina a Ásia e poderíamos dizer que o Amur se lança no grande Oceano Pacífico, não fosse o caso de Sacalina se interpor entre ambos. O estuário estende-se aí a toda a largura e, para além dele, distingue-se apenas uma sombra disforme na bruma: é a ilha da colónia penal. À nossa esquerda, a costa, dispersando-se nas suas próprias ondulações, funde--se com o nevoeiro e perde-se no norte misterioso. Julgamo-nos no fim do mundo, para lá de qualquer destino possível. O sentimento que se apossa de nós é sem dúvida semelhante ao de Ulisses, ao navegar num mar desconhecido e pressentindo vagamente que ia encontrar seres fabulosos. E, de facto, surgindo à nossa direita e vindas de uma faixa de areia, onde se aninhava uma aldeia guiliak, precisamente no momento em que íamos virar na direcção do estuário, precipitaram-se para nós, a toda a velocidade, duas barcas carregadas de umas estranhas personagens que, numa língua incompreensível, vociferavam qualquer coisa enquanto agitavam uns objectos nas mãos. Era difícil reconhecer o que traziam mas, à medida que se aproximavam, apercebi-me de que se tratava de uns pássaros cinzentos.

— São patos bravos que caçaram e que pretendem vender-nos — explicou-nos já não me lembro quem.

Virámos então para estibordo. O nosso itinerário estava inteiramente balizado por marcas que delimitavam o canal. O comandante nem por um momento abandonava o seu posto, nem o maquinista a casa das caldeiras; por seu lado, o *Baikal* avançava cada vez mais lentamente, como que a tactear. Impunha-se uma grande prudência, porque facilmente podíamos encalhar. O barco tinha um calado de doze pés e meio; ora, por vezes, navegávamos com uma profundidade de catorze pés, sentindo mesmo a quilha a roçar na areia. Foi por causa da limitada profundidade deste canal e das características particulares que oferecem tanto as costas da Tartária como as de Sacalina que, durante muito tempo, se considerou, na Europa, que Sacalina era uma península.

O conde de La Pérouse, célebre navegador francês, atracou na costa ocidental de Sacalina em Junho de 1787, acima do paralelo quarenta e nove, e aí estabeleceu relações com os indígenas. A avaliar pela descrição que nos deixou, não só se encontrou com nativos locais — os ainus — mas também com os guiliaks (com quem negociou), homens experientes para quem a Ilha de Sacalina e as costas da Tartária não tinham segredos. Com a ajuda de desenhos traçados na areia, explicaram-lhe que a terra que habitavam era uma ilha separada do continente e de Ezo[6] (Japão) por estreitos[7]. Depois deste encontro, prosseguindo a sua rota para norte, ao longo da costa oeste, o almirante contava sair do Mar do Japão e chegar ao Mar de Okhotsk, o que reduziria consideravelmente o trajecto até Kamchatka; mas, quanto mais avançava, mais a fundura do Estreito diminuía — à razão de uma *sájene*[8] por milha. O almirante manteve a direcção norte tanto tempo quanto lho permitiram as dimensões do seu barco mas, quando chegou às nove *sájenes* (cerca de dezanove metros) de profundidade, parou. A subida progressiva e contínua do fundo e o facto de quase não se sentir corrente convenceram-no de que se encontrava num golfo e não num estreito e de que, por conseguinte, Sacalina estava ligada ao continente por um istmo. Em De Castries, aconselhou-se de novo com os guiliaks. E quando lhes gizou, numa folha de papel, a ilha isolada do continente, um deles tirou-lhe o lápis das mãos e, fazendo um risco por cima do Estreito, explicou-lhe que por vezes eram obrigados a puxar os barcos para os fazer transpor um istmo onde até a relva crescia. Pelo menos, foi o que La Pérouse percebeu e o que mais lhe reforçou a convicção de que Sacalina era uma península[9].

Nove anos mais tarde, V. Broughton, um navegador inglês, foi até ao Estreito da Tartária. Como o navio não era grande e o seu calado não ultrapassava os nove pés, conseguiu subir um pouco mais do que La Pérouse. Parou ao atingir as duas *sájenes* (quatro metros e vinte) de profundidade, mas mandou o imediato investigar a continuação da passagem. Este localizou cavidades nas zonas menos profundas, que, contudo, também iam diminuindo tanto na direcção de Sacalina como na direcção oposta, que era arenosa e baixa. Além disso, no seu conjunto, parecia que as duas costas se uniam, que o Estreito terminava sem haver nenhuma passagem. Assim, Broughton acabou por tirar as mesmas conclusões que La Pérouse.

O nosso grande navegador Krusenstern, que explorou o Estreito da Tartária em 1805, acabou por cair no mesmo erro porque, guiando-se pelas cartas de La Pérouse, já lá chegou com ideias preconcebidas sobre o local. Krusenstern seguiu a costa leste, contornou os cabos a norte da Ilha e penetrou no Estreito pela parte norte. Parecia-lhe estar perto de solucionar o enigma, mas a subida progressiva do fundo até chegar às três *sájenes* e meia (cerca de sete metros e meio), o peso específico da água, e sobretudo as ideias que trazia levaram-no a dar como certa a presença de um istmo que não viu. Contudo, o veneno da dúvida atormentava-o, o que o levou a escrever: «É muito provável que Sacalina tenha sido, noutros tempos, e talvez até numa época muito recente, uma ilha.» Aposto em como, ao regressar desta expedição, Krusenstern continuava com dúvidas porque, quando chegou à China, ao tomar conhecimento das notas de Broughton, «sentiu uma grande alegria»[10].

O erro foi corrigido por Nevelskói, em 1849, mas a autoridade dos seus predecessores era ainda tão grande, que, quando o navegador comunicou as suas descobertas em São Petersburgo, muitos não acreditaram nas suas afirmações. Consideraram-nas até uma insolência, merecedora de castigo e «concluíram» que devia ser expulso dos quadros. Ninguém sabe até onde isto teria chegado se o próprio soberano não tivesse assumido a defesa do navegador, considerando a sua exploração audaciosa, nobre e patriótica[11].

Nevelskói era um homem enérgico, apaixonado, culto, devoto, humano, de princípios elevados, obcecado pelas suas ideias, e capaz de se sacrificar por elas com tal ardor que chegava ao fanatismo.

Uma pessoa que o conhecia bem escreveu: «Nunca conheci homem mais honesto.» Os cinco anos que passou na costa oriental de Sacalina prometiam-lhe uma carreira brilhante. No entanto, a perda da filha, que morreu à fome, bem como o envelhecimento e a falta de saúde da esposa, «uma mulher, jovem, bela e encantadora», que heroicamente suportou toda a espécie de privações[12], fizeram-no também envelhecer prematuramente.

Para terminar com este problema do istmo e da península, parece-me útil apresentar mais alguns pormenores. O mapa da região da Tartária foi traçado em 1710 por emissários de Pequim, incumbidos de realizar esta tarefa pelo imperador da China. Para isso, estes emissários utilizaram cartas japonesas, porque nessa época só os japoneses sabiam que o Estreito de La Pérouse era transponível e que o braço de mar da Tartária era um estreito. O mapa chinês foi enviado para França e tornou-se célebre, porque fez parte da composição do atlas geográfico de D'Anville[13].

O mapa deu origem a um pequeno mal-entendido ao qual a Ilha deve o seu nome: na sua costa oeste, precisamente em frente da foz do Amur, os enviados do imperador deixaram a seguinte inscrição: *Saghalien-angahata*, o que em mongol significa: «As rochas do rio negro». Este nome referia-se provavelmente a uma das falésias ou a um dos promontórios próximos do estuário, mas os franceses atribuíram-no à própria Ilha. É daí que deriva o nome de Sacalina mantido também por Krusenstern nos mapas russos; os japoneses chamaram-lhe Karafto ou Karafuto, que significa «a ilha chinesa».

No que respeita aos trabalhos dos japoneses, ou chegaram à Europa demasiado tarde, quando já não havia necessidade deles, ou foram submetidos a correcções muito infelizes. No mapa da delegação chinesa, Sacalina é apresentada como uma ilha, mas d'Anville não lhe deu muito crédito e acrescentou-lhe um istmo que a ligava ao continente. Os japoneses tinham sido os primeiros a iniciar a sua exploração (a partir de 1613), mas deu-se tão pouca importância a este facto na Europa que, quando se debateu a questão de se saber a quem pertencia a Ilha, os russos foram os únicos a invocar — oralmente e por escrito — os direitos de descobridor[14].

Por estas razões, há muito que se encara a possibilidade de fazer uma nova e, na medida do possível, minuciosa exploração das costas da Tartária e de Sacalina. Os mapas actuais não são satisfatórios, o que explica que navios de guerra e navios comerciais encalhem, com muito mais frequência do que dizem os jornais, em bancos de areia ou em rochas. É sobretudo devido à falta de rigor desses mapas que todos os comandantes são particularmente prudentes, nervosos, e prontos a tomar os seus receios por realidades. O comandante do *Baikal* não se fia no mapa oficial e consulta um que ele próprio traçou e que vai corrigindo no decurso de cada viagem.

Temendo encalhar, M. L. decidiu não navegar de noite, pelo que, após o pôr-do-sol, fundeámos perto do Cabo de Djaoré. No cimo do Cabo, ergue-se uma pequena isbá[15] solitária onde vive um oficial da Marinha, o senhor B., encarregado de balizar a passagem e de vigiar os marcos; por detrás dessa pequena casa, estende-se a taiga virgem e impenetrável. O comandante enviou carne fresca a B.; aproveitei a ocasião e fui a terra de chalupa. O desembarcadouro consistia num monte de enormes pedras escorregadias sobre as quais fui obrigado a saltar. Para subir, existia uma série de degraus de madeira enterrados quase na vertical, pelo que tive de me segurar com as mãos. Foi horrível! Enquanto escalava o pequeno monte e até chegar à casa, vi-me cercado de uma nuvem de mosquitos: uma nuvem no sentido literal do termo, porque os mosquitos obscureciam o ar; senti as mãos e a cara em fogo e não consegui fazer nada para me proteger. Estou convencido de que qualquer pessoa que passasse aqui uma noite ao luar, sem estar ao pé de uma fogueira, se arriscava a morrer ou, pelo menos, a endoidecer.

A isbá está dividida em duas partes por um vestíbulo: o lado esquerdo é destinado aos marinheiros e o direito ao oficial e à sua família. Não encontrei o dono da casa, mas sim uma senhora vestida com extrema elegância, a esposa do oficial, com as duas filhas — duas meninas devoradas pelos mosquitos. Apesar de as paredes estarem inteiramente cobertas de rama de pinheiro, de as janelas estarem tapadas com gaze e de toda a casa cheirar a fumo, os mosquitos continuavam a encarniçar-se impiedosamente sobre as duas meninas. A sala não tinha uma decoração sumptuosa e parecia mais um acampamento; contudo, revelava encanto e bom gosto. Havia alguns quadros nas paredes e, entre outros, uma cabeça de mulher desenhada a carvão. Descobri então que B. era pintor.

— Gostam de cá estar? — perguntei à senhora.

— Gostaríamos mais, se não fossem os mosquitos.

A carne fresca não a deixou muito encantada; pelas suas palavras, percebi que tanto ela como as meninas se tinham, há muito tempo, habituado à carne salgada e não apreciavam o produto fresco.

— A propósito, ontem comemos trutas — acrescentou ela.

Um marinheiro taciturno acompanhou-me quando regressei à chalupa. Como se tivesse adivinhado a pergunta que eu hesitava em lhe fazer, disse-me com um suspiro:

— Ninguém vem para aqui viver de livre vontade.

Partimos no dia seguinte de manhã muito cedo, com o mar calmo e o tempo quente. As costas da Tartária são montanhosas e pródigas em picos cónicos. Uma bruma azulada e ligeira escondia-lhe os contornos; era a fumarada dos incêndios longínquos da floresta, fumarada que, segundo se dizia, é por vezes de tal maneira densa que se torna tão perigosa para a navegação como o nevoeiro. Se um pássaro partisse em linha recta do mar para o interior e sobrevoasse as montanhas, creio que, em quinhentas *verstás* ou mais, não encontraria vivalma nem uma única habitação... A margem que verdeja alegremente ao sol dispensa muito bem a presença humana. Às seis horas, atingimos o lugar mais

estreito da passagem, situado entre o Cabo Pogóbi e o Cabo Lázarev e
dobrámos as duas margens no seu ponto mais próximo; às oito horas,
dobrámos o Boné de Nevelskói. É este o nome dado a uma montanha
encimada por um cabeço que, efectivamente, parece um boné. A manhã
estava clara, resplandecente, e o prazer que sentia era ainda maior pelo
orgulho de saber que estava ali.

Uma hora depois, entrámos na Baía de De Castries. É o único local
onde os navios que cruzam o Estreito se podem abrigar em caso de haver uma tempestade; sem esta baía, a cabotagem ao longo de uma costa, de uma ponta à outra pouco hospitaleira, seria inconcebível[16]. Por
isso, existe mesmo a expressão: «correr para De Castries». A Baía, que
é muito bela, parece ter sido desenhada pela Natureza. É um lago circular, com cerca de três *verstás* de diâmetro, com margens elevadas que
a põem ao abrigo dos ventos, e que comunica com o mar por uma passagem estreita. Vista do exterior, é a baía ideal, mas, infelizmente, só
em aparência, porque durante sete meses por ano é invadida por gelos,
está mal defendida contra o vento leste e é tão pouco profunda que os
navios têm de lançar a âncora a duas *verstás* de terra. A Baía está protegida por três ilhotas ou, melhor, por três recifes que dão à paisagem
uma beleza especial. Uma delas chama-se Ilha das Ostras porque, efectivamente, estes bivalves, grandes e gordos, abundam por ali.

Na margem, há algumas casinhas e uma igreja. É o Posto de Aleksandrovsk onde vivem o chefe, o seu secretário e alguns telegrafistas.
Um destes funcionários veio almoçar a bordo. Era um senhor que parecia estar aborrecido e que aborrecia os outros. Falou muito, bebeu
muito, e contou-nos a velha anedota dos gansos que, tendo ingerido
aguardente de fruta, caíram para o lado, bêbedos e sem darem acordo
de si. As pessoas, julgando-os mortos, depenaram-nos e deitaram-nos
fora mas, passado o efeito da bebida, os gansos acordaram e regressaram, mesmo depenados, à capoeira. E jurou, por todos os santinhos, que
esta história tinha ocorrido em De Castries e no seu próprio pátio. A
igreja não tinha padre permanente; quando era preciso, vinha um de
Marinsk. O tempo bom é tão raro como em Nikolaievsk. Conta-se que
um grupo que veio para aqui fazer um levantamento topográfico durante a Primavera só apanhou três dias bons durante todo o mês de
Maio e que, por isso, foi obrigado a trabalhar sem ver o Sol!

No ancoradouro, fomos juntar-nos a dois barcos de guerra, *O Castor*
(*Bobr*) e o *Tungus*, e a dois torpedeiros. Mal tínhamos lançado ferro, o
céu ficou negro, levantou-se uma tempestade e as águas tingiram-se de
um verde-vivo extraordinário. O *Baikal* tinha de descarregar quatro mil

puds[17] (cerca de sessenta e cinco toneladas) de mercadorias do Estado, pelo que tivemos de passar a noite em De Castries. Para matar o tempo, fui para a coberta com o maquinista e pusemo-nos a pescar à linha. Conseguimos apanhar umas lulas enormes, com umas cabeças tão grandes como eu nunca tinha visto nem no Mar Negro nem no Mar de Azov, e também alguns rodovalhos.

Nestas paragens, a descarga faz-se sempre com uma insuportável lentidão, de uma forma enervante e numa atmosfera de catástrofe. Esta é, aliás, a triste sorte de todos os nossos portos do Extremo Oriente. Em De Castries descarregam-se as mercadorias para pequenas barcaças que só podem acostar quando a maré está a subir, razão pela qual, uma vez carregadas, encalham muitas vezes, o que as obriga a ficar paradas durante uma maré inteira, e isto só para se transportar de uma mísera centena de sacos de farinha.

Em Nikolaievsk a desordem é ainda maior. Da coberta do *Baikal*, vi como um rebocador que puxava uma barcaça carregada com duzentos soldados perdeu o cabo; a barcaça foi arrastada pela corrente na direcção dos cabos que sustinham a âncora de um navio à vela, fundeado não muito longe de nós. Com o coração apertado, esperávamos pelo momento em que a barcaça ia ser cortada em duas, mas, felizmente, umas pessoas corajosas conseguiram apanhar o cabo do rebocador a tempo, e os soldados não ganharam para o susto.

II

Breve descrição geográfica — Chegada a Sacalina-Norte — Um incêndio — O desembarcadouro — Slobodka — O almoço em casa de M. L. — Novos conhecimentos — O general Kononovitch — Chegada do governador-geral — O almoço comemorativo e as iluminações

Sacalina situa-se no Mar de Okhotsk, isolando do oceano em cerca de mil *verstás* a costa siberiana e a entrada na foz do Amur. As suas coordenadas geográficas são as seguintes: de quarenta e cinco graus e cinquenta e quatro minutos até cinquenta e quatro graus e cinquenta e três minutos de latitude norte, e de cento e quarenta e um graus e quarenta minutos até cento e quarenta e quatro graus e cinquenta e três minutos de longitude leste. A parte norte da Ilha, até à posição que cruza a linha de glaciação do solo[18], pertence ao distrito de Riazan, e a parte sul ao da Crimeia. O comprimento da Ilha é de novecentas *verstás*; a parte mais larga tem cento e vinte e cinco *verstás* e a parte mais estreita vinte e cinco *verstás*. É duas vezes maior do que a Grécia e corresponde a uma vez e meia da superfície da Dinamarca.

A sua antiga divisão em três zonas (norte, centro e sul) não era nada prática e actualmente só se consideram duas regiões: Sacalina-Norte e Sacalina-Sul. Devido às condições climatéricas e à natureza do solo, a terça parte superior da Ilha é totalmente imprópria para ser povoada, pelo que não conta para nada; o terço intermédio chama-se Sacalina--Norte e o terço inferior Sacalina-Sul, mas a fronteira entre estas duas regiões não está delimitada com rigor. Na parte setentrional, os deportados vivem actualmente entre os leitos de dois rios: o Duíka e o Tym. O Duíka desagua no Estreito da Tartária e o Tym desemboca no Mar de Okhotsk. Nos mapas, os cursos superiores dos dois rios confundem-se. Outros deportados instalaram-se na costa ocidental, disseminando-se a uma curta distância, superior ou inferior, em relação à foz do Duíka. Do ponto de vista administrativo, Sacalina-Norte está dividida em dois distritos: o de Aleksandrovsk e o de Tym.

Passámos a noite em De Castries e, no dia seguinte, a 10 de Julho, ao meio-dia, atravessámos o Estreito da Tartária em direcção ao Duíka, onde está situado o Posto de Aleksandrovsk. Nessa altura, o tempo também estava calmo e com uma luminosidade muito rara nestas paragens. Havia baleias que se deslocavam aos pares num mar sereno, lançando para o ar jactos de água, um espectáculo belíssimo e original, que nos entreteve ao longo de todo o trajecto. Mas eu tenho, confesso, um humor sombrio que piorava cada vez mais à medida que me aproximava do meu ponto de destino. Sentia-me inquieto, tanto mais que o oficial que comandava os soldados, ao ter conhecimento da finalidade da minha viagem, ficou muito admirado e se sentiu no dever de me persuadir de que, não estando eu ao serviço do Estado, não tinha direito a visitar o presídio e a colónia. Embora eu soubesse que isso não era exacto, as suas palavras provocaram-me, de qualquer modo, um arrepio na espinha, pois receei que, ao chegar ao local, me apresentassem os mesmos argumentos.

Quando ancorámos, já passava das oito. A margem estava iluminada por cinco enormes braseiros: era a taiga em chamas. Através das trevas e da fumarada que caía na margem, não consegui distinguir nem o cais nem as casas, mas apenas entrever duas luzinhas vermelhas, entre as pálidas iluminações do Posto. O terrível quadro, incisivamente recortado na noite, composto pela silhueta das montanhas, pela fumarada, pelas chamas e pelas chispas das labaredas, parecia um cenário fantasmagórico. À nossa esquerda, flamejavam monstruosos braseiros, no cimo dos quais se avistava a montanha e, por trás desta, bem alto no céu, resplandecia uma aurora purpúrea iluminada pelos incêndios longínquos. Dir-se-ia que Sacalina estava a arder. À nossa direita, o Cabo Jonquière avançava mar adentro a sua massa pesada e negra que se assemelha ao Aiu-Dag, na Crimeia. No cimo, um farol lançava os seus clarões, enquanto em baixo, na água, entre a margem e o local onde estávamos, se erguiam três rochedos pontiagudos: Os Três Irmãos. E tudo estava inundado de fumo como se fosse o Inferno.

Uma lancha aproximou-se, rebocando uma chalupa. Trazia-nos condenados para fazerem a descarga. Ouviram-se pragas e frases em tártaro.

— Não os deixem subir! — gritava alguém no convés. — Eles vão aproveitar a noite para saquear o barco todo.

— Aqui, em Aleksandrovsk, ainda vá que não vá... — disse-me o maquinista, ao notar a forte impressão que me causara a visão da margem. — Mas espere, quando chegar a Duí... A margem é completamente a pique, com desfiladeiros sombrios e camadas de carvão... É uma margem que não é para brincadeiras! Às vezes, levamos para lá duzentos ou trezentos condenados ao mesmo tempo. Pois bem, mais do que um já começou a chorar quando viu a margem escarpada.

— Aqui, os condenados somos nós e não eles! — disse o capitão irritado. — Agora o mar está calmo. Mas se visse isto no Outono, com o vento, a *purga*[19], o frio e as enormes vagas a varrerem o convés... É de rebentar!

Passei a noite no barco. Muito cedo, por volta das cinco da manhã, acordaram-me em altos gritos: «Depressa, depressa, a lancha vai partir pela última vez, vamos levantar ferro!» Alguns instantes depois, já estava na lancha, sentado ao lado de um jovem funcionário de cara rabugenta e ensonada. Ouviu-se a sirene e rumámos para a margem, rebocando duas chalupas carregadas de condenados. Fatigados pelo trabalho nocturno e pela insónia, os homens mostravam-se indolentes e carrancudos e não descerravam os lábios. Tinham as caras molhadas pelos chuviscos provocados pelo rebentar das ondas. Neste momento, recordo-me dos traços vincados dos rostos de alguns caucasianos e dos seus bonés de pele, enterrados até às sobrancelhas.

— Permita-me que me apresente — disse-me o funcionário —: chamo-me D. e sou funcionário administrativo dos registos.

Era a primeira pessoa com quem estabelecia relações em Sacalina. Tratava-se de um poeta, autor do poema acusatório «Sacalino» que começa assim: «Diz-me, doutor, se não é em vão...[20]»

Na sequência do nosso relacionamento, fez-me frequentes visitas e acompanhou-me nos meus passeios através de Aleksandrovsk e arredores, contando-me histórias engraçadas ou recitando, interminavelmente, versos da sua autoria. Durante as longas noites de Inverno, escreve romances liberais; no entanto, sempre que tem oportunidade, gosta de dar a entender que um administrativo dos registos ocupa um lugar importante que corresponde ao 10.º escalão da carreira da função pública... Quando uma mulher do povo, que o procurou para tratar de um assunto qualquer, o tratou por «Senhor D.», zangou-se e gritou-lhe em tom colérico: «Para ti, não sou Senhor D., mas Vossa Excelência.» Enquanto regressávamos a terra, interroguei-o sobre vários aspectos da vida em Sacalina; ele soltou uns suspiros sinistros e disse-me: «O senhor vai ver por si mesmo.» O Sol já ia alto no céu, e o que ontem me tinha parecido triste e sombrio, assustando tanto o meu espírito, dissolveu-se tal como a neve no deslumbramento de uma nova manhã. O robusto e disforme Cabo Jonquière e o seu farol, os Três Irmãos, as altas falésias que se avistam de um lado e de outro por dezenas de *verstás*, a bruma transparente da montanha e a fumarada dos incêndios, sob a cintilação do Sol e do mar, compõem um quadro lindíssimo.

Não há porto e a margem é perigosa, como o testemunham convincentemente os destroços do *Atlas*, um barco sueco que naufragou pouco antes da minha chegada e que agora jaz no areal. Geralmente os barcos fundeiam a uma *verstá* da margem, raramente mais perto. Há um desembarcadouro que se destina apenas a lanchas e chalupas. É um longo paredão de toros com a forma de um T, que avança várias *sájenes* pelo mar. As grossas estacas de larício fortemente enterradas no fundo marinho formam caixas cheias de pedras até aos bordos. O pavimento de tábuas suporta, de uma ponta à outra, carris destinados a vagonetas. Na barra do T, ergue-se uma casinha encantadora, o escritório do cais, junto de um enorme mastro negro. São instalações imponentes mas pouco duráveis. Disseram-me que basta uma boa tempestade para as vagas atingirem as janelas, os chuviscos esguicharem até à verga e o paredão estremecer de uma ponta à outra.

Uns cinquenta condenados, aparentemente desocupados, passeavam no areal, perto do desembarcadouro. Alguns envergavam batas compridas, outros vestiam camisas de marinheiro ou casacos de tecido cinzento. Quando me viram, os cinquenta homens tiraram delicadamente o chapéu, homenagem que, tanto quanto sei não foi até hoje prestada a nenhum outro escritor. Junto ao cais havia um cavalo atrelado a um breque sem molas. Os condenados carregaram as minhas bagagens e um homem de barba negra, envergando uma jaqueta e uma camisa por fora das calças, sentou-se no lugar do cocheiro. Metemo-nos a caminho.

— Onde é que Vossa Excelência quer que o leve? — perguntou-me ele, voltando-se para mim e descobrindo-se.

Perguntei-lhe se conhecia algum alojamento só com uma divisão para alugar.

— Mas, com certeza, Excelência, isso pode arranjar-se, sim.

Percorri as duas *verstás*, entre o desembarcadouro e Aleksandrovsk, através de uma boa estrada. Comparada com os caminhos da Sibéria, esta estrada, devidamente arranjada, plana, com bermas e candeeiros de iluminação pública, é um autêntico luxo. O caminho é ladeado pelos carris da via-férrea, mas fica-se impressionado com a pobreza da paisagem. No alto, nas montanhas e colinas que circundam o vale de Aleksandrovsk, onde corre o Duíka, só se vêem toros carbonizados ou troncos de pinheiro secos pelo vento e pelos incêndios, de pé como agulhas de um porco-espinho. Mais abaixo, no vale, os cômoros de terra alternam com ervas ácidas, vestígios do pântano intransponível que, até há pouco, se estendia até aqui. O corte recente dos canaviais pôs a descoberto toda a indigência dos terrenos pantanosos e calcinados, cobertos por uma camada de terra vegetal de apenas meia polegada. Não se vê um pinheiro bravo, não se vê um carvalho, não se vê um ácer, apenas uns pequenos larícios, tísicos, lamentáveis, corroídos, que, longe de ornamentarem as florestas e os parques, como acontece na Rússia, denunciam um solo palustre, miserável e um clima rigoroso.

O Posto de Aleksandrovsk ou, simplesmente, Aleksandrovsk parece uma cidadezinha muito agradável de estilo siberiano, povoada por cerca de três mil habitantes. Não há um único edifício de pedra ou de tijolo; todas as construções são de madeira, sobretudo de larício: a igreja, as casas e os passeios. É o local de residência do comandante da Ilha e o centro da civilização de Sacalina. A prisão situa-se na proximidade da rua principal mas, na aparência, mal se distingue de um quartel. É por isso que Aleksandrovsk não tem nada o aspecto severo da colónia penitenciária que eu esperava encontrar.

O cocheiro conduziu-me a um bairro próximo da cidade, a casa de P., um camponês proscrito. Mostraram-me o alojamento. Tinha um pequeno pátio com pavimento de madeira à moda da Sibéria, reforçado em todo o perímetro por um pára-ventos. A casa compunha-se de cinco grandes divisões muito cuidadas e de uma cozinha, mas estava desprovida de qualquer mobiliário. A dona da casa, uma jovem camponesa, trouxe-me uma mesa e, cinco minutos mais tarde, um banco.

— Alugo por vinte e dois rublos, incluindo a lenha para o aquecimento, ou por quinze rublos sem lenha — propôs-me ela.

Uma hora mais tarde, ao trazer-me o samovar, disse-me, suspirando:

— Que raio de ideia vir meter-se neste buraco perdido!

A jovem tinha vindo para aqui com a mãe, a fim de acompanharem o pai, condenado a trabalhos forçados, e que ainda não tinha acabado de cumprir a pena. Actualmente, é casada com um camponês proscrito, um velho taciturno que eu tinha entrevisto ao atravessar o pátio. Estava doente e tinha-se estendido no alpendre a gemer.

— Apostava em como agora estão a fazer a ceifa na nossa terra, em Tambov... — disse-me a dona da casa —, enquanto aqui... Quem me dera nunca ter vindo para este lugar horrível!

Na verdade, o espectáculo não era muito animador. Pela janela, apercebíamo-nos de canaviais miseráveis ao lado de canteiros com repolhos; ao longe, um larício enfezado secava. Chegou o dono da casa, gemendo e agarrando-se aos rins, que se começou a queixar da colheita abortada, do clima demasiado rigoroso e da pobreza do solo. No entanto, tinha-se aproveitado bem da colonização e tinha escapado aos trabalhos forçados. Era dono de duas casas, tinha cavalos, vacas, muitos trabalhadores por sua conta e ele próprio já não fazia nada; tinha conseguido desposar uma jovem e adquirido, há muito tempo, autorização para voltar para o continente. Mas, mesmo assim, ainda se queixava.

Ao meio-dia fui dar uma volta por Slobodka (o bairro). No final da rua, vi uma casa muito bonita com um jardinzinho e uma placa de cobre por cima da porta. Ao lado havia uma loja que dava para o mesmo pátio. Entrei para comprar alguma coisa para comer. «Comércio» e «Entreposto de Comércio e de Corretagem» eram os títulos atribuídos a este modesto estabelecimento, segundo indicava a lista de preços impressos ou manuscritos que ainda hoje conservo. A loja pertence ao colono L., um antigo oficial da Guarda, condenado por homicídio por um tribunal do distrito de Petersburgo doze anos antes. Cumprida a pena, dedica-se agora ao comércio, faz serviços de transporte e outros, e por isso recebe um salário de vigilante-chefe. A esposa, uma mulher de condição livre, pertence à velha nobreza e trabalha como enfermeira no hospital da prisão. Na loja podiam encontrar-se insígnias militares, *rahat lokum*[21], serras de todos os tamanhos, foices, «chapéus de verão para senhora, último grito da moda e os melhores modelos desde quatro rublos e cinquenta copeques até doze rublos a peça». Enquanto estava a falar com o vendedor, chegou o proprietário em pessoa, vestindo uma jaqueta de seda e uma gravata colorida. Apresentámo-nos.

— Dá-me a honra de almoçar comigo? — propôs-me ele.

Aceitei o convite e fomos para sua casa. A habitação era confortável: móveis vienenses, flores, um Ariston[22] da América e uma cadeira de baloiço arredondada onde L. se foi embalar depois do almoço. Além da dona da casa, encontrei lá mais quatro convidados, que eram funcionários públicos. Um deles, um velhote de bigode escanhoado e suíças brancas, parecido com Ibsen, o dramaturgo, era médico-adjunto do hospital militar; um outro, também velho, apresentou-se como oficial do Estado-Maior da divisão cossaca de Oremburgo. Quando começou a falar, o velhote deu-me logo a impressão de ser uma pessoa muito bondosa e um patriota ardente. Mostrava-se modesto, tolerante, razoável, mas, assim que se falava de política, perdia as estribeiras e debitava uma torrente de palavras incontestavelmente sinceras sobre a potência da Rússia, e tratava com desprezo tanto os ingleses como os alemães, que nunca viu na vida. Conta-se que, quando fez escala em Singapura, a caminho de Sacalina, quis comprar um lenço de seda para oferecer à mulher; propuseram-lhe então que cambiasse o dinheiro russo por dólares. Sentiu-se ofendido e disse: «Olha que história! Como se eu fosse capaz de trocar o nosso dinheiro ortodoxo por essa moeda de selvagens!» E o lenço lá ficou em cima do balcão.

Serviram-nos sopa, frango e gelado. Também havia vinho.

— Em que altura é que aqui deixa de nevar? — perguntei.

— Em Maio — respondeu-me L.

— É falso, é em Junho — disse o doutor que era parecido com Ibsen.

— Conheço um colono — recomeçou L. — a quem o trigo da Califórnia semeado na sua propriedade rendeu vinte e duas vezes o seu peso.

Houve novo protesto da parte do doutor:

— Isso é falso. A vossa Sacalina não rende nada de nada. É uma terra maldita!

— De qualquer maneira, permita-me que lhe diga — interveio um dos outros funcionários, — em 1882 o trigo rendeu quarenta vezes o seu peso. Sei isso perfeitamente.

— Não acredite em nada disto! — disse-me o doutor. — Eles estão a querer enganá-lo.

Nesse mesmo almoço, contaram uma lenda segundo a qual, quando os russos ocuparam Sacalina, sem qualquer consideração pelos guiliaks, o seu xamane teria amaldiçoado a Ilha e profetizado que ela não lhes traria nada de bom.

— E foi isso mesmo que aconteceu... — suspirou o doutor.

Depois do almoço, L. entreteve-se com o Ariston. O doutor propôs-me mudar de alojamento e ficar em casa dele; e, nessa mesma tarde, instalei-me na rua principal do Posto, numa das casas mais próximas dos estabelecimentos públicos.

À noite, comecei a iniciar-me nos mistérios de Sacalina. O doutor contou-me que, pouco antes da minha chegada, durante a inspecção do gado no cais, tinha tido um grande desaguisado com o comandante da Ilha, e que, no final, o general chegou mesmo a ameaçá-lo com a bengala. No dia seguinte, sem que nunca o tivesse solicitado, foi posto na disponibilidade. Mostrou-me então uma pilha de papéis que tinha redigido, como ele dizia, para defender a verdade e por amor à humanidade. Eram cópias dos pedidos, das queixas, das contas apresentadas e de... denúncias[23].

— O general não vai ficar lá muito contente, quando souber que veio para minha casa... — disse-me o doutor com um piscar de olho significativo.

No dia seguinte, fui fazer uma visita ao general V. O. Kononovitch, comandante da Ilha. Embora estivesse muito fatigado e assoberbado de trabalho, o general recebeu-me com a maior amabilidade e conversou comigo perto de uma hora. Era um homem culto que tinha lido muito e que, além disso, possuía uma grande experiência prática, porque, antes de ser nomeado para Sacalina, tinha comandado o presídio de Kara, durante dezoito anos. Falava e escrevia de uma forma muito agradável e pareceu-me ser uma pessoa sincera e com aspirações humanitárias. Não me posso esquecer do prazer que me deram as nossas conversas e de como me senti satisfeito — e, ao princípio, bastante admirado — de o ouvir insistir no desgosto que lhe causavam os castigos corporais. Num livro célebre, J. Kennan refere-se a ele com admiração.

Percebendo que eu me dispunha a passar alguns meses na Ilha, preveniu-me de que a vida era difícil e monótona.

— Toda a gente quer fugir daqui — disse-me ele —, sejam eles condenados, deportados ou funcionários. Eu ainda não tenho desejo de me ir embora, mas já me começo a sentir fatigado devido ao considerável esforço cerebral que tenho de fazer, sobretudo por causa da dispersão das tarefas a que tenho de atender.

Prometeu ajudar-me honesta e inteiramente, mas pediu-me para ser paciente: esperava-se a visita do governador-geral e toda a gente tinha muita coisa para fazer.

— Estou contente por saber que se instalou em casa do nosso inimigo... — disse ele, quando eu me despedia. — Assim, fica a conhecer os nossos pontos fracos...

Fiquei em casa do doutor até à chegada do governador-geral. O decorrer da minha nova vida não era nada rotineiro. De manhã, assim que acordava, os barulhos mais diversos faziam-me recordar onde estava. Diante das janelas abertas para a rua, passavam devagar, acompanhados pelo barulho compassado das correntes, os condenados a trabalhos forçados; em frente de casa, no quartel, os músicos estudavam as marchas que deviam saudar a chegada do governador-geral, manejando a flauta para trabalharem uma peça, o trombone para outra, e o fagote para uma terceira. De tudo isso, resultava uma cacofonia inimaginável. Enquanto dentro de casa os canários se esganiçavam ao máximo, o meu anfitrião andava de um lado para o outro, como um urso na jaula, folheando textos jurídicos, e reflectindo em voz alta:

— Se, em virtude da lei número tantos, deposito este pedido junto desta ou daquela instância... — e assim por diante.

Ou então sentava-se no escritório na companhia do filho a redigir tortuosos relatórios. Lá fora fazia muito calor. As pessoas queixavam-se da seca e os oficiais saíam envergando uma túnica, o que não acontecia todos os anos. O movimento era muito mais intenso do que nas nossas cidades de província, o que se explica facilmente pelos preparativos em que as pessoas se atarefavam para a recepção ao governador-geral da região e, sobretudo, pela predominância, na população local, de pessoas em idade de trabalhar, que, na maior parte dos casos, passam o tempo fora de casa. Além disso, nesse pequeno espaço, estavam concentrados uma prisão com capacidade para mais de mil detidos e um quartel com quinhentos soldados. À pressa, construíram uma ponte sobre o Duíka, edificaram arcos, limparam, pintaram e varreram tudo. Por todo o lado desfilavam marchas e contramarchas; tróicas e carruagens puxadas por uma parelha de cavalos percorriam as ruas a grande velocidade com um ruído de guizos, porque se preparavam os cavalos que iam transportar o governador-geral. A pressa era tanta que até se trabalhava nos dias feriados.

Aqui via-se um grupo de aborígenes guiliaks a dirigir-se ao posto da polícia, provocando os latidos furiosos dos pacíficos rafeiros de Sacalina, que, não sei porquê, só ladram contra eles. Acolá, via-se outro grupo, o dos condenados a trabalhos forçados, tilintando as correntes nos pés, de cabeça descoberta ou de boné, a puxar um pesado carro de mão cheio de areia no qual os garotos se vinham pendurar; ao lado dos prisioneiros, as sentinelas, de arma ao ombro, tinham a cara vermelha e suavam. Os condenados descarregavam areia para ornamentar a entrada da casa do general e retomavam o caminho em sentido inverso, de modo que o ruído das correntes aumentava continuamente. Um homem, envergando um uniforme com o *ás de ouros*[24] nas costas, andava, de porta em porta, a vender mirtilos. Sempre que eu passava na rua, os prisioneiros que estavam sentados levantavam-se e todos aqueles com quem me cruzava tiravam o boné.

Com raras excepções, tanto os prisioneiros como os colonos circulam livremente, sem escolta e sem grilhetas nos pés; isolados ou em grupo, cruzamo-nos com eles a cada passo. Encontram-se em todos os pátios e em todas as casas, porque muitos deles desempenham funções de cocheiros, de guardas, de cozinheiros, de cozinheiras e de amas. Ao princípio, e por não estar habituado, esta promiscuidade incomodou-me e surpreendeu-me. Passava em frente de um edifício em construção, e lá estavam condenados munidos de machados, de serras, de martelos. «Agora é que é!», dizia eu para comigo, «ele vai tomar balanço e vai dar-me uma cacetada no crânio!» Quando ia visitar alguém que não estava em casa, sentava-me e deixava um bilhete, escrito sob o olhar vigilante do criado-forçado, com a mão armada da faca com que se preparava para descascar as batatas na cozinha. Algumas vezes, muito cedo, cerca das quatro horas da manhã, um ligeiro ruído acordava-me... E o que é que eu via? Um condenado que se aproximava da minha cama em bicos de pés, retendo a respiração. O que era? O que é que ele me queria? «Engraxar-lhe as botas, Excelência.» Não tardei a acostumar-me a todas estas cenas. Toda a gente acaba por se habituar, mesmo as mulheres e as crianças. As senhoras permitem mesmo, com toda a tranquilidade, que os filhos vão passear com empregadas condenadas a prisão perpétua.

Um jornalista escreveu que, ao princípio, tinha até medo de passar junto do mais pequeno arbusto e que, sempre que se cruzava com um prisioneiro, numa rua ou num caminho, apalpava o revólver que trazia escondido debaixo da capa. Depois acabou por se tranquilizar e chegou à conclusão de que «no seu conjunto, os forçados não passavam de um rebanho de carneiros medrosos, preguiçosos, obsequiosos, e metade deles esfomeados». Para se pensar que os presos russos poupam a vida e a bolsa dos transeuntes unicamente por medo ou por preguiça, é preciso ter-se uma opinião muito má do ser humano em geral, ou não conhecer nada acerca dele.

O governador-geral da região do Amur, o barão A. N. Korff, chegou a Sacalina no *Bobr*, da Marinha Militar, a 19 de Julho. Foi recebido na praça, situada entre a casa do comandante da Ilha e a igreja, por uma guarda de honra, pelos funcionários e por uma multidão de deportados e de presos. A banda militar, de que já falei, entrou logo em acção. Um velho venerável, antigo prisioneiro que entretanto enriquecera, com o nome de Potiómkin, apresentou-lhe o pão e o sal numa salva de prata de fabrico local. O doutor, meu senhorio, também lá estava, envergando um fato preto e um boné da mesma cor, e com uma petição na mão. Era a primeira vez que eu via a população de Sacalina toda junta e não me escapou esta triste particularidade: compunha-se de homens e de mulheres em idade de trabalhar, e havia também velhos e crianças, mas nem um só adolescente. Parecia que a idade dos treze aos vinte anos tinha sido abolida. E, involuntariamente, eu interrogava-me se a juventude, à medida que crescia, não procuraria na primeira oportunidade abandonar a Ilha.

Logo no dia a seguir à sua chegada, o governador-geral iniciou a inspecção das prisões e das colónias de deportação. Por todo o lado, os proscritos, que tinham esperado com muita impaciência a sua chegada, dirigiam-lhe súplicas ou faziam-lhe pedidos oralmente. Falavam em nome próprio ou em nome da colónia inteira e, como a arte da oratória era aqui muito florescente, foi preciso passar à frente alguns discursos. Em Derbinskoie, um colono com o nome de Máslov referiu-se várias vezes às autoridades como um «governo muito misericordioso.» Infelizmente, muito poucos daqueles que se dirigiram ao barão Korff lhe solicitaram aquilo que era mais necessário pedir. Aqui, tal como na Rússia, em casos semelhantes, revelava-se a deplorável ignorância dos camponeses. Em lugar de escolas, de justiça e de trabalho, limitavam-se a pedir pequenas coisas: num sítio, pediam o direito aos subsídios; noutro, o direito a adoptar uma criança. Em resumo, faziam ao barão petições que as autoridades locais teriam podido satisfazer. A. N. Korff recebia-os com extrema atenção e benevolência; profundamente tocado com a sua miserável situação, fazia promessas e incutia-lhes esperanças numa vida melhor[25]. E, quando o inspector-adjunto da prisão de Árkovo lhe apresentou o seu relatório dizendo que, «na colónia de

Árkovo, corre tudo o melhor possível», o barão Korff, apontando-lhe o trigo do inverno e da primavera que se erguia da terra, respondeu-lhe: «Tudo corre o melhor possível, só que não há trigo.» E, em honra da sua chegada, houve distribuição de carne fresca, e até de carne de rena, na prisão de Aleksandrovsk. O barão percorreu todas as celas, ouviu todas as súplicas e deu ordem para se desferrarem muitos prisioneiros.

No dia 22 de Julho, depois do ofício religioso e da parada (era dia de festa), um inspector veio avisar-me de que o governador-geral me queria ver. Pus-me a caminho. O barão Korff recebeu-me com muita gentileza e conversou comigo cerca de meia-hora. A conversa teve lugar na presença do general Kononovitch. Entre outras coisas, perguntou-me se eu estava encarregado de alguma missão oficial. Respondi-lhe negativamente.

— Não foi, pelo menos, mandatado por uma sociedade científica ou por um jornal? — perguntou-me o barão.

Tinha no bolso uma credencial de jornalista, mas como não tinha a intenção de publicar nos jornais fosse o que fosse a respeito de Sacalina, recusei-me a induzir em erro estas pessoas, que, com toda a evidência, confiavam totalmente em mim, e respondi mais uma vez com uma negativa.

— Autorizo-o a visitar tudo o que quiser e onde quiser — disse-me o barão. — Não temos nada a esconder. Poderá examinar tudo, e dar-lhe-emos um livre-trânsito que lhe permitirá entrar em todas as prisões e colónias; fornecer-lhe-emos também toda a documentação que lhe for necessária. Em resumo, em todo o lado encontrará a porta aberta. A única coisa que não lhe posso permitir é comunicar com os presos políticos, porque não estou autorizado a fazê-lo.

E, à despedida, disse-me:

— Amanhã voltamos a encontrar-nos. Traga papel.

Nesse mesmo dia, participei num grande almoço em casa do comandante, e aí travei conhecimento com quase todos os funcionários administrativos da Ilha. Houve música e discursos. O barão Korff, em resposta ao brinde feito em sua honra, pronunciou algumas palavras de que retive as seguintes: «Estou convencido de que os "infelizes" têm em Sacalina uma vida menos dura do que em qualquer outro lugar na Rússia e mesmo na Europa. Contudo, ainda há muito para fazer, porque os caminhos do bem são infinitos.» O barão, que já tinha estado em Sacalina cinco anos antes, achava que os consideráveis progressos, feitos desde então, ultrapassavam todas as expectativas. Era evidente que os seus elogios passavam por alto algumas realidades existentes na Ilha, tais como a fome, a prostituição quase generalizada das condenadas e os atrozes castigos corporais, mas o auditório parecia disposto a acreditar nas suas palavras: em comparação com o passado recente, a situação actual parecia quase prometer o início de uma idade de ouro.

À noite houve iluminações. Até altas horas, uma multidão de soldados, de deportados e de condenados deambulou pelas ruas iluminadas de lampiões e de fogos-de-bengala. A prisão ficou aberta. Naquele dia, o Duíka, habitualmente com um aspecto miserável, lamacento e de margens nuas, estava enfeitado pelo reflexo de tantas luzes, parecendo, pelo menos uma vez na vida, belo, majestoso, mas também ridículo, tal como uma criada de cozinha a quem tivessem enfiado o vestido da sua jovem patroa. No jardim do general, tocaram-se marchas militares e um coro cantou. Dispararam-se salvas e o canhão ribombou. Mas, apesar destes festejos, as ruas transpiravam de aborrecimento. Não se ouviam canções, nem o som de um acordeão e não se via um único bêbedo. As pessoas vagueavam como sombras, caladas como sombras. Mesmo à luz do clarão dos fogos-de-bengala, um presídio é sempre um presídio, e a música que se ouve, ao longe, só suscita uma negra tristeza a um homem que está certo de não voltar a ver a sua terra.

Munido de papel, fui encontrar-me de novo com o governador-geral. Este expôs-me o seu ponto de vista sobre o presídio de Sacalina e as suas colónias penitenciárias e propôs-me que anotasse tudo o que me dizia, o que me apressei a fazer. Chegou mesmo a sugerir-me um título: «Descrição da vida dos "infelizes"». A partir da nossa conversa anterior e das notas que me ditou, convenci-me de que era um homem sensível e uma alma generosa, mas que não conhecia «a vida dos infelizes» tão bem como pensava. Eis alguns excertos das suas palavras: «Ninguém deve ser privado da esperança de recuperar integralmente os seus direitos; não há penas para toda a vida. A condenação a trabalhos forçados perpétuos, na prática, não vai além de vinte anos. O trabalho no presídio não é penoso: apenas não é remunerado e não traz nenhuma vantagem pessoal a quem o executa; é por isso que é duro, e não pelo esforço físico que exige. Não há correntes, não há sentinelas, não há cabeças rapadas.»

O tempo estava bom, o céu estava claro, o ar transparente; entre nós, diríamos que era um dia de Outono. Os fins de tarde eram perfeitos; revejo cada pôr-do-sol cor-de-púrpura, o mar azul-escuro e a Lua, completamente branca, erguendo-se por detrás da montanha. Nessas noites gostava de dar uma volta de carruagem no vale que separava o Posto da aldeia de Novo-Mikhailovka. A estrada era plana: uma recta, ladeada pelos carris das vagonetas e pelas linhas do telégrafo. Quanto mais nos afastávamos de Aleksandrovsk, mais o vale se tornava estreito, as trevas mais espessas, e as bardanas gigantes assumiam o aspecto de plantas tropicais; e a montanha cercava-nos por todos os lados. Ao longe via-se o clarão de um moinho de carvão e, mais perto, o clarão de um incêndio. A Lua apareceu. De repente, apercebi-me de um quadro fantástico: um condenado vestido de branco, de pé sobre uma pequena plataforma com rodízios, avançava para mim deslizando sobre os carris, apoiando-se numa vara. Fiquei com medo.

— E se déssemos meia-volta? — disse eu ao cocheiro.

O cocheiro, que também era um condenado, fez com que os cavalos arrepiassem caminho e, voltando-se para a montanha e para os fogos, disse-me:

— Vossa Excelência também não acha isto aqui muito alegre, pois não? Na nossa terra, na Rússia, é melhor.

III

Recenseamento — Organização das fichas estatísticas — Questões postas e respostas dadas — A isbá e os seus habitantes — Opinião dos deportados sobre o recenseamento

A fim de percorrer, tanto quanto possível, todos os pontos do povoamento e de ver, mais de perto, como vivia a maioria dos deportados, recorri ao único método que me pareceu apropriado em relação às condições de que dispunha: resolvi fazer um recenseamento. Em todas as colónias que visitei, entrei em todas as isbás e fiz uma lista dos proprietários, dos membros da família, dos inquilinos e dos servidores. Para me facilitarem o trabalho e eu poder ganhar tempo, propuseram-me amavelmente a colaboração de ajudantes; no entanto, como a finalidade essencial do meu recenseamento não era só a obtenção de resultados, mas também a recolha de impressões que a própria operação me proporcionaria, só recorri à ajuda externa em casos muito especiais. Este trabalho, efectuado durante três meses por uma só pessoa, na verdade não merece o nome de recenseamento. Embora os seus resultados não se possam caracterizar pelo rigor e pela fiabilidade, na falta de dados mais precisos, tanto na literatura como nos departamentos administrativos de Sacalina, talvez os meus números possam acabar por ter alguma utilidade.

Utilizei umas fichas que me imprimiram na tipografia do posto da polícia. A operação de recenseamento realizou-se da seguinte maneira: em primeiro lugar, na primeira linha, anotei o nome do posto ou da colónia; na segunda, o número cadastral da casa; depois, na terceira, a categoria do recenseado: prisioneiro, colono, camponês proscrito ou cidadão livre. No caso dos cidadãos livres, só tomei notas quando estes desempenhavam um papel importante na vida doméstica do deportado: por exemplo, se tinha havido casamento, independentemente de a união ser legítima ou ilegítima; ou se, em geral, faziam parte da família ou se eram empregados, locatários, etc. Em Sacalina dá-se uma grande importância à situação social dos indivíduos. Incontestavelmente, um deportado sente-se incomodado com a sua condição; quando se lhe pergunta o que é, invariavelmente responde: «operário». Se, antes de ser condenado, tiver sido soldado, nunca se esquece de acrescentar: «De origem militar, Excelência.» Depois de ter cumprido a pena ou, como eles dizem, cumprido o seu tempo, o condenado torna-se colono. Este novo estado não se considera humilhante, já que pouco se diferencia da situação do «camponês», além dos novos direitos que comporta. Quando o interrogam sobre o seu estatuto, o colono geralmente responde apenas: «cidadão livre». Ao fim de dez anos, ou de seis, se conseguir dar uma resposta positiva às condições previstas no *Regulamento de Deportação*, recebe o título de «camponês proscrito». Neste caso, é com orgulho que responde, como se não pudesse ser posto no mesmo saco dos outros colonos e se distinguisse deles por um estatuto especial: «Sou camponês», mas sem acrescentar «proscrito». Nunca os inquiri sobre o seu estatuto anterior, porque, neste ponto, as secretarias administrativas dispõem de informações suficientes. À excepção dos soldados, nem os burgueses, nem os comerciantes, nem os eclesiásticos se referiam à sua situação anterior, caracterizando-a laconicamente como «liberdade». E quando algum deles se punha a falar do passado, geralmente começava assim: «Quando eu estava em liberdade...», etc.

Na quarta linha, registei o nome próprio, o patronímico e o nome de família. Quanto aos nomes, creio que nunca consegui anotar correctamente um único nome feminino tártaro. Nas famílias tártaras com muitas filhas, e nas quais tanto o pai como a mãe mal compreendem o russo, é difícil entendermo-nos e somos obrigados a anotar por palpite. Nos próprios documentos oficiais, os nomes tártaros aparecem igualmente estropiados.

Também me aconteceu perguntar o nome a um camponês ortodoxo da Rússia e ouvi-lo responder, sem se rir: *Karl*. Tratava-se certamente de um vagabundo que, em qualquer parte da grande estrada da vida, tinha trocado de nome com um alemão. Recordo-me de ter anotado dois destes nomes: Karl Lanter e Karl Karlov. Há mesmo um preso que responde pelo nome de Napoleão e uma vagabunda que tanto se chama Maria como Praskóvia. Quanto aos apelidos, por um estranho acaso, havia em Sacalina muitos Bogdanov e Bespálov. E também muitos nomes curiosos: Coxo (*Chkandiba*), Estômago (*Jelúdok*), Sem Deus (*Bezbojni*), Mirone (*Zeváka*). Segundo me disseram, os apelidos tártaros conservam, embora os seus portadores não tenham quaisquer direitos e distinções sociais especiais, sufixos e partículas que correspondem a posições e a títulos elevados. Ignoro até que ponto isto é exacto, mas não poucas vezes anotei no papel os «Khan», os «Sultan» e os «Ogly». O nome próprio mais corrente entre os vagabundos é Ivan, e o apelido Esquecido (*Niepomniachti*). Mas há também algumas alcunhas curiosas: Mustafá Esquecido, Vassíli sem Pátria (*Bezotétchestva*), Franz Esquecido, Ivan Esquecido de Vinte Anos (*Niepomniachti dvadtsati liet*), Iakov Sem Sobrenome (*Bezprozvánia*), Ivan Vagabundo de Trinta e Cinco Anos (*Brodiaga tridtsati piati liet*), Homem de Classe Desconhecida (*Tchelovek Neizvéstnovo Zvánia*).

Na mesma linha, apontei a relação entre a pessoa entrevistada e o proprietário: esposa, filho, concubina, empregado, locatário, filho do locatário, etc. Em relação às crianças, distingui as legítimas das ilegítimas, e os filhos de sangue dos adoptados. Há que assinalar que em Sacalina estes são muito numerosos, e aconteceu-me ter de inscrever não apenas filhos adoptados, mas também pais adoptados. Muitos daqueles que partilham uma isbá consideram-se co-proprietários ou co-locatários. Nos dois distritos da zona norte, há terrenos que têm dois ou três proprietários, e isto em mais de metade das quintas. No entanto, acabei por entender esta situação que me parecia ambígua. Às vezes, um colono estabelece-se numa dada concessão, constrói uma casa, e equipa uma granja com gado e ferramentas. Depois, ao fim de dois ou três anos, enviam outro colono para o mesmo terreno; outras vezes, dá-se simultaneamente o mesmo lote a duas pessoas. Esta variedade de critérios deve-se à falta de interesse e à incapacidade da administração de procurar novas terras para colonizar. Pode ainda acontecer que um preso, após o cumprimento da pena, peça autorização para se instalar num posto ou numa colónia onde já não há mais terra arável; neste caso, a única solução é dar-lhe uma fracção de uma quinta já existente.

O número de co-proprietários aumenta sobretudo a seguir à promulgação de indultos imperiais, que forçam a administração a encontrar, ao mesmo tempo, lugar para centenas de pessoas.

Na quinta linha, registei a idade. As mulheres com mais de quarenta anos nunca se lembram muito bem dos anos que têm e pensam sempre um pouco antes de responderem. Os arménios do distrito de Erivan também não sabem a idade. Um deles respondeu-me: «Talvez trinta anos, ou talvez mesmo cinquenta.» Nestes casos, tive de determinar a idade de forma aproximada, a olho, e de a confrontar depois com os registos judiciais. Os jovens de quinze ou mais anos costumam dizer que são mais novos. As raparigas comprometidas e outras, já há algum tempo na prostituição, declaram que não têm mais de treze ou catorze anos. A razão da mentira também é simples. Como as crianças e os adolescentes das famílias mais pobres recebem alimentos do Estado, mas só até aos quinze anos, um cálculo elementar leva-os, a eles e aos pais, a não dizerem a verdade.

A sexta linha diz respeito à religião.

Na sétima linha inscrevi o local de nascimento. Era uma questão a que todos me respondiam sem dificuldade; só os vagabundos se esquivavam ou então respondiam: «Não me lembro.» A menina Natália Esquecida, quando lhe perguntei de que região era, retorquiu-me: «Um pouco de todas.» Os conterrâneos são manifestamente solidários, fazem grupo à parte e, quando se evadem, fazem-no em grupo; um colono de Tula prefere ser co-proprietário com alguém da mesma região, e o mesmo sucede com um natural de Baku. Ao que parece, existem verdadeiras sociedades entre conterrâneos, porque, quando eu fazia alguma pergunta sobre uma pessoa ausente, eram os seus companheiros que me davam as informações mais pormenorizadas.

Na oitava linha, registei o ano de chegada a Sacalina. É raro que me respondam de imediato, e sem esforço. O ano da chegada é um ano de terrível infortúnio e, por isso, ou fingem ignorá-lo ou já se esqueceram. Quando se pergunta a uma condenada quando chegou à colónia penitenciária, responde com indolência, sem pensar muito: «Sei lá! Deve ter sido em 83.» O marido (ou o concubino) intervém: «Que tontice é essa? Vieste em 85!» «Sim, é possível, em 85», aquiesce ela com um suspiro. Fizemos as nossas contas e concluímos que quem tinha razão era o marido. Os homens não são tão reticentes como as mulheres, mas também não respondem logo; precisam de um pouco de reflexão e de conversa.

— Em que ano te trouxeram para aqui? — perguntei a um colono.

— Vim no mesmo grupo que Gládki... — responde não muito seguro, dando uma olhadela aos companheiros.

Gládki pertence à primeira fornada, que chegou a Sacalina em 1879 no *Voluntário* (*Dobrovoliets*). Foi isso que anotei. Por vezes, oiço respostas como esta: «Apanhei seis anos de trabalhos forçados, e há três que sou colono... Vossa Excelência só tem de fazer as contas.» Então estás aqui há nove anos?» «Não, não. Antes de Sacalina, estive dois anos na Central.» E assim sucessivamente. Ou então: «Cheguei no ano em que mataram Derbín.» Ou ainda: «Foi quando morreu Mitsul.» Era especialmente importante para mim que as respostas dos detidos chegados entre 1860 e 1880 fossem exactas; não queria que me escapasse nenhuma, mas não o consegui, de certeza. Dos que chegaram aqui há vinte ou vinte e cinco anos, quantos tinham sobrevivido? Esta é uma questão que, se me posso exprimir assim, é de importância fulcral para perceber a colonização de Sacalina.

Na linha nove, inscrevi a ocupação principal e a profissão.

Na linha dez, anotei o nível de instrução. Normalmente costuma perguntar-se: «Tens instrução?». Eu preferi pôr a seguinte questão: «Sabes ler?» A pergunta, posta nestes termos, evitou-me, em muitos casos, receber respostas erradas, porque os camponeses que não sabem escrever, mas são capazes de decifrar textos impressos, consideram-se analfabetos. Também há aqueles que fingem ser ignorantes por pura modéstia. «Pense bem! Que instrução é que nós temos?» E é preciso repetir a pergunta para ouvir dizer: «Dantes eu sabia decifrar as letras impressas, mas agora já me devo ter esquecido. Somos gente ignorante; numa palavra, mujiques.» Os cegos e aqueles que vêem mal também se dizem iletrados.

A décima primeira linha diz respeito à situação familiar: casado, viúvo, solteiro? No caso dos casados, o cônjuge reside no país de origem ou em Sacalina? Estas três palavras (casado, viúvo, solteiro) não chegam para determinar a situação familiar. Muitas vezes os casados estavam condenados a viver sozinhos, como jovens celibatários, porque as mulheres, que tinham ficado na Rússia, se recusavam a divorciar-se, enquanto os verdadeiros celibatários e viúvos viviam em família, rodeados por meia dúzia de filhos. Foi por isso que achei necessário clarificar, mediante as palavras «vive só», a situação daqueles cujo celibato não é só formal mas real, mesmo quando são considerados casados. Em nenhum outro lugar da Rússia o casamento ilegítimo tem uma tão ampla e aberta difusão, e em nenhum outro lado se reveste de uma forma tão original como em Sacalina. A união ilegítima ou, como aqui se diz, a união livre, não tem opositores nem da parte das autoridades nem do clero; pelo contrário, até é encorajada e reconhecida. Há colónias onde não é possível encontrar um único casal legítimo. Os casais livres organizam o lar nas mesmas bases que os outros, e geram os filhos de que a colónia precisa. É por isso que não há nenhuma razão para adoptar uma legislação especial no que respeita ao estado civil.

A décima segunda (e última) linha continha a seguinte pergunta: recebe subsídios do Estado? As respostas a esta questão deviam permitir-me determinar a percentagem da população que não consegue subsistir sem uma ajuda material; por outras palavras, eu queria saber como se mantém a colónia: mantém-se a si própria ou depende do Tesouro? Os presos, os colonos no decurso dos primeiros anos que se seguem à sua libertação, os internados nos asilos e as crianças das famílias mais pobres, todos dependem, obrigatoriamente, da ajuda do Estado, seja sob a forma de alimentos, de roupa ou de dinheiro. Além destes pensionistas oficialmente reconhecidos, registei que também viviam à custa do Estado os deportados que recebem um salário por diversos serviços prestados como professores, escriturários, vigilantes, etc. Mas a resposta que obtive ainda não estava completa. Para lá dos subsídios, sob as suas diversas formas e dos salários, pratica-se ainda, em grande escala, uma distribuição de ajudas que é impossível registar nas fichas, tais como: subvenção de casamento, compra de grãos ao colono a preços deliberadamente elevados e, sobretudo, distribuição de sementes a crédito, de gado e de outros produtos. Cada colono pode estar a dever ao Estado várias centenas de rublos que nunca mais pagará, mas, mesmo sabendo isto, tenho de o inscrever no número daqueles que não recebem ajudas.

Nas fichas das mulheres, tracei uma linha vertical vermelha, porque achei essa solução mais prática do que abrir uma rubrica especial para anotar o sexo. Só registei os membros da família que estavam presentes; quando me diziam que o filho mais velho tinha partido para ganhar a vida em Vladivostok e que o segundo trabalha na colónia de Rikovskoie, omiti completamente o primeiro e inscrevi na ficha do outro o seu local de residência.

Ia sozinho de isbá em isbá; por vezes, era acompanhado por um prisioneiro ou por um colono que, não tendo nada melhor para fazer, assumia o papel de guia. Em determinadas ocasiões, também um guarda prisional armado de um revólver, quase colado a mim ou a uma certa distância, me seguia como uma sombra. Enviavam-mo para o caso de eu

necessitar de algum esclarecimento. Mas, quando lhe fazia alguma pergunta, a sua fronte cobria-se imediatamente de suor e respondia-me:
«Não sei, Excelência.» Geralmente, o meu guia, descalço e de cabeça
descoberta, corria à minha frente com o tinteiro na mão, abria ruidosamente a porta e, à entrada, arranjava tempo para murmurar qualquer coisa ao proprietário — provavelmente as conjecturas que tinha feito sobre
o meu recenseamento. Então eu entrava na isbá. Estas variam muito,
consoante tenham sido construídas por um siberiano, por um ucraniano
ou por um finlandês[26]. O tipo mais frequente destas habitações consiste em pequenas construções de troncos com umas seis *archins*[27] (quatro
metros e vinte e cinco), com duas ou três janelas, sem nenhum orna-
mento exterior, cobertas de colmo e raramente de tábuas. Habitualmente não há pátio e não se vê qualquer árvore junto da casa, que raramente dispõe de arrecadação (mesmo pequena) ou de uma *bânia*[28] siberiana.
Os cães, quando existem, são indolentes e bonacheirões; como já disse,
só costumam ladrar aos guiliaks, provavelmente porque estes usam calçado de pele dos seus congéneres... Impressiona-me o facto de animais
tranquilos e inofensivos estarem sempre presos. Os porcos andam com
correntes ao pescoço. Os galos também estão presos por uma pata.
    — Porque é que o cão e o galo estão presos? — perguntava eu.
    — Em Sacalina, toda a gente arrasta correntes... — respondiam-me
ironicamente. — São efeitos do lugar...
    A isbá normalmente tem só uma divisão e dispõe de uma estufa rus-
sa[29]. O chão é de madeira. O mobiliário compõe-se de uma mesa, de
dois ou três tamboretes, de um banco, de uma cama (ou de um colchão
no chão). Ou então está totalmente desprovida de móveis e tem apenas
um edredão no meio da casa, que indica que alguém lá dorme; no pa-
rapeito da janela, há tigelas com restos de comida. A julgar pelo aspecto, parece mais uma cela de um recluso solitário do que uma isbá ou um
quarto. De qualquer maneira, quando há uma mulher e crianças, as isbás assemelham-se mais a um lar e a uma quinta, mas mesmo assim falta qualquer coisa, qualquer coisa importante: um avô, uma avó, ícones
antigos, móveis herdados dos pais; sim, o que falta a estas casas é um
passado, são as tradições. Não há canto de honra[30] ou, quando existe, é
muito pobre e insignificante, sem lamparina e sem qualquer ornamen-
tação, porque aqui não há quem respeite esse costume. Tudo tem um
carácter provisório, como se a família não habitasse na sua própria casa, mas numa casa alugada, ou que tivesse acabado de chegar e ainda
não tivesse tido tempo de se instalar. Não há gatos, nem um grilo para
cantar nas noites invernosas... e sobretudo nada que evoque a pátria.

Quase não vi preocupações com o arranjo, o conforto e a solidez do lar. A maior parte das vezes, o proprietário que encontro é um homem só, um celibatário que parece paralisado pela ociosidade forçada, pela lassidão e pelo aborrecimento; veste roupas civis mas lança maquinalmente o capote pelos ombros como os detidos e, se saiu recentemente da prisão, o gorro, que se arrasta em cima da mesa, já não tem pala. A estufa está apagada e a louça consiste numa panela e numa garrafa tapada com um papel. O homem fala da vida e da casa com ironia e com um desprezo frio. Diz-me que experimentou tudo mas em vão, e que só lhe resta renunciar a tudo de uma vez por todas.

Enquanto conversamos, chegam alguns vizinhos que começam a falar de várias coisas: das autoridades, do clima, das mulheres... Aborrecem-se tanto que só lhes apetece falar e ouvir-nos sem parar. Às vezes, além do proprietário, encontramos na isbá uma multidão de locatários e de operários; um inquilino presidiário sentado à porta, com uma correia de couro à volta da testa, fabrica sapatos que cheiram a couro e a pez; os filhos estão deitados em cima de farrapos à entrada, num canto estreito e sombrio, onde a mulher, que o seguiu de livre vontade, confecciona *varéniki*[31] de mirtilos numa pequena mesa; é uma família recém-chegada da Rússia. Mais afastados, dentro do quarto, estão cinco homens que se definem de maneiras diferentes: uns consideram-se inquilinos, outros designam-se simplesmente por «trabalhadores» e outros dizem que são coabitantes. Um deles, instalado perto da estufa, com as maçãs do rosto inchadas e de olhos arregalados, prepara-se para soldar qualquer coisa; outro, que é sem dúvida o animador do grupo, faz esgares imbecis e murmura sabe-se lá o quê, enquanto os demais se riem para dentro. Na cama está sentada a pecadora de Babilónia, a própria dona da casa, Lukéria Esquecida, desgrenhada, magra, coberta de sardas. Esforça-se por responder às minhas perguntas com a maior comicidade possível, enquanto vai balançando as pernas. Tem um olhar maldoso, perturbado e na cara antipática e marcada pelo álcool pode ler-se o número de prisões, de provações e de enfermidades que já sofreu no decurso da sua breve existência.

É ela que determina o ambiente da isbá, é por causa dela que tudo aqui respira um ar de vagabundagem alucinante, desregulada. Nunca se põe a questão de se tratar verdadeiramente da casa. Por vezes, encontro também um grupo de pessoas a preparar-se para jogar às cartas. Nas suas caras pode ler-se o desconforto, o aborrecimento, a impaciência, como quem diz: «Quando é que te vais embora para nós podermos voltar a jogar?» Outras vezes, entro numa isbá onde não há sinal de mobília, a não ser a estufa, e, sentados no chão, de costas encostadas à parede, estão vários circassianos, uns com gorro, outros de cabeça descoberta e rapada (mas que já deixa adivinhar uns cabelos muito ásperos), que me olham sem pestanejar. Quando só encontro em casa uma concubina, ela está habitualmente estendida na cama; responde às minhas perguntas, bocejando e espreguiçando-se e, quando me vê partir, volta a deitar-se.

Os deportados consideram-me uma personalidade oficial, e o recenseamento é visto como um daqueles procedimentos formais tão frequentes, que, geralmente, não levam a nada. Por outro lado, o facto de eu não ser dali, de eu não ser um funcionário de Sacalina, desperta a curiosidade.

— Para que é que nos está a inscrever?

E começam a fazer as mais diversas suposições. Uns dizem que são as autoridades superiores que querem cortar subsídios, outros que tinham acabado por decidir mandar toda a gente para o continente (porque estão plenamente convencidos de que, mais tarde ou mais cedo, o presídio e a colónia irão sair de Sacalina). Outros ainda, armando-se em cépticos, dizem que não é de esperar nada de bom, porque até Deus os abandonou; e dizem isto na esperança de que eu os conteste. Contudo, da entrada ou da estufa, como a zombar de todas estas esperanças, há muitas vezes uma voz cansada, desgostosa, cheia de tédio, que se levanta:

— E passam o dia a escrever! Todo o santo dia a escrever! Louvado seja Deus!

Durante toda a minha estada em Sacalina, nunca passei fome nem tive de suportar privações. Li que o agrónomo Mitsul, quando explorou a Ilha, o fez em condições tão miseráveis que até tinha sido obrigado a comer o cão. Mas, desde essa altura, a situação mudou muito. Nos nossos dias, os agrónomos deslocam-se em excelentes estradas; mesmo nas colónias mais pobres há postos de vigilância e as chamadas «mudas», onde se consegue encontrar sempre um pouco de calor, um samovar e uma cama. Quanto aos exploradores, quando se entranham na taiga, no interior dos terrenos, levam consigo conservas americanas, vinho tinto, pratos, garfos, almofadas; em resumo, tudo o que os presos, que aqui substituem os animais de carga, conseguem levar às costas. Ainda hoje há pessoas que se alimentam de coisas podres ligeiramente salgadas e que se devoram entre si, mas isso não tem nada a ver com os viajantes ou com os funcionários.

Nos capítulos que se seguem, vou descrever os postos e as colónias e, de caminho, tentarei elucidar o leitor quanto aos trabalhos forçados e às prisões, de acordo com o que vi durante a minha breve estada. Os trabalhos em Sacalina são muitíssimo variados: não se limitam às minas de ouro e de carvão; estendem-se a toda a vida corrente e estão presentes em qualquer lugar habitado da Ilha. O corte de árvores nas florestas, as obras, a drenagem de pântanos, a pesca, a ceifa do feno, a carga e a descarga dos barcos são outras tantas variedades de trabalhos forçados que, necessariamente, se confundem com a própria vida local. Só um espírito pouco atento poderá ver a colónia penal apenas no trabalho forçado das minas e das fábricas e pensar que as outras actividades são um fenómeno independente da prisão.

Começarei pelo vale de Aleksandrovsk e pelas colónias situadas ao longo do Duíka. Se Sacalina-Norte foi o primeiro lugar escolhido como zona de povoamento, não foi por ser a região mais bem explorada ou por responder melhor às finalidades da colonização; foi por puro acaso, simplesmente por estar situada muito próximo de Duí, onde foi implantado o primeiro presídio.

IV

O Duíka — A colónia de Aleksandrovsk ou Slobodka — Beleza, o vagabundo — O Posto de Aleksandrovsk — O seu passado — As iurtás — A Paris de Sacalina

O Duíka, a que alguns chamam ainda Aleksandrovka, quando foi explorado pelo zoólogo Poliakov, em 1881, não media mais de dez *sájenes* (vinte e um metros) de largo no seu curso inferior e tinha as margens repletas de emaranhados de troncos de árvore arrastados pela corrente. Os bancos de areia estavam, em muitos dos seus pontos, cobertos por um velho bosque de epíceas, de larícios, de amieiros e de salgueiros rodeados por uma zona pantanosa particularmente lamacenta e intransponível. Actualmente, o rio parece uma lagoa comprida e, devido à sua largura, às margens completamente despidas e à sua fraca corrente, lembra o rio Kanava de Moscovo.

Basta ler a descrição que faz Poliakov do vale de Aleksandrovka e compará-la com o que hoje se pode ver, nem que seja de passagem, para compreender quanto trabalho árduo, e verdadeiramente forçado, foi preciso executar para transformar todos estes pântanos e florestas em terra arável. Poliakov exprime-se nos seguintes termos: «Do alto das montanhas vizinhas, o vale de Aleksandrovka tem um aspecto sufocante, impenetrável e repleto de arvoredo... Uma imensa floresta de coníferas cobre imensas extensões do fundo do vale.» Descreve os pântanos, os atoleiros intransponíveis, um solo horroroso e florestas onde, «além das enormes árvores de pé, há terra coberta de gigantescos troncos semiapodrecidos, abatidos pela idade ou pelas tempestades; entre os troncos, junto às raízes, surgem desníveis onde, ao lado de outeiros cobertos de musgo, há covas e charcos.»

Hoje, no lugar da taiga, das covas e dos charcos, ergue-se uma cidade inteira, abriram-se estradas, verdejam pradarias, campos de centeio e hortas, e as pessoas queixam-se da falta de florestas. Ao considerar todo este trabalho e todo este esforço, realizado por homens que trabalham com água até à cintura, suportando as geadas, as chuvas geladas, a saudade, as humilhações e as vergastadas, quadros terríveis poderão invadir a imaginação do leitor. Não era em vão que um funcionário local, homem de grande bondade, me recitava «O Caminho-de-Ferro» de Nekrassov, sempre que viajávamos juntos.

Um pequeno afluente, com o nome de pequeno Aleksandrovka (*Málaia-Aleksandrovka*), lança as suas águas na margem direita do Duíka, muito perto do seu estuário. De um lado e de outro, estende-se a colónia de Aleksandrovsk (ou Slobodka, o bairro), a que já me referi. Slobodka constitui um arrabalde do Posto e quase se confunde com ele; no entanto, como se distingue por determinadas particularidades e tem uma vida independente, merece um tratamento à parte. É uma das colónias mais antigas e a sua povoação iniciou-se logo após o estabelecimento do presídio de Duí. Segundo Mitsul, a preferência por este lugar ficou a dever-se à presença de pradarias luxuriantes, de boas madeiras de construção, de um rio navegável e de uma terra fértil... «Segundo todos os indícios», escreveu este fanático, que encarava a nossa Ilha como a terra prometida, «não era possível duvidar do resultado positivo da colonização; contudo, das oito pessoas enviadas para Sacalina em 1862 com esta finalidade, só quatro se instalaram nas margens do Duíka.» Ora, o que é que poderiam fazer quatro pessoas? Removeram a terra a pá e picareta, lançaram à terra sementes de outono na Primavera e acabaram por voltar para o continente. Em 1869, no lugar onde está hoje Slobodka, foi criada uma quinta com a finalidade de se chegar a uma conclusão sobre uma questão crucial: poderia ou não o trabalho forçado contribuir para o desenvolvimento da agricultura? Durante três anos, os presos arrancaram árvores, construíram casas, drenaram pântanos, abriram estradas, cultivaram cereais, mas, uma vez cumprida a pena, recusaram-se a ficar na Ilha e pediram ao governador-geral para os deixar regressar ao continente, porque a cultura cerealífera não rendia nada e eles não tinham outro meio de ganhar a vida. O pedido foi satisfeito, mas a denominada «quinta» continuou a existir. Com o passar do tempo, os presos de Duí tornaram-se colonos, vieram outros da Rússia, acompanhados das famílias às quais era necessário atribuir terrenos. Deram-se ordens para se considerar Sacalina uma terra fértil e adequada à colonização agrícola, de modo que, nos lugares onde a vida não se podia manter de acordo com as leis naturais, foram-se instaurando, pouco a pouco, formas de vida artificiais, através da violência e à custa de grandes dispêndios em numerário e em esforços humanos. Em 1879, o doutor Avgustinóvitch, durante a sua estada na Ilha, já aí encontrou vinte e oito casas[32].

Actualmente, em Slobodka há quinze quintas. As casas têm telhados de madeira, são espaçosas, dispondo por vezes de várias divisões, têm boas dependências e hortas contíguas. Há uma *bânia* para servir cada duas casas.

O inventário feito totaliza trinta e nove *deciatinas* e três quartos[33] de terras cultivadas, vinte e quatro *deciatinas* e meia de prados, vinte e três cavalos e quarenta e sete cabeças de gado miúdo e graúdo.

Slobodka é considerada uma colónia aristocrática, devido à composição social dos seus habitantes: um conselheiro da nobreza casado com a filha de um colono, um homem de condição livre que veio parar à Ilha para acompanhar a sua mãe reclusa, sete camponeses proscritos, quatro colonos e apenas dois presidiários. E, em vinte e dois casamentos, só quatro são ilegítimos.

Pela idade dos seus habitantes, Slobodka também se assemelha a uma aldeia normal, onde os indivíduos em idade de trabalhar não predominam numa proporção tão brutal como nas outras colónias. Há crianças e jovens, bem como pessoas de idade que já ultrapassaram os sessenta e cinco anos, e inclusive alguns com mais de setenta e cinco.

Então, põe-se a questão de como explicar a situação relativamente próspera da colónia, apesar das declarações dos próprios proprietários que garantem que «a agricultura não dá para viver». Sobre este assunto, poderíamos evocar várias causas que, em condições normais de vida, predisporiam para uma vida sedentária e livre. A título de exemplo, poderíamos evocar a forte proporção de veteranos, gente chegada a Sacalina antes de 1880, que teria tido tempo para se aclimatar e para se adaptar ao solo da Ilha. Outra constatação muito importante: dezanove maridos foram acompanhados pelas mulheres e quase todos os que se instalaram nas concessões atribuídas tinham família. As mulheres são relativamente numerosas, de forma que só há nove homens celibatários, mas nenhum vive sozinho. Em geral, Slobodka é bafejada pela sorte e tem outro factor favorável: uma grande percentagem dos seus habitantes sabe ler e escrever (vinte e seis homens e onze mulheres).

Sem falar no conselheiro nobre que exerce em Sacalina as funções de agrimensor, por que motivo os proprietários livres e os camponeses proscritos, que usufruem desse direito, não voltam para o continente? Diz-se que é devido ao seu êxito na agricultura, mas isso não é inteiramente verdade, porque nem todos os proprietários têm pastagens e terras de cultivo. Só oito famílias possuem prados e gado, só doze cultivam a terra e, seja como for, nenhuma quinta é assim tão importante para, por si só, poder proporcionar uma situação económica desafogada. Não há outra maneira de ganhar a vida, não se fabrica artesanato, e a única pessoa que tem uma loja é L., um antigo oficial. Por não haver nenhum dado oficial que consiga explicar o desafogo em que vivem os habitantes de Slobodka, se quisermos encontrar a solução do enigma, somos obrigados a investigar a única fonte disponível nestes casos: a má reputação.

Há uns anos, praticava-se aqui, em grande escala, o comércio clandestino de álcool, cuja importação e venda são rigorosamente proibidas, o que deu origem a um tipo especial de contrabando. Às vezes, o álcool era introduzido na Ilha em recipientes de lata com a forma de um pão doce, em samovares, em cantis, ainda que fosse transportado, com mais frequência, em barris e em garrafas vulgares, porque as autoridades subalternas aceitavam luvas e as autoridades superiores fechavam os olhos. Em Slobodka, uma garrafa de *vodka* reles valia seis, ou mesmo dez rublos; e era daqui que saía a *vodka* que abastecia todas as prisões de Sacalina-Norte. Alguns funcionários, que eram uns bêbedos inveterados, nunca a recusavam; conheci um que, em momentos de crise, dava aos detidos tudo o que tivesse nos bolsos em troca de uma garrafa de *vodka*.

Actualmente, o contrabando de álcool decaiu bastante, mas há uma outra actividade de que se fala abertamente: a venda de vestuário usado e de bricabraque aos prisioneiros. Por três vezes menos, podem adquirir-se camisolas, camisas, abafos curtos, e todas estas roupas andrajosas se escoam rapidamente em Nikolaievsk. Há também as casas de penhores. Numa altura, o barão Korff chamou a Slobodka «a Paris

de Sacalina». Essa Paris barulhenta e desejosa de arrebatamento, de bebedeiras, de frenesim, de fraquezas que levam uma pessoa a beber mais
do que a conta, a vender ao desbarato objectos roubados ou a vender a
alma ao diabo, vai dar precisamente a Slobodka.

O caminho-de-ferro e Slobodka não são as únicas curiosidades do espaço que medeia entre a beira-mar e o Posto: há ainda a travessia do
Duíka. No local de embarque, em vez de um pequeno barco ou de uma
barcaça, flutua uma caixa enorme, perfeitamente quadrada. O comandante desta embarcação, absolutamente única no seu género, é o prisioneiro Beleza (*Krassívi*) que não se lembra da família. Com setenta e
um anos, é corcunda, tem as omoplatas salientes, uma costela partida,
falta-lhe um polegar, e tem o corpo coberto de cicatrizes das bastona-
das e das chibatadas que recebeu no passado. Quase sem cãs, os cabelos parecem não ter cor e os olhos azuis e brilhantes têm uma expressão alegre e bondosa. Anda descalço e vestido com farrapos. É uma
pessoa muito viva, bem-falante e que está sempre a rir. Em 1855, conforme confessa, desertou «por estupidez» e começou a vadiar, esque-
cendo-se da família. Prenderam-no e despacharam-no para a Transbaikália para, como ele diz, «servir os cossacos».

— Nessa altura — contou-me — eu julgava que as pessoas na Sibéria viviam debaixo da terra, e então, durante o caminho, resolvi fugir!
Foi em Tiuméni. Consegui chegar a Kamichlov, onde me capturaram e
me condenaram, Excelência, a vinte anos de trabalhos forçados e a noventa chicotadas. Despacharam-me para Kara, onde me aplicaram essas famosas acções do chicote, e de lá para Sacalina, para Korsakovsk.
Evadi-me de Korsakovsk com um companheiro, mas só cheguei a Duí,
porque adoeci e não pude continuar. O meu companheiro conseguiu ir
até Blagovéschensk. Estou a cumprir a minha segunda condenação. No
total, já faz vinte e dois anos que vivo em Sacalina. E o meu único crime foi ter desertado.

— Então, por que razão escondes o teu verdadeiro nome? Qual é a
necessidade disso?

— O ano passado disse-o a um funcionário.

— E então?

— Bem, não serviu de nada. O funcionário disse-me: «Quando re-
gularizarem os teus papéis, já deves estar morto. Deixa-te ficar assim.
O que é que isso te adiantaria?» Acho que ele tem razão… Seja como
for, não vou andar por cá muito tempo. Mas, de qualquer maneira, meu
querido senhor, a minha família vai saber onde é que eu estou.

— Como é que te chamas?

— Aqui chamo-me Vassíli Ignátiev, Excelência.

— E o nome verdadeiro é?

Beleza reflectiu e disse-me:

— Nikita Trofimov. Nasci no distrito de Skópinsk, na região de Riazan.

E lá estava eu prestes a atravessar o rio naquela pequena caixa. O Beleza faz força no fundo do rio com uma longa vara, e todo o seu corpo débil e ossudo se distende. A tarefa não é nada fácil.

— Este trabalho não é muito duro?

— Vai-se fazendo, Excelência. Ninguém me pressiona, vou fazendo as coisas devagarinho.

Contou-me que, durante os vinte e dois anos em que está em Sacalina, nunca passou um dia no cárcere nem recebeu uma única vergastada.

— Porque eu, quando me mandam serrar madeira, vou; quando me põem este pau nas mãos, venho para aqui trabalhar; quando me dizem para acender as estufas dos escritórios, acendo-as. Preciso é de obedecer. Para quê virarmo-nos contra o céu? Graças a Deus, até tenho uma boa vida!

No Verão, mora numa iurtá que fica perto do pontão; a iurtá exala um odor acre a bafio, onde só há uns farrapos, um bocado de pão e uma espingarda. Quando lhe pergunto para que quer a espingarda, responde-me, a rir, que é para se defender dos ladrões e para atirar aos maçaricos-reais. Mas a espingarda está estragada e só lá está para ser vista. No Inverno, torna-se empregado das estufas e mora no escritório do desembarcadouro. Um dia, vi-o com as calças arregaçadas até aos joelhos que punham a descoberto as suas pernas arroxeadas e cheias de varizes, a puxar, na companhia de um chinês, uma rede onde reluziam salmões prateados que eram tão grossos como os nossos lúcios. Acenei-lhe e ele respondeu-me com um ar radiante.

O Posto de Aleksandrovsk foi fundado em 1881. Um funcionário que vive em Sacalina há já dez anos disse-me que, na altura da sua chegada, pouco faltou para ter morrido afogado no pântano. O padre Irakli, que viveu no Posto de Aleksandrovsk até 1886, contou-me que, no início da fundação da colónia, não havia mais de três casas e que a prisão ocupava a pequena caserna onde actualmente estão os músicos. As ruas estavam atravancadas de troncos de árvores, e no local onde agora está a fábrica de tijolos, em 1882, ainda se caçavam zibelinas. Como igreja, tinham-lhe proposto a guarita do vigilante, mas o padre, invocando a sua exiguidade, recusou. Quando estava bom tempo, dizia a missa na praça; quando o tempo não estava de feição, celebrava o ofício dentro da caserna, ou então num sítio qualquer, encurtando a liturgia.

— Cumpria o serviço religioso ao som das correntes... — contou-me ele, no meio do barulho e do calor das panelas. — Glória a Deus nas alturas! — dizia eu, e ao meu lado ouvia alguém a gritar: «Filho da p...!»

Aleksandrovsk começou a crescer quando Sacalina mudou de estatuto, o que implicou a criação de muitos cargos novos, incluindo um de general. Para acolher os novos funcionários e os seus serviços, era necessário criar um lugar novo, porque Duí, onde anteriormente se situava a direcção da colónia penal, era uma aldeia demasiado pequena e sinistra. Slobodka já estava instalada num espaço aberto e, a seis *verstás* daí, estava a prisão do Duíka. Assim, a pouco e pouco, foi-se criando um bairro residencial com construções destinadas aos funcionários, aos escritórios, à igreja, aos armazéns, às lojas e a outros estabelecimentos. E foi assim que surgiu o que era indispensável na Ilha, quer dizer, uma cidade, a Paris de Sacalina, onde aqueles que só conseguem respirar o ar das cidades e ocupar-se de assuntos urbanos encontraram uma sociedade e um ambiente adequados.

Todos os trabalhos de construção e de limpeza dos terrenos foram efectuados pelos prisioneiros. Até 1888, data em que foi edificada a actual prisão, os condenados viviam em cabanas chamadas «iurtás», de toros enterrados a uma profundidade de dois a dois *archins* e meio (de um metro e quarenta a um metro e setenta e cinco), e com telhados de duas águas em terra batida. As janelas eram pequenas, estreitas e ficavam rentes ao chão. No interior estava sempre escuro, especialmente no Inverno, quando as iurtás estavam cobertas de neve. Por vezes, a água do subsolo subia até ao nível do chão, e o tecto em terra batida e as paredes porosas e meio apodrecidas escorriam continuamente, de modo que nestes autênticos subterrâneos, reinava uma humidade terrível, que obrigava os homens a dormir sem tirarem os abafos. Em torno destes casebres, o solo e a água dos poços estavam constantemente contaminados de excrementos humanos e de toda a espécie de dejectos, porque não havia retretes nem forma de descarregar as imundícies. Os condenados viviam nas iurtás com as mulheres e os filhos.

Actualmente, se virmos no mapa, Aleksandrovsk ocupa uma superfície de cerca de duas *verstás* quadradas; no entanto, como já se uniu a Slobodka e uma das suas ruas chega até à colónia de Korsakovsk, com a qual, mais tarde ou mais cedo, está destinada a fundir-se, as suas dimensões são, de facto, muito mais imponentes. A cidade possui algumas vias largas e rectilíneas que, contudo, não se chamam ruas, mas bairros, seguindo um hábito antigo. A tradição exige também que se baptizem as ruas das povoações de Sacalina com o nome de alguns funcionários, mesmo quando estes ainda estão vivos. E não se pretende honrar apenas o nome de família, mas também o nome próprio e o patronímico[34]. Mas, por sorte, Aleksandrovsk ainda não resolveu imortalizar um único funcionário administrativo e as suas ruas conservaram até hoje os nomes dos bairros em que nasceram: Rua dos Tijolos (*Kirpitchnaia*), Rua dos Papelotes (*Peisikovskaia*), Rua Kassian (*Kassianovskaia*), Rua dos Escribas (*Pissarskaia*), Rua dos Soldados (*Soldatskaia*). A origem de todos estes nomes não é difícil de adivinhar, com excepção da «Rua dos Papelotes». Diz-se que foram os presos que lhe chamaram assim em homenagem aos papelotes usados por um judeu que tinha um negócio nesse lugar, quando a taiga ainda ocupava o lugar onde o bairro viria a ser construído; segundo outra versão, seria em memória de uma exilada, chamada Peisikovka, que ali viveu dedicando-se ao comércio.

As ruas estão embelezadas por passeios de madeira, a ordem e a limpeza são visíveis por todo o lado e, mesmo nas ruas onde os miseráveis se juntam, não se vêem poças de lama nem montões de imundícies. O essencial do Posto é a sua parte oficial: a igreja, a residência do comandante da Ilha, a chancelaria, a estação dos Correios e do Telégrafo, a esquadra da polícia com a sua tipografia, a residência do chefe do distrito, a loja do fundo colonial, os quartéis, o hospital da prisão, o hospital militar, uma mesquita ainda em construção com o seu minarete, as residências pertencentes ao Estado onde vivem os funcionários, e o presídio dos condenados a trabalhos forçados com os seus inúmeros depósitos e oficinas. Há bastantes casas novas, de estilo europeu, cobertas com chapa metálica e muitas delas estão pintadas. Em Sacalina não há nem gesso nem pedra de boa qualidade; por isso, não se constrói com esse tipo de materiais.

Sem contar com as residências de funcionários e de oficiais destacados na Ilha e com o bairro dos soldados onde vivem militares casados com mulheres de condição livre — habitantes temporários que mudam todos os anos —, restam ao todo duzentas e noventa e oito famílias, ou seja, mil quatrocentos e noventa e nove habitantes, dos quais novecentos e vinte e três são homens e quinhentos e setenta e seis são mulheres. Se juntarmos a este número a população livre, os militares e os presos que dormem na prisão sem estarem ligados a nenhuma concessão privada, temos cerca de três mil almas. Em comparação com Slobodka, há muito poucos camponeses, mas os presos constituem um terço dos proprietários. O *Regulamento* permite que os detidos que já deram provas de bom comportamento vivam fora da prisão e fundem um lar. Porém, esta lei, devido ao seu carácter pouco prático, está perpetuamente a ser alterada, e é por isso que podemos encontrar a viver nas isbás não apenas detidos com bom comportamento mas também outros em liberdade condicional e até alguns condenados a prisão perpétua.

Sem falar dos empregados administrativos, dos desenhadores e dos artesãos qualificados, que, em função das suas próprias actividades, não poderiam viver na prisão, há muitos prisioneiros em Sacalina que são chefes de família e não seria racional separá-los dos cônjuges e dos filhos, devido às implicações que essa separação teria na vida da colónia. Haveria que alojar todo o agregado familiar, ou assegurar-lhe a alimentação e o alojamento a expensas do Tesouro, ou então obrigá-lo a permanecer na terra natal durante o tempo em que o chefe de família está a cumprir a pena.

Os presos em liberdade condicional permanecem nas isbás, o que os leva muitas vezes a cumprir uma pena menos dura do que os seus companheiros libertados por bom comportamento. Isto é um grave atentado à justeza da punição, mas esta irregularidade é justificada pelas condições que imperam na vida da colónia. No entanto, não seria difícil corrigir esta situação: bastava tirar da prisão os outros detidos e instalá-los em casas.

Mas, voltando aos presos casados, há uma outra incoerência que me parece inadmissível: é a imprevidência da administração que instala dezenas de famílias em localidades desprovidas de hortas, de campos de cultivo ou de prados, enquanto outras colónias do distrito, com condições menos adversas, são deixadas nas mãos de celibatários que nada fazem porque lhes faltam as mulheres. A sul da Ilha, onde se realizam colheitas todos os anos, há colónias sem uma única mulher, enquanto na Paris de Sacalina vivem cento e cinquenta e oito mulheres de condição livre, que voluntariamente resolveram acompanhar os maridos no exílio.

Em Aleksandrovsk já não há terrenos agrícolas disponíveis. Antigamente, quando estes abundavam, atribuíam entre cem a duzentas e até mesmo quinhentas *sájenes* quadradas (cem *sájenes* quadradas equivalem a quatrocentos e cinquenta metros quadrados) aos colonos; agora instalam-se pessoas em doze, nove, ou mesmo em oito *sájenes* quadra-

das (trinta e seis metros quadrados). Contei cento e sessenta e uma casas, incluindo a superfície construída e as hortas, que se acantonavam
em terrenos que não ultrapassavam vinte *sájenes* quadradas (noventa
metros quadrados). Esta situação pode ser explicada pelas condições
naturais do vale do Duíka: é impossível avançar até ao mar porque a
terra não vale nada; de ambos os lados, o Posto está limitado pela montanha, e só se pode expandir numa única direcção, a montante do Duíka, ao longo do caminho que é conhecido como a estrada de Korsakovsk. Aí, as quintas alinham-se numa só fila, estreitamente encostadas
umas às outras.

De acordo com o cadastro, são apenas trinta e seis os proprietários
que se dedicam à lavoura e nove às pastagens. A superfície das parcelas cultiváveis oscila entre trezentas *sájenes* e uma *deciatina*. Quase toda a gente cultiva batatas. Só dezasseis pessoas possuem cavalos, mas
há trinta e oito proprietários que têm vacas; no entanto, convém esclarecer que todo este gado é mantido por camponeses ou por colonos que
não se dedicam à agricultura, mas ao comércio. Estes números permitem concluir que Aleksandrovsk não vive dos recursos do seu solo. Um
dado que permite avaliar o pouco interesse que estes terrenos de cultivo despertam é a impossibilidade de encontrar alguém que já cá esteja
há muito tempo. Das pessoas que aqui se instalaram em 1881 não resta uma única; de 1882, só restam seis; de 1883, há quatro; de 1884, ficaram treze; de 1885, temos sessenta e oito. Os restantes duzentos e sete instalaram-se, portanto depois de 1885. A julgar pelo número tão
baixo de camponeses — não são mais de dezanove —, somos levados
a concluir que cada um deles só fica em Sacalina o tempo estritamente
necessário para obter o estatuto de camponês, quer dizer, o direito a
abandonar a sua propriedade e a voltar para o continente.

Então, de que é que vive a população de Aleksandrovsk? É uma
questão que não consegui esclarecer inteiramente. Embora admitindo
que os fazendeiros, as mulheres e os filhos se alimentam, tal como os
irlandeses, exclusivamente de batatas, e que a produção chega para o
ano inteiro, o que é que comem os duzentos e quarenta e um colonos e
os trezentos e cinquenta e oito prisioneiros de ambos os sexos que vivem nas isbás com o estatuto de concubinas, de arrendatários e de operários? É verdade que quase metade da população beneficia da ajuda da
penitenciária sob a forma de víveres e de abonos às crianças. Há também os salários, uma vez que mais de cem pessoas trabalham nas oficinas e nas repartições do Estado. Nas minhas fichas, figura um grande
número de artesãos de que nenhuma cidade pode prescindir: estofado-

res, joalheiros, relojoeiros, alfaiates, etc. Os trabalhos em madeira ou em metal custam muito caro e, se não se der uma gorjeta superior a um rublo, já ninguém os faz. Mas, para manter, dia após dia, a vida das cidades, a concessão de alimentos e os escassos trabalhos pagos serão suficientes? Em relação aos artesãos, a oferta ultrapassa, e de longe, a procura e, quanto à mão-de-obra, os carpinteiros, por exemplo, contentam-se com dez copeques por dia, sem incluir alimentação.

As pessoas gerem em apertos estes dois recursos mas, de qualquer modo, todos os dias tomam chá, fumam tabaco turco, vestem-se à civil, pagam os seus alugueres, e algumas compram as casas dos camponeses que voltam para o continente ou constroem casas novas. Os negócios dos lojistas vão de vento em popa e todo o tipo de *kulaks*[35], após a saída do presídio, amealha milhares de rublos.

Há aqui muitas coisas obscuras e eu fiquei com a suspeita de que, além de muitas das pessoas que se instalam em Aleksandrovsk chegarem da Rússia com muito dinheiro, uma parte importante do sustento da população provém de ganhos ilícitos. Adquirir os bens dos detidos e escoá-los em grandes quantidades para Nikolaievsk, explorar os indígenas e os presos recém-chegados, dedicar-se ao tráfico clandestino de álcool, emprestar dinheiro a taxas de juro elevadíssimas e apostar forte em jogos de azar são algumas das ocupações dos homens. Quanto às mulheres, detidas ou livres, o seu negócio é a prostituição. Uma mulher de condição livre, interrogada, no decorrer de um inquérito, sobre a origem do seu dinheiro, respondeu: «Ganhei-o com o meu corpo.»

Há, ao todo, trezentas e trinta e duas famílias das quais cento e oitenta e cinco são legítimas e cento e quarenta e sete são uniões livres. A proporção relativamente elevada de casais não se explica pela existência de condições favoráveis que incitem a estabelecer uma vida familiar estável. Resulta do acaso, isto é, da ligeireza da administração que instala os casais nas concessões de Aleksandrovsk, em lugar de lhes atribuir um lugar mais apropriado, da relativa facilidade que alguns degredados têm, graças às suas relações com as autoridades e com a prisão, de arranjar mulher. Quando a vida não se desenvolve de acordo com a ordem natural das coisas, mas de uma maneira artificial, e quando a sua expansão depende mais das teorias e da fantasia de algumas pessoas do que das condições naturais e económicas, este tipo de arbitrariedade domina-a radicalmente e converte-se numa espécie de lei de uma existência falsa.

V

*A prisão de Aleksandrovsk — As celas comuns — Os prisio-
neiros acorrentados — Mão de Ouro — As instalações sanitárias — O maidan — O trabalho forçado — Os criados — As
oficinas*

Visitei a prisão de Aleksandrovsk pouco depois da minha chegada[36].
Trata-se de um grande pátio quadrangular delimitado por seis barracões
fazendo lembrar um aquartelamento ligado por uma paliçada. O portão
está sempre aberto e uma sentinela passeia de um lado para o outro, fazendo a guarda. O pátio está varrido e limpo: não há pedras, nem lixo,
nem dejectos, nem sequer uma poça de água. Esta limpeza exemplar
causa boa impressão.

As portas de todos os barracões estão abertas de par em par. Trans-
pus uma delas e fui parar a um pequeno corredor. À direita e à esquerda, abrem-se portas que dão para as celas, por cima das quais se
podem ver pequenas placas negras com as seguintes inscrições a branco: «Pavilhão número tal; volume de ar, tanto; número de detidos, tantos.» Ao fundo do corredor, uma outra porta dá para uma pequena divisão onde estão dois prisioneiros políticos com o colete desapertado,
sem meias e com os pés enfiados em sapatos finos, que sacodem com
força o seu enxergão de palha; em cima de um pequeno banco está um
livro e um bocado de pão escuro. O chefe do distrito que me acompanha explica-me que esses dois detidos estão autorizados a viver fora
da prisão, mas que se recusaram a receber qualquer tratamento de
favor.

— Sentido! De pé! — grita o guarda.

Entramos numa das celas. Parece espaçosa e tem uma capacidade de
cerca de duas *sájenes* cúbicas (dezanove metros cúbicos). As janelas
estão abertas e a luz entra a jorros. As paredes, sem reboco, são rugo-
sas e sombrias, e as gretas das vigas estão calafetados com estopa;
brancas são só as estufas holandesas. O chão, completamente seco, é
de tábuas em bruto. A meio, e a todo o comprimento da cela, estende-
-se uma espécie de plataforma, ligeiramente inclinada de ambos os lados; os detidos dormem em duas filas, cabeça contra cabeça. Os lugares não estão numerados nem delimitados; assim, tanto lá podem pôr
setenta como cento e setenta pessoas. Não há camas. Os presos dormem nas tábuas duras ou colocam por baixo velhos sacos rotos e todo

o tipo de trapos podres com um aspecto particularmente repugnante. Por todo o lado há bonés, sapatos, bocados de pão, garrafas de leite vazias tapadas com um trapo ou com um bocado de papel, formas de botas, ferramentas e um montão de coisas velhas. Pelo meio desta confusão, passeia um gato bem nutrido. Nas paredes estão penduradas roupas, foices e ferramentas; nas prateleiras há chaleiras, pão e caixas não sei com quê.

Quando um homem livre entra num destes barracões de Sacalina, não se descobre; este gesto de cortesia só é obrigatório para os prisioneiros. Caminhamos para cá e para lá, de gorro na cabeça, ao longo da plataforma, enquanto os detidos, em sentido, nos olham silenciosamente. Também nós fazemos o mesmo e isso dá-nos o ar de termos vindo comprá-los. Visitámos outros barracões e, por todo o lado, a mesma terrível miséria, tão difícil de se esconder debaixo dos farrapos como uma mosca debaixo de uma lupa. É «uma vida entre ruínas», niilista no sentido próprio do termo, que nega a propriedade pessoal, o isolamento, o conforto e o sono tranquilo.

Os detidos de Aleksandrovsk gozam de uma relativa liberdade: não trazem correntes, têm o direito, durante o dia, de ir onde lhes apetece sem escolta; podem andar sem uniforme, e vestem-se como melhor lhes parece, de acordo com o tempo e com o trabalho que fazem.

Os evadidos recapturados ou os prisioneiros sujeitos a inquérito, devido à prática de um novo delito, estão encerrados num edifício especial que se chama «a casa das grilhetas». A ameaça que mais se ouve em Sacalina é: «Vais ver quando te puser a ferros!» À entrada, este local terrífico está guardado por sentinelas, uma das quais nos informou: «Está tudo bem na casa das grilhetas.»

Um cadeado enorme, difícil de manusear, uma verdadeira relíquia, abre-se com o barulho de um trovão e entramos numa cela exígua onde se encontram uns vintes evadidos recentemente recapturados: esfarrapados, sujos e acorrentados, trazem nos pés sapatos disformes atados com trapos ou cordas; de um lado do crânio têm cabelos desgrenhados; do outro, os cabelos rapados há alguns dias já começam a crescer. Estão todos muito magros — parecendo animais na muda da pele — mas, aparentemente, cheios de energia. Sem roupa de cama, dormem directamente em cima das tábuas. Num canto está uma latrina; a satisfação das necessidades naturais tem de se fazer na presença de vinte testemunhas. Um dos presos pede que o libertem e jura não voltar a fugir; outro pede que lhe tirem os ferros; outro queixa-se da insuficiência da ração de pão.

Algumas celas têm dois ou três prisioneiros; outras apenas um, mas albergam pessoas com muito interesse.

Uma reclusa que está incomunicável atrai todas as atenções. É a famosa Sófia Blüwstein, a quem chamam *Mão de Ouro*, condenada a três anos de trabalhos forçados por se ter evadido da Sibéria. É uma mulher pequena, magrizela, já com cabelos grisalhos, de rosto enrugado e punhos acorrentados. Na sua tarimba, só se vê uma pobre peliça de carneiro que lhe serve ao mesmo tempo de vestuário e de roupa de cama no Inverno. Passeia de um lado para o outro da cela e parece estar sempre a aspirar o ar, como um rato numa ratoeira; e, na verdade, a expressão do seu rosto faz lembrar a de um rato.

É difícil pensar que, ainda não há muito tempo, era tão bela que conseguia seduzir os carcereiros, como aconteceu em Smolensk, onde um guarda a ajudou a evadir-se, acompanhando-a na fuga. Inicialmente, vivia em Sacalina como qualquer outra mulher que é para aí enviada: num alojamento na cidade. Contudo, tentou fugir disfarçada de soldado e foi detida. Na altura em que vivia na cidade foram perpetrados vários crimes: o lojista Nikitin foi assassinado; a um judeu exilado chamado Iurkóvski roubaram cinquenta e seis mil rublos. *Mão de Ouro* foi considerada suspeita e acusada de participação directa e de cumplicidade nestes dois crimes. As autoridades encarregadas de instruir os processos enredaram-nos de tal maneira e enredaram-se tanto numa trama de inépcias e de erros que tornaram impossível compreendê-los. Seja como for, os cinquenta e seis mil rublos nunca foram encontrados e isso deu origem à proliferação de narrativas fabulosas.

Vou falar das cozinhas, onde assisti à preparação do almoço de novecentas pessoas, num capítulo à parte, bem como do aprovisionamento e da forma como os prisioneiros se alimentam. Agora quero dizer alguma coisa sobre as latrinas. Como se sabe, a maioria dos russos trata estas instalações com o maior desprezo. No campo não há latrinas, e as que existem nos conventos, nas feiras, nas estalagens e em todos os locais onde a inspecção sanitária ainda não actuou são totalmente repugnantes. Este desprezo dos russos também chegou à Sibéria. A história do presídio demonstra que as latrinas sempre foram, nas prisões, uma fonte de fedores sufocantes e de infecções, e que detidos e administração se acomodaram sem grandes problemas a essa realidade. No relatório que efectuou em 1872, Vlassov conta que, em Kara, não existia uma única latrina na prisão; para satisfazerem as necessidades, os prisioneiros eram conduzidos à praça pública, mas não logo quando pediam, porque tinham de esperar que houvesse várias pessoas na mesma situação. Poderia citar uma centena de exemplos deste tipo. Na prisão de Aleksandrovsk, as retretes são constituídas apenas por uma fossa situada no pátio, dentro de uma cabana especial entre os barracões. Vê-se que estas instalações foram construídas da forma mais económica possível mas, apesar de tudo, comparadas com o que havia antes, constituem um progresso notável e, pelo menos, não provocam náuseas. A cabana é fria e ventilada por chaminés de madeira e os estrados estão dispostos ao longo das paredes de forma que ninguém possa estar de pé mas apenas sentado, o que permite, principalmente, resguardar os lugares da sujidade e da humidade. O cheiro é só ligeiramente desagradável, porque é disfarçado com produtos correntes como o creosote e o fenol. As latrinas estão acessíveis tanto de dia como de noite, e esta medida tão simples torna os baldes inúteis, que agora só são utilizados pelos reclusos acorrentados.

Perto da prisão há um poço que permite avaliar o nível de água que existe no subsolo. Devido à estrutura especial dos terrenos de Sacalina, esta sobe tão alto que, no cemitério, localizado numa colina acima do nível do mar, vi túmulos semi-inundados, mesmo com tempo seco. Em volta da prisão, e mesmo em todo o Posto, o solo é drenado por valas cuja profundidade é insuficiente para que os edifícios estejam totalmente a salvo da humidade.

Quando está bom tempo e faz calor, o que é raro, a prisão fica perfeitamente arejada: escancaram-se todas as portas e janelas e os detidos passam a maior parte do dia no pátio ou fora da prisão. Mas, no Inverno, ou quando está mau tempo, quer dizer, em média quase dez meses por ano, têm de se contentar com o ar dos postigos abertos e com o calor das estufas. A madeira de larício e de abeto, de que são construídos os edifícios e as suas fundações, assegurariam uma boa ventilação natural, mas esta é precária, porque a alta percentagem de água na atmosfera, as chuvas abundantes e também os vapores que vêm do interior fazem com que as fibras da madeira regurgitem de humidade que, no Inverno, se transforma em gelo; então há pouca ventilação e a cubagem de ar por preso torna-se insuficiente. Anotei no meu caderno: «Pavilhão n.º 9. Cubagem de ar: cento e oitenta e sete *sájenes* cúbicas (mil e oitocentos metros cúbicos). Número de ocupantes: sessenta e cinco.» Estes dados referem-se aos meses de Verão, quando só metade dos reclusos dorme na prisão. Os números constantes do relatório médico de 1888 são os seguintes: «Cubagem total do espaço reservado aos detidos: novecentas e setenta *sájenes* cúbicas (nove mil e quinhentos metros cúbicos). O número de prisioneiros varia entre os mil, seiscentos e vinte e três e os mil, novecentos e cinquenta indivíduos, ou seja, uma média anual de mil, setecentos e oitenta e cinco. Passam a noite na prisão setecentos e quarenta reclusos, o que faz com que o ar tenha uma cubagem de uma *sájene* e trinta e um (doze metros cúbicos) por pessoa.» A prisão está menos lotada no Verão, quando os presos vão trabalhar na reparação das estradas e nas tarefas do campo. A lotação máxima é atingida no Outono, quando os prisioneiros regressam e o *Voluntário (Dobrovoliets)* traz um novo contingente de quatrocentas a quinhentas pessoas, que ficam na prisão de Aleksandrovsk até serem distribuídas por outras. Por conseguinte, é no momento em que a ventilação é menos eficaz que os presos dispõem de menos volume de ar.

O detido regressa à prisão, depois do trabalho, muitas vezes realizado debaixo de mau tempo, com a roupa ensopada e os sapatos cheios de lama, sem ter onde os secar. Pendura uma parte das roupas junto à tarimba, e a outra parte, ainda molhada, estende-a nas tábuas da tarimba, e utiliza-a como colchão. O casaco cheira a carneiro e o calçado fede a couro e a pez. A roupa interior, embebida em secreções epidérmicas e misturada com sacos velhos e trapos podres, está húmida e há muito tempo que desconhece a lavagem; as peúgas russas têm um odor horroroso a transpiração; e o homem cujo corpo há muito ignora o banho, cheio de piolhos e cheirando a tabaco barato, sofre permanentemente de flatulência. O pão, a carne, o peixe salgado, que muitas vezes ele próprio secou na prisão, as migalhas, os ossos, as sobras e restos de sopa misturam-se na escudela. Esmaga os percevejos com os dedos na tarimba e tudo isso faz com que o ar no barracão seja fétido, pestilento e acre. Além disso, o ar está de tal forma saturado de vapor de água que, durante as grandes geadas da manhã, o interior das janelas fica coberto de uma camada de gelo que obscurece a cela; o hidrogénio sulfurado, os compostos amoniacais e outros misturam-se com o vapor de água e criam um ambiente que «é de vomitar as tripas», como dizem os vigilantes.

Nas celas comuns, é impossível haver cuidados especiais com a limpeza, e aqui nunca a higiene consegue ultrapassar o estrito quadro imposto pelo clima e pelas condições de trabalho dos detidos. E, por melhores que sejam as intenções da administração, as suas medidas serão sempre ineficazes e nunca se livrarão das críticas. Para as evitar, era preciso reconhecer que as celas-dormitório já tiveram o seu tempo e havia que as substituir por alojamentos de outro tipo, o que em parte já hoje se faz, pois são muitos os presos que vivem em isbás; ou então a administração terá de encarar a sujidade como um mal inevitável e necessário e deixar os cálculos do ar viciado em *sájenes* cúbicas para aqueles que vêem as regras de higiene como uma mera formalidade.

Penso que, em relação às celas comuns, ninguém consegue encontrar o mais pequeno argumento a seu favor. Os homens que aí vivem não constituem uma comunidade nem um *artel*[37] que imponham determinadas obrigações aos seus membros, mas um grupo informe, liberto de quaisquer responsabilidades em relação aos lugares onde vive, aos vizinhos e aos objectos. É impossível proibir um preso de entrar na cela com os sapatos cheios de lama, de fumar lá dentro, de cuspir no chão e de esmagar percevejos. Se a cela fede, se os roubos tornam a vida impossível, se se cantam canções obscenas, é um erro de todos, quer dizer, não é de ninguém. Perguntei a um condenado, outrora considerado um cidadão honrado: «Por que razão é tão desleixado na maneira de se arranjar?» Ele respondeu-me: «Porque, aqui, a limpeza não serve para nada.» E, na verdade, aos olhos de um presidiário, que valor pode ter a higiene pessoal se amanhã vai chegar uma nova leva de presos e vão instalar ao seu lado um vizinho cheio de parasitas, com um odor nauseabundo?

As celas comuns nem sequer concedem ao criminoso a intimidade necessária para a oração, para a meditação, para esse recolhimento que todos os partidários do arrependimento consideram indispensável. As frenéticas partidas de cartas, que se jogam com a cumplicidade de um guarda subornado, as disputas, os risos, as coscuvilhices, as portas a baterem, e o ruído do arrastar das correntes na «casa das grilhetas», que se prolonga durante toda a noite, enervam o trabalhador extenuado e impedem-no de repousar, o que se repercute nas suas condições físicas e psíquicas. Esta vida de rebanho encerrado numa cloaca, com distracções grosseiras e, com a perniciosa influência dos maus elementos sobre os bons, desde há muito comprovada, corrompe gravemente o estado de espírito do condenado. Neste ambiente, o recluso vai perdendo pouco a pouco a capacidade de defender os seus interesses, quer dizer, a qualidade mais importante que um prisioneiro deve acautelar, porque, quando sair da prisão e se tornar um membro independente de uma colónia, a lei exigir-lhe-á, desde o primeiro dia, e sob ameaça de sanções, que seja bom proprietário e bom chefe de família.

Nas celas comuns, o detido é obrigado a tolerar e a justificar fenómenos tão odiosos como a cobardia, a delação, os ajustes de contas e o mercado negro.

Esta última actividade tem as suas raízes no *maidan*[38] importado da Sibéria. Um recluso bem abastecido e ganancioso (razão pela qual foi parar à prisão), em resumo, um *kulak*, um sovina e um escroque, impõe-se aos companheiros e fica com o monopólio das trocas comerciais na cela; se esta for um lugar de passagem e superpovoado, os lucros podem atingir várias centenas de rublos por ano. O homem que controla o *maidan* é designado oficialmente pelo nome de «encarregado do balde», porque, quando ele existe, compromete-se a despejá-lo e a mantê-lo limpo. Normalmente, na tarimba tem uma pequena caixa--forte, verde ou castanha, com cerca de um *archin* e meio de comprido (um metro), na qual estão dispostos torrões de açúcar, pãezinhos de trigo do tamanho de um punho, cigarros, garrafas de leite e outras mercadorias embrulhadas em papel ou em trapos sujos[39].

Nestes inofensivos torrões de açúcar e nestes pãezinhos esconde-se um mal que exerce a sua influência para lá dos limites da prisão. O *maidan* é uma casa de jogo, um pequeno Monte Carlo que desenvolve nos presos uma paixão contagiante pelo *stoss* e por outros jogos de azar. Ao *maidan* e às cartas junta-se sempre a usura, uma usura ávida e implacável. Os agiotas da prisão cobram 10% de juros ao dia e por vezes à hora; se o objecto dado como garantia não for levantado durante o dia, torna-se propriedade do usurário. Após cumprirem as penas, os especialistas do *maidan* e os agiotas vão para uma colónia, onde continuam a desenvolver as suas lucrativas actividades. Por isso, não é de admirar que em Sacalina haja colonos a quem se possam roubar cinquenta e seis mil rublos.

Passei em Sacalina todo o Verão de 1890. A prisão de Aleksandrovsk tinha então mais de dois mil condenados, mas só cerca de novecentos lá residiam, como provam alguns números que registei ao acaso: no início do Verão — a 3 de Maio de 1890 — mil, duzentos e setenta e nove presos comiam e dormiam na prisão; no final da estação — a 29 de Setembro — eram apenas seiscentos e setenta e cinco.

Quanto às tarefas que os presos desempenham no Posto de Aleksandrovsk propriamente dito, há que salientar os trabalhos de construção e de manutenção: construção de novos edifícios, recuperação dos mais antigos, manutenção das ruas, das praças, etc., como é habitual nas cidades. O trabalho que se considera mais duro é o do carpinteiro. O detido que, antes de ser preso, tinha este ofício tem aqui uma verdadeira vida de galés e, neste sentido, é muito menos feliz do que o pintor ou o trolha. A dificuldade não reside no trabalho em si, mas no facto de ter de arrastar da floresta cada toro de que precisa; ora, neste momento, o lugar de abate das árvores encontra-se a oito *verstás* do Posto. No Verão, dá uma impressão penosa ver os homens atrelados a uma viga com meio *archin* (trinta e cinco centímetros) de espessura e várias *sájenes* de comprimento; os seus rostos exprimem sofrimento, sobretudo quando se trata de nativos do Cáucaso, como muitas vezes pude comprovar. Diz-se que, durante o Inverno, muitas vezes lhes gelam as mãos e os pés e que muitos morrem de frio antes de chegarem ao Posto.

Mesmo para a administração, as construções de madeira apresentam sérias dificuldades: são poucos os detidos que são capazes de efectuar com regularidade trabalhos tão pesados e porque, apesar da existência de milhares de presos, a falta de mão-de-obra é um fenómeno corrente. Segundo o general Kononovitch, é muito difícil projectar e realizar novas construções porque faltam os homens necessários para essas tarefas: quando há carpinteiros suficientes, não há gente para carregar madeira; quando há gente para carregar madeira, faltam carpinteiros. Entre os trabalhos mais duros, conta-se também o dos encarregados do aquecimento que têm de rachar lenha todos os dias, de a armazenar, e de acender as estufas bem cedo, quando toda a gente ainda está a dormir. Para avaliar o esforço que determinada tarefa exige, e o seu grau de dificuldade, deve ter-se em consideração, além do esforço físico despendido, as condições do local e o modo como estas influenciam o trabalho a realizar. Em Aleksandrovsk, o intenso frio no Inverno e a humidade que reina durante todo o ano tornam qualquer tarefa quase intolerável, quando comparada com o que sucede na Rússia, onde um lenhador, por exemplo, tem condições de trabalho totalmente distintas. O *Estatuto dos Canteiros da Construção* põe o prisioneiro quase ao nível da condição laboral do camponês ou do operário[40], em termos de limitação do tempo de trabalho; essa lei concede reduções do horário laboral aos condenados com bom comportamento, embora muitas vezes a realidade não corresponda às disposições legais, precisamente devido às condições locais e às particularidades das tarefas a cumprir.

Como, evidentemente, é impossível determinar quantas horas serão necessárias para transportar um tronco debaixo de uma tempestade de neve, não se pode evitar que um prisioneiro trabalhe durante a noite, sempre que a tarefa é considerada indispensável; a mesma lei também não liberta do trabalho, nos dias feriados, o preso com bom comportamento, a laborar numa mina de carvão em equipa com um recluso ainda à experiência, porque isso obrigaria a isentar os dois e a parar o trabalho. O facto de a direcção estar confiada a pessoas incompetentes, incapazes e pouco hábeis, provoca um grande desperdício de energia. Por exemplo, a carga e a descarga dos navios não exige um esforço excepcional na Rússia. Mas, em Aleksandrovsk, como não há uma equipa especialmente preparada e treinada para trabalhar no mar e como os homens estão sempre a mudar, essas tarefas constituem uma verdadeira tortura para os prisioneiros. É por isso que, quando há mau tempo, se assiste muitas vezes a desordens terríveis: no barco, rogam-se pragas, desespera-se; em baixo, nas chalupas que chocam com o navio, vêem-se homens de rostos esverdeados e desfigurados pelo enjoo, enquanto à volta deles flutuam os remos que deixaram escapar. A troco de quê se arrasta a operação, se perde tempo para nada, se acumulam sofrimentos inúteis? Uma vez, durante uma descarga deste género, ouvi um vigilante dizer: «Os meus homens ainda não comeram nada hoje.»

O desperdício de energia não é menor nos diversos serviços da prisão onde, todos os dias, se afadigam cozinheiros, padeiros, alfaiates, sapateiros, aguadeiros, criadas, ordenanças, pastores, etc. A administração militar, o serviço de telégrafo e o geómetra têm igualmente direito a mão-de-obra dos presos; cerca de cinquenta pessoas estão atribuídas ao hospital da prisão sem se saber a título de quê e qual a finalidade, e o número daqueles que prestam serviço como criados dos senhores funcionários é incalculável. Qualquer funcionário, mesmo um simples escrivão, pode ter ao seu serviço uma quantidade ilimitada de reclusos. O doutor, em casa de quem me alojei e que vivia sozinho com o filho, tinha um cozinheiro, um porteiro, uma ajudante de cozinha e uma criada de quarto. Para um médico-adjunto de prisão, é um verdadeiro luxo. Um dos inspectores das prisões tinha permanentemente ao seu serviço oito pessoas: uma costureira, um sapateiro, uma criada de quarto, um moço de recados, uma ama para as crianças, uma lavadeira, um cozinheiro e uma criada de fora. O problema dos empregados domésticos, tanto em Sacalina como provavelmente em todas as outras colónias penais, é humilhante, preocupante e talvez não seja novo. Na sua *Breve Descrição sobre a Falta de Organização da Colónia Penal*, Vlassov conta que, em 1871, quando chegou à Ilha, «ficou, acima de tudo, estupefacto ao constatar que os presos, com a autorização do antigo governador-geral, desempenhavam funções de criados do comandante e dos oficiais». Segundo ele, as mulheres eram postas ao serviço dos membros da administração, incluindo guardas celibatários. Em 1872, Sinélnikov, governador-geral da Sibéria oriental, proibiu a utilização dos prisioneiros como criados. Mas esta proibição, que ainda tem força de lei nos nossos dias, é desrespeitada a torto e a direito. Um funcionário administrativo pôs meia dúzia de reclusos no seu serviço doméstico e, quando resolve fazer um piquenique, manda antecipadamente dez presos com as provisões. Os generais Hintze e Kononovitch, comandantes da Ilha, bateram-se contra este mal, mas não com a energia necessária; pelo menos, só encontrei três notas de serviço que fazem referência ao problema da servidão, e redigidas de uma maneira que o interessado pode interpretá-las inteiramente a seu favor. O general Hintze, para revogar a prescrição do governador-geral anterior, autorizou em 1885 (nota de serviço n.º 95) os funcionários a contratarem presos como empregados domésticos por um salário de dois rublos por mês, mas impôs que esse dinheiro revertesse para o Tesouro. Em 1888, o general Kononovitch anulou a nota do seu predecessor, clarificando que «os condenados dos dois sexos não poderão servir como criados nas casas de funcionários, e que não se deverá pagar nenhum salário pelo serviço das mulheres. Mas, como os edifícios do Estado e as suas dependências não poderão continuar sem vigilância e sem manutenção, é permitido que seja destacada para cada um deles a quantidade necessária de homens e de mulheres a quem serão atribuídas funções de: guardas, encarregados do aquecimento, lavadeiras do chão e outras ocupações, de acordo com as necessidades» (nota de serviço n.º 276). Mas os edifícios do Estado e as suas dependências, na sua maioria, não diferem dos alojamentos dos funcionários e, assim, também se pode interpretar esta nota como uma autorização para se terem prisioneiros na condição de criados e, além disso, gratuitamente, sem se falar em contas. Em todo o caso, durante a minha estada vi que todos os funcionários, mesmo aqueles que não tinham nada a ver com a administração da penitenciária (o chefe da estação dos Correios e do Telégrafo, por exemplo), se serviam, em grande escala, dos presos para lhes tratarem das necessidades domésticas sem lhes pagarem salário e deixando ao Tesouro a responsabilidade de os alimentar.

Quando se põem reclusos a trabalhar para particulares, contradiz-se radicalmente a visão do legislador acerca do carácter punitivo do presídio: já não se trata de trabalho forçado, mas de servidão, porque o condenado já não está ao serviço do Estado, mas de uma pessoa que nada tem a ver com o princípio do arrependimento ou com a ideia da uniformidade do castigo; o condenado deixa de ser um presidiário e passa a ser um escravo que depende da vontade de um *bárin*[41] e da sua família, que procura satisfazer os seus caprichos, e que participa nas coscuvilhices da cozinha. Depois, quando muda de estatuto, torna-se uma réplica dos nossos criados que sabem engraxar botas e fritar costeletas, mas são

incapazes de trabalhar a terra e, por isso, passam fome e ficam abandonados às contingências da sorte. Por outro lado, o serviço doméstico feminino, além dos males indicados, tem problemas específicos. Num
meio em que as pessoas estão privadas de liberdade, a existência de favoritas e de concubinas é uma situação abjecta que mancha o mais alto
grau da dignidade humana; além disso, abastarda totalmente a disciplina. Um padre contou-me que já teve conhecimento de casos de criados
de condição livre ou de ordenanças que se viram obrigados a fazer o trabalho doméstico e a despejar a bacia onde uma presidiária se lavava[42].

Aquilo a que em Aleksandrovsk se chama pomposamente «a indústria fabril», visto de fora, parece uma coisa excelente e com grande
efeito, mas por enquanto não dá resposta a nada verdadeiramente importante. Vi, na fundição, dirigida por um mecânico, que, aliás, aprendeu o ofício sozinho, campainhas, rodas de vagões e de carros de mão,
um moinho de tracção manual, uma máquina de perfurar, torneiras,
acessórios para estufas, etc. No entanto, fiquei com a impressão de estar a ver brinquedos. São objectos excelentes, mas vendem-se pouco e,
para responder às necessidades locais, teria sido mais rentável comprá
-los no continente, ou mesmo em Odessa, do que contrair despesas com
a instalação de locomóveis e com a manutenção de uma equipa de operários assalariados. Naturalmente, não se lamentariam essas despesas se
as oficinas fossem utilizadas como escola onde os prisioneiros pudessem aprender um ofício; na verdade, aqueles que trabalham na fundição e na serração não são presos, mas operários qualificados e colonos
que recebem um salário de dezoito rublos por mês. O engodo pelo objecto enquanto tal é aqui demasiado evidente; se as rodas e o martelo a
vapor roncam, e se os locomóveis chiam, é só em nome da qualidade
do objecto e da sua saída comercial. Mas as considerações comerciais
ou artísticas não têm nada a ver com uma penitenciária; em Sacalina,
como em qualquer outra colónia da mesma natureza, todos os empreendimentos deveriam ter como objectivo imediato ou como finalidade a longo prazo uma única coisa: a regeneração dos criminosos. E o
objectivo essencial das oficinas deveria ser, acima de tudo, expedir para o continente, em vez de portas de estufas ou torneiras, homens úteis
e operários com uma boa formação.
Reina uma ordem perfeita no moinho a vapor, na serração e na forja. Os homens trabalham com empenho, provavelmente porque estão
conscientes da produtividade do seu trabalho. Mas estamos perante especialistas que, na Rússia, já eram moleiros, ferreiros, etc., e não pes

soas que não sabiam trabalhar, que não sabiam fazer nada, tendo agora, mais do que qualquer outra pessoa, necessidade de trabalhar em
moinhos e forjas para não perderem a prática e para se reintegrarem na
sociedade com o pé direito[43].

VI

A história de Egor

O doutor em casa de quem estava hospedado partiu para o continente pouco tempo depois de ter sido demitido; por isso, fui viver para casa de um jovem funcionário que parecia um homem de bem. Só havia
uma criada, uma velha ucraniana, condenada a trabalhos forçados, e outro preso com o nome de Egor que vinha ocasionalmente, para aí uma
vez por dia, tratar da estufa; em casa, não era considerado um criado,
mas uma pessoa que, «por deferência», trazia a lenha, limpava a cozinha, fazendo, de uma maneira geral, todas as tarefas que ultrapassavam
as poucas forças da velha. Por vezes, quando estava sentado à mesa a
ler ou a escrever, ouvia de repente um ruído surdo, uma respiração ofegante, e apercebia-me da presença de um corpo compacto a mexer-se à
volta dos meus joelhos. Era Egor que, debaixo da mesa, descalço, apa-
nhava todos os bocadinhos de papel ou limpava o pó. É um homem de
uns quarenta anos, arruivado, com uma barbicha rala e olhos pequenos.
Tem um andar desengonçado, pesado, um aspecto desajeitado e uma
expressão ingénua, que, à primeira vista, parece bastante idiota devido
a ter uma boca tão grande como a de um xarroco. Nunca responde de
imediato às minhas perguntas, começando por me olhar de soslaio e por
me perguntar: «De quê?» ou «Tás a falar com quem?». Chama-me Excelência, mas trata-me por tu. Não consegue ficar um minuto de braços
cruzados e, para onde quer que vá, acha sempre trabalho que fazer; enquanto fala connosco, os seus olhos estão sempre à procura de qualquer
coisa para arrumar ou para arranjar. Por falta de tempo, não dorme mais
do que duas ou três horas por noite mas, nos dias de festa, enverga a jaqueta engomada por cima de uma camisa vermelha e, de barriga espe-
tada e pernas afastadas, vem postar-se habitualmente num sítio movi-
mentado. Chama a isso «andar a passear».

Construiu a isbá onde mora e, com as suas próprias mãos, fabrica baldes e mesas; ajeita-se a fazer armários, embora diga que só sabe fabricar móveis «para si», quer dizer, para uso pessoal. Nunca arranjou qualquer problema, fosse com quem fosse, e nunca ninguém lhe bateu; mesmo em criança o pai só lhe deu com o chicote uma vez, por ter deixado entrar o galo na horta, quando estava a tomar conta de uma sementeira de ervilhas.

Um dia tivemos a seguinte conversa:

— Por que razão vieste aqui parar? — perguntei-lhe eu.

— Qu'é que tás a dizer, Excelência?

— Por que motivo vieste para Sacalina?

— Por assassinato.

— Conta-me lá isso, desde o princípio. Como é que isso sucedeu?

Egor, com as mãos atrás das costas, apoiou-se à ombreira da porta e começou a falar.

— A gente foi falar com Vladimir Mikhailovitch, o nosso *bárin*, sobre umas coisas de madeiras, de abate e de entrega de madeiras na estação. Bom! Assunto arrumado e toca de ir pra casa. Já tava perto da aldeia quando me mandaram ir ao escritório registar a coisa. Eu ia montado a cavalo. A meio do caminho pró escritório, o Andrei fez-me voltar pra trás: a ribeira tinha enchido e não se podia passar. «Eu amanhã de manhã vou ao escritório por causa do bocado que tenho arrendado e depois trato do teu assunto.» Bom! A partir daí, a gente foi juntos pra casa: eu a cavalo e o resto do pessoal a pé. Quando a gente chegou a Parákhino, os outros mujiques foram fumar uma cachimbada prà taberna e eu fiquei pra trás com o Andrei, parados no passeio, ao pé da hospedaria. Foi então que ele me disse: «Mano, não tens aí cinco copeques que me emprestes? Apetecia-me beber um copo.» E eu respondi-le: «Mano, tu já sabes como é; começas a beber por cinco copeques e vens de lá a cair de bêbado.» Ele disse-me: «Não, não vou fazer nada disso. Vou só beber um copinho e vou logo pra casa.» A gente ajuntou-se aos mujiques, combinou mandar vir canada e meia, cada um deu uma parte, entrámos na taberna e toca de comprar a *vodka*. Depois o pessoal assentou-se a uma mesa e pôs-se a beber.

— Abrevia!

— Espera, Excelência, não me interrompas! Quando a gente acabou de beber, o gajo, o Andrei, mandou vir mais meio quartilho de *vodka* com pimenta. Deitou metade pra mim e outra metade pra ele. Quer-se dizer, cada um emborcou mais um copo. Então os mujiques saíram do estaminé pra irem pra casa deles, e a gente fomos atrás. Doíam-me as cruzes de ir a cavalo. Então, apeei-me, sentei-me à borda do rio a cantar cantigas e a contar anedotas. Não fiz nada de mal e depois a gente levantou-se e fez-se ao caminho.

Eu interrompi-o:

— Mas fala-me lá do assassinato.

— Espera! Quando cheguei a casa, estendi-me na cama e dormi até de manhã, até à altura em que me vieram acordar. E, então, não é que eles me dizem: «Toca a levantar! Qual de vocês é que deu um enxerto de porrada no Andrei?» Depois trouxeram o Andrei e chegou o cabo. Interrogou a gente todos, mas ninguém confessou o crime. Toda a gente desconfiava do Serguei, e a gente pôs-se a vigiá-lo, não fosse dar-lhe na tola de ir desta pra melhor. E, então, no outro dia de manhã, não é que o Andrei bateu a bota? Então, a família do Serguei, a irmã e o padrasto, todos le ensinaram a cartilha: «Não negues, Serguei! De qualquer maneira, agora já tás tramado. Confessa, mas mete lá também os gajos que tavam contigo. Não fiques com a carga sozinho!» Quando o Andrei morreu, a gente fomos todos falar com o *stárosta*[44] e mais o Serguei. Depois, o pessoal começou a apertar com o Serguei, mas o safado nunca confessou. Depois, soltaram o Serguei e ele foi dormir a casa, mas a gente continuou de olho nele, com medo de le dar na cabeça de dar um tiro nos miolos, porque ele tinha uma carabina. Era mesmo um perigo! Mas, no outro dia de manhã, que inferno! O Serguei tinha dado à sola! A gente ajuntou-se e revolveu a casa dele toda, a aldeia e os campos à volta. Depois vieram da polícia dizer que o Serguei já estava no posto e levaram a gente pra lá. E sabes o que aconteceu? O filho da mãe, o Serguei, em frente do chefe do posto e do cabo, ajoelhou-se e denunciou a gente e disse que os filhos de Efraim planeavam, há mais de três anos, arrebentar com o Andrei. «A gente encontrou-se os três na estrada, o Ivan, o Egor e eu», foi o que ele disse, «e combinou limpar o sebo ao Andrei. E foi cá uma sova! Eu que o diga, que le dei com um valente pau, e o Ivan e o Egor puseram-se a esmurrar com toda a força o Andrei; então, eu fiquei acagaçado, desatei a correr, e fui-me embora pró pé dos mujiques que vinham atrás.» Depois do que ele disse, os guardas levaram o Ivan, o Kircha, o Serguei e mais eu prà prisão da cidade.

— Quem são esses, o Ivan e o Kircha?

— São os meus irmãos. O negociante Piotr Mikhailovitch veio à prisão e soltou-nos à fiança. As coisas ficaram neste pé até ao dia da Festa da Intercessão da Virgem. A gente era bem tratada e tava de boa saúde. No outro dia, fomos a julgamento na cidade. O Kircha tinha testemunhas, os mujiques que vinham atrás é que o livraram, mas eu, meu velho, fiquei tramado. No tribunal, contei tudo o que te acabo de contar, o que se tinha passado de verdade. Bem, o tribunal não quis acreditar em mim: «Toda a gente diz o mesmo, jura por todos os santinhos, e mais assim e mais assado, mas não é verdade.» Então, condenaram-me e pumba! Fui de cana! Fiquei atrás das grades, mas mandavam-me despejar os baldes, barrer as celas e levar a comida aos presos. Por esse trabalho, cada preso dava-me uma ração de pão por mês. Isso dava aí umas três *libras*[45] por cabeça. Quando me disseram que vinha prà aqui, mandei um telegrama pra casa. Foi antes da festa de São Nicolau[46]. A mulher e o meu irmão Kircha vieram ver-me e trouxeram-me a farpela e mais umas coisas... A mulher, coitada, era só chorar, gritava, mas não havia nada a fazer. Antes de ela se ir embora, dei-le duas rações de pão de presente pra ela levar. Depois de me ter fartado de chorar, mandei saudades às crianças e a todos os bons cristãos. No caminho, os guardas vieram pôr-me as algemas e prenderam a gente dois a dois. Eu fiquei preso ao Ivan. Em Novgorod, tirámos retratos, e toca de nos meterem na cadeia e de nos raparem a cabeça. Depois fomos pra Moscovo. Assim que lá cheguei, fiz um pedido de indulto. Não me alembro como foi a viagem até Odessa, mas não houve nenhum problema. Em Odessa levaram a gente ao médico e o médico mandou pôr todos em pêlo, fez um ror de perguntas e viu o pessoal dos pés à cabeça. Depois, eles reuniram o pessoal e toda a gente foi pró barco. Fomos pela escada do portaló e fomos metidos no porão p'los soldados e p'los cossacos. Ficámos em tarimbas, cada um no seu lugar, num canto qualquer. Na parte de cima estavam cinco pessoas. Ao princípio nem se deu por isso, mas depois alguém gritou: «Ora cá está, já vai de marcha!» Foi navegar, navegar, e depois começaram os balanços do navio. Estava tanto calor que a gente se despiu. Alguns vomitavam, outros não, mas, claro, távamos quase sempre deitados. E a tempestade, era cá uma tempestade que nem te conto! A gente andava aos baldões de um lado pró outro do navio. Então, de tanto navegar, acabou por acontecer! Foi cá um destes choques!... Tava nevoeiro, e depois fez-se noite. Quando o barco chocou, ficou parado mas continuou a bater nas rochas; parecia, sabes, que era um peixe grande que, por baixo, fazia a gente baloiçar e que ia virar o barco[47]. Puxaram o barco prà frente mas o barco não se mexeu; puxaram o barco pra trás, e abriu-se um buraco a meio da querena. Então, quiseram calafetar o buraco com tela mas não foram capazes e não tinham maneiras de tapar o buraco. A água chegava até ao soalho onde a gente tava sentada, e como não parava de subir, o pessoal começou a suplicar ao *bárin*: «Por favor, Excelência, não deixe a gente morrer!» Ele ao princípio dizia: «Não vale a pena pressionar nem suplicar, eu não vou deixar morrer ninguém, tá bem?» Depois a água subiu até aos beliches da parte de baixo. Os cristãos começaram a empurrar-se e a suplicar. Então o *bárin* disse: «Rapazes, eu vou libertá-los, mas nada de tumultos, hem? Se houver confusão, abato-os a todos como coelhos.» E foi-se embora. Depois, o pessoal começou a rezar para o bom Deus acalmar as águas e salvar a gente do naufrágio... e a rezar de joelhos! Depois da oração, deram biscoitos e açúcar; depois, o mar acalmou-se. No outro dia, levaram a gente pra terra nas lanchas. Em terra, foi mais outra reza. Depois, levaram o pessoal pra outro barco, um barco turco[48] e viemos prà qui, pra Aleksandrovsk. O desembarque foi de dia, mas fizeram esperar tanto que, quando a gente foi, já era noite escura. E os pobres cristãos lá foram, uns atrás dos outros e alguns tinham cegueira nocturna. Ia tudo agarrado uns aos outros, tanto os que viam bem como os ceguetas. Eu levava aí uns dez atrás de mim. Fomos pró pátio da prisão; depois, espalharam a malta pelos barracões e indicaram os lugares. Nessa noite, cada um só comeu o que trazia mas, na manhã do outro dia, começaram a dar a ração que calhava a cada um. Depois de dois dias de descanso, no terceiro dia mandaram o pessoal tomar banho e no quarto toda a gente foi trabalhar. O primeiro serviço foi abrir os caboucos do prédio onde era o hospital militar. Isso é que foi trabalhar! Cortar árvores, limpar terrenos, cavar valas, e tudo, tudo isso, durante quinze dias ou, se calhar, até foi um mês! A seguir, foi acartar troncos desde Mikhailovka, carregar com eles aí umas três *verstás*, e depois foi empilhar os troncos ao pé da ponte. Depois mandaram abrir furos prà água nos campos. Depois, foi a época das colheitas; juntaram todos os cristãos e perguntaram quem é que sabia ceifar. Os que responderam que sim puseram o nome deles numa lista. Deram pão, sêmola e carne ao grupo todo, e mandaram o pessoal, com um guarda da prisão, fazer as colheitas em Armúdan. Eu não me podia queixar muito da vida, porque Deus tinha-me dado saúde e eu sabia ceifar bem. O guarda batia nos outros, mas, a mim, nunca me tocou nem dizia uma palavra ruim. Havia uns que se chateavam comigo porque eu ia muito depressa, mas isso não tinha importância. Quando tinha tempo livre ou quando chovia, comecei a fazer tamancos. Os outros dormiam para se porem em forma e eu... toca de entrançar tamancos! Vendia o par de tamancos por duas rações de carne, o que dava quatro copeques. Depois, quando acabou a colheita, o pessoal veio-se embora... e, à chegada, toca de ir outra vez prà prisão! Depois

o Sacha, um colono de Mikhailovka, contratou-me pra trabalhar com
ele. Eu fazia todos os trabalhos do campo: a colheita, a debulha, a apanha das batatas, e ele acartava os troncos em vez de mim. Tudo o que a
gente comia vinha do Tesouro. Trabalhei com o Sacha dois meses e
quatro dias. Ele tinha-me prometido uns tostões mas não me deu nada.
A única coisa que me deu foi um *pud* (dezasseis quilogramas e trezentos e oitenta gramas) de batatas. Depois, levou-me outra vez prà prisão
e entregou-me aos guardas que me deram um machado e uma corda e
mandaram-me ir à lenha. Eu tinha de alimentar sete estufas. Então, passei a viver numa iurtá, e a trabalhar pró carcereiro a acartar água e a barrer a cela. Tomava tam'ém conta do *maidan* de um tártaro de Magza[49].
Quando eu voltava do trabalho, ele passava-me o negócio e eu ficava a
vender. Pagava-me quinze copeques por dia. Na Primavera, quando os
dias ficaram maiores, fui outra vez fazer tamancos e vendia cada par
por dez copeques. No Verão, fui tirar lenha do rio. Ajuntei pilhas de lenha e vendi-as ao judeu dos banhos. Também ajuntei sessenta troncos
que vendi a quinze copeques cada um. E é assim que cá tenho andado,
com a graça de Deus. Mas não tenho tempo de tar aqui na conversa
contigo, Excelência. Tenho de ir acartar água.

— Quanto tempo te falta para passares a colono?

— Aí uns cinco anos, mais ou menos.

— Tens saudades da tua aldeia?

— Não. A única coisa que me faz pena é os meus filhos. Não são lá
muito espertos...

— Diz-me uma coisa, Egor. O que é que pensaste quando te levaram
de barco para Odessa?

— Rezei a Deus.

— E o que é que lhe pediste?

— Que Deus mandasse um pouco de ideia e de esperteza aos meus
filhos.

— Por que razão não trouxeste a mulher e os filhos para cá?

— Porque eles estão bem em casa.

VII

*O farol — Korsakovskoie — A colecção do doutor P. I. Su-
prunenko — A estação meteorológica — O clima da região de
Aleksandrovsk — Novo-Mikhailovka — Potiómkin — O ex-
-carrasco Térski — Krássni-Iar — Butakovo*

Os passeios que dei por Aleksandrovsk e arredores na companhia do
funcionário do Posto, autor do *Sacalino*, deixaram em mim uma agradável recordação. Íamos com frequência até ao farol que, do alto do Cabo Jonquière, domina o vale. De dia, visto de baixo, o farol não passa
de uma modesta casita branca com uma pequena torre e uma campânu-
la de cristal, mas, à noite, a sua luz viva rompe as trevas e então parece
que o presídio, com o seu olho avermelhado, está a contemplar o mundo. O caminho até ao farol é abrupto, desenrolando-se em espiral à volta da montanha, por entre velhos abetos e larícios. Quanto mais se sobe,
melhor se respira; o mar estende-se sob os nossos olhos e, pouco a pouco, deixamo-nos invadir por pensamentos que nada têm a ver com o presídio, com os trabalhos forçados ou com os colonos, e é aí que por fim
se compreende quanto a vida que se leva lá em baixo é triste e dura.
   Os prisioneiros e os colonos, dia após dia, cumprem a sua pena, enquanto as pessoas livres conversam de manhã à noite sobre um preso
que foi chicoteado, sobre um outro que se evadiu, ou sobre um terceiro que foi recapturado e que vai ser chicoteado. De manhã, logo ao
acordar, ponho-me a ler as notas de serviço do comandante, o único jornal local disponível, e, coisa estranha, basta uma semana para que nos
habituemos a estas conversas e a estas preocupações. Depois, durante
todo o dia, oiço falar e não falo de outra coisa que não seja de Fulano
que se evadiu, de Sicrano que foi chicoteado, etc. Mas, no cimo desta
montanha, tudo isso, perante a beleza do mar e dos vales soberbos, se
torna grosseiro, trivial, insuportável.
   Dizem que, antigamente, no caminho para o farol, havia bancos, mas
que tinham sido obrigados a retirá-los porque os prisioneiros e os colonos, quando iam para aí passear, escreviam ou gravavam piadas grosseiras e todo o tipo de obscenidades. É certo que há muitas pessoas livres que gostam deste género de grosserias; contudo, na prisão, o
cinismo das obscenidades ultrapassa todos os limites e não tem comparação. Aqui, não são só as inscrições nos bancos e nas paredes dos pátios que causam repugnância, mas também as cartas de amor. Mesmo

assim, é espantoso que uma pessoa possa escrever e gravar nos bancos todas essas ignomínias, em momentos em que se deve estar a sentir imensamente perdida, abandonada e profundamente infeliz. Reparem só neste exemplo: um velho diz-nos que está cansado do mundo, que já era tempo de morrer, que sofre muito de reumatismo, que vê mal... No entanto, com ar deliciado, profere continuamente blasfémias dignas de um carroceiro e montes de palavrões particularmente sórdidos e tão confusos como um feitiço contra a febre quartã. Se souber escrever e se se encontrar um lugar isolado, não consegue de certeza resistir à tentação de gravar na parede, nem que seja com as unhas, uma palavra indecente.

Perto da casa, há um cão feroz preso a uma corrente, um canhão e um sino. Diz-se que, em breve, vai ser instalada uma sirene que, nos dias de nevoeiro, soará, fazendo crescer a angústia no coração dos habitantes. Quando nos encontramos na lanterna do farol, e vemos em baixo o mar e os Três Irmãos, onde as ondas se vêm desfazer, ficamos com a cabeça à roda e sentimo-nos tomados pelo medo. Confusamente, conseguimos distinguir as costas da Tartária e até a entrada da Baía de De Castries; o guarda do farol diz que consegue ver os navios a entrarem e a saírem. O vasto mar, brilhando ao sol, murmura surdamente aos nossos pés, a margem distante chama por nós e sentimo-nos invadidos pela tristeza e pela angústia, como se nunca mais pudéssemos sair de Sacalina. Ao olhar para esta margem, parece-me que, se estivesse preso, faria tudo para me evadir, e nada me faria desistir desse projecto.

Perto de Aleksandrovsk, ao subir o Duíka, encontra-se a colónia de Korsakovskoie. Fundada em 1881, foi assim chamada em homenagem a M. S. Korsakov, antigo governador-geral da Sibéria oriental. Facto curioso, baptizam as colónias com os nomes dos governadores da Sibéria, dos inspectores das prisões ou mesmo dos vigilantes, mas esquecem-se totalmente do nome de exploradores distintos como Nevelskói, Korsakov, o marinheiro, Poliakov e muitos outros cuja memória merece, penso eu, mais respeito e atenção do que um qualquer Derbín, um guarda prisional que foi assassinado devido à sua crueldade[50].

Korsakovskoie ou Korsakovka, como lhe chamam, conta com duzentos e setenta e dois habitantes, cento e cinquenta e três homens e cento e dezanove mulheres. Tem um total de cinquenta e oito proprietários. Quer quanto à sua origem (vinte e seis são camponeses proscritos e apenas nove são prisioneiros), quer quanto à quantidade de mulheres, de prados, do número de cabeças de gado e de outras características,

Korsakovka pouco se distingue da florescente Slobodka de Aleksandrovsk: oito proprietários possuem duas casas cada um, e há uma *bânia* para nove casas. Quarenta e cinco proprietários possuem cavalos e entre quatro a nove vacas e são muitos os que possuem dois cavalos e três ou quatro vacas. Quanto à antiguidade dos habitantes, deve dizer-se que Korsakovka figura à cabeça da lista de Sacalina-Norte: vivem quarenta e três proprietários nesta colónia desde a sua fundação. O meu recenseamento menciona oito habitantes que chegaram aqui antes de 1870, um deles, inclusive, enviado para cá em 1866. Ora, a presença de um grande número de habitantes antigos numa colónia é um bom sinal.

Pela sua aparência, Korsakovka podia ser confundida com uma aldeola da Rússia, uma aldeola perdida onde a civilização ainda não chegou. A primeira vez que lá estive foi num domingo à tarde. Estava um dia bonito e calmo e notava-se por todo o lado um ar de festa. Os camponeses dormiam à sombra ou bebiam chá; à porta das casas ou debaixo das janelas, as mulheres catavam piolhos umas às outras. Viam-se flores nos pequenos jardins e hortas, gerânios nas janelas e havia muitas crianças, que estavam todas na rua a brincar aos soldados e aos cavalos, e a serrazinar cães bem nutridos que só pensavam em dormir. Depois, quando o pastor, um velho vagabundo, surgiu à frente de um rebanho de mais de cento e cinquenta cabeças, o ar encheu-se de ruídos de Verão: mugidos, varadas nos animais, gritos das mulheres e das crianças perseguindo os bezerros, batidas surdas de pés descalços e de cascos na estrada poeirenta e repleta de bostas das vacas; em seguida, sentiu-se um odor a leite e a ilusão tornou-se completa. O próprio Duíka está bonito, ao correr ladeando os quintais e atravessando as hortas, com as suas margens verdejantes, cobertas de vimes e de juncos. Quando o contemplei, as sombras da tarde pousavam na sua superfície perfeitamente lisa e estava tão calmo que parecia adormecido.

Tal como na rica Slobodka, encontramos pois um grande número de velhos residentes, de mulheres, de pessoas que sabem ler e escrever, muitas mulheres livres e uma «história» de maleitas sociais quase idêntica, com a venda clandestina de álcool, tráfico ilícito, etc. Diz-se que durante a instalação dos primeiros colonos o nepotismo teve um papel muito importante, pois as autoridades, sem se fazerem rogadas, distribuíam a crédito gado, sementes, e até álcool; e essa generosidade era tanto maior quantas mais vezes os habitantes de Korsakovskoie, por astúcia, tratavam por «Excelência» os funcionários, mesmo os das classes inferiores.

Contudo, ao contrário de Slobodka, o factor essencial desta abastança não é a venda de álcool, nem o nepotismo, nem a proximidade da Paris de Sacalina, mas o indubitável êxito das culturas cerealíferas. Enquanto em Slobodka um quarto dos proprietários vive sem terrenos aráveis e um segundo quarto se contenta com uns lotes insignificantes, em Korsakovka todos trabalham a terra e semeiam os campos.

Em Slobodka, embora não passem fome, metade dos colonos não tem gado; aqui quase todos os proprietários sentem necessidade de ter um rebanho. São muitas as razões que levam a encarar a agricultura de Sacalina com cepticismo, mas temos de reconhecer que, em Korsakovka, ela foi organizada com seriedade e tem tido resultados muito satisfatórios, e não seria lógico pensar que os seus habitantes semeiam todos os anos dois mil *puds* (três mil e trezentos quintais) de grão só por teimosia ou com a intenção de agradar às autoridades. Não disponho do número exacto do resultado das colheitas e não posso confiar nas declarações dos interessados; no entanto, e a avaliar por alguns indicadores, como a dimensão dos rebanhos, o modo de vida dos homens e o facto de os camponeses não terem pressa em voltar para o continente, mesmo quando dispõem, desde há muito, desse direito, sou levado a concluir que as colheitas chegam para alimentar as famílias e dão um lucro que incentiva os colonos a permanecerem na região.

Então, por que razão os residentes em Korsakovskoie têm êxito, e os habitantes das colónias vizinhas, após uma série de fracassos, se viram reduzidos à maior miséria e perderam a esperança de alguma vez poderem vir a sustentar-se pelos seus próprios meios? A explicação é simples: Korsakovka está localizada na zona mais larga do vale do Duíka e os colonos dispuseram, desde o início, de imensas extensões de terra, e tiveram a possibilidade de dispor e de escolher os melhores lotes.

Actualmente, vinte proprietários exploram entre três a seis *deciatinas*, e quase ninguém tem menos de duas. Se o leitor desejar comparar estas concessões com os lotes atribuídos aos nossos camponeses, deve ter em conta que em Sacalina nunca se deixam as terras em pousio, e que todos os anos se semeia até à última polegada, de maneira que duas *deciatinas* aqui equivalem quantitativamente a três *deciatinas* na Rússia. O segredo do êxito dos habitantes de Korsakovskoie consiste na utilização de terrenos excepcionalmente vastos. Dado que as colheitas em Sacalina rendem, em média, duas a três vezes o peso do que é semeado, a terra só pode fornecer grão suficiente se estiverem reunidas as seguintes condições: muita terra, muito grão, mão-de-obra barata ou mesmo gratuita. Nos anos em que os cereais rendem pouco, os habitantes de Korsakovskoie recorrem aos legumes e às batatas, que também ocupam uma superfície considerável: trinta e três *deciatinas*.

Como esta pequena colónia penal tem uma população reduzida e variável e é ainda relativamente recente, não há estatísticas fiáveis. Assim, face aos magros dados numéricos existentes, as ilações que têm sido feitas baseiam-se em simples indícios ou deduções. Se não receasse ser acusado de tirar conclusões apressadas e de estender os dados recolhidos em Korsakovka a toda a colónia, atrever-me-ia a dizer que, face às irrisórias colheitas de Sacalina, para não ter perdas e para se conseguir alimentar, cada fazendeiro deveria dispor de mais de duas *deciatinas* de terra arável, sem contar os prados, as culturas de produtos hortícolas e de batata. De momento, é impossível estabelecer um cálculo mais preciso, mas, provavelmente, a quantidade mínima de terra deverá andar pelas quatro *deciatinas*. Contudo, de acordo com o *Relatório sobre a Situação da Agricultura em 1889*, em Sacalina cada colono dispõe em média de meia *deciatina* de terra.

Em Korsakovka há uma casa que, devido às suas dimensões, ao telhado vermelho e ao seu simpático jardim, faz lembrar a casa solarenga de um qualquer fidalgote de província. O proprietário é o doutor P. I. Suprunenko, director dos Serviços de Saúde, que tendo regressado à Rússia na Primavera para participar numa exposição sobre as prisões, aí se fixou definitivamente, de modo que, nas salas desertas da mansão, apenas encontrei os restos da soberba colecção zoológica que o doutor tinha reunido. Não sei onde se encontra o grosso da colecção, nem quem, graças a ela, está a estudar a fauna de Sacalina; mas, perante alguns espécimes superiormente bem conservados que aqui se encontram, e pelo que oiço contar, posso avaliar a riqueza deste acervo e os tesouros de conhecimentos, de trabalho e de amor que o doutor Suprunenko pôs ao serviço de tão útil empreendimento. O médico iniciou a sua colecção em 1881 e, em menos de dez anos, conseguiu reunir exemplares de quase todos os vertebrados que povoam Sacalina, bem como uma grande quantidade materiais de antropologia e de etnografia. Se a colecção ainda permanecer na Ilha, justificará a fundação de um excelente museu.

Junto à casa, há também uma estação meteorológica. Até há pouco estava dependente do doutor Suprunenko, mas agora é dirigida por um inspector da agricultura. Encontrei-me com um secretário — um preso chamado Golovátski — e vi-o realizar algumas observações. É um homem inteligente e consciencioso e deu-me a conhecer os seus dados. As observações, recolhidas ao longo de nove anos, permitem tirar algumas conclusões. Vou, pois, tentar dar uma ideia do clima do distrito de Aleksandrovsk.

O presidente da câmara de Vladivostok disse-me um dia que a sua cidade e, em geral, toda a costa oriental da Sibéria, «não tinham clima nenhum»; o mesmo se pode dizer de Sacalina: não tem clima nenhum, só tem mau tempo e a Ilha é o lugar de toda a Rússia mais batido pelas tempestades. Desconheço até que ponto esta asserção se justifica. O Verão que lá passei foi excelente, mas os registos meteorológicos e os breves relatórios de outros autores, no geral, traçam-nos um quadro da existência de extraordinárias intempéries. O distrito de Aleksandrovsk tem um clima marítimo que se distingue pela sua instabilidade, quer dizer, pelas flutuações significativas que se registam nas médias mensais das temperaturas[51], pelo número de dias com precipitações, etc. A temperatura média anual muito baixa, a enorme quantidade de precipitações e os muitos dias em que o céu fica encoberto constituem as suas características essenciais. A título de comparação, apresento as temperaturas mensais médias do distrito de Aleksandrovsk e do distrito de Tcherepovets, na região de Novgorod, onde o clima é «rigoroso, húmido, instável e nefasto para a saúde»[52].

	Região de Aleksandrovsk	Distrito de Tcherepovets
Janeiro	- 18,9	- 11,0
Fevereiro	- 15,1	- 8,2
Março	- 10,1	- 1,8
Abril	+ 0,1	+ 2,8
Maio	+ 5,9	+12,7
Junho	+11,0	+17,5
Julho	+16,3	+18,5
Agosto	+17,0	+13,5
Setembro	+11,4	+ 6,8
Outubro	+ 3,7	+ 1,8
Novembro	- 5,5	- 5,7
Dezembro	-13,8	-12,8

A temperatura média anual do distrito de Aleksandrovsk é de + 0,1, ou seja, praticamente 0 graus, e a do distrito de Tcherepovets é de + 2,7. O Inverno é mais rigoroso em Aleksandrovsk do que em Arcangel, a Primavera e o Verão têm uma temperatura idêntica à da Finlândia e o Outono é semelhante ao de São Petersburgo, com uma temperatura média anual igual à das Ilhas Solovki, ou seja 0 graus. O vale do Duíka apresenta no subsolo zonas de glaciação eterna. Poliakov descobriu uma, no dia 20 de Junho, com uma profundidade de três quartos de *archin* (cinquenta centímetros). A 14 de Julho, o mesmo explorador encontrou neve que só derreteu no final do mês, debaixo de uma montanha de imundícies e nas combas vizinhas das montanhas. A 24 de Julho de 1889, nevou na montanha que não é muito alta e toda a gente teve de vestir casacos e casacões de pele. Nos nove anos em que se registaram as datas do degelo do Duíka, a mais precoce ocorreu a 23 de Abril, e a mais tardia deu-se a 6 de Maio. Em nove Invernos não houve um único dia de degelo. Em cento e oitenta e um dias por ano gela e durante cento e cinquenta e um dias sopram ventos gelados. Tudo isto, de um ponto de vista prático, se reveste de uma grande importância. No distrito de Tcherepovets, onde o Verão é mais quente e prolongado, segundo Tchernov, o trigo-sarraceno, o trigo-candial e os pepinos nunca chegam a amadurecer, e a acreditar no que me confidenciou o inspector da agricultura, no distrito de Aleksandrovsk, também nunca há calor suficiente para amadurecer a aveia ou o trigo.

Os agrónomos e os inspectores dos serviços de sanidade têm dedicado muita atenção à humidade excessiva que aqui se faz sentir. As precipitações verificam-se em média em cento e oitenta e um dias por ano, com cento e sete dias de neve e oitenta e dois dias de chuva (no distrito de Tcherepovets, há oitenta e um dias de chuva e oitenta e dois dias de neve). Durante semanas a fio, o céu permanece coberto de nuvens carregadas, e o mau tempo, que aqui acontece dia após dia, surge aos olhos dos habitantes como uma desoladora eternidade, que predispõe para os pensamentos opressivos e para as bebedeiras melancólicas. É possível que seja a sua influência que tenha tornado cruéis pessoas simplesmente frias, e que pessoas afáveis ou débeis, por não verem o Sol durante semanas e até meses seguidos, tenham perdido para sempre a esperança numa vida melhor. Poliakov escreve que, em Junho de 1881, durante todo o mês, não houve um único dia com bom tempo, e o relatório de um inspector da agricultura revela que, em quatro anos seguidos, entre 18 de Maio e 1 de Setembro, a média de dias ensolarados foi apenas de oito. Os nevoeiros são um fenómeno tão frequente, sobretu-

do no mar, que representam para a navegação uma verdadeira calamidade. Além disso, os nevoeiros marítimos, os nevoeiros «salgados», como aqui dizem, têm uma influência devastadora na vegetação do litoral,
nas árvores e nos prados. Mais à frente, irei falar das colónias cujos habitantes, principalmente devido a estes nevoeiros, renunciaram a produzir cereais e passaram a só cultivar batatas. Uma vez, num dia claro e
soalheiro, vi um muro de nevoeiro que vinha do mar, totalmente branco, da cor do leite; parecia uma cortina que caía do céu sobre a terra.

A estação meteorológica está equipada com instrumentos aferidos,
que foram adquiridos ao Laboratório Central de Física de São Petersburgo, mas não tem biblioteca. Além do secretário Golovátski, a que já
me referi, e da esposa, registei a presença de mais sete empregados, seis
homens e uma mulher. Não sei o que lá fazem.

Korsakovka possui uma escola e uma capela. Há também um pavilhão hospitalar que albergava conjuntamente catorze sifilíticos e três
loucos; um destes acabou por contrair sífilis. Dizia-se que eram os sifilíticos que preparavam as compressas e os cabos destinados ao serviço
de cirurgia ortopédica, mas não cheguei a tempo de comprovar isso e
de visitar esse estabelecimento medieval, porque tinha sido fechado em
Setembro passado por um jovem médico que provisoriamente desem-
penhava as funções de médico das prisões. Não nos surpreenderíamos
se, por ordem das autoridades médicas, os loucos fossem queimados
em fogueiras, porque os procedimentos hospitalares têm aqui um atra-
so de pelo menos dois séculos em relação à nossa civilização.

Uma vez, ao cair do dia, encontrei numa isbá um homem de uns quarenta anos, de jaqueta e calças compridas, barba feita, camisa suja mas
engomada, que tinha, à volta do pescoço, um trapo que se assemelhava
a uma gravata, com toda a aparência de ser um privilegiado. Estava
sentado num banquinho baixo e comia carne salgada e batatas de uma
escudela de barro. Apresentou-se. O seu apelido terminava em -ski e,
não sei porquê, pensei estar na presença de um antigo oficial cujo nome terminava da mesma maneira que tinha ido parar à prisão devido a
um acto de indisciplina grave.

— O que fazia antigamente? Era oficial? — perguntei-lhe.

— Não, Excelência, era padre.

Nunca conheci a razão do seu exílio em Sacalina e também não lhe
perguntei; mas quando um homem, que ainda recentemente as pessoas
tratavam por padre Ioan e a quem beijavam a mão, nos acolhe com uma
atitude firme, envergando um casaco gasto e miserável, é impossível
pensar no seu crime.

Numa outra casa, presenciei a seguinte cena: um jovem prisioneiro, moreno, com uma cara extremamente triste, e camisa que dava nas vistas, estava sentado à mesa com a cabeça entre as mãos. A proprietária, uma condenada, levantava a mesa tirando o samovar e as chávenas. Quando perguntei ao jovem se era casado, respondeu-me que a esposa e a filhinha o tinham acompanhado voluntariamente a Sacalina, mas a mulher tinha partido com a criança para Nikolaievsk há dois meses e, apesar de todos os telegramas que lhe tinha enviado, negava-se a voltar.

— E não vai voltar nunca mais! — dizia a dona da casa com uma espécie de contentamento perverso. — Ela pousou aqui como um passarinho, sem ser vista nem achada no caso, e... adeus! Não é como nós. Se eu não tivesse matado o meu marido e se tu não fosses um incendiário, também seríamos livres, mas, assim, estás para aí acabrunhado à espera que o vento te traga a tua querida esposa. O teu coração bem pode esperar!...

O jovem suspira, sente o coração pesado como chumbo, mas a mulher não pára de o serrazinar. E quando saio da isbá ainda oiço a gritaria da mulher. Nas minhas deambulações por Korsakovka fui acompanhado pelo preso Kisliakov, um homem bastante estranho que os cronistas judiciais certamente ainda não conseguiram esquecer. Trata-se do mesmo Kisliakov, antigo escriturário militar, que, depois de ter matado a mulher com um martelo, na Praça Nikolaievskaia, em São Petersburgo, se foi apresentar espontaneamente ao governador da cidade confessando o crime. Conforme declarou, a esposa era muito bela e ele adorava-a mas, um dia, depois de terem discutido, jurou perante todos os seus ícones que a mataria. E, a partir desse dia e até ao dia do crime, uma força invisível não deixava de lhe soprar aos ouvidos: «Mata-a, mata-a!» Enquanto esperava pelo julgamento, ficou internado no Hospital de São Nicolau. É por isso, sem dúvida, que se considera a si próprio um doente mental e várias vezes me pediu que usasse a minha influência para que o reconhecessem como louco e o internassem num convento. O trabalho que lhe atribuíram na prisão consiste em cortar bocadinhos de madeira que servem para determinar o peso das rações de pão. Este trabalho não parece muito duro mas, mesmo assim, ele arranjou uma pessoa para o fazer em seu lugar, enquanto «dá lições», quer dizer, não faz nada. Normalmente usa um fato de pano-cru e a sua aparência é bastante apresentável. Não é muito inteligente, mas sabe falar e gosta de filosofar. «Onde há pulgas, há crianças», costuma dizer com uma voz de barítono doce e aveludada, sempre que vê crianças.

Quando na sua presença me perguntam para que serve o recenseamen-
to que estou a fazer, responde:
— Para nos mandar a todos para a Lua. Sabes onde fica a Lua?
E uma noite em que regressávamos a pé a Aleksandrovsk, repetiu vá-
rias vezes seguidas, totalmente fora de propósito:
— Não há sentimento mais nobre do que o da vingança.

Se continuarmos a subir o Duíka, encontramos a colónia de Novo-
-Mikhailovka, fundada em 1872, e assim baptizada porque o nome de
baptismo de Mitsul era Mikhail. Alguns autores chamam-lhe *Vérkhneie
Urotchichte* (Os Confins Superiores), e muitos colonos dão-lhe o nome
de *Páchnia* (Terra Lavrada). Tem quinhentos e vinte habitantes: duzentos e oitenta e sete homens e duzentas e trinta e três mulheres. Cento e
trinta e três são proprietários e há dois co-proprietários. O cadastro indica que todos dispõem de terras aráveis e que há oitenta e oito cabeças de gado graúdo. Contudo, com raras excepções, ficamos surpreendidos com a pobreza das casas e com aquilo que os habitantes declaram
em coro: não é possível viver em Sacalina «de maneira nenhuma».
Conta-se que, há alguns anos, a miséria de Novo-Mikhailovka era tão
terrível que as mulheres, tanto as presas como as de condição livre,
abriram um atalho, que ia dar directamente a Duí, para se irem vender
aos detidos das prisões de Duí e de Voievodsk por uns míseros tostões.
Posso testemunhar que esse atalho ainda hoje está sempre desimpedi-
do. Os habitantes que, tal como alguns proprietários de Korsakovskoie,
possuem parcelas de terra com três a seis ou mesmo oito *deciatinas* não
se podem queixar, porque lotes deste tamanho são raros e o seu número decresce todos os anos. Actualmente, a maior parte das terras é de
um oitavo de *deciatina* a uma *deciatina* e meia, o que significa que o
seu cultivo só pode acarretar perdas. Os residentes mais antigos, instruídos pela experiência, só semeiam cevada e cultivam batatas.
O solo não é nada prometedor e não estimula as pessoas a
instalarem-se aqui. Dos proprietários que se fixaram na colónia durante os seus quatro primeiros anos de existência, não resta um único. Dos
que se fixaram em 1876, restam nove; de 1877, ficaram sete; de 1878,
há dois; de 1879, sobram quatro; todos os outros são novos.
Novo-Mikhailovka dispõe de um telégrafo, de uma escola, de um
asilo de velhos e da estrutura de madeira de uma igreja inacabada. Há
também uma padaria onde se coze o pão dos detidos que estão a trabalhar nas estradas; pelos vistos, as autoridades não exercem nenhum
controlo sobre o seu processo de fabrico, porque o pão é intragável.

Qualquer viajante que passe por Novo-Mikhailovka acaba, inevitavelmente, por conhecer Potiómkin, um camponês proscrito. Todas as vezes que uma pessoa importante chega a Sacalina, é ele que lhe apresenta o pão e o sal; e é sempre o seu exemplo que é citado quando se pretende provar que a agricultura da Ilha está destinada ao sucesso. O cadastro indica que Potiómkin tem vinte cavalos e nove cabeças de gado bovino, mas diz-se que tem duas vezes mais cavalos do que os que estão registados. Abriu aqui uma loja e uma outra em Duí, que é gerida pelo filho. Dá a impressão de ser um velho crente sensato, inteligente e afortunado. Tem uma casa limpa, com paredes forradas de papel, e numa das salas até tem um quadro: *Marienbad, Banhos de Mar, perto de Libava*[53]. Tanto ele como a mulher são uns velhotes educados, sensatos e com uma conversa inteligente. No dia em que tomei chá em casa deles, disseram-me que se vivia muito bem em Sacalina e que a terra era fértil. O problema era as pessoas serem preguiçosas, descuidadas e não se empenharem no trabalho. Perguntei ao dono da casa se era verdade, como se dizia, que tinha oferecido a uma personalidade importante melancias e melões da sua própria horta. Respondeu-me sem vacilar:

— É verdade, há anos em que os melões amadurecem bem[54].

Em Novo-Mikhailovka vive outra celebridade de Sacalina: Térski, antigo carrasco e actualmente colono. Tosse, agarra-se ao peito com as mãos pálidas e ossudas, e queixa-se de ter o ventre arruinado. Começou a definhar no dia em que as autoridades, como castigo de uma falta qualquer, o puseram nas mãos de Komeliov, o actual carrasco de Aleksandrovsk. Komeliov empenhou-se tanto na tarefa que Térski sentiu que «por pouco não entregava a alma ao Criador». Mas, não tardou que, por sua vez, também Komeliov cometesse uma falta, e isso foi dia de festa para Térski. Dando largas ao seu desejo de vingança, chicoteou o colega com tal raiva que, a acreditar no que se ouve dizer, as feridas do outro ainda hoje supuram. É por isso que se costuma dizer que duas aranhas venenosas fechadas no mesmo recipiente se batem até à morte.

Até 1888, Novo-Mikhailovka era a colónia mais recente do Duíka, mas, actualmente, existem mais duas: Krássni-Iar e Butakovo, às quais se chega pela estrada que sai de Novo-Mikhailovka. Eu fiz a primeira parte do trajecto até Krássni-Iar, cerca de três *verstás*, por uma estrada totalmente nova, plana e recta como um I, e a segunda parte por uma pitoresca vereda da taiga onde os troncos de árvore já tinham sido ar-

rancados e por onde se circula com tanto prazer e facilidade como por
um bom caminho vicinal. As árvores grossas, que podem ser usadas na
construção, já foram quase todas cortadas, mas a taiga permanece imponente e bela. Tem bétulas, choupos, álamos, salgueiros, freixos, sabugueiro, cerejeiras-bravas, filipêndulas, pilriteiros e, por entre tudo isto, há erva que atinge a altura de um homem e até mais. São fetos e
bardanas gigantes cujas folhas medem mais do que um *archin* (setenta
e um centímetros) de diâmetro, fundindo-se com as árvores e os arbustos num matagal espesso, impenetrável, que abriga ursos, zibelinas e renas. De um lado e de outro, no local onde termina o estreito vale e começam as montanhas, ergue-se um muro verde de um bosque de
epíceas, de abetos e de larícios, enquanto mais acima o topo das montanhas é calvo ou coberto de vegetação rasteira. Nunca na Rússia vi
bardanas tão grandes como aqui, e são principalmente elas que dão aos
matagais, às clareiras e aos prados uma fisionomia particular. Já mencionei que, à noite, sobretudo ao luar, adquirem um aspecto fantasmagórico. Quando isso acontece, o cenário é ainda reforçado por uma
planta soberba da família das umbelíferas, cujo nome não conheço em
russo. Tem uma haste direita de uns dez pés de altura e uma espessura
de três polegadas; a parte superior é púrpura e suporta uma umbela de
cerca de um pé de diâmetro; junto a esta umbela principal, agrupam-se
quatro a seis umbelas mais pequenas que dão ao conjunto o aspecto de
um candelabro[55]. O seu nome em latim é *Agelophyllum ursinum*[56].

Krássni-Iar tem apenas dois anos e, embora possua uma rua espaçosa, o piso está em más condições; para irmos de uma isbá para outra,
temos de ultrapassar outeiros, montículos de argila e de madeiras, e saltar por cima de troncos de árvores, de cepos e de valas profundas onde
há águas estagnadas de cor muito escura. As casas ainda não estão
prontas. Um dos proprietários fabrica tijolos, outro reboca a estufa, um
terceiro atravessa a rua arrastando um tronco. Ao todo são cinquenta e
um proprietários. Três deles — entre os quais o chinês Pen-Ogi-Tsoi —
abandonaram as isbás já começadas, e partiram sem que ninguém saiba para onde. Os sete caucasianos que aqui vivem interromperam o trabalho e, a tremer de frio, juntaram-se todos numa casa. E, contudo, ainda estamos a 2 de Agosto... Os números mostram também que se trata
de uma colónia nova que só agora começa a ter vida. Tem noventa habitantes, à razão de dois homens para cada mulher; há três casais legítimos, vinte ilegítimos e apenas nove meninos com menos de cinco
anos. Três proprietários possuem cavalos e nove possuem vacas.

De momento, todos têm direito à alimentação; contudo, como a esperança nas culturas cerealíferas é diminuta, nenhum deles sabe como se
vai alimentar no futuro. Até agora, só conseguiram pôr a descoberto e
drenar vinte e quatro *deciatinas* e um quarto de terrenos próprios para
semear cereais e cultivar batatas, ou seja, uma extensão inferior a meia
deciatina por lar. Não há prados. O vale é estreito e está comprimido de
ambos os lados por montanhas onde nada cresce. Mas a administração
não toma nada disto em consideração, quando tem necessidade de se
desembaraçar das pessoas. Assim, é provável que, todos os anos, mande dezenas de novos colonos fixarem-se neste território, e deste modo
os lotes de terra arável continuarão a ser o que são hoje, quer dizer, um
oitavo, um quarto ou meia *deciatina*, ou talvez ainda menos. Não sei
quem escolheu a localização de Krássni-Iar, mas não restam dúvidas de
que esta decisão foi tomada de ânimo leve, por pessoas sem competência, que nunca viveram no campo nem nunca pensaram a sério na colonização agrícola. Escolher-se um sítio onde nem sequer existe água
digna desse nome... Quando perguntei onde se abasteciam de água potável, apontaram-me uma fossa.

Todas as isbás são idênticas. Todas têm duas janelas e são construídas em madeira verde de má qualidade por pessoas cujo único objectivo na vida é cumprir o tempo da pena e voltar para o continente. A administração não exerce nenhuma espécie de controlo sobre a
construção, porque provavelmente não há um único funcionário que
saiba como se constrói uma isbá ou como se monta uma estufa. No entanto, segundo o mapa do pessoal de Sacalina, há um arquitecto que,
durante a minha estada, nunca esteve presente... Mas, além disso, creio
que só trata das obras do Estado. O edifício mais agradável e acolhedor
é a casa do vigilante Ubiénnykh, um soldado baixinho e enfezado cuja
fisionomia corresponde perfeitamente ao nome[57]. Com efeito, o seu
rosto exprime um certo abatimento e uma amarga consternação. Isso
talvez se deva à presença, na única divisão de que dispõe, de uma exilada grande e roliça, que é sua concubina, e que o presenteou com uma
prole numerosa. Recebe um salário de vigilante-chefe, mas o seu único
trabalho consiste em dizer aos visitantes que está tudo bem, no melhor
dos mundos. Mas também ele não gosta de Krássni-Iar e está morto por
se ir embora. Perguntou-me se achava que autorizariam a sua concubina a acompanhá-lo, quando lhe fosse permitido reformar-se e partir para o continente. Este problema preocupa-o bastante.

Não me desloquei a Butakovo[58]. De acordo com os dados do cadastro que tive a oportunidade de examinar e completar graças ao registo

da paróquia, há ao todo trinta e nove habitantes, dos quais apenas quatro são mulheres adultas. Tem vinte e dois proprietários. Neste momento, apenas quatro casas estão acabadas, e os outros proprietários
ainda estão a empilhar os toros da armação. Só quatro *deciatinas* e meia
foram cultivadas com cereais e batatas, e não há uma única cabeça de
gado, miúdo ou graúdo.

Uma vez terminado o meu trabalho na colónia de Duíka, atravessei
um pequeno ribeiro, o Arkai, em cujas margens se encontram três outras colónias. Se escolheram este local, não foi por terem feito uma
prospecção mais cuidada do que em relação a outros pontos de povoamento ou por ele responder melhor às exigências da colonização, mas
por mero acaso, unicamente por se encontrar mais perto de Aleksandrovsk de que outros.

VIII

*O Arkai — O Cordão do Arkai — Árkovo I, II e III — O vale
do Arkai — As colónias da costa ocidental: Mgatchi, Tangui,
Khoê, Trambaus, Viákhti e Vangui — O túnel — A cabana no
Cabo Duí — Os aquartelamentos familiares — A prisão de
Duí — As minas de carvão — A prisão de Voievodsk — Os
presos agrilhoados a carros de mão*

O riacho Arkai desagua no Estreito da Tartária, a oito ou dez *verstás*
do Duíka. Ainda não há muito tempo, era um verdadeiro rio onde se podiam pescar salmões, mas actualmente, em consequência dos incêndios
da floresta e dos cortes de madeira efectuados, o caudal de água desceu
muito e no Verão a ribeira está totalmente seca. Contudo, na Primavera, na altura das grandes chuvadas, transborda com uma violência tumultuosa, e faz sentir poderosamente a sua presença. Mais de uma vez
arrastou à sua frente hortas, medas de feno e colheitas inteiras da colónia. É impossível prevenir esta calamidade, porque o vale é estreito e
as pessoas só podem procurar refúgio na montanha[59].

Perto da foz do Arkai, numa curva do vale, encontramos uma aldeia
guiliak chamada Arkai-vo, que deu o seu nome ao Cordão do Arkai e
às três colónias, Árkovo I, II e III. Há duas estradas que as ligam a
Aleksandrovsk; uma, através da montanha, intransitável durante todo o

tempo que lá estive, porque, durante os incêndios da floresta, as pontes também arderam; a outra, à beira-mar, por onde só se pode passar na maré baixa. A primeira vez que passei pela margem do Arkai foi no dia 31 de Julho, às oito horas da manhã, na altura em que a maré começava a baixar. Cheirava a chuva. O céu nublado, o mar onde não se via uma única vela, e a margem abrupta e argilosa tinham um aspecto medonho, enquanto as vagas se desfaziam na praia com um rumor surdo e triste. Do alto da falésia, inclinam-se árvores raquíticas e doentes que, neste local a descoberto, combatem sozinhas contra geadas e ventos frios e, tanto no Outono como no Inverno, balançam furiosamente durante noites longas e terríveis, inclinando-se em todos os sentidos até ao chão, com tristes estalidos, sem que ninguém, porém, oiça os seus queixumes.

O «Cordão» do Arkai encontra-se perto da aldeia guiliak. Anteriormente, era um posto de vigilância e albergava soldados que perseguiam os fugitivos; agora vive lá um guarda que, segundo me pareceu, exerce as funções de inspector. A colónia de Árkovo I foi implantada a cerca de duas *verstás* do «Cordão». Possui uma única rua e, em função das condições do local, só pode crescer em comprimento. Com o tempo, as três colónias Árkovo transformar-se-ão numa só. Nessa altura, Sacalina passará a ter uma grande aldeia composta de uma única rua. Árkovo I foi fundada em 1883. Tem cento e trinta e seis habitantes: oitenta e três homens e cinquenta e três mulheres. Vinte e oito são proprietários, todos com família, à excepção de Pavlovskaia, uma condenada católica cujo amante, que era o verdadeiro dono da casa, morreu há pouco tempo. Pediu-me com grande insistência: «Arranja-me outro patrão.» Três colonos possuem duas casas cada um.

Árkovo II foi fundada em 1884. Tem noventa e dois habitantes: quarenta e seis homens e quarenta e seis mulheres. Há vinte e quatro proprietários, todos com família. Dois deles têm duas casas cada um. Árkovo III foi fundada ao mesmo tempo que Árkovo II, o que demonstra a pressa que houve em povoar o vale do Arkai. Tem quarenta e um habitantes: dezanove homens e vinte e duas mulheres. Dez são proprietários, mais um co-proprietário. Nove deles têm família.

Os registos mostram que todos os proprietários destas três colónias possuem terras aráveis com lotes com uma extensão que vai de meia a duas *deciatinas*. Só um deles tem três *deciatinas*. Semeiam-se grandes quantidades de milho, de cevada, de centeio, e cultivam-se batatas. A maior parte dos fazendeiros possui gado e aves de capoeira. A avaliar pelos dados do cadastro recolhidos pelo inspector da colónia, pode pensar-se que estas três colónias, no pouco tempo que decorreu desde a sua fundação, têm conseguido um notável sucesso agrícola, que é confirmado pelo que um autor anónimo escreveu a este respeito: «O trabalho é largamente recompensado, graças a um terreno que se revelou muito favorável à agricultura, como o demonstra a forte vegetação florestal e herbácea.»

Na realidade, as coisas não são nada assim, e estas colónias estão na lista das mais pobres de Sacalina-Norte. A terra arável e o gado existem, mas nunca houve, até hoje, uma única colheita digna desse nome. Além das condições adversas que são comuns a toda a Ilha, os agricultores têm de enfrentar as particularidades do vale e, sobretudo, as condições do terreno tão elogiado pelo autor que acabo de citar. O solo consiste numa camada de húmus, com um *verchok*[60] de espessura, por cima de um subsolo pedregoso que, nos dias quentes, irradia tanto calor que seca as raízes, e nos dias de chuva impede a água de se infiltrar, porque ele próprio repousa sobre uma camada de argila que faz apodrecer as raízes. Na minha opinião, num solo como este, só se podem cultivar com sucesso plantas com raízes fortes e profundas como a bardana ou, entre as cultivadas, tubérculos como a batata ou a rutabaga, que exigem que a terra seja mais bem lavrada e com mais profundidade do que para os cereais.

Já falei dos desastres ocasionados pela ribeira. Nesta região não há pastagens, e sega-se o feno em pequenas clareiras da taiga ou corta-se com a foice nos sítios onde ele existe. Os proprietários mais ricos compram-no no distrito de Tym. Estamos aqui a falar de famílias inteiras que não vêem um pedaço de pão durante todo o Inverno e que se alimentam exclusivamente de rutabagas. Pouco tempo antes da minha chegada, um colono chamado Skórin morreu de fome em Árkovo II. A acreditar no que dizem os vizinhos, o pobre homem só comia uma libra de pão de três em três dias, e alimentou-se assim durante muito tempo. «É o destino que nos espera a todos», disseram-me algumas pessoas amedrontadas com esta morte. Lembro-me de três mulheres, que se desfizeram em lágrimas, ao descreverem-me a vida que tinham. Numa isbá desprovida de mobiliário, junto de uma estufa tristemente apagada, que ocupava metade da sala, vi uma outra mulher, à volta da qual os filhos choravam e os pintainhos piavam. E quando ela saía, crianças e pintainhos seguiam-na. Ao olhar para eles, a mulher ria e chorava ao mesmo tempo e pedia desculpa pelo barulho que faziam. Depois, confidenciou-me que isto era o fim, e que aguardava com impaciência o regresso do marido que fora à cidade vender arandos para poderem comprar pão. A mulher corta umas folhas de couve que distribui pelos frangos que se atiram ao pitéu; mas, depois, desiludidos recomeçam a piar ainda mais. Numa outra isbá, encontrei um mujique com espessas sobrancelhas a caírem-lhe nos olhos, e peludo como um aranhiço. Trata-se de um prisioneiro repleto de imundície que partilha a casa com outro preso, tão peludo e imundo como ele. Ambos têm uma numerosa descendência, mas na isbá tudo é vergonha e miséria e, segundo me disseram, não há nem uma côdea para pôr na boca.

Mas, além dos lamentos dos homens, do piar dos pintos e de acontecimentos como a morte de Skórin, há outros sinais indirectos que indicam a existência de carências e de fome!

Em Árkovo III, encontrei a casa do colono Petrov fechada, porque «este tinha sido mandado para a prisão de Voievodsk, onde ainda se encontra, acusado de negligência em relação à sua propriedade e de ter abatido um vitelo sem autorização, com o objectivo de ter carne para vender». É provável que tenha sido a miséria extrema que o tenha levado a abater o vitelo e a vendê-lo em Aleksandrovsk. As sementes adquiridas a crédito junto do Tesouro estão inscritas no cadastro como tendo sido semeadas quando, na realidade, metade delas foi comida, o que, aliás, os colonos nem sequer procuram dissimular. O próprio gado é adquirido a crédito ao Estado, que também custeia a sua alimentação. E tudo isto faz com que os colonos arranjem cada vez mais lenha para se queimarem. Todos os habitantes destas colónias estão crivados de dívidas e os seus débitos aumentam depois de cada sementeira, com cada nova cabeça de gado; para alguns, o valor da dívida já ultrapassou o limiar da solvibilidade: duzentos ou mesmo trezentos rublos por cabeça.

Entre Árkovo II e Árkovo III, encontra-se a Estação de Árkovo, onde se muda de cavalos quando se vai a caminho do distrito do Tym. Trata-se de uma posta ou de um albergue. Se avaliássemos as coisas à maneira da Rússia, a sua reduzida utilização não justificaria a presença de mais de dois ou três empregados e de um encarregado. Mas, em Sacalina, faz-se tudo à grande.

Na Estação, além do encarregado, há um secretário, um moço de recados, um palafreneiro, dois padeiros, três rapazes que tratam da estufa, e mais três trabalhadores. Quando perguntei a um deles o que fazia, respondeu-me: «Ando a acartar feno.»

Se um pintor paisagista viesse a Sacalina, eu chamar-lhe-ia a atenção para o vale do Arkai. Além da beleza da sua localização, a paisagem é tão rica em cores que é difícil evitar a habitual comparação com um tapete matizado ou com um caleidoscópio. De um lado, pode ver-se uma vegetação espessa e viçosa, com bardanas gigantes e ainda molhadas devido a uma chuva recente; junto delas, num pequeno espaço que não tem mais de três *sájenes* (seis metros), verdeja um pouco de centeio; depois surge um campo de cevada, de novo mais bardanas, atrás de uma minúscula sementeira de aveia; a seguir, vêem-se campos de batatas, dois girassóis enfermiços de cabeça pendente; mais além, avista-se um triângulo de cânhamo verde-escuro; e, aqui e ali, erguem-se orgulhosamente os candelabros de algumas plantas umbelíferas. Todo este mosaico de cores está salpicado das pequenas manchas rosadas, purpúreas e carmesins das papoilas. Na estrada, cruzamo-nos com camponesas que, para se protegerem da chuva, cobrem a cabeça com grandes folhas de bardana, parecendo escaravelhos verdes. E por todos os lados estamos cercados de montanhas que, apesar de não serem as do Cáucaso, nem por isso deixam de ser montanhas.

Afastando-nos da costa, acima da foz do Arkai, há seis colónias insignificantes. Não visitei nenhuma delas e as informações que tenho foram recolhidas no cadastro e no registo da paróquia. Essas colónias foram fundadas em cabos que se adentram muito no mar ou nos estuários de pequenos riachos aos quais ficaram a dever o nome. Inicialmente não passavam de postos de vigia, por vezes com uma guarnição de quatro ou cinco homens; mas, com o passar do tempo, quando esses postos se revelaram insuficientes, foi tomada a decisão (em 1882) de povoar os promontórios mais importantes compreendidos entre Duí e Pogóbi com colonos honestos, de preferência com família. A finalidade que se procurava alcançar com a criação destas colónias e dos «Cordões» era «oferecer à posta que vem de Nikolaievsk, aos passageiros e aos *kaiúri*[61] refúgio e protecção durante a viagem e estabelecer uma vigilância policial permanente ao longo do litoral, que constitui a única (?) saída possível para os fugitivos e a única via de entrada de álcool, cuja venda livre está proibida na Ilha». Contudo, como ainda não há estrada para as colónias do litoral, só se pode lá chegar a pé, caminhando pela praia durante a maré baixa, ou no Inverno em trenós de cães. Também se podem usar barcaças ou barcos à vela, mas apenas quando está muito bom tempo. De sul para norte, estas colónias distribuem-se da seguinte forma:

Mgatchi: tem trinta e oito habitantes (vinte homens e dezoito mulheres), com catorze proprietários. Há treze casais, e apenas dois são ilegítimos. No conjunto, possuem doze *deciatinas* de terras aráveis, mas deixaram de semear cereais há três anos e em todo o terreno só cultivam batatas. Onze colonos vivem na colónia desde a sua fundação, e cinco já passaram à categoria de camponeses proscritos. Se lá continuam é porque, certamente, conseguem ganhar bem a vida. Sete *kaiúri* criam ali os cães que, no Inverno, transportam o correio e os passageiros. Um dos habitantes é caçador profissional. Quanto às actividades pesqueiras, de que fala o relatório da colónia para 1889, da Direcção--Geral das Prisões, não se dá por elas, porque pura e simplesmente não existem.

Tangui: tem dezanove habitantes (onze homens e oito mulheres) e seis proprietários. Estes dispõem de cerca de três *deciatinas* de terras aráveis mas, tal como acontece em Mgatchi, devido aos frequentes nevoeiros marinhos que impedem a cultura cerealífera, só cultivam batatas. Dois dos proprietários possuem barcos e dedicam-se à pesca.

Khoê está situada no promontório com o mesmo nome e avança tanto mar adentro que se avista de Aleksandrovsk. Tem trinta e quatro habitantes (dezanove homens e quinze mulheres) e treze proprietários. Aqui, ainda não se perdeu completamente a esperança na agricultura e continua a semear-se cevada e milho. Há três caçadores profissionais.

Trambaus tem oito habitantes (três homens e cinco mulheres) e três proprietários. É uma colónia feliz, onde há mais mulheres do que homens!

Viákhti fica junto da ribeira com o mesmo nome, que une um lago ao mar e, por isso, faz lembrar o rio Nevá. Diz-se que no lago se pescam salmões e esturjões. Tem dezassete habitantes (nove homens e oito mulheres) e sete proprietários.

Vangui é a colónia mais setentrional. Tem treze habitantes (nove homens e quatro mulheres) e oito proprietários.

De acordo com a descrição de cientistas e de viajantes, quanto mais se sobe para norte, mais triste e pobre se torna a Natureza. A partir de Trambaus, toda a parte setentrional da Ilha é constituída por uma planície, uma tundra contínua, onde a principal linha de separação das águas, que atravessa Sacalina em todo o seu comprimento, apresenta o aspecto de uma sucessão de pequenas colinas que, para alguns autores, não são mais do que aluviões trazidos pelo Amur. Aqui e ali, ao longo da planície pantanosa, de cor castanho-avermelhada, estendem-se pequenos grupos de coníferas retorcidas; os troncos dos larícios não ultrapassam um pé de altura e a sua folhagem repousa na terra como uma almofada verde, enquanto os troncos das matas de cedros se arrastam pelo solo. Entre estes grupos de árvores esqueléticas crescem líquenes

e musgos e, como em todas as tundras da Rússia, mil e uma variedades
de bagas silvestres, de sabor áspero, ácido ou terrivelmente amargo, como as groselhas, as murtas, as amoras e os arandos. E é só no extremo
norte da planície, onde o terreno volta a ser acidentado que, num pequeno espaço, como se fosse um sorriso de despedida aos portos de um
mar eternamente gelado, o mapa de Krusenstern representa uma bela
floresta de larícios.

Mas, apesar da severidade e da pobreza da Natureza destas paragens,
a avaliar pelo testemunho de pessoas bem informadas, os habitantes do
litoral vivem melhor do que os do Arkai ou os de Aleksandrovsk.

E isso explica-se pelo seu pequeno número de habitantes: os bens de
que dispõem são partilhados por poucos. Além disso, como estão entregues à sua sorte, não são obrigados a semear e a cultivar cereais e podem
escolher, como entendem, as suas actividades e ocupações. A estrada,
que é utilizada durante o Inverno, entre Aleksandrovsk e Nikolaievsk
passa junto das colónias; é por isso que estas recebem a visita de guiliaks
e de iacutos que vêm efectuar operações comerciais; e, quer se trate de
vendas ou de trocas, os colonos actuam como intermediários. Aqui não
há lojistas, nem *maidan*, nem açambarcadores judeus, nem funcionários
que trocam álcool por soberbas peles de raposa que depois mostram aos
convidados com um sorriso de satisfação.

Em direcção ao sul não se estabeleceram novas colónias, com excepção de um ponto de povoamento, situado na costa ocidental e a sul
de Aleksandrovsk: Duí, um lugar terrível, monstruoso, abominável sob
todos os pontos de vista, onde, para aí se viver de livre vontade, tem de
se ser santo ou profundamente corrupto. Duí é um posto militar a que a
população chama «porto». Foi fundado em 1857, e o seu nome — Dué
ou Duí — já existia designando a região ocupada pelas minas de carvão. O seu estreito vale é banhado por um pequeno ribeiro, o Koindji.
Há duas estradas que ligam o Posto a Aleksandrovsk: uma, pela montanha; outra, pelo litoral. O Cabo Jonquière domina, com toda a sua
massa, os baixios do ribeiro e seria impossível atravessá-lo se não tivessem escavado um túnel. Mas fizeram-no sem consultar um engenheiro, construíram-no ao deus-dará e, por isso, é sombrio, sinuoso e
sujo. O seu custo foi muito elevado e a sua utilidade é nula porque,
dispondo-se de uma boa estrada de montanha, não há necessidade de
utilizar a da beira-mar, cujo uso está condicionado pelo ritmo das ma-
rés. Este túnel ilustra às mil maravilhas uma tendência tipicamente russa: a de gastar os últimos recursos com requintes despropositados,

quando ainda estão por satisfazer necessidades muito mais urgentes. Enquanto se furava o túnel, e os encarregados da obra passeavam nos carris numa vagoneta ostentando o letreiro «Desembarcadouro de Aleksandrovsk», os presos viviam em sórdidas e húmidas iurtás, porque não havia gente suficiente para construir barracões.

Logo à saída do túnel, há uma salina e uma estação telegráfica de onde sai um cabo que, atravessando a areia, se entranha no mar. Nessa casita, vivem um prisioneiro polaco e a sua concubina, que, aos doze anos, terá dado à luz uma criança, depois de ter sido violada num contingente de condenados. Em toda a sua extensão, a porção de costa compreendida entre Aleksandrovsk e Duí é escarpada, cortada a pique, e mostra sinais de desmoronamentos que, aqui e ali, deixam a descoberto manchas e faixas negras de um *archin* (setenta e um centímetros) a uma *sájene* (dois metros e treze) de espessura. É carbono. Segundo a descrição dos especialistas, esses estratos carboníferos estão comprimidos por estratos de grés, de xisto, de areia argilosa e de argila xistosa, e são levantados, dobrados, deslocados ou empurrados por rochas de basalto, de diorito e de pórfiro, cujas massas imponentes emergem em inúmeros locais. É possível que haja muita beleza em tudo isto; porém, o preconceito que tenho em relação a este lugar está tão profundamente enraizado em mim, que olho com compaixão não só as pessoas que lá vivem, mas também as plantas que tiveram a pouca sorte de nascer ali. A umas sete *verstás*, um barranco corta a margem. É o desfiladeiro de Voievodsk. É aqui que se ergue, isolado de tudo, o terrível presídio onde estão encerrados os maiores criminosos e, entre eles, alguns que estão acorrentados a carros de mão. A prisão é guardada por sentinelas e, à excepção destas figuras, não se vê aqui vivalma. Por isso até podemos julgar que os vigilantes estão a guardar um fabuloso tesouro no deserto...

A uma *verstá* dali, surgem as minas de carvão a céu aberto. Depois de percorrermos mais uma *verstá* totalmente deserta, chegamos finalmente a outro barranco onde se encontra Duí, a antiga capital da colónia penal de Sacalina. No primeiro momento, ao percorrermos os arruamentos, temos a impressão de estar a penetrar numa pequena fortaleza antiga, com uma rua direita e plana que parece um campo de manobras, com casinhas brancas e limpas, guaritas e marcos de riscas largas. Só falta o rufar do tambor para que a ilusão seja completa. Nessas casas vivem o comandante da guarnição, o inspector da prisão, o capelão, os oficiais, etc. No local onde termina a curta rua, ergue-se uma igreja de madeira de cor acinzentada que esconde a vista da parte não oficial do porto; aqui, o barranco abre-se em Y, bifurcando-se para a esquerda e para a direita. Do lado esquerdo, há um bairro a que antigamente chamavam «a Judiaria»; do lado direito, vê-se todo o tipo de edifícios prisionais e um bairro que não tem nome. De ambos os lados, sobretudo do lado esquerdo, os caminhos são estreitos, sujos e incómodos.

Acabaram-se as casinhas brancas e limpas, que foram substituídas por isbás minúsculas, a caírem de velhas, sem pátio, sem jardim, sem alpendre, amontoadas junto à estrada, ou espalhadas desordenadamente pela encosta ou no alto da colina. Os terrenos agrícolas, se é que se podem chamar assim, são exíguos: o cadastro indica apenas quatro proprietários que dispõem de quatro *sájenes* quadradas (dezassete metros quadrados) cada um. Tudo está tão comprimido que nem uma maçã teria sítio para cair; contudo, no meio desta confusão nauseabunda, Tolstikh, o carrasco de Duí, encontrou, mesmo assim, um recanto onde está a construir uma casa.

Sem contar com os militares, com os residentes livres e com a prisão, Duí tem duzentos e noventa e um habitantes: cento e sessenta e sete homens e cento e vinte e quatro mulheres. Tem quarenta e seis proprietários e mais seis coproprietários que, na sua maioria, são prisioneiros. Não consigo compreender o que leva a administração a atribuir-lhes e às suas famílias concessões neste buraco em vez de os instalar noutro local.

De acordo com os dados do cadastro, em todo este aglomerado não existe mais de um oitavo de *deciatina* de terra arável e nem um único prado. É certo que os homens estão ocupados com os trabalhos forçados: mas o que fazem oitenta mulheres adultas? Como é que ocupam as horas que, devido à pobreza, ao mau tempo, ao retinir ininterrupto das correntes, ao eterno espectáculo das montanhas desertas, ao murmúrio das ondas, e aos lamentos e gemidos que muitas vezes chegam da prisão, quando os prisioneiros são açoitados com chicotes ou vergastas, devem parecer mil vezes mais longas e mais angustiantes do que na Rússia? Esse tempo é passado numa inactividade total. Numa isbá, que geralmente se compõe de uma só divisão, podemos encontrar a família de um prisioneiro e a de um soldado, mais dois ou três presos, locatários ou vizinhos, adolescentes, dois ou três berços pelos cantos, galinhas, um cão; e na rua, junto à casa, há dejectos e poças de água suja. A mulher não tem nada para fazer, não tem nada para comer, está cansada de conversas e de discussões e não sai, porque lá fora é tudo igual, uniformemente sujo, triste e sombrio! À noite, o marido presidiário regressa dos trabalhos forçados; tem fome, tem sono, mas a mulher começa logo a lamentar-se e a desfiar a ladainha habitual:

— Ah! Maldito! Deste cabo da nossa vida. Da minha e da dos meus filhos!

— Lá está ela outra vez a choramingar! — resmunga o homem, estendido na estufa.

Depois faz-se silêncio; as crianças esgotaram as lágrimas e há muito que adormeceram, mas a mulher ainda não dorme, pensa e escuta o bramido do mar; agora está dominada pela angústia: tem pena do marido e lamenta-se por não se ter sabido conter e por o ter recriminado. Mas, no dia seguinte, a história repete-se.

Se avaliássemos a totalidade da colónia agrícola de Sacalina só pela de Duí, julgá-la-íamos cheia de mulheres e de presos casados. Por falta de lugar, vinte e sete famílias vivem em velhas construções desde há muito condenadas à demolição, sujas e hediondas que mais não o podem ser, denominadas «aquartelamentos familiares». No interior não existem quartos, mas dormitórios colectivos equipados com tarimbas e baldes como na prisão. A população caracteriza-se por uma grande diversidade. Num mesmo pavilhão, de vidros quebrados e onde paira um ar sufocante, proveniente das latrinas, podemos encontrar: um preso acompanhado pela mulher (de condição livre) e pela filha; um outro preso com a mulher (já com estatuto de colona); um colono polaco com a concubina, que é presidiária. Todos lá estão instalados, conjuntamente com os seus pertences, e dormem lado a lado numa tarimba contínua.

Num outro pavilhão vivem: um preso, a mulher (de condição livre) e o filho; uma presa tártara com a filha; um outro preso tártaro com a mulher (de condição livre) e dois filhos pequenos de barrete; mais um preso, com a mulher (de condição livre) e o filho; um colono que veio para aqui exilado há trinta e cinco anos, mas ainda bem conservado e de bigode preto que, por não ter botas, anda descalço, e é um inveterado jogador de cartas[62]. Estendida ao seu lado, está a amante, uma presa indolente, sonolenta e com um ar de meter dó. A seguir, estão: um preso com a mulher (de condição livre) e três filhos; um preso solteiro; mais um preso com a mulher (de condição livre) e dois filhos; um colono; e um outro preso, um velhinho muito limpo, de rosto bem barbeado. Um suíno, que não pára de mastigar e de grunhir, corre todo o pavilhão; o chão está coberto por uma sujidade pegajosa, e sente-se um cheiro horrível a percevejo e a acidez; as pessoas queixam-se de que os percevejos não lhes dão um momento de descanso.

Num terceiro pavilhão, estão: um preso (a mulher, de condição livre) e dois filhos; um preso, a mulher (de condição livre) e o filho; mais um preso, com a mulher (de condição livre) e sete filhos (uma das filhas tem dezasseis anos e a outra tem quinze); outro preso, a mulher (de condição livre) e o filho; finalmente, um preso, a mulher (de condição livre) e quatro filhos.

Num quarto pavilhão, vêem-se: um vigilante, oficial subalterno, com a mulher de dezoito anos e uma filha; um preso e a mulher (de condição livre), um colono; um preso, etc. Nestes lugares dignos dos povos bárbaros, com condições de vida tais que jovens de quinze e dezasseis anos são obrigadas a dormir lado a lado com presos, o leitor pode avaliar a falta de respeito e o desprezo com que aqui são tratadas estas mulheres e crianças, como se tem tão pouca consideração por estes seres que, contudo, vieram para aqui de livre vontade, e como afinal se está longe de qualquer ideia de colonização agrícola.

A prisão de Duí é mais pequena, mais velha e muito mais suja do que a de Aleksandrovsk. Também aqui os dormitórios celulares são comuns e as tarimbas contínuas, mas o conjunto é mais pobre e as condições são piores. As paredes estão tão sujas como o chão, e de tal forma enegrecidas pelos anos e pela humidade que nem a lavagem, por mais profunda que fosse, daria qualquer resultado. De acordo com o relatório médico de 1889, cada detido dispõe aqui de uma *sájene* cúbica e doze de ar (dez metros cúbicos e meio). Se, em pleno Verão, com todas as portas e janelas abertas se sente o cheiro a águas estagnadas e a dejectos, imagino o inferno que deve ser no Inverno, quando o interior das divisões aparece todas as manhãs coberto de geada e de pedaços de gelo! O inspector da prisão é um polaco, um antigo enfermeiro militar com o grau de ordenança, que administra também a prisão de Voievodsk, as minas e o posto militar, uma zona de influência que, a dizer a verdade, não está nada de acordo com a sua categoria.

Nos calabouços de Duí estão presos os criminosos mais perigosos, na sua maioria reincidentes ou acusados de novos crimes. À vista, são pessoas com um aspecto totalmente normal, com caras bondosas e um pouco estúpidas, que só me chamaram a atenção pela curiosidade e pelo desejo que manifestavam em responder às minhas perguntas com a maior deferência. Além disso, na maioria dos casos, os seus crimes não eram nem mais inteligentes nem mais dissimulados do que as suas caras. A maior parte deles vinha cumprir penas de cinco a dez anos de prisão, por assassinato cometido durante uma rixa; depois evadiam-se, eram recapturados, evadiam-se de novo, e assim por diante, até ao momento em que eram condenados a prisão perpétua e considerados incorrigíveis. Vistos de fora, os seus crimes são quase sempre histórias banais, com pouco interesse. Se, mais acima, reproduzi a «história de Egor», fi-lo de propósito, para o leitor poder avaliar a falta de colorido e a indigência de conteúdo de centenas de histórias, de autobiografias e de episódios que os detidos e os seus familiares me contaram.

De qualquer forma, um velho de cabelos já todos brancos, de uns sessenta a sessenta e cinco anos de idade, com o nome de Térekhov, que estava na «solitária», deu-me a impressão de ser um verdadeiro canalha. Na véspera da minha chegada, tinha sido chicoteado e quando falámos do assunto, mostrou-me as nádegas cobertas de equimoses. Segundo contam os outros presos, ao longo da vida, matou sessenta pessoas. O seu sistema consistia no seguinte: relacionava-se com os presos mais novos para identificar quais eram os mais ricos e, em seguida, propunha-lhes que fugissem com ele. Quando chegavam à taiga, assassinava-os, roubava-os e, para apagar quaisquer vestígios do crime, cortava-os em pedaços que lançava no rio. Na última vez que o capturaram, defendeu-se dos guardas à paulada. Ao observar-lhe os olhos turvos e cinzentos como o estanho e o crânio, rapado só de um lado e anguloso como um paralelepípedo, sou levado a acreditar em tudo o que me disseram dele.

Em compensação, um ucraniano, também no calabouço, comoveu-me com a sua ingenuidade. Pediu ao inspector para lhe devolver os cento e noventa e cinco rublos que lhe tinham tirado quando foi revistado.

— Onde é que os arranjaste? — perguntou-lhe o inspector.

— Ganhei-os a jogar às cartas — jurou ele por todos os santinhos.

Depois, voltando-se para mim, tentou convencer-me de que isso não tinha nada de surpreendente, porque na prisão quase toda a gente jogava às cartas e não era raro haver presos que dispunham de somas que atingiam dois ou três mil rublos. Finalmente, também vi nos calabouços um vagabundo que tinha cortado dois dedos à machadada; a ferida estava tapada com uma gaze nojenta. Um outro vagabundo também estava ferido, mas por arma de fogo: por sorte, a bala só tinha roçado ao de leve a face exterior da sétima costela; também tinha o ferimento tapado com um trapo imundo[63].

Duí está constantemente mergulhada no silêncio. O ouvido habitua-
-se rapidamente ao arrastar compassado das correntes, ao rumor do flu-
xo das ondas e à vibração dos fios telegráficos; e são precisamente todos estes sons que aumentam a sensação de um silêncio de morte. Esse
ar de severidade não se fica a dever apenas às riscas regulares dos postes. Se, de repente, alguém começasse a rir na rua, isso pareceria uma
afronta grosseira e uma atitude muito pouco natural. Desde a sua fundação, a vida em Duí tomou uma forma que só pode ser traduzida por
um som desesperado, atroz e implacável que só a canção do vento impetuoso, abominável e gelado, vindo do mar e soprando no barranco,
consegue entoar. É por isso que ficamos tão surpreendidos ao ouvir,
rompendo o silêncio, o canto de Chkandiba, o excêntrico de Duí. É um
velho preso que, desde a sua chegada, se recusou sempre a trabalhar:
todos os meios coercivos usados contra ele foram vãos, perante a sua
obstinação indomável e puramente animal. Meteram-no na masmorra,
açoitaram-no muitas vezes, mas suportava estoicamente todos os castigos e, depois de cada sessão, gritava sempre:
— Podem bater-me à vontade, mas não me apanham a trabalhar!
Acabaram por desistir, e agora o velho deambula por Duí, cantan-
do[64].
Como já disse, a extracção do carvão realiza-se a uma *verstá* do Posto. Fui até à mina, onde me fizeram seguir por corredores sombrios e
húmidos e onde me puseram ao corrente, com muitos pormenores, da
organização da empresa mas quando não se é especialista na matéria, é
difícil descrever tudo isso. Evito, pois, as considerações técnicas e reen-
vio os leitores que se interessam pelo assunto para a obra do senhor
Keppen, engenheiro de minas que, no passado, dirigiu estas explorações[65].
Actualmente, as minas de Duí são exclusivamente exploradas por
uma sociedade privada, «A Sacalina», cujos representantes permanecem em São Petersburgo. De acordo com o contrato que lhe foi concedido em 1875, por um período de vinte e quatro anos, a sociedade dispõe de uma porção da margem ocidental do Duí, com duas *verstás* de
extensão e uma de profundidade. A título gratuito, foram também postos à disposição da empresa os locais mais adequados ao armazena-
mento da região administrativa do litoral e das ilhas que dela dependem.
E a sociedade recebe ainda gratuitamente os materiais de construção necessários às suas instalações e está autorizada a importar, sem custos
aduaneiros, todos os objectos necessários à implantação e à exploração
das suas instalações técnicas e administrativas. Por cada *pud* (dezasseis

quilos e trezentos e oitenta gramas) de carvão entregue à Direcção da
Marinha, a empresa recebe entre quinze a trinta copeques e todos os
dias, como mão-de-obra, lhe são fornecidos pelo menos quatrocentos
condenados; se esse número for inferior, o Tesouro paga à sociedade
uma multa de um rublo por dia por cada operário a menos. Todos os homens de que a sociedade necessitar também podem ser fornecidos no
turno da noite.

Para poder dar resposta aos compromissos que assumiu, e defender
os interesses de «A Sacalina», o Estado mantém duas prisões na proximidade das minas — a de Duí e a de Voievodsk —, bem como uma
guarnição de trezentos e quarenta militares, que custa cento e cinquenta mil rublos por ano. Por outras palavras, se o que se diz é verdade e
se os representantes desta sociedade, que habitam em São Petersburgo,
são apenas cinco, a salvaguarda dos rendimentos de cada um deles custa anualmente ao Estado trinta mil rublos, sem falar que, para preservar
estes mesmos rendimentos, em oposição a quaisquer finalidades de colonização agrícola, e deixando para trás voluntariamente o cumprimento das regras de higiene, se mantêm mais de setecentos presos, as suas
famílias, os militares e os empregados, em buracos tão horríveis como
os barrancos de Voievodsk e de Duí. Sem falar ainda que, colocando os
presos ao serviço de uma sociedade privada de onde recebe dinheiro, a
administração da colónia sacrifica os princípios da regeneração dos detidos em favor de especulações industriais; quer dizer, comete mais
uma vez o velho erro que ela mesma tinha denunciado.

Por seu lado, como compensação de tudo isto, «A Sacalina»
compromete-se em cumprir três obrigações muito sérias: a de assegurar correctamente a exploração das minas de Duí e a de contratar um
engenheiro de minas para dirigir os trabalhos; a de pagar pontualmente, duas vezes por ano, a quota correspondente à concessão da exploração das minas e a quota do trabalho dos presos; e a de utilizar exclusivamente mão-de-obra fornecida pelo presídio em todos os trabalhos
relacionados com a empresa.

Estas obrigações só existem no papel e parece que foram esquecidas
há muito. A exploração das minas processa-se sem quaisquer escrúpulos e constitui um verdadeiro massacre. «Não foi feita nenhuma melhoria técnica, nem foi empreendida nenhuma prospecção que se desti-
nasse a consolidar o futuro da mina» — lê-se, numa nota emitida por
uma personalidade oficial —, «no que respeita à sua organização, os
trabalhos têm toda a aparência de uma pilhagem industrial, como testemunha o último relatório do engenheiro da região.» O engenheiro de

minas que a sociedade se comprometeu a contratar prima pela ausência e a mina é dirigida por um simples contramestre. No que respeita aos pagamentos, gostaria de invocar aquilo a que a personalidade oficial que acabo de citar chama «a aparência de uma pilhagem». «A Sacalina» desfruta graciosamente do produto das minas e do trabalho dos condenados. Comprometeu-se a pagar o trabalho dos presos, mas, não sabemos porquê, não desembolsa dinheiro nenhum. Os representantes da outra parte contratante, face a tamanho incumprimento das leis, deveriam desde há muito ter usado os seus poderes, mas, por razões que também nos escapam, não fizeram nada; e, pior ainda, continuam a gastar cento e cinquenta mil rublos por ano para salvaguardarem os lucros de «A Sacalina». Em resumo, as duas partes conduzem-se de tal maneira que é difícil prever quando será possível pôr fim a tantas irregularidades. A sociedade está tão solidamente instalada em Sacalina como Fomá em Stepantchikovo, e é tão implacável como esta personagem[66]. A 1 de Janeiro de 1890, a empresa devia ao Estado cento e noventa e quatro mil, trezentos e trinta e sete rublos e quinze copeques; segundo a lei, a décima parte desta soma deveria reverter para os prisioneiros a título de gratificação. Desconheço como e quando regularizam as suas contas com os presos, quem lhes paga, e inclusivamente se lhes pagam ou não.

Designam-se todos os dias trezentos e cinquenta a quatrocentos condenados para o trabalho na mina e os restantes trezentos e cinquenta a quatrocentos reclusos das duas prisões ficam como reserva (imprescindível), porque o contrato prevê que os condenados fornecidos diariamente estejam «aptos a trabalhar». A «distribuição» dos trabalhos realiza-se um pouco depois das quatro, altura em que os homens são colocados sob as ordens da administração das minas, quer dizer, de um pequeno grupo de pessoas privadas que constituem a «direcção». É dela que depende a designação do trabalho, a quantidade e a dureza da tarefa que diariamente é exigida a cada preso. Em função da organização da própria empresa, é a essa direcção que compete zelar pela repartição equitativa das tarefas mais pesadas por todos os detidos; à administração penitenciária compete apenas a vigilância do comportamento dos prisioneiros e a prevenção das evasões; quanto ao resto, lava daí as suas mãos.

Há duas minas: a antiga e a nova. Os presos trabalham na nova; a espessura da jazida carbonífera é de cerca de dois *archins* (um metro e quarenta), igual à largura dos corredores; entre a entrada da mina e o local onde está ser extraído o carvão, a distância é da ordem de cento e cinquenta *sájenes* (trezentos e vinte metros). Arrastando um carro que pesa um *pud* (dezasseis quilos e trezentos e oitenta gramas), o operário tem de subir de gatas uma rampa sombria e húmida; é a parte mais dura da tarefa; uma vez o carro carregado, volta a fazer o caminho inverso. À saída, o carvão é despejado para vagonetas que, deslocando-se sobre carris, o levam para os armazéns. Cada mineiro tem de subir a rampa pelo menos treze vezes por dia — é essa a sua tarefa. Em 1889--1890, cada um deles extraiu uma média de dez *puds* e oitocentos (cento e setenta e sete quilogramas), ou seja, quatro *puds* e duzentos (sessenta e cinco quilogramas) menos do que a norma estabelecida pela administração das minas. No total, a produtividade obtida pelo trabalho dos presos não é muito grande, oscilando entre mil e quinhentos e três mil *puds* (vinte e quatro toneladas e meia e quarenta e nove toneladas) por dia.

Entre os mineiros de Duí também há colonos que aí trabalham de livre vontade, em condições ainda mais penosas do que as dos prisioneiros. Na velha mina onde laboram, a jazida carbonífera não ultrapassa um *archin* (setenta e um centímetros) de espessura. A zona de exploração encontra-se a duzentas e trinta *sájenes* (quinhentos metros) da entrada, e a camada de revestimento permite grandes infiltrações de água, que obriga os mineiros a trabalharem permanentemente no meio de grande humidade. Alimentam-se à sua custa e moram num edifício muito pior do que a prisão. Apesar disso, o seu trabalho é muito mais produtivo do que o dos presos (entre 70 e 100%) e demonstra bem a diferença abissal que existe entre a mão-de-obra paga e a mão-de-obra forçada. Os trabalhadores assalariados dão muito mais lucro à sociedade do que aqueles que, por contrato, a empresa está obrigada a utilizar; por isso, quando um preso contrata os serviços de um colono, a administração não põe qualquer objecção a esta irregularidade.

A terceira obrigação também nunca foi respeitada. Admite-se, desde a fundação de Duí, que os mais necessitados e os néscios trabalhem para si próprios e para os outros, enquanto os trafulhas e os agiotas bebem chá, jogam às cartas ou deambulam pelo paredão, sob o tinido compassado das correntes, e tagarelam com o vigilante que previamente subornaram. Neste contexto, acontecem constantemente histórias revoltantes. Assim, uma semana antes da minha chegada, um prisioneiro rico, antigo comerciante de São Petersburgo e incendiário, foi punido com vergastadas, por alegadamente se recusar a trabalhar. É um homem estúpido que não soube dissimular a sua fortuna e que, sem qualquer critério, começou a untar as mãos a uns e a outros. Um belo dia, já farto de entregar notas de cinco rublos aos guardas e de três rublos ao carrasco, recusou-se categoricamente a pagar a qualquer deles. Esta atitude inesperada foi desastrosa: o guarda foi fazer queixa ao inspector, o inspector condenou o comerciante a trinta vergastadas que o carrasco, como era de esperar, lhe aplicou com zelo. Enquanto o açoitavam, o comerciante gritava: «Até hoje nunca ninguém me tinha batido!» Cumprido o castigo, teve de se resignar a pagar, como se nada tivesse acontecido, a quantia habitual aos guardas e ao carrasco e continuou a contratar os serviços de um colono para trabalhar em seu lugar.

A excepcional dureza dos trabalhos da mina não se deve ao facto de se trabalhar debaixo de terra, em corredores húmidos e escuros, de gatas ou de costas dobradas; as obras da construção civil e a abertura de estradas, debaixo da chuva ou do vento, exigem um esforço físico muito superior. Quem está familiarizado com as condições de trabalho da bacia do Donets não achará assim tão terríveis as minas de Duí. O que é excepcionalmente duro não é o trabalho, mas o ambiente, a estupidez e a desonestidade dos militares de baixa patente que fazem com que, continuamente, os presos tenham de suportar a arrogância, a injustiça e a arbitrariedade. Os ricos tomam chá, os pobres trabalham, e o vigilante engana abertamente os seus superiores. Os conflitos inevitáveis entre a administração das minas e a do presídio dão origem a brigas, a boatos e a desordens sem fim, cujas consequências afectam sobretudo aqueles que delas dependem. Como se costuma dizer, «a corda parte sempre pelo lado mais fraco.» Por muito corruptos e depravados que sejam, os presos dão muita importância ao sentido de justiça; ora, quando não o reconhecem nas pessoas a que estão submetidos, ao fim de alguns anos tornam-se um poço de raiva e de incredulidade.

Quantos deles, que estas circunstâncias transformaram em velhos pessimistas, irónicos e sombrios, não passam o tempo a falar, com expressão carregada e ar trocista, das autoridades e de uma vida melhor, enquanto toda a gente na cadeia se contorce a rir? Na verdade, tudo isto é ridículo. A dureza do trabalho nas minas de Duí também se deve ao facto de o preso, durante anos a fio, não ver outra coisa que não seja a mina, o caminho para a prisão e o mar, sentindo que toda a sua vida está concentrada nesta estreita língua de areia entre a margem argilosa e as ondas.

O barracão dos colonos está situado junto do escritório da empresa. É um antigo celeiro de dimensões reduzidas, muito mal adaptado a dormitório. Fui lá às cinco da manhã, na altura em que os colonos acabavam de se levantar. Que fedor, que obscuridade, que confusão! Os colonos, com os cabelos desgrenhados, pareciam ter passado toda a noite à pancada, e os rostos, ainda mal acordados, com uma cor cinzento-

-amarelada, tinham autênticas expressões de loucos ou de enfermos. Via-se que tinham dormido completamente vestidos e calçados, encostados uns aos outros, nas tarimbas ou no sujo chão de terra batida. Segundo me disse o médico que nessa manhã me acompanhava, há uma *sájene* cúbica (nove metros e meio cúbicos) de ar para cada três ou quatro pessoas. Entre parêntesis, devo acrescentar que, nessa altura, se temia a eclosão de um surto de cólera em Sacalina e, por isso, os navios estavam de quarentena.

Nessa mesma manhã, fui visitar a prisão de Voievodsk, construída por volta de 1870. Para criar o espaço onde agora está o cárcere, foi necessário derrubar e nivelar a margem montanhosa numa área de quatrocentos e oitenta *sájenes* quadradas (dois mil e quatrocentos metros quadrados). Actualmente, é o mais monstruoso de todos os presídios de Sacalina. Como conseguiu escapar a todas as reformas do regime penitenciário, pode servir de ilustração perfeita para descrever os usos das prisões antigas que outrora suscitaram tanto horror e repugnância.

A prisão de Voievodsk compõe-se de três edifícios principais e de outro mais pequeno onde estão as masmorras dos castigos. Evidentemente, é inútil falar de cubagem de ar ou de ventilação. Quando lá entrei, acabavam de lavar o chão, mas o ar húmido e pestilento dos odores da noite ainda não tinha tido tempo de se dissipar. O chão, molhado, tinha um aspecto repugnante. As pessoas com quem falei queixam-se sobretudo dos percevejos que lhes tornam a vida insuportável. Antigamente, estes vermes eram exterminados com cloreto de cal ou com o frio que se fazia sentir no pino do Inverno mas, actualmente, tanto esses métodos como a temperatura são pouco eficazes. No alojamento dos vigilantes, sente-se o mesmo odor ácido das latrinas e também eles se queixam dos percevejos.

Nesta prisão, há reclusos acorrentados a carros de mão: oito homens ao todo. Dormem nas celas com os outros detidos e passam os dias na mais completa inactividade. Pelo menos, no *Relatório sobre a Distribuição dos Diversos Tipos de Trabalhos Forçados*, figuram como não--trabalhadores. Cada um deles traz correntes nas mãos e nos pés; a meio das que lhes prendem as mãos, sai outra corrente, com um comprimento de três ou quatro *archins* (dois ou dois metros e oitenta), atada na outra extremidade a um pequeno carro de mão. As correntes e o carro restringem os movimentos dos prisioneiros, que procuram mexer-se o menos possível, o que causa, indiscutivelmente, a degenerescência muscular. Os braços dos reclusos estão tão habituados a este peso que têm dificuldade em fazer um gesto, por mais pequeno que seja. Quando, por fim, se vêem livres de todo este dispositivo, continuam a sentir os membros entorpecidos e efectuam sem necessidade movimentos bruscos e violentos; por exemplo, quando os detidos levantam uma chávena de chá, entornam metade do conteúdo, como se sofressem de coreia[67]. Quando se vão deitar, empurram o carro para baixo da tarimba; para facilitar este processo, normalmente os presos acorrentados são colocados na extremidade da tarimba colectiva.

Estes oito homens são todos reincidentes inveterados. Um deles, um velho com sessenta anos, foi acorrentado devido a sucessivas tentativas de fuga ou, como ele próprio diz, por «parvoíces». Está doente, provavelmente dos pulmões, e o antigo inspector da prisão, levado pela compaixão, permitiu que o instalassem junto da estufa. Um outro, antigo revisor de comboios, foi condenado por pilhagem de igrejas e, já em Sacalina, viu-se envolvido num caso de falsificação de notas de vinte e cinco rublos. Quando uma das pessoas que percorria as celas comigo o repreendeu por ter saqueado a casa de Deus, respondeu: «Que mal é que isso tem? Deus não precisa de dinheiro.» Depois, notando que os companheiros não se tinham rido e que as suas palavras tinham provocado uma impressão desagradável, acrescentou: «Pelo menos nunca matei ninguém.» O terceiro era um ex-marinheiro militar que veio aqui parar por ter cometido uma infracção grave: tinha levantado a mão contra um oficial. Já na colónia penal, tinha agredido não sei quem; na última vez, atacou o inspector da prisão que o tinha condenado ao castigo dos açoites. Perante o Tribunal Militar, o defensor explicou que o seu comportamento agressivo se devia a uma patologia especial; o tribunal condenou-o à morte, mas o barão Korff comutou-lhe a pena em trabalhos forçados perpétuos, açoites e correntes. Os restantes foram condenados por homicídio.

A manhã estava húmida, cinzenta, fria, e o mar agitado rugia. Lembro-me de, no trajecto da velha para a nova mina, termos parado junto de um velho caucasiano que jazia na areia, num estado de síncope profunda; dois dos seus compatriotas sustinham-no pelos braços e olhavam à volta com um ar impotente e perdido. O velhote estava pálido, tinha as mãos frias e o pulso fraco. Depois de termos trocado algumas palavras com eles, prosseguimos o nosso caminho sem lhes oferecermos ajuda. Quando observei ao médico que me acompanhava que, ao menos, podíamos ter-lhe administrado umas gotas de valeriana, respondeu-me que o enfermeiro da prisão de Voievodsk não dispunha de qualquer tipo de medicamentos.

IX

*O Tym ou Tymi — O tenente Bochniak — Poliakov —
Vérkhni-Armúdan — Níjni-Armúdan — Derbinskoie — Um
passeio no Tym — Uskovo — Os ciganos — Um passeio pela
taiga — Voskressenskoie*

O segundo distrito de Sacalina-Norte encontra-se do outro lado da linha divisória das águas e tem o nome de distrito do Tym, porque a
maioria das suas colónias estão dispostas ao longo do curso deste rio
que desagua no Mar de Okhotsk. Quando se vai de Aleksandrovsk para Novo-Mikhailovka, vê-se em primeiro plano uma cadeia montanhosa que cobre o horizonte. A parte visível desta cordilheira chama-se Pilinga. Do seu cimo, descobre-se um panorama soberbo que se estende,
de um lado, sobre o vale do Duíka e o mar e, do outro, sobre uma vasta planície com uma extensão de mais de duzentas *verstás*, na direcção
nordeste, irrigada pelo Tym e pelos seus afluentes. Esta planície é bem
maior e tem muito mais interesse do que a planície de Aleksandrovsk.
A riqueza em água, a diversidade das madeiras de construção, a vegetação que ultrapassa a altura de um homem, a fabulosa abundância de
peixe e jazidas carboníferas parecem prometer uma existência confortável e desafogada a um milhão de pessoas. Efectivamente, assim poderia ser, se não fossem as correntes frias do Mar de Okhotsk e os icebergues que flutuam perto da costa oriental em pleno mês de Junho,
mostrando que a Natureza, ao criar Sacalina, não pensou muito no homem e no seu bem-estar. Se não fosse a protecção das montanhas, esta
planície seria uma tundra mais fria e mais desesperante do que a de
Viakhta.

O primeiro explorador do Tym foi o tenente Bochniak, a quem se deve a primeira descrição do rio[68]. Foi enviado por Nevelskói, em 1852,
com a missão de verificar a existência de jazidas carboníferas, de que
os guiliaks lhe tinham falado. Atravessou a Ilha e chegou à margem do
Mar de Okhotsk, onde se dizia existir um excelente porto natural.
Forneceram-lhe um trenó, cães, víveres para trinta e cinco dias (biscoitos, chá e açúcar) e uma pequena bússola; além disso, Nevelskói
benzeu-o e animou-o com as seguintes palavras: «Com um biscoito para aplacar a fome, um quarto de água para extinguir a sede, e com a ajuda de Deus, talvez venha a ter êxito neste empreendimento.» Bochniak
desceu o Tym, atingiu a costa oriental, voltou para trás e conseguiu al-

cançar, não sem grandes dificuldades, a costa ocidental, onde chegou em farrapos, esfomeado e com as pernas cobertas de abcessos. Os cães, sem terem que comer, recusaram-se a prosseguir. Passou o dia de Páscoa acocorado no canto de uma iurtá dos guiliaks, completamente extenuado. Já não tinha biscoitos nem mais nada para meter na boca, e as dores numa perna faziam-no sofrer terrivelmente. No relato da exploração de Bochniak, o mais interessante é, certamente, a sua própria personalidade, a sua juventude — tinha apenas vinte anos — a sua abnegação sem limites e a sua heróica dedicação à missão que tinha para cumprir. Estava-se em Março e o Tym estava coberto de neve; no entanto, esta viagem proporcionou-lhe um material muito interessante como comprovam as suas notas[69].

O zoólogo Poliakov[70] empreendeu em 1881 uma verdadeira e consciensiosa exploração com objectivos científicos e práticos. Partiu de Aleksandrovsk a 24 de Julho num carro de bois e conseguiu chegar, com grandes dificuldades, a Pilinga. Aí, só existiam alguns carreiros pedestres pelos quais subiam e desciam os presos que transportavam às costas as provisões enviadas do distrito de Aleksandrovsk para o do Tym. A montanha eleva-se aqui a uma altitude de dois mil pés. Naquela altura, existia ainda nas margens do Admovo, o afluente do Tym mais próximo de Pilinga, a Estação de Vediornikov, da qual hoje só resta o posto de inspector[71]. Os afluentes do Tym são activos, sinuosos, pouco profundos, mas cortados por tantos rápidos, que a navegação, mesmo em canoa, é impossível. Foi isso que obrigou Poliakov a fazer toda a viagem até ao Tym num carro de bois. Só conseguiu embarcar com os companheiros e descer o curso do rio quando chegou a Derbinskoie.

A leitura da descrição desta viagem é, contudo, bastante fastidiosa, porque Poliakov enumera, escrupulosamente, todos os rápidos e bancos de areia que encontrou no caminho. A partir de Derbinskoie e, ao longo de duzentas e setenta e duas *verstás*, teve de ultrapassar cento e dez obstáculos: onze rápidos, oitenta e nove bancos de areia e dez estreitos que estavam obstruídos por troncos de árvores, arrastados pela corrente ou escondidos sob as águas. Isto significava que, em média, de duas em duas *verstás*, o rio estava obstruído por árvores ou por bancos de areia. Perto de Derbinskoie, o rio tem uma largura de vinte a vinte e cinco *sájenes* (de quarenta e dois a cinquenta metros), e quanto mais se alarga menor é o nível das suas águas. Os frequentes meandros e cotovelos, a velocidade da corrente e o nível baixo do leito dão poucas esperanças de que, no futuro, no verdadeiro sentido do termo, o Tym possa vir a ser navegável. Na opinião de Poliakov, só servirá para jangadas.

Apenas nas suas últimas setenta a cem *verstás*, ou seja, nos pontos que são mais difíceis de colonizar, é que o rio se torna mais profundo e menos sinuoso. A corrente é mais moderada, sem rápidos ou bancos de areia e permite a navegação de uma lancha a vapor e mesmo de um rebocador de fundo chato.

Mas, quando os seus ricos bancos de pesca caírem nas mãos de gente de dinheiro, serão com toda a certeza feitos esforços sérios para dragar e aprofundar o leito do rio, e talvez se venha mesmo a construir uma via-férrea até ao seu estuário. E ninguém tem dúvidas de que o rio compensará generosamente tudo o que nele se investir. Mas isso só acontecerá num futuro longínquo. De momento, tendo em atenção os meios de que se dispõe, e a obrigação que se tem de tentar atingir objectivos mais acessíveis, essas riquezas do Tym são uma quimera. E o que o rio dá aos colonos é tão pouco que estes vivem no mesmo nível de indigência que os habitantes de Aleksandrovsk.

O vale do Tym, segundo a descrição de Poliakov, está pontilhado de lagos, de pântanos, de fossas, de ravinas. Não há espaços planos e contínuos de onde brotem pastagens, nem pradarias inundáveis na Primavera. Nada existe, além de uns pequenos prados com juncos, ou melhor, em abono da verdade, de uns pequenos charcos invadidos por ervas. Na margem mais escarpada cresce uma espessa floresta de coníferas; na margem plana crescem bétulas, salgueiros, ulmeiros, choupos, e bosques inteiros de álamos de grande porte, cujas raízes a corrente deixa a descoberto e que finalmente acabam por cair e por se emaranhar no fundo e à superfície da água. Os arbustos que mais abundam são cerejeiras-bravas, vimes, roseiras bravas e pilriteiros. Há nuvens de mosquitos por toda a parte. No dia 1 de Agosto de manhã houve geada.

Quanto mais nos aproximamos do mar, mais pobre é a vegetação. Pouco a pouco, desaparecem os álamos e os vimes transformam-se em pequenas moitas. O quadro geral é dominado por uma margem arenosa ou turfosa onde crescem mirtilos vermelhos, amoras e musgos. O rio alarga-se progressivamente até alcançar as setenta e cinco a cem *sájenes* (oitenta a cento e seis metros), as margens são baixas e pantanosas... estamos já em plena tundra e do mar sopra um vento frio.

O Tym desagua na Baía de Niysk ou de Tro, pequeno deserto de água que serve de entrada ao Mar de Okhotsk ou, o que vai dar ao mesmo, ao oceano Pacífico. A primeira noite que Poliakov passou junto desse golfo foi clara, fresca, e o céu estava iluminado por um pequeno cometa com uma cauda bífida. Poliakov não revela nenhum dos pensamentos que o assaltaram enquanto contemplava o cometa e prestava aten-

ção aos rumores nocturnos. Parece que o sono «venceu as suas forças».
No dia seguinte de manhã, o destino presenteou-o com um espectáculo
inesperado: à entrada do golfo estava um navio de cor sombria, mas de
borda branca, perfeitamente aparelhado e com uma bela ponte de comando. Pousada na proa, com uma pata atada a uma corrente, estava
uma águia viva[72].

Esta margem causou a Poliakov uma penosa impressão, caracterizando-a como «uma pequena amostra típica da paisagem polar». A vegetação é sarmentosa e miserável, e uma estreita língua de areia arran-
cada às dunas isola a Baía do mar revolto e perigoso que se estende até
ao infinito, por milhares de *verstás*. Quando um menino que tenha estado a ler Mayne Reid[73] durante a noite deixa escorregar o seu cobertor e sente frio, deve sonhar precisamente com um mar como este: ondas cor de chumbo por cima das quais «se estende pesadamente um céu
monótono e cinzento». As vagas sombrias e ululantes quebram-se sobre o areal deserto, onde não cresce uma única árvore; e raramente,
muito raramente, são atravessadas pela mancha escura de uma baleia ou
de uma foca[74].

Actualmente, para se chegar ao distrito de Tym, não há qualquer necessidade de transpor as escarpas e os desníveis de Pilinga. Como disse, agora já se pode ir pelo vale do Arkai, e mudar de cavalos na Estação de Árkovo. As estradas são excelentes e os cavalos avançam
rapidamente. A dezasseis *verstás* da Estação do Arkai, encontra-se a primeira colónia do distrito do Tym, que tem o nome de um conto oriental: Vérkhni-Armúdan (Armúdan de Cima). Fundada em 1884, compõe-
-se de duas partes que se dispersam pelas encostas que rodeiam o
Armúdan, um afluente do Tym. Tem cento e setenta e oito habitantes
(cento e vinte e três homens e cinquenta e cinco mulheres) com setenta
e cinco proprietários e vinte e oito co-proprietários. O leitor vai ver que,
em comparação com as do distrito de Aleksandrovsk, a maior parte das
colónias do Tym tem muito mais co-proprietários ou rendeiros, poucas
mulheres, e muito poucos casamentos legítimos. Em Vérkhni-
-Armúdan, num total de quarenta e duas famílias, só nove são legítimas
e há apenas três mulheres de condição livre, quer dizer, tantas como as
que existem em Krássni-Iar ou em Butakovo fundadas há apenas um
ano. A escassez de mulheres e de famílias, que assume muitas vezes
proporções espantosas, e não corresponde à média do povoamento feminino de Sacalina, explica-se não por razões de ordem local ou económica, mas pelo facto de, à chegada, a triagem ser feita pelos funcionários de Aleksandrovsk. Seguindo o velho provérbio de que «a

verdadeira caridade começa em casa», distribuem a maior parte das mulheres pelo seu distrito. Além disso, como me disseram os seus confrades do Tym, «escolhem as mais bonitas e mandam-nos as mais feias».

As isbás de Vérkhni-Armúdan têm telhados de palha ou de cortiça; algumas, por não terem as janelas montadas, ficam expostas a todas as ventanias; outras, pelo contrário, para estarem protegidas, têm janelas cegas tapadas com tábuas. A miséria é verdadeiramente gritante. Vinte homens abandonaram as casas a fim de irem à procura de trabalho. Os setenta e cinco proprietários e os vinte e oito co-proprietários não dispõem de mais do que sessenta *deciatinas* de terra cultivável e cento e oitenta e três *puds* (trinta quintais) de sementes, quer dizer, menos de dois *puds* (trinta e três quilogramas) por quinta. Além disso, por mais que se obstinem em cultivar o solo, não me parece que obtenham aqui qualquer colheita. A colónia está situada numa altitude tão elevada que nada a protege dos ventos do Norte; por exemplo, a neve só derrete quinze dias mais tarde do que na colónia vizinha de Malo-Tymovo. No Verão, para se ir à pesca, tem de se percorrer de vinte a vinte e cinco *verstás* até se chegar ao rio; quanto à caça aos animais de peles, não passa de uma distracção, porque o seu rendimento é tão baixo que nem vale a pena falar nisso.

Todos os proprietários e familiares com quem falei estavam em casa; ninguém fazia nada, embora não fosse dia de festa, e, em princípio, nesses cálidos dias de Agosto grandes e pequenos poderiam arranjar com que se ocupar nos campos ou na margem do Tym, onde a migração dos peixes estava no auge. Era evidente que os proprietários e as suas companheiras se aborreciam e tinham vontade de passar algum tempo a tagarelar sobre isto e aquilo. Riam de aborrecimento ou às vezes, para variar, punham-se a chorar. Eram uns fracassados, na sua maioria neurasténicos e choramingas, «gente que se sentia a mais», que tinha tentado tudo para encontrar um bocado de pão e que, tendo perdido as poucas forças de que dispunha, tinha acabado por renunciar a tudo porque «não havia meio nem forma de seguir em frente». A inacção forçada tornou-se pouco a pouco um hábito, e agora estes fracassados esperavam, elanguescendo, que as coisas lhes caíssem dos céus. Sem vontade de dormir, não fazem nada e é provável que tenham perdido a capacidade de fazer seja o que for, a não ser jogar às cartas. Por mais estranho que pareça, os jogos de cartas florescem em Vérkhni--Armúdan e os seus jogadores são célebres em toda a Ilha de Sacalina. Por falta de meios, as apostas são muito fracas, mas joga-se sem se ter tempo para respirar, como na obra *Trinta Anos, ou a Vida de um Joga-*

dor[75]. Tive, com um dos mais entusiastas e infatigáveis jogadores, a seguinte conversa:

— Excelência, por que razão é que não nos deixam regressar ao continente?

— E o que é que tu ias lá fazer? — disse-lhe a brincar. — Lá não tens parceiros para jogar.

— Isso é que o senhor pensa! Lá, joga-se às cartas a sério.

— Jogas ao *stoss*? — perguntei-lhe depois de uma pausa.

— É a isso que jogo, Excelência, ao *stoss*.

Ao deixar Vérkhni-Armúdan, perguntei ao meu cocheiro, que também era um condenado:

— Eles jogam a dinheiro?

— Pois claro!

— Mas o que é que podem perder?

— Como assim? Bem, podem perder a ração diária, pão ou peixe fumado. Quando perdem a roupa e a comida, ficam aí com a barriga a dar horas e a tremer de frio.

— Mas... o que é que eles comem?

— O quê? Bem, quando ganham, comem; quando perdem, deitam-se com a barriga a dar horas.

Mais abaixo, descendo o mesmo afluente, encontra-se outra colónia, um pouco mais pequena: Níjni-Armúdan (Armúdan de Baixo). Cheguei à colónia já ao final da tarde e passei a noite num desvão da casa do vigilante, encostado ao tubo da estufa, porque o meu anfitrião não me deixou entrar na sua habitação:

— Excelência, não pode dormir aqui, isto está infestado de percevejos e de baratas. É um verdadeiro inferno — disse-me ele com um gesto de impotência. — É melhor ir lá para cima.

Tive de subir no escuro, por uma escada exterior, toda molhada e escorregadia devido à chuva. Pouco depois desci, à procura de tabaco, e pude ver uma praga espantosa, que provavelmente só se encontra em Sacalina. Parecia que as paredes e o tecto estavam cobertos por uma espécie de um crepe de luto que ondulava por impulso do vento; alguns pontos isolados, que se deslocavam rapidamente em qualquer direcção, permitiam adivinhar de que se compunha esta massa pululante e ondulada. Ouviam-se zumbidos e murmúrios, como se os percevejos e as baratas estivessem a deliberar antes de se porem a caminho[76].

Níjni-Armúdan tem cento e um habitantes (setenta e seis homens e vinte e cinco mulheres), com quarenta e sete proprietários e vinte e três

co-proprietários. Quatro casais são legítimos e quinze ilegítimos. Só há
duas mulheres de condição livre, e nem um único habitante de quinze
a vinte anos. A população vive na miséria. Só seis casas têm telhados
de madeira; as restantes estão cobertas com cortiça. Tal como sucede
em Vérkhni-Armúdan, algumas janelas estão escancaradas e outras totalmente tapadas. Nas minhas notas, não consta um único trabalhador;
é evidente que nem os próprios patrões têm alguma coisa para fazer.
Vinte e uma pessoas partiram à procura de trabalho noutro sítio. Desde
1884, altura em que a colónia foi fundada, revolveu-se a terra para criar
campos e hortas, mas apenas se obteve um total de trinta e sete *deciatinas* de terra cultivável, quer dizer, meia *deciatina* por proprietário.
Semearam-se cento e oitenta e três *puds* (trinta quintais) de sementes de
primavera e de outono. A colónia não se parece nada com uma aldeia
agrícola, e os seus habitantes formam uma chusma andrajosa e esfo-
meada de vagabundos russos, polacos, finlandeses, georgianos, reuni-
dos por acaso, como os sobreviventes de um naufrágio.

Prosseguindo o caminho, chega-se à colónia seguinte, situada nas
margens do Tym. Fundada em 1880, tem o nome de Derbinskoie, em
homenagem a Derbín, inspector das prisões que, devido à sua crueldа-
de, foi assassinado por um prisioneiro. Era um homem ainda novo, mas
brutal, duro e inflexível. Segundo recordam as pessoas que o conheceram, deambulava sempre pelas ruas ou pela prisão de bastão na mão, de
que só se servia para acariciar as costas do próximo. Assassinaram-no
numa padaria: lutou, caiu na amassadeira, e o seu sangue misturou-se
com a massa. A sua morte causou grande regozijo aos detidos que reuniram sessenta rublos em moedas para oferecer ao assassino.

No passado de Derbinskoie não há memória de nenhum facto feliz.
Uma parte da estreita planície que actualmente ocupa estava coberta por
uma densa floresta de bétulas e de choupos; na outra parte, mais vasta
mas baixa e pantanosa, aparentemente pouco apropriada para a colonização, havia uma espessa floresta de abetos e larícios. Ainda mal se tinha acabado de abater as árvores, drenado o terreno, e limpado a superfície necessária para a implantação das isbás, da penitenciária e dos
armazéns do Estado, e teve de se lutar com uma desgraça que os colonizadores não tinham previsto: no momento das cheias da primavera, o
Amgá inundou toda a região. Foi necessário escavar-lhe um novo leito
e desviar o seu curso. Actualmente Derbinskoie ocupa uma superfície
superior a uma *verstá* quadrada e tem o aspecto de uma verdadeira aldeia russa. À entrada tem uma soberba ponte de madeira; o rio é alegre,

com encostas verdejantes cobertas de salgueiros, as ruas são largas, e as isbás têm telhados de madeira e pátios à volta. Os edifícios da prisão são todos novos, e os diversos armazéns e celeiros, bem como a casa do inspector, encontram-se no meio da colónia dando-lhe mais o ar de uma grande propriedade agrícola do que de uma penitenciária. O inspector vai de celeiro em celeiro fazendo tilintar o molho de chaves que traz à cintura, exactamente como um fidalgo dos bons velhos tempos que, dia e noite, se preocupasse em acautelar as suas reservas. A mulher, sentada no pequeno jardim junto da casa, majestosa como uma marquesa, controla a boa execução do serviço doméstico. Em frente dela, através da porta aberta da estufa, Karataiev, um recluso que trabalha como jardineiro, olha para as melancias já maduras em torno das quais anda num vaivém, com um zelo de escravo. Observa também como trazem do rio, onde há presos que estão a pescar, um salmão fresco e bem nutrido, da variedade dita «prateada», que não irá para a prisão mas dará belos pratos de *balyk* destinados às autoridades. Junto do jardim, passeiam umas meninas, lindas como os amores, muito bem vestidas, cujo costureiro é um antigo incendiário. Por toda a parte se nota uma agradável e serena sensação de contentamento e de abundância; as pessoas caminham com delicadeza, como os gatos, e as próprias palavras também são delicadas: «lindo peixinho», «um belo *balyk*», «alimentos preciosos».

Quanto aos habitantes, são setecentos e trinta e nove: quatrocentos e quarenta e dois homens e duzentas e noventa e sete mulheres; se contarmos com a população da prisão, chega-se quase a um milhar de pessoas. Duzentos e cinquenta são proprietários e cinquenta e oito são co-proprietários. Tanto pelo aspecto exterior como pela quantidade de famílias e de mulheres, pela idade dos habitantes e, em geral, por todos os números apurados, trata-se de uma das raras colónias de Sacalina que merece esse nome, e que não se limita a ser um amontoado de gente reunida ao acaso. Há cento e vinte e um casais legítimos, catorze ilegítimos e, entre as mulheres legalmente casadas, há um número significativo de mulheres de condição livre: cento e três. As crianças constituem um terço da população total.

Mas, quando se tenta compreender a situação económica de Derbinskoie, confrontamo-nos uma vez mais com uma série de circunstâncias que desempenham aqui o mesmo papel, essencial e subjugante, que no resto da Ilha. Também aqui as leis naturais e económicas passam para segundo plano, dando lugar a contingências como a quantidade variável de pessoas incapacitadas para o trabalho, de doentes, de ladrões ou de antigos cidadãos transformados em agricultores contra a sua vontade.

A quantidade de antigos habitantes, a proximidade da prisão, a personalidade do chefe do distrito, etc. constituem outras tantas condições que se podem alterar de cinco em cinco anos e mesmo com mais frequência. Os primeiros habitantes que se fixaram aqui, os prisioneiros que cumpriram as penas de trabalhos forçados antes de 1880, tiveram de suportar o pesado fardo do passado da colónia, aprenderam a ser pacientes e, pouco a pouco, foram adquirindo as melhores localizações e os melhores terrenos. Os residentes que vieram da Rússia, com família e dinheiro, também vivem muito à vontade... As duzentas e vinte *deciatinas* de terra e os três mil *puds* (quase cinco toneladas) de peixe capturado todos os anos, mencionados nos relatórios, determinam provavelmente a situação privilegiada destas duas categorias de colonos. Os outros, isto é, mais de metade da população, passam fome, vestem farrapos e são considerados inúteis, «homens que estão a mais», que não fazem nada pela vida e estragam a dos outros. Nas aldeias russas, mesmo depois de um incêndio, nunca se vêem diferenças tão ostensivas.

Quando cheguei a Derbinskoie e comecei a percorrer as isbás, chovia, fazia frio e escorregava-se na lama. O inspector da prisão, por ter falta de espaço na sua pequena vivenda, alojou-me num celeiro novo, recentemente construído, onde estavam armazenados alguns móveis vienenses. Puseram-me uma cama, uma mesa e uma aldraba na porta para que eu pudesse fechar-me por dentro. Durante toda a tarde e até às duas da manhã, li ou copiei excertos de inventários cadastrais e de relatórios. A chuva tamborilava ininterruptamente no telhado; e, de longe a longe, um preso ou um soldado que se tinham atrasado, chapinhando na lama, passavam-me diante da porta. O celeiro estava tranquilo e o meu coração também, mas, mal apaguei a vela e me meti na cama, comecei a ouvir coisas a roçar, murmúrios, choques, sussurros e suspiros profundos... As gotas que caíam nos assentos de palhinha das cadeiras vienenses produziam um ruído oco e sonoro, que logo era seguido por sussurros desesperados: «Ah, meu Deus, meu Deus!» A prisão ficava mesmo ao meu lado. Seriam os presos que estavam a escavar um túnel até ao meu quarto? Depois aumentou a borrasca, a chuva tamborilava com mais força, as árvores tremiam e voltei a ouvir os mesmos suspiros profundos e desesperados: «Ah, meu Deus, meu Deus!»

De manhã saio para o alpendre. O céu está cinzento, triste, chove e o chão está enlameado. O inspector vai de porta em porta, apressadamente, com o molho de chaves na mão.

— Vou-te dar um correctivo que vais ficar uma semana a esfregar as costas! — grita. — Já vais ver o correctivo que te vou dar!

Estas palavras eram dirigidas a um grupo de uns vinte reclusos que, a avaliar pelas poucas frases que me chegavam aos ouvidos, se dizem doentes. Cobertos de farrapos enlameados e molhados até aos ossos, tremem de frio. Pela mímica, tentam expressar que estão realmente mal, mas os rostos, paralisados pelo frio, transmitem qualquer coisa de falso, de mentiroso, embora possam de facto não estar inteiramente a mentir: «Ah, meu Deus, meu Deus!», suspira um deles, e parece-me que o meu pesadelo nocturno vai continuar. Penso na palavra «pária» e no que ela significa: pessoa que não pode cair mais baixo na sua condição social. Durante toda a minha permanência em Sacalina, os momentos em que julguei ver o último estádio, o grau máximo da humilhação humana, para além do qual nada mais há, foram aqueles que passei nos barracões dos exilados, perto da mina, nessa manhã chuvosa e lamacenta de Derbinskoie.

Vive aqui uma condenada, uma antiga baronesa, a quem as mulheres da terra chamam «a *bárinia* trabalhadora». Leva uma existência modesta e laboriosa e, pelo que me dizem, está satisfeita com a sua situação. Um antigo negociante moscovita, que anteriormente tinha uma loja na Rua Tverskaia-Iamskaia, comenta-me com um suspiro: «E pensar que em Moscovo começaram agora as corridas de cavalos!» Logo a seguir, volta-se para os colonos e começa a explicar-lhes como são essas corridas e a falar na multidão que aos domingos deambula pela Tverskaia-Iamskaia, até às portas da cidade. «Acredita-me, Excelência?», diz-me ele, emocionado com o seu próprio relato, «daria tudo, até a vida, para voltar a ver não a Rússia nem Moscovo, mas apenas a Rua Tverskaia.»

Em Derbinskoie vivem dois homens chamados Emilian Samokhválov, que são apenas homónimos. Lembro-me de ter visto, no pátio de um deles, um galo preso por uma pata. Todos os habitantes de Derbinskoie, incluindo os dois Emilian Samokhválov, se divertem a comentar o curioso e bastante complexo encadeamento do acaso que fez com que dois homens, com o mesmo nome, que viviam em sítios opostos da Rússia, se viessem a encontrar aqui.

A 27 de Agosto, chegaram a Derbinskoie o general Kononovitch e A. M. Butakov, chefe do distrito do Tym, acompanhados por um jovem funcionário, todos eles pessoas muito cultas e interessantes. Fizemos juntos um passeio que, contudo, desde o princípio até ao fim, esbarrou com tantas dificuldades que mais parecia uma verdadeira expedição do que uma simples caminhada. Para começar, chovia a cântaros. O chão estava lamacento, escorregadio, e tudo aquilo em que se tocava estava húmido. A água descia pelas nossas nucas empapadas, infiltrando-se até aos colarinhos das camisas e as nossas botas estavam frias e húmidas. Acender um cigarro era um problema complicado que requeria a colaboração de todos. Instalámo-nos numa barca e descemos o Tym, parando no caminho para inspeccionarmos os bancos de pesca, o moinho e os terrenos agrícolas da prisão. Mais à frente, falarei das actividades pesqueiras; fomos unânimes em reconhecer que não havia nada a apontar ao moinho; quanto aos campos de cultivo, não tinham nada de especial que chamasse a atenção a não ser a exiguidade das suas dimensões. Um verdadeiro fazendeiro considerá-los-ia uma brincadeira. O curso do rio era rápido, e os quatro remadores e o timoneiro trabalhavam em equipa; a velocidade da corrente e os seus meandros faziam o quadro que se desenrolava diante dos nossos olhos modificar-se a cada instante. Navegávamos por um rio de montanha, ao longo da taiga, mas eu teria trocado com o maior gosto toda esta beleza selvagem, as margens verdejantes, as escarpas rochosas, e as silhuetas solitárias e imóveis dos pescadores por um quarto bem aquecido e um par de botas secas, tanto mais que as paisagens eram muito semelhantes e já não tinham nada de novo para mim; além disso, estavam cobertas pelo véu cinzento da chuva. A. M. Butakov, sentado na proa, atirava aos patos selvagens que, assustados com a nossa presença, levantavam voo.

Até agora, ao longo do Tym e a noroeste de Derbinskoie, só se estabeleceram duas colónias: Voskressenskoie e Uskovo. Para colonizar todo o rio até à foz, seriam necessárias umas trinta colónias, espaçadas por uma dezena de *verstás*. A administração projecta estabelecer uma ou duas por ano e ligá-las por uma estrada, contando que, com o tempo, se verá nascer entre Derbinskoie e a Baía de Niysk uma grande estrada animada e protegida por um cordão de colónias. Ao passarmos diante de Voskressenskoie, vimos um vigilante em sentido que, pelos vistos, estava à nossa espera. A. M. Butakov gritou-lhe que, ao regressarmos de Uskovo, passaríamos ali a noite, e que nos arranjasse um bom monte de palha.

Um pouco mais tarde, chegou-nos às narinas um forte odor a peixe podre: aproximávamo-nos da pequena aldeia guiliak de Usk-vo, à qual a presente colónia Uskovo deve o seu nome. Fomos recebidos em terra pelos guiliaks, acompanhados pelas mulheres, filhos e cães de rabo cortado, mas não vimos neles o assombro que outrora tinha suscitado a aparição do falecido Poliakov. Até os cães e as crianças nos olham com indiferença. A colónia russa encontra-se a duas *verstás* do rio. Uskovo apresenta um quadro idêntico ao de Krássni-Iar: uma rua larga, cheia de troncos, de cômoros e coberta de ervas daninhas, com isbás inacabadas, árvores abatidas e montanhas de lixo de um lado e do outro. Todas as colónias que estão em construção em Sacalina dão a impressão de aldeias devastadas pela guerra ou abandonadas há muito tempo; só a cor fresca e clara dos toros e as aparas de madeira das isbás em construção demonstram que o que aqui se passa é um fenómeno diametralmente oposto ao da destruição. Uskovo tem setenta e sete habitantes: cinquenta e nove homens e dezoito mulheres; trinta e três são proprietários e vinte são «homens a mais», quer dizer, vinte são co-proprietários. Só há nove famílias. Quando a população do lugar se juntou perto da casa do inspector, onde estávamos a tomar chá, e as crianças e as mulheres, mais curiosas do que os outros, se colocaram à frente, pareceu-me que essa multidão tinha o aspecto de uma tribo cigana. A verdade é que, entre as mulheres, havia realmente algumas ciganas de tez morena, com rostos astutos e falsamente entristecidos, e quase todas as crianças eram ciganas. Vários prisioneiros ciganos tinham sido enviados para Uskovo, e as famílias vieram voluntariamente partilhar a sua triste sorte. Havia umas duas ou três ciganas que eu já conhecia: uma semana antes, tinha-as visto em Rikovskoie, de saco às costas, oferecendo-se para ler a sina debaixo das janelas de cada isbá.

Os habitantes de Uskovo vivem numa pobreza extrema[77]. Só dispõem de onze *deciatinas* de terra arável, incluindo campos e hortas, ou seja, um pouco menos de um quinto de *deciatina* por quinta. Todos vivem à custa do Estado, que lhes fornece provisões que, contudo, lhes ficam bem caras, porque, como não há estradas, têm de atravessar a taiga com elas às costas, desde Derbinskoie.

Já sem fôlego, o general sentou-se num grosso tronco de árvore. Nós fizemos o mesmo e oferecemos cigarros aos colonos, que não se atreveram a sentar-se.

— Ufa! Que estafa!

— Quantas *verstás* faltam para chegarmos a Voskressenskoie?

— Cerca de três.

O mais fresco era A. M. Butakov. Antigamente costumava fazer grandes périplos pela taiga e pela tundra, de maneira que, para ele, seis *verstás* eram um percurso que não lhe exigia grande esforço. Falou-me da sua viagem de ida e volta ao longo do rio Poronai até à Baía da Paciência: o primeiro dia é uma verdadeira tortura, e uma pessoa pensa ter

atingido o limite das suas forças; no dia seguinte, sente o corpo todo do-
rido, mas a marcha já é mais fácil; a partir do terceiro dia, tem a impressão de ter asas, de ser transportado por uma força invisível, embora as pernas continuem a tropeçar nas urzes duras como ferro e a
enterrar-se nos charcos.

Estávamos a meio do caminho, quando a tarde começou a cair e, em
poucos instantes, vimo-nos envolvidos numa densa obscuridade. Eu já
tinha perdido a esperança de ver o fim deste passeio e avançava a tactear, com água pelos joelhos e a esbarrar nas árvores caídas. À nossa
volta, cintilavam ou extinguiam-se fogos-fátuos; lagos inteiros e enormes árvores em decomposição cintilavam com cores fosforescentes, e
até as minhas botas estavam salpicadas de manchas resplandecentes como pirilampos.

Finalmente (e graças a Deus!), vimos ao longe brilhar um fogo verdadeiro e não uma fosforescência. Alguém nos saudou, respondemos e
pouco depois vimos um vigilante com uma lanterna na mão. Transpon-
do com grandes passadas as poças de lama, iluminadas pela lanterna,
levou-nos para sua casa, fazendo-nos atravessar Voskressenskoie inteira, que, no meio das trevas, mal se distinguia[78].

Os meus companheiros tinham levado roupas secas e, ao chegarem,
a sua primeira preocupação foi mudar de roupa; eu não tinha levado nada e, portanto, tive de ficar como estava, encharcado até aos ossos. To-
mámos chá, conversámos e depois fomo-nos deitar. O vigilante só dispunha de uma cama; foi o general que a ocupou, enquanto nós, simples
mortais, nos instalámos no chão, sobre medas de feno.

Voskressenskoie é quase duas vezes maior do que Uskovo. Tem cento e oitenta e três habitantes: cento e setenta e cinco homens e oito mulheres. Há sete casais ilegítimos e nenhum legítimo. Há alguns meninos, mas nem uma única menina. Tem noventa e sete proprietários e
setenta co-proprietários.

X

Rikovskoie — A prisão local — A estação meteorológica de M. N. Gálkin-Vrasski — Pálevo — Mikriukov — Valzi e Longári — Malo-Tymovo — Andréie-Ivánovskoie

É no curso superior do Tym, na sua parte mais meridional, que a vida está mais desenvolvida. Aqui, de qualquer forma, o clima é mais ameno, os matizes da Natureza são mais suaves e um homem esfomeado e transido de frio encontra condições naturais menos adversas do que no curso médio ou inferior do rio. A própria paisagem faz lembrar a Rússia. Essa semelhança, encantadora e comovente para os prisioneiros, é particularmente evidente na parte da planície ocupada pela aldeia de Rikovskoie, centro administrativo do distrito do Tym e local onde o rio atinge seis *verstás* de largura. A leste, a aldeia está protegida por uma cordilheira não muito elevada que acompanha o curso do rio, enquanto a oeste se vislumbram os contrafortes azulados da linha de separação das águas. Não tem cumes nem colinas, é completamente plana e assemelha-se à típica paisagem rural russa com os seus campos, prados, pastagens e arvoredos verdejantes. No tempo de Poliakov, toda esta superfície estava coberta de outeiros, de valas, de charcos e de pequenos riachos que iam desaguar no Tym; nestes terrenos acidentados, o cavalo do explorador tanto ficava enterrado até aos joelhos como até à barriga. Actualmente, toda a zona foi limpa e drenada e, nas catorze *verstás* que separam Derbinskoie de Rikovskoie, há uma estrada estupenda, tão plana e tão rectilínea que se fica de boca aberta.

Rikovskoie, ou Rikovo, foi fundada em 1878. Este local de povoamento foi felizmente bastante bem escolhido pelo inspector da prisão, um oficial subalterno chamado Rikov, que o baptizou com o seu nome. A aldeia distingue-se pelo seu rápido crescimento, o que não é vulgar nas colónias de Sacalina. No decorrer dos últimos cinco anos, a sua superfície e população multiplicaram-se por cinco. Actualmente, ocupa três *verstás* quadradas e tem mil trezentos e sessenta e oito habitantes: oitocentos e trinta e um homens, e quinhentas e trinta e sete mulheres, cifra que ascende às duas mil pessoas, se lhe acrescentarmos o número dos que estão presos e dos efectivos que fazem a vigilância.

Não se assemelha ao Posto de Aleksandrovsk, um burgo, que parece uma pequena Babilónia, com casas de jogo e inclusive com um estabelecimento de banhos familiares dirigido por um judeu. Pelo contrário,

Rikovskoie é uma autêntica aldeia russa, modesta, e sem quaisquer pretensões aos requintes da civilização. Quando se percorre de uma ponta a outra a rua principal, que tem umas três *verstás* de comprido, a sua extensão e a sua monotonia não tardam a aborrecer-nos. Aqui as ruas não se chamam «bairros», como é costume na Sibéria e em Aleksandrovsk, mas simplesmente «ruas» e a maioria conserva os nomes com que as baptizaram os próprios colonos. Encontramos a Rua Cizovskaia, assim denominada porque num dos seus extremos se ergue a isbá de uma exilada chamada Cizova, a Rua Khrebtovaia (da Cordilheira), a Rua Malorossískaia (da Pequena Rússia). Em Rikovskoie há muitos ucranianos, e é sem dúvida por isso que, mais do que em qualquer outra colónia, se encontram tantos patronímicos maravilhosos: Pé Amarelo *(Joltonog)*, Estômago *(Jelúdok)*, nove Sem Deus *(Bezbojni)*, Esconde Tesouros *(Zarivai)*, Rio *(Reká)*, Rosca *(Búblik)*, Poldra cinzenta *(Sivokobilka)*, Tronco *(Koloda)*, Ranhoso *(Zamozdria)*, etc. Há uma grande praça no meio da aldeia, onde se ergue uma igreja de madeira e, à sua volta, em lugar de bancos ou de lojas públicas, vêem-se as construções da prisão, os edifícios do Estado e os alojamentos dos funcionários. Quando se atravessa esta praça, a imaginação faz-nos ouvir os rumores de uma festa alegre e barulhenta e escutamos as vozes sonoras dos ciganos de Uskovo a traficarem cavalos; cheira-nos a alcatrão, a esterco e a peixe fumado, e ouvimos também o mugido das vacas e as notas estridentes dos acordeões misturadas com as canções dos bêbedos. Mas este quadro tranquilo depressa se esfuma, ao ouvirmos o tilintar odioso das correntes e os passos abafados dos detidos e dos guardas da escolta, quando atravessam a praça e regressam à prisão.

Em Rikovskoie há trezentos e trinta e cinco proprietários e cento e oitenta e nove rendeiros que tratam das fazendas com eles e que também se consideram proprietários. Cento e noventa e cinco casais são legítimos e noventa e um ilegítimos; as mulheres legítimas, na sua maioria (cento e cinquenta e cinco), são de condição livre e acompanharam os maridos.

Estes números são elevados, mas não devem ser motivo para nos consolarmos ou rejubilarmos, pois não prometem nada de bom. A quantidade de rendeiros — esses proprietários excedentários — demonstra, só por si, o elevado número de elementos «a mais» que não têm meios nem possibilidades de cuidar de uma fazenda para si próprios, o que evidencia que a população é excessiva e que a fome já se faz sentir. A administração de Sacalina distribuiu os colonos e as parcelas de terra ao acaso, sem ter em conta as circunstâncias e sem prever o futuro. Esta forma tão pouco responsável de criar postos de povoamento e novas explorações agrícolas acaba por dar origem, mesmo em colónias com condições relativamente favoráveis, a um quadro de empobrecimento tão extremo como o que existe em Vérkhni-Armúdan. A quantidade de terrenos aráveis de Rikovskoie e os rendimentos locais, mesmo tendo em conta alguns ganhos marginais, permitiriam, no máximo, manter duzentos proprietários; contudo, incluindo os co-proprietários, eles já são mais de quinhentos e as autoridades continuam, todos os anos, a mandar mais gente.

A prisão de Rikovskoie é nova, e está construída segundo o modelo habitual de todas as prisões de Sacalina: barracões de madeira, dormitórios em casernas, e com toda a sujidade, miséria e falta de comodidades próprias desses locais tão mal concebidos para uma vida gregária. Contudo, desde há algum tempo, e graças a algumas características que dificilmente passam despercebidas, é considerada a melhor prisão de Sacalina-Norte. Também fiquei com essa impressão. Como em todos os outros centros penitenciários, para completar as minhas fichas recorri acima de tudo às informações fornecidas pelas secretarias e aos bons serviços de pessoas competentes; apercebi-me de que os escriturários locais são disciplinados e estão bem formados, como se tivessem seguido cursos especiais, porque mantêm o inventário e os registos cadastrais com uma ordem exemplar. Quando visitei a cozinha, a padaria e outras instalações da prisão, tive a mesma impressão de ordem e disciplina. E os próprios carcereiros-chefes pareceram-me menos empertigados, menos pretensiosos, menos estúpidos e muito menos grosseiros do que os de Aleksandrovsk ou de Duí.

Nas secções da prisão onde é possível observar as regras de higiene, a exigência nesta matéria parece ser levada ao extremo. Tomemos como exemplo as cozinhas e a padaria: os próprios lugares, os móveis, a louça, o aspecto e as roupas do pessoal estão tão limpos que conseguiriam passar na inspecção sanitária mais minuciosa. Além disso, é evidente que neste lugar a preocupação com a limpeza é uma constante, e não depende de eventuais inspecções. Quando visitei as cozinhas, estavam a preparar diversos caldeirões de sopa de peixe fresco, alimento pouco saudável, porque o peixe migratório que se captura no curso alto dos rios provoca uma aguda inflamação intestinal; mas, pondo de lado este factor, não há dúvida de que toda a organização indica que cada detido recebe a quantidade de alimentos que o regulamento lhe atribui. Ao confiar a direcção e a organização das tarefas interiores da prisão a exilados privilegiados que respondem pela qualidade e pela quantidade da ração, creio que se evitam casos tão escandalosos como a distribuição de sopa malcheirosa ou de pão cheio de terra. De um montão de pães para entrega, escolhi ao acaso várias rações e pesei-as: todas tinham mais de três libras.

As latrinas foram construídas, como habitualmente, com a forma de fossas, mas a sua manutenção é muito diferente do que acontece nas outras prisões. As exigências com a higiene são tão grandes que se arriscam a ser incómodas para os próprios presos. O lugar tem uma temperatura amena e não se sente nenhum odor desagradável, graças a um sistema especial de arejamento descrito, no célebre manual do professor Erisman, com o nome de ventilação inversa[79], creio.

O senhor Lívin, inspector da prisão de Rikovskoie, é um homem de talento, com iniciativa e muita experiência. Tudo o que a prisão tem de bom, em grande parte, é a ele que o deve. Infelizmente, é um defensor convicto da administração de açoites, opinião que já lhe custou um atentado. Um preso armado com uma faca atirou-se a ele como uma fera, mas o assalto só teve consequências funestas para o agressor. A constante preocupação do senhor Lívin em relação às pessoas, e ao mesmo tempo a sua paixão pelos açoites, pelos castigos corporais, e a sua crueldade, diga-se o que se disser, formam uma mistura incongruente e inexplicável. Pelos vistos, o capitão Wentzel, personagem das *Notas do Soldado Ivánov,* de Gárchin, não era uma mera invenção do autor.

Rikovskoie tem uma escola, um telégrafo, um hospital e uma estação meteorológica baptizada com o nome de M. N. Gálkin-Vrasski, que é oficiosamente dirigida por um exilado privilegiado, um antigo tenente da Marinha, homem extraordinariamente trabalhador e com uma bondade notável que desempenha também o cargo de curador da igreja. Como a estação só está a funcionar há quatro anos, ainda não se recolheram muitos dados, mas os que existem já são suficientes para determinar as diferenças que existem entre os dois distritos de Sacalina-Norte. Aleksandrovsk tem um clima marítimo, enquanto o clima do Tym é continental, embora as estações meteorológicas de ambos os distritos distem entre si apenas setenta *verstás.* As variações de temperatura e o número de dias com precipitação não são tão significativos no distrito do Tym, onde o Verão é mais quente e o Inverno mais severo. A temperatura média anual é inferior a zero, quer dizer, mais baixa do que nas Ilhas Solovki. O distrito do Tym está situado a uma altitude mais elevada do que o de Aleksandrovsk, mas, como está rodeado de montanhas e está situado numa espécie de depressão, o número médio

de dias sem vento é superior a sessenta dias, e os ventos particularmente frios não sopram em média mais de vinte dias por ano. Também
se verifica uma ligeira diferença no número de dias com precipitação,
mais numerosos no distrito de Tym: cento e dezasseis dias de neve e setenta e seis dias de chuva. O nível total tem uma diferença ainda mais
significativa, que chega quase a atingir os trezentos mililitros; contudo,
a humidade é mais elevada em Aleksandrovsk.

A 24 de Julho de 1889, as geadas matinais queimaram as flores das
batatas em Derbinskoie; a 18 de Agosto, o frio destruiu todas as folhas.

A sul de Rikovskoie, no local onde antigamente se erguia a aldeia guiliak de Pálevo, situada no afluente do Tym com o mesmo nome, encontra-
-se agora a colónia de Pálevo, fundada em 1886. Chega-se à aldeia através de um bom caminho vicinal, traçado num terreno plano que atravessa
campos e bosques e que me fizeram lembrar bastante a Rússia, talvez porque, no dia em que por lá passei, estava um tempo excelente. A distância
é de catorze *verstás*. Em breve, o caminho postal e a linha telegráfica, pro-
jectados desde há muito tempo entre Rikovskoie e Pálevo, unirão a parte
norte e a parte sul da Ilha. A estrada já está em vias de construção.

Pálevo compreende trezentos e noventa e seis habitantes: trezentos e
quarenta e cinco homens e cinquenta e uma mulheres. Há cento e oitenta e três proprietários e cento e trinta e sete rendeiros, se bem que, face
às condições locais, cinquenta rendeiros seriam mais do que suficientes.
Dificilmente se encontrariam em toda a Ilha condições mais adversas
para o estabelecimento de uma colónia agrícola. O solo está repleto de
seixos; segundo contam os habitantes mais antigos, no local onde agora
está Pálevo, os tungus[80] costumavam pôr as renas a pastar. Também
contam que, no passado, este lugar foi um fundo marinho e que os guiliaks ainda aí encontram restos de navios. Há apenas cento e oito *deciatinas* de terra arável, incluindo campos, prados e hortas, a distribuir por
mais de trezentos proprietários. Só há trinta mulheres adultas, ou seja,
uma mulher para cada dez homens e, por ironia, como para chamar a
atenção para essa triste desproporção, a morte veio a Pálevo fazer uma
breve incursão e, em poucos dias, levou consigo três concubinas.

Antes da condenação, cerca de um terço dos proprietários nunca se
tinha dedicado à agricultura, porque eram pessoas que pertenciam a
corporações urbanas. Infelizmente, a enumeração das condições desfavoráveis não fica por aqui, porque, para cúmulo dos males, para corro-
borar o provérbio «a ocasião faz o ladrão», não há em Sacalina outra
povoação que tenha tantos ladrões como esta colónia, tão desditosa e
tão desfavorecida pelos deuses. Há roubos todas as noites. Na véspera

da minha chegada, três homens foram presos sob a acusação de roubarem centeio. Além daqueles que roubam por necessidade, não faltam «sanguessugas» que lesam os seus vizinhos por amor à arte, abatendo gado todas as noites sem necessidade, arrancando da terra batatas que ainda não estão maduras, destruindo caixilhos das janelas, etc. Tudo isso causa perdas, esgota ainda mais as já de si pouco abastecidas e miseráveis explorações dos colonos e, o que não é menos importante, mantém a população num permanente estado de terror.

Todos os aspectos da vida de Pálevo nos revelam a sua grande pobreza. Os tectos das habitações são de cortiça ou de palha, não há pátios nem dependências exteriores; quarenta e nove casas estão inacabadas e parecem estar ao abandono; dezassete co-proprietários tiveram de partir em busca de trabalho.

Enquanto deambulava de isbá em isbá, o vigilante, um colono oriundo de Pskov, andou sempre perto de mim. Recordo-me de lhe ter perguntado se estávamos a uma quarta ou quinta-feira. Respondeu-me:

— Não sei, não me vem à memória, Excelência.

Numa das residências oficiais vive Karp Erofeich Mikriukov, sargento de cavalaria na reforma, decano dos vigilantes de Sacalina, onde chegou em 1860, quando a colónia penitenciária ainda estava a ser instalada. Até agora muito lúcido, de todos os habitantes de Sacalina, é o único que poderia escrever toda a história da Ilha. É loquaz, responde às minhas questões com um evidente prazer e com a morosidade característica das pessoas idosas; a memória começa a falhar-lhe, de maneira que só se lembra com precisão de acontecimentos muito longínquos. Está bem instalado numa casa muito confortável e tem até dois retratos a óleo: o seu, e o da defunta esposa, com uma flor ao peito. Nasceu no distrito de Viakhta e o seu rosto fez-me lembrar muito o do falecido escritor Fet[81]. Esconde a idade, dizendo que ainda não tem sessenta e um anos, quando, na verdade, já tem mais de setenta. Casou em segundas núpcias com a filha de um colono, uma jovem de quem teve seis filhos, cujas idades vão de um a nove anos. O último é ainda um bebé de mama.

A nossa conversa prolongou-se muito para lá da meia-noite. Todas as histórias que me contou estavam relacionadas com o presídio e com os seus heróis, como a do inspector Selivánov, que, com ataques de fúria, partia a murro as fechaduras das portas, e que os detidos, fartos das suas crueldades, acabaram por matar.

Quando Mikriukov foi ter com a mulher e os filhos, saí para a rua e respirei fundo. A noite estava estrelada e muito tranquila. Algures,

ouvia-se um guarda-nocturno a bater com a maça e um riacho murmu-
rava perto. Permaneci muito tempo imóvel, contemplando alternadamente o céu e as isbás, e parecia-me um milagre estar ali, a dez mil
verstás de casa, numa aldeia do fim do mundo chamada Pálevo, onde
se esquecem os dias da semana... Mas para quê recordar se hoje é quarta ou quinta-feira? Isso não altera rigorosamente nada...

Mais a sul, seguindo a direcção da projectada estrada postal, encontra-se a colónia de Valzi, fundada em 1889. Tem quarenta homens e
nem uma única mulher. Uma semana antes da minha chegada, tinham
mandado três famílias de Rikovskoie ainda mais para sul para funda-
rem a colónia de Longári, junto a um dos afluentes do rio Poronai. Essas duas colónias, onde a vida ainda mal começou, deixo-as à consideração de algum escritor que tenha a oportunidade de lá chegar através
de uma boa estrada e de as ver de perto.

Para terminar a minha análise sobre as colónias do distrito do Tym, só
me falta referir duas: Malo-Tymovo e Andréie-Ivánovskoie, ambas situadas nas margens do Pequeno Tym, que nasce na região de Pilinga, de-
saguando no Tym, perto de Derbinskoie. A primeira, a mais antiga colónia do distrito, foi fundada em 1877. Outrora, quando se tinha de
atravessar Pilinga, a estrada do Tym passava por lá. Actualmente tem
cento e noventa habitantes (cento e onze homens e setenta e nove mulheres), com sessenta e sete proprietários e co-proprietários. Antigamente, Malo-Tymovo era a colónia mais importante e constituía o centro do
território a que hoje se chama o distrito do Tym. Mas, presentemente, está um pouco à parte e assemelha-se a uma aldeola insignificante onde
toda a vida parou. Os únicos testemunhos da antiga grandeza são uma
prisão de dimensões modestas e a casa do inspector. Presentemente, esse posto está ocupado pelo senhor K., um jovem inteligente e educadís-
simo, natural de São Petersburgo, que parece ter imensas saudades da
sua terra. A sua enorme residência, com divisões espaçosas e tectos altos, onde ressoa o eco solitário dos seus passos, e os dias intermináveis
em que não sabe o que fazer deprimem-no tanto que se sente como mais
um prisioneiro. Ainda por cima, este jovem acorda muito cedo, às três
ou quatro da manhã. Depois de se levantar, bebe uma chávena de chá,
dá uma volta pela prisão, mas a seguir... o que fazer? Não lhe resta mais
do que deambular no seu labirinto, lançando vagamente o olhar para as
paredes de madeira e para a calafetagem. Anda de um lado para o outro,
volta a tomar chá, ocupa o tempo a estudar botânica, volta a andar e não
ouve mais nada a não ser o ruído dos seus passos e os uivos do vento.

Há muitos velhos em Malo-Tymovo. Entre eles, encontrei um tártaro com o nome de Furajiev, que acompanhou Poliakov na sua viagem à Baía de Niysk; fica todo feliz de poder falar desta expedição e de Poliakov. Na minha opinião, um outro idoso chamado Bogdanov também merece ser referido, por ilustrar um certo tipo de costumes locais: era um velho crente, mas agora exerce a profissão de usurário. Durante muito tempo, recusou-se a receber-me mas, quando o fez, teceu extensos comentários sobre toda a espécie de pessoas que passavam, dizendo que, se as deixasse entrar, seriam bem capazes de nos assaltar, etc.

A colónia de Andréie-Ivánovskoie foi assim baptizada em honra de um desconhecido com o mesmo nome. Foi fundada num pântano em 1885. Tem trezentos e oitenta e dois habitantes: duzentos e setenta e sete homens e quinhentas mulheres. O total de proprietários e de co-proprietários é de duzentos e trinta e um, ainda que, tal como em Pálevo, bastassem cinquenta. Aqui como lá, o povoamento também foi feito a esmo. Assim como sucede em Pálevo, nota-se um excesso de pequeno-burgueses e de citadinos que nunca trabalharam a terra, e há muitos habitantes que não professam a fé ortodoxa. Estes constituem um quarto da população, que conta com quarenta e sete católicos, com um número idêntico de muçulmanos e com doze protestantes. Entre os ortodoxos, há muitos estrangeiros: georgianos, por exemplo[82]. Esta disparidade confere à população o carácter de um rebanho reunido ao acaso e impede a formação de uma sólida comunidade agrícola.

XI

Um distrito em projecto — A Idade da Pedra — Terá existido uma colonização livre? — Os guiliaks — A sua composição numérica, aspecto, constituição, alimentação, vestuário, condições de vida e condições de higiene — O seu carácter — Tentativas de russificação — Os orochis[83]

Como o leitor pôde constatar, depois da panorâmica que acabo de apresentar, os dois distritos de Sacalina-Norte ocupam uma superfície equivalente à de um pequeno distrito da Rússia. Actualmente, julgo que não é possível calcular a sua dimensão exacta em *verstás* quadradas, porque a sua extensão, tanto a norte como a sul, não está delimitada por nenhuma fronteira. A distância que separa os dois centros administrativos — o Posto de Aleksandrovsk e o de Rikovskoie —, tomando a via mais directa, através da cordilheira de Pilinga, está avaliada em sessenta *verstás*, e em setenta e quatro *verstás* seguindo pelo vale do Arkai. Atendendo à região, são distâncias consideráveis. Para já não falar de Tangui e de Vangui, Pálevo é considerada uma colónia muito distante. Assim, a fundação de novos pontos de povoamento um pouco a sul de Pálevo, junto dos afluentes do Poronai, levantou a questão da necessidade de se criar um novo distrito. Como unidade administrativa, um distrito de Sacalina corresponde a uma província russa. De acordo com a mentalidade siberiana, essa designação só se deve aplicar a distâncias consideráveis que um mês de viagem não consegue cobrir, como é o caso do distrito de Anádyr; por isso, para um funcionário siberiano que trabalha isolado numa extensão de duzentas ou trezentas *verstás*, a divisão de Sacalina em unidades de pequenas dimensões pode parecer um luxo. Mas a população da Ilha vive em condições que fogem à norma e a sua máquina administrativa é muito mais complexa do que a de Anádyr. A divisão de uma colónia penal em pequenas unidades administrativas é determinada pela experiência prática, que, além de alguns aspectos positivos de que falarei mais à frente, demonstrou outras vantagens: em primeiro lugar, quando as distâncias são mais reduzidas, é mais fácil dirigir essas unidades; em segundo lugar, essa divisão aumenta a quantidade de pessoal e dá origem a um afluxo de homens novos, cuja influência é incontestavelmente benéfica, dado que o reforço quantitativo de homens representativos da *intelligentsia* se traduz também num aumento qualitativo.

Cheguei a Sacalina numa altura em que se discutia o projecto de criação de um novo distrito, de que se falava como uma nova terra de Canaã, porque no plano havia uma estrada que atravessava todo o distrito, de norte para sul, acompanhando o curso do Poronai. Tinha-se a intenção de transferir para o novo distrito os prisioneiros de Duí e de Voievodsk, para que destes lugares abomináveis só ficasse uma má recordação; as minas de carvão deixassem de estar nas mãos da companhia «A Sacalina», que há muito deixara de cumprir o contrato; e a extracção de carvão passasse a ser feita por colonos, em bases corporativas, e não por prisioneiros[84].

Antes de terminar a minha análise sobre Sacalina-Norte, não me parece inútil dizer algumas palavras sobre os seus habitantes, passados e presentes, não relacionados com a população da colónia penal.

Poliakov encontrou no vale do Duíka um fragmento de obsidiana em forma de lâmina, pontas de flechas, raspadores e machados em pedra, etc. Estes objectos permitiram-lhe concluir que o vale tinha sido habitado, em tempos remotos, por homens da Idade da Pedra, que ainda desconheciam os metais. Restos de cerâmica, ossos de cão e de urso e lastro de nassas provam que esses homens fabricavam cerâmica, caçavam ursos, pescavam à rede e sabiam adestrar cães de caça.

Os objectos em sílex, mineral que não existe em Sacalina, obtinham-nos provavelmente dos seus vizinhos do continente ou das ilhas mais próximas. E é muito possível que os cães fossem, já nessa época, animais de tiro. Poliakov também encontrou no vale do Tym vestígios de habitações primitivas e de armas grosseiras. Estes achados levaram-no a tirar as seguintes conclusões: «A existência do homem é possível em Sacalina-Norte, mesmo para tribos com um nível intelectual relativamente baixo; é evidente que houve homens que aqui habitaram e que, ao longo dos séculos, arranjaram meios para se protegerem do frio, da sede e da fome; além disso, é mais do que provável que os antigos habitantes desta região estivessem organizados em clãs relativamente pequenos e não fossem totalmente sedentários.»

Quando Nevelskói enviou Bochniak a Sacalina, entre outras coisas, encarregou-o de investigar se era verdade o que se dizia relativamente a homens que aí teriam sido deixados pelo tenente Khvostov, os quais, de acordo com as informações dos guiliaks, se teriam estabelecido na margem do Tym[85]. Bochniak conseguiu encontrar o rasto dessas pessoas. Numa das aldeias do Tym, os guiliaks aceitaram trocar quatro páginas arrancadas de um livro de orações por três *archins* (um pouco mais de dois metros) de chita, e explicaram-lhe que o livro tinha pertencido aos russos que lá tinham vivido. Numa das folhas, precisamente na página de rosto, estavam escritas em caracteres pouco legíveis as seguintes palavras: «Nós, Ivan, Danila, Piotr, Serguei e Vassíli, que fomos deixados na aldeia de Tomari-Aniva por Khvostov a 17 de Agosto de 1805, atravessámos o Tym em 1810, no momento em que os japoneses chegaram a Tomari.» Depois de ter examinado o lugar onde esses russos tinham vivido, Bochniak deduziu que eles ocuparam três isbás e tiveram hortas. Os indígenas disseram-lhe que o último desses homens, Vassíli, tinha morrido recentemente, e que os russos eram homens bons que os acompanhavam na pesca e na caça e se vestiam como eles, mas usavam cabelos curtos. Noutro local, os nativos confidenciaram-lhe que dois dos russos tinham tido filhos de mulheres guiliaks. Hoje em dia, os

russos depositados por Khvostov em Sacalina-Norte estão esquecidos e
não se sabe nada dos seus descendentes.

Além disso, Bochniak escreveu nas suas notas que, graças às suas
constantes pesquisas sobre os russos que aí se teriam instalado, obteve,
por intermédio dos indígenas de Tangui, as seguintes informações: há
trinta e cinco ou quarenta anos, um navio naufragou junto da costa leste; a tripulação conseguiu salvar-se, construiu uma casa e, algum tempo
depois, construiu também uma embarcação, a bordo da qual transpôs o
Estreito de La Pérouse, mas, ao atravessar o Estreito da Tartária, voltou
a naufragar perto de Mgatchi. Desta vez, só houve um sobrevivente, que
se chamava Kemtz. Pouco tempo depois, chegaram dois outros russos,
Vassíli e Nikita, que combinaram com Kemtz construir uma casa em
Mgatchi; dedicaram-se à caça de animais de peles valiosas que iam vender aos manchus e aos japoneses. Um guiliak mostrou a Bochniak um
espelho que Kemtz tinha oferecido ao pai, mas recusou-se a vendê-lo,
nem que fosse por todo o ouro do mundo, argumentando que o guardava como uma preciosa recordação de um amigo do seu progenitor. Vassíli e Nikita tinham muito medo do czar da Rússia, o que provava que
eram fugitivos. Os três ficaram em Sacalina até ao fim dos seus dias.

O japonês Mamia Rinzo[86] ouviu dizer em 1808 que apareciam com
frequência navios russos na costa ocidental e que os seus actos de pirataria tinham acabado por obrigar os indígenas a exterminar alguns desses piratas e a correr com os outros. Mamia Rinzo cita alguns dos seus
nomes: Kamutsi, Simiona, Momu e Vasir. «Nos três últimos» — escreve Schrenk —, «não é difícil reconhecer os nomes russos de Semion,
Fomá e Vassíli.» Na sua opinião, Kamutsi assemelha-se muito a Kemtz.

Esta brevíssima história dos oito robinsons de Sacalina esgota todos
os dados disponíveis sobre a colonização livre da parte setentrional da
Ilha. Se o destino singular dos cinco marinheiros de Khvostov, de
Kemtz e dos dois fugitivos se assemelha a uma tentativa de colonização, temos de reconhecer que ela foi insignificante e, em qualquer dos
casos, infrutífera. A única lição que podemos daqui tirar é que os oito
homens que se fixaram em Sacalina, e que por lá ficaram até ao fim dos
seus dias, viveram da pesca e da caça, e não da agricultura.

Para completar este quadro, falta-me dizer algumas palavras sobre a
população aborígene: os guiliaks. Vivem nas costas orientais e ociden-
tais da parte norte da Ilha, bem como nas margens dos rios, principalmente do rio Tym[87]. As suas povoações existem há muito e os seus nomes, mencionados por autores antigos, mantiveram-se até hoje, embora

a sua vida não seja totalmente sedentária, porque, não se sentindo particularmente mais ligados ao lugar onde nasceram do que a qualquer outro, abandonam com frequência as suas iurtás para irem caçar e pescar e levam uma vida nómada na companhia das famílias e dos cães. Contudo, nas suas migrações, mesmo quando empreendem viagens longínquas ao continente, permanecem fiéis à Ilha; por outro lado, um guiliak de Sacalina distingue-se tanto de um guiliak do continente, na língua e nos costumes, como um ucraniano de um moscovita. Por conseguinte, parece-me que não seria difícil recensear os guiliaks de Sacalina, que se distinguem sem dificuldade dos da costa da Tartária que aqui vêm caçar e pescar. E não seria mau recenseá-los, pelo menos, de cinco em cinco ou de dez em dez anos, pois de outra forma a importante questão da influência da colónia penal nos nativos manter-se-á em aberto durante muito tempo e será resolvida de uma forma arbitrária. De acordo com as informações recolhidas por Bochniak em 1856, havia em Sacalina um total de três mil duzentos e setenta guiliaks. Cerca de quinze anos mais tarde, Mitsul escrevia que esse número deveria ser igual a mil e quinhentos; contudo, segundo dados mais recentes, relativos a 1889, e que extraí do relatório da administração *Recenseamento dos indígenas*, nos dois distritos, não haveria mais de trezentos e vinte guiliaks. Logo, a acreditar nestes números, daqui a cinco ou a dez anos, não restará um único guiliak na Ilha. Ignoro até que ponto os dados de Bochniak e de Mitsul são exactos, mas, felizmente, o número oficial de trezentos e vinte indivíduos não tem, por muitas razões, qualquer significado. Os registos dos indígenas foram realizados por funcionários sem preparação científica e prática que não dispunham de instruções rigorosas. Apesar de terem recolhido os dados no terreno, nas aldeias guiliaks, fizeram-no de um modo autoritário, rude e superficial, quando a sensibilidade e a delicadeza deste povo não toleram relações altaneiras e autoritárias e a sua repulsa por qualquer tipo de recenseamento e de registo exigiria uma atitude muito diferente. Além disso, as autoridades recolheram estes dados sem uma finalidade definida, por mera rotina, e os funcionários, sem terem em conta o mapa etnográfico, actuaram à toa. O registo do distrito de Aleksandrovsk só contabiliza os guiliaks que vivem a sul de Vangui, e o do distrito do Tym só inclui os que foram contados na região de Rikovskoie, por onde os guiliaks passam, durante as suas migrações, mas onde nunca se fixam.

É evidente que a população guiliak está a diminuir, mas neste momento só se podem fazer conjecturas. Qual é a taxa de diminuição? Quais são as causas? Estão em vias de extinção ou emigram para o continente ou para as ilhas a norte? Por não dispormos de dados fiáveis, tudo o que podemos dizer sobre a nefasta influência da intervenção russa só se pode basear em analogias. É muito possível que, até ao presente, essa influência seja insignificante, quase igual a zero, porque os guiliaks de Sacalina vivem principalmente junto do rio Tym e na costa oriental da Ilha, locais que os nossos compatriotas ainda não ocuparam[88].

Os guiliaks não estão aparentados nem com os mongóis nem com os tungus, mas com uma tribo desconhecida, provavelmente muito poderosa, que, outrora, terá dominado toda a Ásia. Durante os últimos séculos, refugiaram-se nesta língua de terra. Não são, é certo, muito numerosos, mas são um povo excelente e encantador. Graças à sua extraordinária sociabilidade e mobilidade, estabeleceram desde há muito relações familiares com os povos vizinhos, de modo que é quase impossível encontrar um guiliak *pur-sang*, sem ter mistura de elementos mongóis, tungus ou ainus. O rosto do guiliak é arredondado, espalmado, em forma de lua cheia, amarelento, com faces salientes e sempre sujas, olhos oblíquos e barba rala, quase inexistente; os cabelos são escorridos, negros e ásperos, e apanhados na nuca numa pequena trança. A expressão não tem nada de selvagem, reflectindo permanentemente uma natureza compreensiva, humilde, ingénua e atenta; e o rosto tão depressa se abre num amplo e caloroso sorriso como fica pensativo e triste como o de uma viúva. Quando estão de perfil, com a sua barbicha e o seu ar simplório e delicado, poderiam servir de modelo para um retrato de Kuteikin[89]; é nessas ocasiões que, em certa medida, se compreende o que levou alguns viajantes a considerar os guiliaks uma tribo caucasiana.

Remeto os leitores que quiserem ter um conhecimento mais aprofundado deste povo para especialistas em etnografia como L. I. Schrenk[90]. Quanto a mim, limitar-me-ei a falar das principais características das condições naturais do local, que, directa ou indirectamente, podem fornecer indicações úteis a colonizadores com pouca experiência.

O guiliak tem uma constituição robusta e atarracada, e é de estatura média ou mesmo pequena. Aliás, se fosse alto, isso só lhe traria problemas na taiga. A ossatura é forte e distingue-se por um notável desenvolvimento das apófises, cristas e eminências onde se inserem os músculos, o que pressupõe uma musculatura muito desenvolvida e vigorosa, preparada para travar uma luta incessante com a natureza. O corpo é seco e fibroso, desprovido de tecidos adiposos; nunca se vê um guiliak gordo ou obeso. Segundo tudo indica, o guiliak elimina as gorduras para produzir grandes quantidades de energia de que um corpo necessita em Sacalina para compensar as perdas provocadas pelas baixas temperaturas e pelo excesso de humidade. E é por isso que a sua alimentação é tão gorda: carne de foca, de salmão, gordura de esturjão e de baleia e ainda carne em sangue, tudo em grande quantidade, que é comido cru, seco e muitas vezes gelado. Esta alimentação tão grosseira leva a que os pontos de inserção dos seus músculos mastigadores estejam extraordinariamente desenvolvidos e que os dentes estejam muito desgastados. Este povo tem uma alimentação exclusivamente animal e, só em raras ocasiões, quando come em casa ou participa num festim, é que acrescenta alhos da Manchúria ou bagas à carne ou ao peixe. De acordo com o testemunho de Nevelskói, para os guiliaks a agricultura é um grande pecado: quem cultiva a terra ou planta uma árvore morre muito cedo. Contudo, comem deliciados o pão que os russos lhes deram a conhecer, e não é raro encontrá-los em Aleksandrovsk ou em Rikovskoie com um pão debaixo do braço.

A sua roupa está adaptada ao clima frio, húmido e marcado por alterações muito bruscas. No Verão, só costumam usar uma camisa de pano-cru ou de algodão azul, calças do mesmo tecido, um casaco ou uma jaqueta de pele de foca, ou de cão, pelos ombros e botas forradas de pele. No Inverno, usam também calças de pele. Mas as suas roupas, mesmo as mais quentes, são talhadas e cosidas de tal maneira que não tolhem a agilidade nem a rapidez dos movimentos quando estão a caçar ou a conduzir um trenó puxado por cães. Por vezes, querendo parecer elegantes, vestem os uniformes dos presos. Há oitenta e cinco anos, Krusenstern viu um guiliak ataviado com um sumptuoso vestido de seda «adornado com muitas flores»; hoje em dia, seria impossível encontrar um dândi destes em Sacalina.

No que respeita à iurtá guiliak, as suas características são sobretudo determinadas pelo clima frio e pela humidade. Há iurtás de Verão e iurtás de Inverno. As primeiras são construídas sobre estacas; as segundas são cabanas feitas com ramos de árvores, com a forma de uma pirâmide truncada, de base rectangular e exteriormente cobertas de terra. Bochniak passou a noite numa delas. Na verdade, mais parecia uma fossa; tinha *archin* e meio (cerca de um metro) de profundidade, estava enterrada no chão e tinha telhado de troncos finos cobertos de terra. Estas habitações são construídas em materiais baratos que estão ao alcance da mão, e que os moradores abandonam sem pena sempre que é preciso. São quentes e secas e, em qualquer dos casos, bastante melhores do que as húmidas e frias choças de cortiça onde vivem os nossos presos quando trabalham nas estradas ou nos campos. As iurtás de Verão deveriam ser recomendadas a horticultores, mineiros e pescadores e, em geral, a todos aqueles, presidiários ou colonos, que residem fora da prisão ou que têm de dormir fora de casa.

Como os guiliaks nunca se lavam, até para os etnógrafos é difícil dizer qual é a cor da sua pele; também não lavam a roupa interior e, quanto ao vestuário em pele e às botas, parecem ter sido arrancados cinco minutos antes à carcaça de um cão morto. Os guiliaks exalam um fedor horrível e penetrante e, perto das suas habitações, sente-se um cheiro repugnante, por vezes dificilmente suportável, a peixe seco e a dejectos podres. Habitualmente, perto de cada iurtá, há um secadouro cheio até ao cimo de peixes abertos e estendidos que, vistos de longe, parecem fios de coral quando estão iluminados pelo Sol. Uma vez, ao lado dos secadouros, Krusenstern viu uma enorme quantidade de vermes com um polegar de espessura. No Inverno, a iurtá está cheia de um fumo acre que provém do próprio lugar mas também do tabaco que os guiliaks, incluindo mulheres e filhos, fumam. Nada se sabe da sua morbilidade e da sua mortalidade, mas tudo leva a crer que a falta de higiene deve ter uma influência nociva na sua saúde. Talvez seja isso que justifica a sua baixa estatura, a sua cara balofa e uma certa indolência e lentidão de movimentos; e talvez se lhe deva imputar, pelo menos parcialmente, a sua fraca resistência às epidemias. São conhecidos, por exemplo, os estragos funestos provocados pela varíola. No extremo norte da Ilha, entre os cabos Elizaveta e Maria, Krusenstern descobriu um acampamento de vinte e sete famílias, do qual P. P. Glenn, que participou na célebre expedição à Sibéria de 1860, só encontrou rastos. Segundo o seu testemunho, terá visto também, noutros pontos da Ilha, vestígios de uma população outrora mais numerosa. Os guiliaks disseram-lhe que, no decurso dos últimos dez anos, quer dizer, depois de 1850, esta doença tinha dizimado consideravelmente a população. É quase certo que as terríveis epidemias que devastaram Kamchatka e as Ilhas Curilhas também não tenham poupado Sacalina. O mais terrível disto tudo não é a varíola, mas a fraca resistência das pessoas; se em Sacalina tivesse surgido uma epidemia de tifo exantemático ou de difteria que alastrasse até às iurtás guiliaks, teria tido o mesmo efeito devastador. No entanto, durante a minha permanência na Ilha, nunca ouvi falar de epidemias; posso adiantar que, nos últimos vinte anos, não houve nenhuma, excepto uma conjuntivite infecciosa que ainda persiste.

O general Kononovitch autorizou a admissão e o tratamento de indígenas doentes no hospital militar do distrito a custas do Estado (nota de serviço n.º 335, 1890). Não dispomos de observações directas sobre a morbilidade dos guiliaks, mas pode ter-se uma ideia das causas das suas doenças: falta de higiene, abuso do álcool, contacto frequente e já antigo com chineses e japoneses[91], promiscuidade contínua com os cães, traumatismos, etc. Não restam dúvidas de que têm pouca saúde e necessitam de assistência médica. Se as circunstâncias lhes permitissem aproveitar a autorização de internamento no hospital, os médicos poderiam observá-los melhor. A medicina não está em condições de travar a fatal extinção de um povo, mas talvez possa definir condições em que a nossa intromissão na sua vida seja menos nociva.

Sobre o carácter dos guiliaks, os autores emitem opiniões diversas, mas todos concordam em vários pontos: não são um povo belicoso, repudiam disputas e rixas e vivem em paz com os vizinhos. Recebem a chegada de homens novos com circunspecção, temendo pelo futuro, mas mostram-se sempre amáveis, e nunca se insurgem com a sua presença. O pior que já fizeram até hoje foi mentir, traçando um quadro demasiado sombrio de Sacalina, com a esperança de assim afastarem os estrangeiros. Receberam os companheiros de Krusenstern de braços abertos e, quando Schrenk ficou doente, a notícia espalhou-se rapidamente e foi recolhida com verdadeiro pesar. Só mentem quando negoceiam ou quando falam com uma pessoa que consideram perigosa, mas, antes de dizerem as mentiras, trocam olhares entre si, exactamente como fazem as crianças. Fora da esfera dos negócios, na sua vida quotidiana, têm muita dificuldade em aceitar qualquer tipo de mentiras ou de bazófias. Comprovei isso, um dia, em Rikovskoie, ao falar com dois guiliaks que julgavam que eu estava a mentir. Isto passou-se à tardinha. Ambos — um de barbicha e o outro com uma cara bolachuda de mulher — estavam deitados na erva diante da isbá de um colono. Quando ia a passar perto deles, saudaram-me e pediram-me que entrasse na isbá e lhes trouxesse os abafos que lá tinham deixado nessa manhã, porque eles não se atreviam a entrar. Respondi-lhes que eu também não tinha o direito de entrar numa casa que não era minha sem lá estar o dono. Fez-se silêncio.

— És político (preso político)? — perguntou-me o que tinha cara de mulher.

— Não.

— Então, és um escreve-escreve (escriturário)? — acrescentou, ao ver os papéis que eu trazia na mão.

— Sim, escrevo.

— Quanto é que recebes?

Eu ganhava trezentos rublos por mês e foi esse número que lhes disse. É difícil descrever a impressão desagradável e até dolorosa que a minha resposta lhes causou. Os dois homens apertaram o ventre com as mãos e, inclinando-se para o chão, começaram a balancear o tronco como se sentissem uma forte dor de estômago. A sua cara reflectia a maior desolação.

— Oh! Que grande mentira! — exclamaram eles. — Por que razão dizes coisas tão feias? Oh! Isso não está certo! Não devias dizer isso!

— O que é que eu disse de mal? — perguntei eu.

— Butakov, o chefe do distrito, que é um homem importante, recebe duzentos; e tu, que não passas de um pobre escreve-escreve, recebes trezentos? Não devias dizer isso.

Tive de lhes explicar que o chefe do distrito, por mais importância que tivesse, estava sempre no mesmo lugar e essa era a razão pela qual só recebia duzentos; em compensação eu, embora não passasse de um escreve-escreve, tinha vindo de muito longe, tinha percorrido mais de dez mil *verstás* e tinha mais despesas do que Butakov; era por isso que ganhava mais. Isto acalmou-os um pouco; olharam um para o outro, disseram qualquer coisa em guiliak e deixaram de se atormentar. Via-se, pelas suas caras, que agora já confiavam em mim.

— É verdade, é verdade... — disse-me, animadamente, o da barbicha. — Está bem. Podes ir.

— É verdade... — disse o outro abanando a cabeça na minha direcção. — Podes ir.

Quando um guiliak aceita uma missão, desempenha-a com todo o cuidado e nunca nenhum abandonou o correio a meio do caminho ou surripiou alguma coisa que não lhe pertencesse. Poliakov, que teve de negociar com barqueiros, conta que estes cumpriam as suas obrigações com pontualidade, sendo especialmente cuidadosos quando transportavam mercadorias do Estado. São muito animados, sensatos, alegres e confiantes e não demonstram qualquer constrangimento quando convivem com pessoas importantes e ricas. Não reconhecem nenhum tipo de autoridade e, pelos vistos, não sabem o que significa «superior» e «inferior». Na sua *História da Sibéria*, I. Fischer conta que o famoso Poiarkov os terá visitado numa época «em que eles não estavam sob a autoridade de ninguém». Têm uma palavra, *djantchin*, que faz referência à superioridade, mas eles aplicam-na indistintamente tanto aos generais como aos ricos negociantes que possuem grandes quantidades de tabaco e de tecidos. Quando viram, no acampamento de Nevelskói, um

retrato do czar, disseram que este devia ser um homem com grande força física que distribuía muito tabaco e tecidos. O comandante da Ilha
gozava de um poder imenso, terrível mesmo; mas, no dia em que via-
jei na sua companhia de Vérkhni-Armúdan para Árkovo, encontrámo-
-nos com um guiliak que, sem inibições, nos gritou um imperativo «Alto!», para depois nos perguntar se, no caminho, tínhamos visto o seu
cão branco. Tal como já foi dito e escrito, para os guiliaks a noção de
autoridade familiar não existe. O pai não pensa que é superior ao filho
e o filho não tem respeito pelo pai e vive como lhe apetece; na iurtá,
uma mãe já madura tem tanto poder como a filha ainda adolescente.
Bochniak escreve que presenciou várias vezes cenas de um filho a agre-
dir a mãe sem dó nem piedade e a pô-la fora de casa, sem que ninguém
se atrevesse a levantar a voz. Todos os homens de uma mesma família
são iguais entre si; se lhes oferecermos *vodka* temos de a oferecer a todos, mesmo aos mais pequenos. Quanto às mulheres, são todas iguais,
quer dizer, não têm quaisquer direitos, quer se trate de uma avó, de uma
mãe ou de uma menina de berço; são tratadas como autênticos animais
domésticos ou como objectos que se podem deitar fora ou vender, ou
como um cão que se expulsa a pontapé. Contudo, por vezes, os cães recebem carícias; as mulheres nunca. Dão mais importância a uma banal
bebedeira do que a um boda que não é assinalada com qualquer cerimónia ou rito religioso ou pagão. O guiliak troca uma lança, uma barca ou um cão por uma rapariga, leva-a para a iurtá, deita-se com ela numa pele de urso, e é tudo. A poligamia é admitida mas não está muito
generalizada, embora aparentemente as mulheres sejam mais numerosas do que os homens. O desprezo que o guiliak sente pela mulher, que
é considerada um ser inferior, vai ao extremo de nem sequer ser censurável reduzi-la à escravidão, no sentido mais exacto e literal da palavra.
Segundo testemunha Schrenk, os guiliaks costumam até levar mulheres
ainus como escravas. Não há dúvidas de que a mulher é para eles um
mero objecto de comércio, com um valor idêntico ao tabaco e aos tecidos. Strindberg, o escritor sueco, célebre pela sua misoginia, que pretendia que a mulher fosse unicamente destinada a submeter-se aos caprichos dos homens, compartilha, pois, as ideias dos guiliaks; se
alguma vez tivesse vindo a Sacalina-Norte, teria podido abraçá-los com
entusiasmo.

O general Kononovitch disse-me uma vez que pretendia russificar os
guiliaks. Interrogo-me sobre tal finalidade. Por outro lado, esse processo já se tinha iniciado muito antes da chegada do general, quando nos

ombros de alguns funcionários, que recebiam salários muito modestos, começaram a aparecer ricas peliças de raposa e de zibelina, enquanto nas iurtás dos guiliaks apareciam garrafas de *vodka*[92]. Em seguida, os guiliaks foram convidados a tomar parte nas batidas aos fugitivos, recebendo uma recompensa em dinheiro pela captura de cada evadido (morto ou vivo). O general Kononovitch promulgou um decreto que autorizava a contratação de guiliaks como carcereiros. Num dos seus textos, clarifica que tomou esta decisão devido à extrema carência de homens familiarizados com o lugar e para facilitar o relacionamento das autoridades com os indígenas. Mas uma vez confidenciou-me que um dos objectivos desta inovação também tinha sido a russificação. Os primeiros guiliaks que aceitaram as funções de carcereiros foram: Vasska, Ibalka, Orkun e Pavlinka (nota de serviço n.º 308, 1889). Depois, Ibalka e Orkun foram despedidos por «não terem vindo receber ordens durante vários dias seguidos» e contrataram Sofronka (nota de serviço n.º 426, 1899). Tive oportunidade de ver estes carcereiros: usavam placa de identificação e revólver. O mais popular, e que dava mais nas vistas, era Vasska, um bêbedo manhoso como uma raposa. Um dia, ao entrar na loja do fundo colonial, encontrei-me com um grupo de intelectuais da zona. Vasska estava perto da porta; um deles, apontando para uma prateleira cheia de garrafas, disse que se uma pessoa bebesse tudo isso, apanharia uma bela bebedeira. Então Vasska esboçou um sorriso servil, irradiando uma alegria obsequiosa. Pouco tempo antes da minha chegada, um vigilante guiliak, que estava de serviço, tinha abatido um preso, e as pessoas sensatas da localidade decidiram investigar se ele tinha disparado de frente ou de costas, quer dizer, se deveria ou não ser entregue à justiça.

Não é preciso provar que o contacto dos aborígenes com a penitenciária não é um meio de russificação, mas sim um meio de depravação. Os guiliaks ainda não estão em condições de compreender as nossas necessidades e penso que não seremos capazes de os convencer de que, quando capturamos os prisioneiros, quando os privamos de liberdade, quando lhes infligimos feridas e por vezes até quando os matamos, não o fazemos por capricho, mas no interesse da justiça. Tudo isso é interpretado por eles como actos de violência, como manifestações de brutalidade e, provavelmente, consideram-se a si próprios assassinos contratados[93]. Se a russificação é verdadeiramente indispensável, parece-me que, ao escolherem-se os meios, se devia ter mais em conta as necessidades dos guiliaks do que as nossas. O decreto que lhes permite o recurso ao hospital militar do distrito, à distribuição de farinha e de sêmola — como se fez em 1886, durante um período de fome de que ignoro as causas —, a ordem de não lhes confiscarem os bens por dívidas, e o perdão dessa dívida (nota de serviço n.º 204, 1890) são algumas das medidas que talvez nos levassem a atingir com mais rapidez o objectivo pretendido do que a distribuição de placas e revólveres.

Além dos guiliaks, em Sacalina-Norte vive também um pequeno número de orochis, uma tribo tungus. Mas, como na colónia penal ninguém sabe nada acerca deles e como, perto dos seus territórios, ainda não há quaisquer povoamentos russos, limito-me apenas a mencioná-los.

XII

Partida para sul — Uma senhora muito jovial — A costa oeste — As correntes — Maúka — Crillon — Aniva — O Posto de Korsakovsk — Novos conhecimentos — O vento leste — O clima de Sacalina-Sul — A prisão de Korsakovsk — O carro dos bombeiros

A 10 de Setembro, encontrava-me de novo a bordo do *Baikal*, que o leitor já conhece, desta vez rumo a Sacalina-Sul. Estava feliz por partir, porque já estava farto do Norte e tinha necessidade de novas impressões. O *Baikal* levantou âncora pouco depois das nove. A noite estava muito escura. Estava sozinho na popa e olhava para trás, despedindo-me desse microcosmos sombrio, guardado do lado do mar pelos Três Irmãos, que mal se viam e que, na obscuridade, se assemelhavam a três monges negros; e, apesar do barulho das máquinas, ouvia as vagas a quebrarem-se contra os recifes. Mas o Cabo Jonquière e os Três Irmãos rapidamente ficaram para trás e desapareceram nas trevas, no meu caso, para sempre; o bramido das ondas, no qual transparecia uma angústia impotente e colérica, foi-se extinguindo pouco a pouco... Já havíamos percorrido umas oito *verstás*, quando na costa começaram a brilhar umas luzinhas: era a terrível prisão de Voievodsk. Pouco depois, começámos a ver as luzes de Duí. Mas tudo isso desapareceu rapidamente e só ficaram as trevas e um sentimento de angústia, semelhante ao que sentimos depois de um sonho desagradável e de mau augúrio.

Quando desci para o interior do navio, encontrei uns alegres companheiros de viagem. Além do comandante e dos oficiais, estavam no salão
alguns passageiros: um jovem japonês, uma senhora, um funcionário da
Intendência e o padre Irakli, superior de um convento, que me seguia até
ao sul para depois viajarmos juntos para a Rússia. A nossa companheira
de viagem, mulher de um oficial da Marinha, tinha fugido de Vladivostok, aterrorizada com um surto de cólera; mas, agora, um pouco mais
tranquila, tinha decidido regressar. Era uma pessoa dotada de um carácter invejável. O motivo mais insignificante bastava para a fazer rebentar
em gargalhadas sinceras e joviais, ou melhor, em loucas gargalhadas que
iam até às lágrimas. Começava a contar qualquer coisa, tartamudeando,
e de repente o seu riso e a sua alegria jorravam em cascata; ao olhar para ela, também eu tinha vontade de rir, logo seguido pelo padre Irakli, e
depois pelo japonês. «Vá lá!», acabava por dizer o comandante perdendo a compostura e também ele se deixando contagiar pelo riso. Aposto
que no Estreito da Tartária, normalmente tão severo, nunca se tinham ouvido tantas gargalhadas. Na manhã seguinte, o padre superior, a senhora,
o japonês e eu encontrámo-nos na coberta e começámos a conversar.
E de novo estalou o riso; para completar o quadro, só faltou que as baleias tirassem a cabeça da água e também elas começassem a rir.

Nem de propósito, o tempo estava bom, sereno e luminoso. À nossa
esquerda, e perto de nós, distinguia-se a margem verdejante de Sacalina, mais precisamente a sua parte desabitada e virgem, ainda livre de
qualquer contacto com o presídio; à direita, no ar puro e de uma trans-
parência perfeita, surgia ainda indefinido o Estreito da Tartária, que
aqui se assemelha mais a um braço de mar do que em Duí, porque a
água é menos turva, tudo é mais largo e se respira melhor. Pela sua posição geográfica, o terço inferior da Ilha corresponde à França; se não
fossem as correntes frias, disporíamos de uma região magnífica que não
seria só povoada pelos Chkandiba e pelos Bezbojni[94]. As correntes
frias que provêm das ilhas setentrionais, onde se vêem icebergues mesmo no final do Verão, banham as duas costas de Sacalina; a costa oriental, mais aberta às correntes e aos ventos frios, é particularmente miserável: a natureza é extremamente rigorosa e a flora é verdadeiramente
polar; a costa ocidental é muito mais afortunada, porque a influência da
corrente fria é atenuada pela presença de uma corrente quente que vem
do Japão, conhecida por Kuro-Shivo. Não há dúvida de que quanto
mais se avança na direcção do Sul mais calor faz, e a parte meridional
da costa oeste apresenta mesmo uma flora relativamente rica, embora,
infelizmente, muito distante da que existe em França ou no Japão[95].

É surpreendente que, nos últimos trinta e cinco anos, os colonizadores de Sacalina se obstinem em semear trigo na tundra e em abrir boas
estradas em lugares onde só podem prosperar moluscos inferiores, enquanto a parte mais quente da Ilha (a zona sul e a costa ocidental) permanece no mais completo abandono.

Da ponte do navio, com binóculos ou mesmo a olho nu, podíamos
ver uma excelente floresta de madeira para construção e encostas cobertas de erva verde, brilhante e provavelmente suculenta; mas não víamos uma única habitação nem uma alma que lá vivesse. Na verdade, só
no segundo dia da nossa viagem é que o comandante me chamou a
atenção para um pequeno grupo de isbás e de alpendres e me disse: «É
Maúka.»

Há já muito tempo que em Maúka se faz a apanha da couve-
-marinha[96], muito apreciada pelos chineses, e como este negócio foi organizado com seriedade e já proporcionou importantes lucros, tanto a
russos como a estrangeiros, o nome desta pequena terra é muito conhecido em Sacalina. Maúka encontra-se a quatrocentas *verstás* a sul de
Duí, a 47° de latitude norte, e distingue-se por ter um clima relativamente ameno. Antigamente, a empresa estava nas mãos dos japoneses;
no tempo de Mitsul, havia mais de trinta edifícios nipónicos onde viviam permanentemente cerca de quarenta pessoas de ambos os sexos.
Além disso, na Primavera, vinham do Japão mais umas trezentas pessoas para trabalharem com os ainus, que constituíam então a mão-de-
-obra principal. Actualmente, a apanha da couve-marinha está nas mãos
de um comerciante russo, chamado Semiónov, cujo filho reside permanentemente em Maúka. O negócio é dirigido pelo senhor Damby, um
escocês que já não é muito jovem mas que, pelos vistos, é muito entendido nesta matéria. Tem uma casa em Nagasaki. Quando o conheci
e lhe disse que provavelmente iria ao Japão no Outono, convidou-me
muito amavelmente para ficar em sua casa. Semiónov emprega chineses, coreanos e russos. Os nossos colonos começaram a fixar-se na localidade a partir de 1886, e provavelmente por iniciativa própria, porque os inspectores das prisões sempre se mostraram mais interessados
no chucrute do que na couve-marinha. As primeiras iniciativas não foram muito bem-sucedidas, porque os russos não estavam muito familiarizados com o lado estritamente técnico do negócio. Hoje em dia estão muito mais adaptados, e embora Damby ainda não esteja tão
contente com eles como com os chineses, é de esperar que, com o tempo, centenas de colonos possam aqui ganhar o pão.

Maúka pertence ao distrito de Korsakovsk. Actualmente vivem aqui trinta e oito pessoas: trinta e três homens e cinco mulheres. Os trinta e três homens dirigem a sua própria exploração. Três deles gozam do estatuto de camponeses. As mulheres estão todas a cumprir pena e vivem na colónia na qualidade de concubinas. Não há crianças, nem igreja, e os habitantes devem aborrecer-se mortalmente, sobretudo no Inverno, quando os trabalhadores abandonam as suas ocupações. As autoridades civis estão representadas por um único vigilante e as militares por um cabo e três soldados rasos[97].

A comparação que se costuma fazer do formato de Sacalina com um esturjão assenta que nem uma luva na parte meridional da Ilha, que, efectivamente, se assemelha bastante a uma cauda de peixe, onde a parte esquerda se chama Cabo Crillon e a direita Cabo do Aniva, estendendo-se entre ambos uma baía semicircular, a Baía do Aniva. O Cabo Crillon, junto do qual o nosso vapor virou bruscamente em direcção a noroeste, parece, quando está iluminado pelo Sol, um lugar muito atractivo, e o farol vermelho e solitário que o domina faz lembrar uma casa senhorial no campo. É um grande promontório com uma inclinação suave até ao mar, verdejante em toda a sua extensão como uma bela pradaria. Tudo à volta, até perder de vista, está coberto de erva aveludada, e nesta paisagem sentimental, só falta um rebanho de carneiros a pastar à sombra, perto de um bosque. Contudo, disseram-me que esta erva não vale nada e que seria difícil desenvolver aqui a agricultura, porque o Cabo Crillon fica envolto, durante grande parte do Verão, por nevoeiros salgados que têm um efeito nefasto na vegetação[98].

A 12 de Setembro, antes do meio-dia, dobrámos o Cabo Crillon e entrámos na Baía do Aniva. Embora esta tenha um diâmetro da ordem das oitenta ou das noventa *verstás*[99], podíamos ver toda a costa de um cabo ao outro. Quase a meio, há uma pequena enseada a que se chama Angra ou Golfo dos Salmões (*Lossóssei*). É aí que se encontra o Posto de Korsakovsk, o centro administrativo do distrito do Sul. A nossa jovial companheira de viagem tinha à sua espera uma agradável surpresa: o *Vladivostok*, um navio da Frota Voluntária, recém-chegado de Kamchatka, encontrava-se ancorado, trazendo-lhe a bordo o marido, oficial da Marinha. Quantas exclamações, quantos risos incontidos, quanta agitação lhe motivou esta descoberta!

Visto do mar, o Posto tem o aspecto de uma pequena cidade, não do tipo siberiano, mas de outro tipo que não consigo definir. Foi fundado há quarenta anos, quando, ao longo da costa sul, se espalhavam desordenadamente algumas casas e armazéns japoneses; é muito possível que esta proximidade tenha tido algum efeito no seu aspecto e lhe tenha conferido uma feição particular. Considera-se que 1869 é o ano da fundação de Korsakovsk, mas isso só é exacto em relação à fundação da colónia penal; na verdade, o primeiro posto russo na Baía dos Salmões remonta a 1853-1854, e está situado numa pequena depressão que, até hoje, é conhecida pelo nome japonês de Hahka-Tomari. Do mar só se vê a rua principal e à distância parece que a calçada e as duas filas de casas descem bruscamente sobre a costa, mas trata-se apenas de um efeito óptico; na realidade, a inclinação não é assim tão pronunciada. As novas construções de madeira brilham e refulgem com o bater do Sol e vislumbra-se uma igreja branca, com uma arquitectura antiga, sóbria e muito bela. Todas as casas têm postes no telhado, que servem sem dúvida para hastear bandeiras, o que dá à pequena cidade uma aparência desagradável e agressiva. Aqui, tal como nas baías mais a norte, os navios ficam ancorados a uma ou mesmo a duas *verstás* da margem; o cais só pode ser utilizado por lanchas a vapor ou por barcaças. Primeiro, fomos abordados por um cúter cheio de funcionários; e em seguida ouviram-se alegres exclamações: «*Boy*, uma cerveja! *Boy*, um conhaque!» Depois, foi a vez de se aproximar uma baleeira; eram reclusos, vestidos de marinheiros, que vinham aos remos, enquanto I. I. Béli, o chefe do distrito, manejava o leme. Quando a baleeira alcançou a escada do portaló, ordenou com ar militar: «Remos para cima!»

Alguns instantes mais tarde, o senhor Béli e eu apresentámo-nos; desembarcámos juntos e fui almoçar a casa dele. Da conversa que tivemos, deduzi que acabava de chegar no *Vladivostok* de um lugar chamado Taraika, na costa do Mar de Okhotsk, onde os presos estavam a construir uma estrada.

A sua vivenda não era muito grande, mas era muito agradável: uma verdadeira casa de família. O senhor Béli gosta de conforto e de boa comida, e isso reflecte-se em todo o distrito que está sob a sua jurisdição; durante as minhas deslocações, vi nas casas dos vigilantes e nos postos de sentinela não apenas facas e garfos mas também guardanapos limpos e guardas capazes de preparar uma boa sopa; e vi sobretudo um número de baratas e de percevejos menos escandaloso do que no Norte. O senhor Béli contou-me que, quando foi inspeccionar os trabalhos de construção da estrada em Taraika, se tinha instalado confortavelmente numa grande tenda, com um chefe de cozinha ao seu serviço, e que ocupava as horas de lazer a ler romances franceses[100]. Nasceu na Ucrânia e nos seus tempos de jovem estudou Direito. É um homem novo, por-

que ainda não completou quarenta anos, que é, aliás, a média de idade
dos funcionários de Sacalina. Os tempos mudaram; actualmente é mais
comum haver funcionários mais novos na administração penal russa.
Se hoje, por exemplo, um pintor quisesse representar um fugitivo a ser
chicoteado, em lugar do tradicional capitão bêbedo, envelhecido e de
nariz avermelhado, veríamos um homem novo com ar educado e envergando um uniforme novo...

Enquanto íamos falando, caiu a noite e acenderam-se as luzes.
Despedi-me do hospitaleiro senhor Béli e dirigi-me a casa do secretário do departamento de polícia, onde me tinham preparado alojamento.
Estava escuro, o ar estava calmo e, no meio do silêncio, ouvia-se o ruído surdo do mar; o céu estrelado parecia fazer caretas, como se sentis-
se que a Natureza preparava uma cilada. Atravessei a rua principal quase de uma ponta à outra, até ao mar: os barcos lá estavam fundeados e
quando voltei à direita, ouvi vozes e gargalhadas e distingui, no meio
da noite, janelas brilhantemente iluminadas. Parecia que me estava a
aproximar de uma sociedade recreativa de qualquer cidadezinha de província, numa noite de Outono. A animação vinha da residência do secretário. Subi até ao terraço por uns degraus velhos que rangiam e entrei. No salão, como deuses entre as nuvens, no meio do fumo de
tabaco, numa atmosfera carregada de *cabaret* ou de um lugar muito húmido, moviam-se homens fardados e outros trajando à civil. Já conhecia uma dessas pessoas, o senhor Von F., inspector da agricultura — já
nos tínhamos encontrado em Aleksandrovsk —, mas, aos outros, via-os
pela primeira vez. Contudo receberam-me com tanta cordialidade como
se fôssemos velhos conhecidos. Levaram-me para uma mesa e
obrigaram-me a beber *vodka* (quer dizer, álcool diluído em igual volume de água), um conhaque muito mau, e a comer uma carne muito dura que estava a ser assada e era servida por Khomenko, um condenado
ucraniano, de bigode preto. Havia outro forasteiro na reunião. Era E. V.
Stelling, director do observatório magnético e meteorológico de Irkutsk, também ele passageiro do *Vladivostok*, que tinha chegado de
Kamchatka e de Okhotsk, onde fora dirigir a instalação de estações meteorológicas. Conheci também o comandante, inspector da penitenciária de Korsakovsk, que outrora tinha servido sob as ordens do general
Gresser na polícia de São Petersburgo. Era um homem alto e corpulen-
to, de porte sólido e imponente que até então só tinha podido observar
em alguns comissários de bairro ou de distrito. Falou-me da sua intimidade com muitos escritores famosos de Petersburgo, a quem tratava
familiarmente por Micha ou Vânia; e quando me convidou para almo-

çar e para jantar em sua casa, pelo menos por duas vezes, descaiu-se e tratou-me por tu[101].

Já passava da uma da madrugada quando os convidados partiram e me fui deitar. De imediato, ouviu-se como que um silvo ou um uivo: tinha-se levantado o vento leste. Era por isso que o céu me tinha parecido, desde a tarde, tão sombrio. Khomenko, que vinha da rua, informou-me de que as embarcações tinham levantado ferro, pouco antes de ter estalado uma violenta tempestade. «Provavelmente vão ter de voltar para trás», disse a rir. «Como é que acha que eles vão poder passar?» O meu quarto ficou frio e húmido, e penso que a temperatura não ia além dos seis ou sete graus. O pobre F., jovem secretário da Direcção da Polícia, tossia imenso, assoava-se e não conseguia dormir. O capitão K., que partilhava o alojamento comigo, também não conseguia dormir; bateu no tabique que nos separava e disse-me:

— Eu recebo a *Nedélia (Semana)*. Quer lê-la?

Na manhã seguinte, fazia frio em todo o lado: na cama, no quarto, na rua. Quando saí, caía uma chuva gelada, as árvores dobravam-se com o vento, o mar rugia e, quando a borrasca era mais forte, as gotas da chuva fustigavam-nos o rosto e crepitavam nos telhados como escumilha. O *Vladivostok* e o *Baikal* «não conseguiram passar», tinham regressado e estavam fundeados na baía, meio encobertos pela bruma. Passeei pelas ruas e ao longo da margem perto do embarcadouro; a relva estava encharcada, as árvores pingavam.

No embarcadouro, junto do barracão do vigilante, jazia o esqueleto de uma jovem baleia que, noutros tempos, terá vagueado alegre e feliz pela imensidade dos mares boreais; agora, os ossos embranquecidos do gigante repousavam na lama e eram pouco a pouco consumidos pela chuva... A rua principal é empedrada, está bem conservada, com passeios, candeeiros de iluminação e árvores e é varrida todos os dias por um velho com a marca da infâmia[102] nas costas. Todas as construções da rua principal são edifícios públicos ou alojamentos de funcionários, onde não vive um único exilado. Na sua maioria, são construções novas, agradáveis à vista e sem o ar pesadão dos edifícios administrativos de Duí. No conjunto das quatro ruas que constituem o Posto de Korsakovsk, há mais construções antigas do que novas e são muitas as casas com vinte ou trinta anos. Tal como sucede com os edifícios, há mais funcionários velhos do que na parte norte, o que significa que, provavelmente, a zona sul oferece mais condições do que os distritos setentrionais para uma vida sedentária e tranquila. Notei que a vida aqui tem um carácter mais patriarcal: as pessoas são mais conservadoras e os costumes, mesmo os maus, sobrevivem mais tempo. É por isso que se recorre com mais frequência aos castigos corporais: chegam a ser chicoteadas, em simultâneo, cinquenta pessoas, e só aqui subsiste um costume detestável, certamente introduzido por um coronel, há muito tempo esquecido: quando um homem livre se aproxima, na rua ou à beira-mar, de um grupo de prisioneiros, a cinquenta passos de distância ouve-se o vigilante gritar: «Atenção! Tirar bonés!» E depois vemos os presos, taciturnos e de cabeça descoberta, a olharem-nos de lado, como se receassem que, por se terem descoberto a vinte ou trinta passos, em lugar dos cinquenta impostos pela norma local, lhes caísse em cima alguma chibatada, como costumam fazer o senhor Fulano e o senhor Beltrano.

Fiquei com pena de o capitão-adjunto Chichmariov já ter morrido. Era o decano dos oficiais de Sacalina, que, em função da sua avançada idade, poderia disputar o título de residente mais antigo com o próprio Mikriukov de Pálevo. Morreu alguns meses antes da minha chegada e só pude ver a casa onde viveu. Estabeleceu-se em Sacalina quando o presídio ainda não existia, em tempos pré-históricos tão longínquos que inventaram mesmo uma lenda sobre as «origens de Sacalina». Nessa lenda, o nome deste oficial aparece estreitamente associado a um cataclismo geológico, ocorrido numa época muito distante, quando Sacalina ainda não existia. Depois, subitamente, na sequência de acidentes de origem vulcânica, uma falésia ergueu-se acima do nível do mar, de onde sobressaíam duas criaturas: um leão-marinho e o capitão-adjunto Chichmariov. Conta-se que usava uma sobrecasaca de lã ornamentada de dragonas e galões e que, nos documentos oficiais, tratava os indígenas pelos «selvagens habitantes das florestas». Tomou parte em diversas expedições; entre outras, desceu o rio Tym com Poliakov e o relatório da expedição prova que se zangaram.

Korsakovsk conta com cento e sessenta e três habitantes: noventa e três homens e setenta mulheres. Se juntarmos a este número os homens de condição livre, os soldados com mulheres e filhos, e os presos que dormem na prisão, ultrapassa-se um pouco o milhar.

Há cinquenta e seis propriedades, mas não se trata de fazendas, são sobretudo construções pequeno-burguesas; do ponto de vista agrícola, essas propriedades são insignificantes, até porque o total de terra arável é de três *deciatinas,* mais dezoito de pastagens. Só vendo como as propriedades estão encostadas umas às outras, e como se incrustam pitorescamente nas encostas e no fundo da ravina que termina num desfiladeiro, se percebe que quem escolheu este sítio para instalar o Posto não teve em conta que, além dos militares, também deviam vir para aqui viver agricultores. Quando lhes perguntei de que viviam, responderam-me: «De um trabalhinho aqui, de um negociozito ali...» Como o leitor verá mais à frente, no que respeita a ganhos complementares, a situação dos habitantes da Sacalina-Sul é muito menos desesperada do que a dos residentes nos distritos setentrionais, porque, quando querem, podem sempre ganhar mais alguns tostões, pelo menos durante os meses de primavera e de Verão. Mas a população de Korsakovsk não se interessa muito por isso e, como verdadeiros citadinos, vivem de recursos indefinidos; indefinidos, no sentido em que são ocasionais e irregulares. Um vive do capital que trouxe da Rússia; outro é escriturário; um terceiro é sacristão; um quarto é lojista (embora a lei proíba esta actividade); um quinto troca os trastes velhos dos detidos por *vodka* japonesa que depois revende, e assim sucessivamente. As mulheres, tanto as de condição livre como as outras, fazem negócio com o corpo; inclusive, nem uma exilada mais privilegiada, de quem se diz ter feito estudos superiores, escapa a esta regra. A fome e o frio são menos terríveis aqui do que na parte setentrional; os prisioneiros, cujas mulheres vendem o corpo, fumam tabaco turco que pagam a cinquenta copeques a quarta, o que revela que a prostituição aqui é mais grave do que no Norte, embora a diferença não seja grande.

Dos quarenta e um casais existentes, vinte e um são ilegítimos. As mulheres de condição livre são apenas dez, quer dizer, dezasseis vezes menos numerosas do que em Rikovskoie e até quatro vezes menos numerosas do que num buraco negro como Duí.

Há, entre os detidos, personalidades curiosas. Até temos, por exemplo, o preso Pichtikov, um condenado a prisão perpétua, cujo crime serviu de tema ao ensaio de G. I. Uspenski, *A Sós*. Este homem chicoteou até à morte a esposa, uma mulher com uma excelente educação, que estava grávida de oito meses. A tortura durou seis horas. O acto de Pichtikov foi motivado pelo ciúme que sentia em relação ao passado de solteira da esposa que, durante a última guerra, se tinha apaixonado por um prisioneiro turco. Foi o próprio Pichtikov que entregou as cartas da jovem ao turco, que o persuadiu a encontrar-se com ela, em resumo, que ajudou à concretização do romance. Quando o turco partiu, a jovem enamorou-se de Pichtikov devido à sua bondade; casaram e já tinham quatro filhos quando um belo dia um terrível um ataque de ciúmes lhe turvou a razão.

É um homem alto, seco, bem-parecido e com uma grande barba. Trabalha como escriturário no departamento da polícia, e é por isso que veste à civil. É trabalhador, extremamente educado e, a avaliar pela sua expressão, vive inteiramente virado para si mesmo. Fui a casa dele, mas não o encontrei. Vive num quartinho de uma isbá. Por cima da cama, limpa e bem-feita, coberta com uma manta de lã vermelha, tem o retrato de uma senhora, provavelmente da mulher.

A família Giacomini também é muito interessante. Compõe-se do pai, ex-capitão da Marinha Mercante no Mar do Norte, da mulher e do filho. Em 1878, os três compareceram perante um tribunal militar de Nikolaievsk e foram condenados por um assassinato de que continuam a negar a autoria. A mãe e o filho já cumpriram a pena, o pai — Karp Nikolaievitch —, agora com setenta anos, ainda é presidiário. Têm uma loja e uma casa muito confortável, mais bem mobilada do que a de Potiómkin, o ricaço de Novo-Mikhailovka. Os pais vieram a pé, através da Sibéria, mas o filho, que veio de barco, chegou três anos antes. A diferença é enorme. O relato da viagem feito pelo velho é de pôr os cabelos em pé. Viu e suportou horrores e, enquanto o julgavam, fizeram-no passar, de prisão em prisão, por todos os tormentos, para depois ser arrastado, ao longo de três anos seguidos, através da Sibéria! A filha, ainda muito jovem, e que acompanhou voluntariamente os pais no exílio, morreu de esgotamento no caminho, quando o navio que os levava para Korsakovsk naufragou perto de Maúka. Enquanto o velho me contava toda esta história, a mulher chorava. «Bom!», disse ele encolhendo os ombros, «Foi Deus que assim o quis.»

Do ponto de vista do progresso, o Posto de Korsakovsk está claramente muito atrasado em relação aos seus homólogos do Norte. Assim, aqui ainda não há telégrafo nem estação meteorológica[103]. Nesta altura, só podemos avaliar o clima de Sacalina através das observações fragmentárias e ocasionais de diversos autores que aqui exerceram funções ou que, como eu, fizeram breves estadas. De acordo com os dados das temperaturas médias proporcionadas por estas informações, pode dizer-se que o Verão, o Outono e a Primavera são dois graus mais quentes do que em Duí, e que o Inverno é mais suave cerca de cinco graus. E contudo, mesmo no Aniva, mas um pouco mais a leste de Korsakovsk, em Muraviovsk, a temperatura é sensivelmente mais baixa e está muito mais próxima da que se regista em Duí. A oitenta e oito *verstás* a norte de Korsakovsk, em Naibutchi, a 11 de Maio de 1870, de manhã, o comandante do *Vsádnik* registou dois graus abaixo de zero e… nevava. Como o leitor pode ver, a zona sul de Sacalina é bem pouco meridional: o Inverno é tão severo como o do distrito de Olonets e o Verão assemelha-se ao de Arcangel. Krusenstern viu neve na margem ocidental do Aniva em meados de Maio. A norte do distrito de Korsakovsk, mais exactamente em Kussunai, onde se faz a apanha da couve-marinha, registaram-se cento e quarenta e nove dias de mau tempo num ano, enquanto mais a sul, no Posto de Muraviovsk, se registaram cento e trinta dias. No entanto, o clima do distrito meridional é mais temperado do que o dos distritos setentrionais e a vida deve ser mais fácil. A sul, o degelo inicia-se por vezes a meio do Inverno, facto que nunca se observou perto de Duí ou de Rikovskoie. Os rios descongelam mais cedo e o Sol consegue mais vezes romper as nuvens.

A prisão de Korsakovsk ocupa o ponto mais elevado do Posto que, provavelmente, será também o mais saudável. No lugar onde a rua principal se cruza com o muro da penitenciária, há um modesto portão, onde só o letreiro e a multidão de presos que aqui se juntam todas as tardes, antes de passarem, um por um, pela porta para serem revistados, indicam que não se trata de um portão vulgar, igual ao de qualquer outra casa, mas da entrada de uma prisão. O pátio situa-se num terreno em declive e, a partir do meio, apesar do muro e das construções que o circundam, vêem-se o mar azul e o horizonte longínquo, dando a impressão de ser um lugar muito arejado. Quando visitamos a prisão, a primeira coisa que chama a nossa atenção são os esforços feitos pela administração para separar claramente os condenados a trabalhos forçados dos colonos. Em Aleksandrovsk, as oficinas da prisão e os alojamentos de centenas de reclusos estão dispersos por todo o Posto; aqui, todas as oficinas, incluindo o quartel dos bombeiros, estão situadas no recinto da prisão, fora do qual, com raras excepções, ninguém tem autorização de residir, nem mesmo os presos em vias de reabilitação. Aqui, o Posto é uma coisa e a prisão é outra, e pode viver-se muito tempo no primeiro sem se reparar que, ao fim da rua, há uma prisão.

Os barracões são velhos, o ar nas celas é sufocante e as latrinas são bem piores do que as dos distritos do Norte; a padaria é sombria, e as celas individuais são geladas e sem ar; eu mesmo vi detidos a tremerem de frio e de humidade. Só há um factor melhor em relação ao Norte: a sala dos presos agrilhoados é ampla e, além disso, tem um número relativamente pequeno de pessoas acorrentadas. Os detidos mais limpos são antigos marinheiros, e são também os que prestam mais atenção ao vestuário[104]. Na altura em que visitei a prisão, só quatrocentas e cinquenta pessoas lá dormiam; as outras tinham sido mandadas para o exterior, para trabalharem principalmente na construção de estradas. No conjunto do distrito, há um total de mil e duzentos e cinco presos.

O maior prazer do inspector da prisão é mostrar aos visitantes os seus carros dos bombeiros. Na verdade, são soberbos e, desse ponto de vista, Korsakovsk leva a palma em relação a muitas cidades grandes. Tudo brilha: os tonéis, as bombas de incêndio, e os machados nos estojos parecem brinquedos polidos, destinados à decoração de uma vitrina.

O inspector tocou o alarme e, imediatamente, de todas as oficinas saíram a correr prisioneiros de cabeça descoberta e sem abafos, ou seja, tal como estavam. Ao fim de um minuto, todos estavam agarrados às viaturas e desciam a rua, com enorme alvoroço, em direcção ao mar. O espectáculo era impressionante; o comandante C., criador deste contingente exemplar, estava muito satisfeito, e perguntava-me continuamente se eu tinha gostado. O único senão foi ter visto atrelados aos varais, correndo ao lado de homens novos, alguns velhos que deveriam ser poupados a este serviço, pelo menos em consideração pela sua débil saúde.

XIII

Poro-an-Tomari — O Posto de Muraviovsk — Primeiro, Segundo e Terceiro Barrancos — Soloviovka — Liutoga — Góli Myss — Mitsulka — Listvénitchnoie — Khomutovka — Bolchaia Elan — Vladimirovka — A quinta ou a firma — Lugovoie — As Iurtás do Pope — Beriozniki — Kresti — Bolchoie e Máloie-Takoê — Galkino-Vrasskoie — Dubki — Naibutchi — O mar

Começarei a descrição do distrito de Korsakovsk passando em revista as colónias existentes ao longo do Aniva. A primeira, situada a quatro *verstás* a sudeste do Posto, tem o nome japonês de Poro-an-Tomari. Foi fundada em 1882 no local de uma antiga aldeia ainu. Tem setenta e dois habitantes: cinquenta e três homens e dezanove mulheres, quarenta e sete proprietários, dos quais trinta e oito não têm família. Se bem que não pareça faltar espaço à volta da colónia, cada proprietário só possui um quarto de *deciatina* de terra cultivada e menos de meia *de-*

ciatina de pastos, o que significa que já não há mais ou que são difíceis de encontrar. Contudo, se Poro-an-Tomari se situasse a norte, teria já uns duzentos rendeiros e mais cento e cinquenta co-proprietários. Neste aspecto, a administração do Sul é mais moderada e prefere criar novos pontos de povoamento em vez de sobrecarregar os antigos.

Registei a presença de nove velhos de sessenta e cinco a oitenta e cinco anos. Um deles, Jan Ricebówski, *com a sua cabeça de soldado dos tempos otchakovianos*[105], é tão velho que provavelmente já nem se recorda se é culpado ou inocente. Tem-se um sentimento estranho ao ouvir dizer que foram todos condenados a prisão perpétua por crimes que cometeram, embora o barão A. N. Korff, devido à sua avançada idade, lhes tenha comutado a pena, dando-lhes o estatuto de colonos.

Um destes deportados, Kóstin, vive enfiado numa cabana: nunca sai, não deixa lá entrar ninguém e passa a vida a rezar. Há um outro, Gorbunov, a quem toda a gente chama «o servo do Senhor», porque noutros tempos tinha sido peregrino. É pintor da construção civil, mas trabalha como pastor no Terceiro Barranco, talvez por gostar da contemplação e da solidão.

A cerca de umas quarenta *verstás* mais a leste, encontra-se o Posto de Muraviovsk que, aliás, só existe no mapa. Foi fundado há já algum tempo, em 1853, à beira da Baía dos Salmões; mas, em 1854, assim que começaram a correr os boatos da guerra, foi suprimido e reconstruído doze anos depois, mas à beira do Golfo de Boussé ou Porto dos Doze Pés, como chamam a este lago pouco profundo ligado ao mar por um canal só franqueado por navios de pouco calado. No tempo de Mitsul, havia neste lugar uma guarnição de cerca de trezentos homens que sofreram terrivelmente com o escorbuto. O objectivo desta implantação era consolidar a influência russa no Sul de Sacalina; mas, depois do tratado de 1875, o projecto foi posto de parte, porque se tornou inútil. Diz-se que as isbás foram abandonadas e incendiadas por evadidos[106].

As colónias situadas a oeste de Korsakovsk são servidas por uma estrada muito bonita que se prolonga junto à costa; à direita, vêem-se picos argilosos e barrancos eriçados de verdura; à esquerda, tem-se o mar rumorejante. Na areia, onde se quebram ondas que não são mais do que espuma que volta num movimento cansado à massa oceânica, estende-se até ao infinito sobre o areal o contorno escuro da couve-marinha rejeitada pela maré. Liberta um odor adocicado, um pouco fétido, mas não totalmente desagradável, de algas em putrefacção, um odor que é tão característico dos mares do Sul como a presença do incessante voo dos patos selvagens que distraem continuamente o viajante quando este caminha ao longo da costa, onde veleiros e vapores fazem raramente a sua aparição. Não se vê nada nem nas proximidades nem no horizonte, de modo que o mar parece deserto, a não ser quando surge esporadicamente uma pesada jangada de palha deslocando-se com dificuldade. De vez em quando, surgem também uma vela escura e feia ou um prisioneiro que, com água pelos joelhos, arrasta um tronco atado a uma corda... E é este o cenário!

Mas, de repente, a costa é cortada por um vale longo e profundo onde corre uma torrente: o Untanai ou o Unta. Havia aí antigamente a quinta estatal de Unta a que os condenados chamavam «A Chicotada» e compreende-se porquê. Actualmente, nesse lugar, há as hortas da penitenciária e apenas três isbás de colonos. É o Primeiro Barranco.

Segue-se o Segundo Barranco, que comporta seis fogos. Encontramos aí um velho e rico fazendeiro, um camponês proscrito, em casa de quem vive uma velha concubina, a prostituta Uliana, que, há muito, muito tempo, matou o filho ainda bebé e o enterrou. Perante o tribunal, declarou que não o tinha matado mas enterrado vivo, na esperança de ter mais hipóteses de absolvição. Foi condenada a vinte anos. Contou-me a sua história desfeita em lágrimas. Depois, limpou os olhos e perguntou-me: «O senhor não me quer comprar chucrute?»

No Terceiro Barranco, há dezassete fogos.

No seu conjunto, as três colónias contam com quarenta e seis habitantes, dos quais dezassete são mulheres. Há vinte e seis proprietários. A situação de todos os residentes é próspera e desafogada; têm muito gado e alguns até o comercializam. É sem dúvida ao clima e à natureza do solo que se deve atribuir esta abastança. Contudo, parece-me que, se mandassem vir para aqui os funcionários de Aleksandrovsk ou os de Duí e se lhes pedissem para organizarem as colónias, os três Barrancos teriam, ao fim de um ano, trezentos proprietários em vez de vinte e seis (sem incluir os co-proprietários), mas todos se revelariam «fazendeiros pouco diligentes e insubordinados» e decerto faltaria o pão. Penso que o exemplo destas três pequenas aldeias é suficiente para se defender que, numa colónia ainda nova, insuficientemente consolidada, quanto menos proprietários houver, melhor será o nível de vida, e que quantas mais ruas houver, maior será a pobreza.

A quatro *verstás* do Posto, fica a aldeia de Soloviovka, fundada em 1882. De todas as colónias de Sacalina, esta é a que ocupa a posição

mais favorável: está situada à beira-mar e, além disso, não está longe
da foz de um pequeno rio onde o peixe é abundante: o Sussúia. Os habitantes criam vacas, dedicam-se ao comércio de lacticínios e também
cultivam cereais. Há setenta e quatro habitantes: trinta e sete homens e
outras tantas mulheres. Conta com vinte e seis proprietários, todos donos de terras aráveis e de pastagens, à média de uma *deciatina* por cabeça. A terra é boa perto do mar, nos declives da costa, mas o resto é só
terra de abetos e de pinheiros que não vale nada.

Há ainda uma colónia ao longo da costa do Aniva, bastante afastada,
a vinte e cinco *verstás* ou, se se for por mar, a catorze milhas do Posto.
É a colónia Liutoga, fundada em 1886, que fica situada a cinco *verstás*
da foz do rio com o mesmo nome. As comunicações com o Posto são
extremamente difíceis: tem de se ir a pé ao longo da costa ou de canoa
e os colonos deslocam-se em jangadas de palha. Tem cinquenta e três
habitantes (trinta e sete homens e dezasseis mulheres) e trinta e três
proprietários.

Quanto à estrada à beira-mar, logo a seguir a Soloviovka, não muito
longe do estuário do Sussúia, vira bruscamente à direita em direcção a
norte. No mapa, os Montes do Sussúia, estão muito perto do Naibu que
desagua no Mar de Okhotsk. Ao longo destes dois rios, quase em linha
recta a partir do Aniva e até à costa leste, estende-se uma longa fila de
colónias ligadas ininterruptamente por uma estrada de oitenta e oito
verstás. Esta fileira de aldeias constitui o núcleo essencial da zona sul,
isto é, a sua fisionomia. A estrada representa o começo da via postal pela qual se quer reunir o Norte e o Sul da Ilha.

Por cansaço ou por preguiça, não trabalhei aqui com tanto zelo como
nas colónias do Norte. Passava dias inteiros a passear ou a fazer piqueniques, já não tinha vontade de visitar as isbás e, quando tinham a amabilidade de me propor ajuda, já não a declinava. A primeira vez que fiz
a viagem de ida e volta até ao Mar de Okhotsk foi em companhia do senhor Béli, que me queria mostrar o seu distrito; depois, quando efectuei
o recenseamento, fui sempre acompanhado por N. N. Iartsev, inspector
das colónias[107].

As colónias do Sul têm particularidades que poderiam escapar a alguém que vem do Norte. Em primeiro lugar, há muito menos miséria.
Quanto a isbás inacabadas, abandonadas, com janelas cegas e arruina-
das, não vi nem uma; um telhado de madeira é aqui uma visão tão banal como o colmo e a cortiça no Norte. As estradas e as pontes setentrionais são piores, sobretudo entre Máloie-Takoê e Siantsy, onde na

altura das cheias ou de chuvas abundantes se formam barrancos intransponíveis. Os habitantes parecem mais jovens, mais saudáveis,
mais vigorosos do que os seus companheiros do Norte e isto, assim como a abastança relativa do distrito, explica-se talvez pelo facto de o
grosso do contingente do Sul ser formado por presos condenados a penas mais leves. Trata-se de uma maioria de homens jovens e menos esgotados pelo presídio. Há aqui alguns que, com vinte ou vinte e cinco
anos, já cumpriram a pena e ocupam os lotes que lhes atribuíram; os
camponeses entre os trinta e os quarenta anos são em grande número[108]. Outro factor que pesa a favor das colónias do Sul é que os camponeses não têm pressa de voltar para o continente. É por isso que na
colónia de Soloviovka, que acabo de descrever, em vinte e seis proprietários, há dezasseis que têm direito ao estatuto de camponeses. As
mulheres são poucas e em certas colónias não há nem uma. Muitas parecem velhas e doentes, de maneira que se deve fazer fé nas palavras
dos funcionários e dos colonos que se queixam de os seus parceiros do
Norte só lhes mandarem mulheres «usadas» e de ficarem com as mais
novas. O doutor Z. contou-me que, no âmbito das suas funções de médico das prisões, decidiu um dia examinar uma leva de prisioneiras
recém-chegadas: todas padeciam de doenças de mulheres.

O termo de co-proprietário ou de rendeiro não existe na linguagem
corrente do Sul, porque aqui não se admite a presença de mais de um
proprietário por lote; mas, tal como no Norte, em todos os lugares da
colónia há pessoas com o estatuto de proprietárias que não possuem casa. Tal como sucede no Posto, não há um único judeu nas zonas povoadas. As paredes das isbás estão por vezes decoradas com quadros japoneses e numa delas até vi uma moeda japonesa em prata.

A primeira colónia do Sussúia é Góli Myss (*Cabo Calvo*); só foi
constituída há um ano e as casas ainda não estão acabadas. Tem vinte e
quatro homens e não tem uma única mulher. A aldeia está situada num
promontório que já antes se chamava Cabo Calvo. O rio fica bastante
longe das casas e por isso as pessoas têm de fazer longas descidas para
irem buscar água, porque não há poços na colónia.

A segunda aldeia é Mitsulka, assim baptizada em homenagem a M.
S. Mitsul[109]. Quando ainda não havia estradas, erguia-se aqui um abrigo reservado aos funcionários em serviço; os palafreneiros e outros empregados eram autorizados a construir casas antes de terem acabado a
comissão. Foi assim que se começaram a instalar perto do abrigo e que
aí conseguiram fazer frutificar propriedades pessoais. Há só dez fogos

e vinte e cinco habitantes: dezasseis homens e nove mulheres. Depois de 1886, o chefe do distrito deixou de autorizar novas instalações e essa medida foi acertada, porque a terra não vale grande coisa e os prados só produzem o suficiente para alimentar as dez quintas existentes. Há actualmente dezassete vacas e treze cavalos, para além do gado miúdo e dos animais de criação; o inventário cadastral regista sessenta e quatro galinhas, mas nada disto passaria para o dobro, se o número de fogos fosse multiplicado por dois.

Falando das particularidades das colónias da zona sul, omiti um pormenor: a frequência dos envenenamentos por acónito (*Aconitum napellus*). Foi o que aconteceu com um porco do colono Takóvi. O dono, como não queria desperdiçar nada, comeu o fígado do animal e esteve às portas da morte. Quando o fui visitar, ainda mal se aguentava nas pernas e tinha a voz fraca. Contou-me a história do fígado a rir, mas no seu rosto inchado e violáceo ainda se podia ver o que lhe tinha custado aquela refeição. A anterior vítima do acónito foi o velho Konkov, que se envenenou e morreu; a casa onde morava está agora deserta. Ora esta casa é uma das curiosidades de Mitsulka. Há alguns anos, o antigo inspector da prisão, tendo confundido uma planta trepadora qualquer com uma parra, comunicou ao general Hintze que havia uvas em Sacalina-Sul e que essa cultura era prometedora. O general mandou logo perguntar se não havia vitivinicultores entre os colonos e não tardou a aparecer um voluntário. Era Raievski, um colono que, a acreditar na lenda, tinha uma estatura colossal. Declarou que era um especialista na matéria, acreditaram nele e despacharam-no imediatamente no primeiro barco que saiu de Aleksandrovsk para Korsakovsk com uma ordem de serviço. Quando chegou ao destino, perguntaram-lhe o que vinha para ali fazer: «Cultivar vinha.» Olharam para ele, leram o papel e limitaram-se a encolher os ombros. O novo vitivinicultor pôs-se a passear pelas redondezas, com o boné de lado. Como tinha sido enviado em comissão de serviço pelo próprio comandante da Ilha, pensou que não era preciso ir apresentar-se ao inspector das colónias, e esta atitude deu origem a equívocos. Quando chegou a Mitsulka, a sua enorme estatura e o seu ar altivo pareceram suspeitos; tomaram-no por um vagabundo, encheram-no de correntes e mandaram-no para Korsakovsk. Ficou na prisão durante o tempo que demorou o longo inquérito, e só depois foi posto em liberdade. Acabou mesmo por se instalar em Mitsulka, onde morreu, mas Sacalina continuou sem ter vinhedos. A casa de Raievski voltou à posse do Tesouro ao qual o colono estava a dever dinheiro, e foi depois vendida a Konkov por quinze rublos. Enquanto entregava o dinheiro ao chefe do distrito, o velho Konkov, com um ar malandro, piscou-lhe o olho: «Espere um pouco até eu morrer, e Vossa Excelência ainda vai fazer uns bons dinheirinhos com esta casa[110].»

Mitsulka também tem a sua Margarida: é Tânia, a filha do exilado Nikolaiev, de dezasseis anos, nascida em Pskov. É loura, esbelta, de traços finos, doces, ternos. Já lhe arranjaram casamento com um guarda. Muitas vezes, ao atravessar Mitsulka, via-a sentada diante da janela, com ar pensativo. Mas só Deus sabe o que pensa e com quem sonha uma rapariga jovem e bonita atirada pelo destino para Sacalina.

A cinco *verstás* de Mitsulka, fica a nova colónia de Listvénitchnoie (*Larícios*); efectivamente, a estrada corta aqui uma floresta de larícios. Também lhe chamam Kristofórovka por causa do nome dado ao rio onde, outrora, um guiliak chamado Kristofor montava armadilhas às zibelinas. Não se pode dizer que a escolha do lugar tenha sido feliz, porque o solo é medíocre e impróprio para a agricultura[111]. Tem quinze habitantes e nem uma única mulher.

Um pouco mais longe, nas margens do Kristofórovka, um grupo de presidiários, que tinha experiência de trabalhar em madeira, foi autorizado a construir casas para habitação própria antes de acabar de cumprir a pena. Mas reconheceu-se que o lugar não era prático e, em 1886, as suas quatro isbás foram deslocadas para cerca de quatro *verstás* a norte de Listvénitchnoie. Foi à volta deste núcleo que se instalou a nova colónia de Khomutovka, assim chamada em homenagem a Khomutov, um camponês livre cujas façanhas cinegéticas deram muito que falar. Há trinta e oito habitantes (vinte e cinco homens e treze mulheres) e vinte e cinco proprietários. É uma das colónias menos interessantes, ainda que, no fundo, se possa vangloriar de possuir a sua estrela, na pessoa de Bronovski, um colono conhecido em todo o Sul por ser um ladrão inveterado e apaixonado.

Três *verstás* mais à frente, situa-se a colónia de Bolchaia Elan (*Grande Elan*), criada há cerca de dois anos. Nesta região, dá-se o nome de *eláni* aos pequenos vales onde crescem o olmo, o carvalho, o pinheiro-alvar, o sabugueiro, o freixo e o vidoeiro. Habitualmente, estão protegidos dos ventos frios e, enquanto nos montes vizinhos a vegetação impressiona pela escassez e pouco difere da vegetação polar, aqui descobrem-se bosques luxuriantes e ervas cuja altura é o dobro da estatura de um homem. No Verão, quando está bom tempo, a terra é uma «estufa», como se diz aqui; o ar húmido torna-se tão sufocante como o de um banho de vapor e o solo aquecido faz crescer todos os caules e, num mês, o centeio, por exemplo, chega a atingir perto de uma *sájene* (dois metros e treze) de altura. O *elan* — que lembra paisagens da Ucrânia, com as suas *levadas* natais onde os prados alternam com as hortas e os bosques — é o lugar mais propício para se construírem aldeias[112].

Há quarenta habitantes em Bolchaia Elan: trinta e dois homens, oito mulheres e trinta proprietários. Quando os colonos desbravaram a terra para se instalarem, foi-lhes ordenado que, na medida do possível, poupassem as velhas árvores. Graças a essa ordem, a aldeia não cheira a novo, porque, na rua e nos pátios, se erguem velhos olmos de folhas largas que parecem ter sido plantados por antepassados longínquos.

Entre os colonos, sobressaem os irmãos Babítchi, da região de Kiev: primeiro moraram juntos, mas depois houve desentendimentos e pediram às autoridades para terem alojamentos separados. Um deles, a falar do próprio irmão, exprimiu-se assim: «Tenho tanto medo dele como do Diabo.»

Andando mais cinco *verstás*, encontramo-nos em Vladimirovka, fundada em 1881, e assim chamada em homenagem a um comandante de nome Vladimir que dirigia as obras da penitenciária. Os colonos chamam-lhe também «Rio Negro». Conta com noventa e um habitantes: cinquenta e cinco homens e trinta e seis mulheres. Dos seus quarenta e seis proprietários, dezanove vivem sozinhos como uns solteirões e ordenham eles próprios as vacas. Nas vinte e sete famílias, só há seis legítimas. Como colónia agrícola, esta aldeia vale, por si só, as dos dois distritos do norte considerados no seu conjunto[113]. E, no entanto, das muitas mulheres de condição livre, não corrompidas pela prisão, que vieram para Sacalina para acompanharem os maridos, isto é, daquelas cuja presença é mais preciosa, só uma se fixou aqui. Mas esta foi recentemente parar à prisão por suspeita de ter assassinado o marido. As infelizes mulheres de condição livre que os funcionários do Norte deixam a definhar em Duí nos «aquartelamentos familiares» teriam sido aqui muito bem-vindas. Vladimirovka tem mais de cem vacas, quarenta cavalos, boas pastagens, mas não há donas de casa, quer dizer, verdadeiros lares[114].

Na casa estatal de Vladimirovka, onde moram o inspector das colónias, o senhor I. e a esposa, que é parteira, há uma quinta agrícola a que os colonos e os soldados chamam «a firma». O senhor I. interessa-se por ciências naturais, sobretudo por botânica, e designa sempre as plantas pelo seu nome latino. Quando nos sentamos à sua mesa e nos servem, por exemplo, feijões, diz imediatamente: «É *phaseolus*.» Deu o nome de *Favus*[115] ao seu cãozinho preto. De todos os funcionários de Sacalina, ele é o mais informado em matéria de agronomia e cuida com zelo e amor as suas culturas, mas as colheitas da sua quinta-modelo são muitas vezes piores do que as dos colonos, o que dá azo ao espanto geral e até à ironia. Na minha opinião, esta diferença fortuita é tão imputável à pessoa do senhor I. como à de qualquer outro funcionário. Uma quinta onde não há estação meteorológica nem gado — mesmo que seja só pelo estrume — nem edifícios adequados, nem uma pessoa com conhecimento do assunto para se dedicar a essa tarefa de manhã à noite, não é uma verdadeira quinta e não passa de uma firma; isto é, não passa de uma brincadeira com o rótulo de exploração agrícola. Nem se poderia mesmo considerá-la uma iniciativa experimental, porque a quinta só tem cinco *deciatinas* e porque, propositadamente, como se explica numa nota oficial, foi escolhida uma terra pior do que a média, «com o fim de demonstrar à população que, tendo certos cuidados e trabalhando melhor, se podiam obter, mesmo de uma terra má, resultados satisfatórios».

Vladimirovka também conheceu um drama de amor. Um camponês chamado Vukol Popov, ao ter encontrado a esposa na companhia do pai dele, atirou-se ao velho e bateu-lhe até à morte. Condenaram-no a trabalhos forçados, e depois mandaram-no para o distrito de Korsakovsk onde o puseram como cocheiro ao serviço da quinta do senhor I. Com uma estatura de cavaleiro medieval, era ainda jovem, bonito, de temperamento calmo e reservado — estava quase sempre calado, perdido em não se sabe que devaneio — e os patrões confiaram nele logo nos primeiros dias. Quando saíam, sabiam que Vukol não tocava nem no dinheiro guardado na cómoda nem no álcool da adega. Não se podia casar em Sacalina, porque tinha deixado na terra natal uma mulher que se recusava a dar-lhe o divórcio. E aqui fica mais ou menos o retrato do nosso herói.

Quanto à heroína, Elena Tertichnaia, também uma prisioneira, que tinha sido concubina de um colono chamado Kocheliov, era uma mulher rabugenta, feia e estúpida. Como estava sempre a arranjar brigas com o amante, este tinha apresentado queixa dela, e o chefe do distrito, como medida punitiva, tinha-a posto ao serviço da firma. Foi aí que Vukol a conheceu e se apaixonou por ela. Ela pagou-lhe na mesma moeda. É de acreditar que Kocheliov se tenha apercebido da situação, porque começou a pedir com insistência a Elena para voltar para ele.

— Lá vens tu com o mesmo paleio! Conheço-te muito bem! — dizia-
-lhe ela. — Se queres que fique ao teu lado, primeiro tens de casar comigo.

Kocheliov redigiu um relatório no qual solicitava autorização para se
casar com a menina Tertichnaia e essa autorização foi concedida. Entretanto, Vukol fazia muitas juras de amor a Elena e suplicava-lhe que
partilhasse a vida com ele: ela respondia-lhe com juras igualmente sinceras, mas dizia-lhe:

— Que venhas ter comigo assim, eu aceito; mas ir viver contigo, isso é que não! Tu és casado e eu sou como todas as mulheres. Tenho de
pensar em mim, tenho de me encostar a um homem bom.

Pouco depois, Vukol soube que o casamento estava para breve; então, caiu num desespero tal que se envenenou com acónito. Interrogada, Elena confessou, desoladamente:

— Passei quatro noites com ele.

Dizia-se que, quinze dias antes de se suicidar, ao ver Elena a lavar o
soalho, Vukol tinha dito:

— Ah, as mulheres! Foi por causa de uma mulher que vim parar à
colónia penal, e é por causa de outra que vou morrer dentro em breve!

Conheci um camponês chamado Vassíli Smirnov, um falsário. Cumpriu a pena, acabou o tempo de proscrição e agora dedica-se à caça à
zibelina, o que parece deixá-lo completamente feliz. Contou-me que
houve um tempo em que a emissão de dinheiro falso lhe chegava a render trezentos rublos por dia mas que, quando o apanharam, já tinha renunciado a tudo isso e ganhava a vida honestamente. Fala de notas falsas como um especialista na matéria; na sua opinião, as notas de banco
actualmente em circulação poderiam ser imitadas por qualquer mulher
do campo. Fala do passado com uma calma não despojada de ironia e
mostra-se orgulhoso por ter tido, durante o julgamento, o Dr. Plevako
como advogado de defesa.

Logo a seguir a Vladimirovka, começa uma vasta planície de várias
centenas de *deciatinas*, com a forma de um semicírculo com cerca de
quatro *verstás* de diâmetro. À beira da estrada e no local onde esta acaba, situa-se a aldeia de Lugovoie, ou Lujki, fundada em 1888. Tem sessenta e nove homens e apenas cinco mulheres.

Depois, a uma pequena distância de quatro *verstás*, chega-se a Po-
povskie Iurti (*Iurtás do Pope*), fundada em 1884. Quiseram chamar-lhe
Novo-Aleksandrovka, mas o nome não pegou. A designação actual
baseia-se numa história: conta-se que o padre Simeon de Kazan, ou o

pope Simeon, como lhe chamam mais familiarmente, tinha ido num trenó de cães a Naibutchi «fazer a abstinência da Quaresma» com os soldados; no caminho de regresso, foi apanhado numa terrível borrasca de
neve e ficou muito doente (segundo outra versão, o padre regressava de
Aleksandrovsk). Por sorte, conseguiu chegar às iurtás dos pescadores
ainus; encontrou abrigo numa delas e mandou o cocheiro para Vladimirovka, onde residiam então colonos livres que o vieram buscar e o levaram meio-morto para o Posto de Korsakovsk. Depois deste incidente, as iurtás ainus passaram a ser conhecidas pelas Iurtás do Pope, e a
localidade ficou com este nome.

Os colonos chamavam-lhe também Pequena Varsóvia, por haver
muitos católicos. Tem cento e onze habitantes (noventa e cinco homens
e dezasseis mulheres), quarenta e cinco proprietários, mas só dez com
família organizada.

As Iurtás do Pope ficam precisamente a meio caminho entre Korsakovsk e Naibutchi. Aqui termina a bacia do Sussúia, e depois do seu
desfiladeiro de declive suave, quase imperceptível, que delimita a linha
divisória das águas, desce-se para o vale do Naibu. A primeira colónia
desta bacia está situada a oito *verstás* das Iurtás e chama-se Beriozniki
(*Bétulas*), porque antigamente estava rodeada de vidoeiros. É a maior
de todas as colónias meridionais, com cento e cinquenta e nove habitantes: cento e quarenta e dois homens (entre os quais há cento e quarenta proprietários) e dezassete mulheres. A aldeia já tem quatro ruas e
uma praça onde vão construir, pelo menos é o que se ouve dizer, uma
igreja, um telégrafo e a casa do inspector das colónias. Julga-se também
que, se a colonização tiver êxito, Beriozniki se tornará o principal po-
voado do distrito. Mas o lugar parece terrivelmente aborrecido, tal como os seus habitantes, os quais, em vez de pensarem na ascensão administrativa da sua cidade, só pensam em cumprir a pena o mais
depressa possível e em regressar ao continente. Um dos deportados, ao
responder ao meu questionário, disse-me com enfado: «Casado? Fui
casado, mas matei a minha mulher.» Outro, ao saber que eu era médico, foi atrás de mim, perguntando-me ininterruptamente — e procurava ler a verdade nos meus olhos — se não estaria tísico. Estava aterrado com a ideia de não viver até ao momento em que lhe fosse outorgado
o estatuto de camponês livre e com a ideia de morrer em Sacalina.

Cinco *verstás* mais à frente, situa-se a colónia de Kresti (*Cruzes*),
fundada em 1885. Em tempos, dois vagabundos morreram nesse lugar
e puseram nas suas campas duas cruzes que hoje já não existem. Mas
existe outra versão: um bosque de coníferas, abatido há muito tempo,

era outrora cortado por um *elan* em forma de cruz. Qualquer das duas explicações é poética, mas o nome de Kresti foi provavelmente escolhido pela própria população.

A aldeia está situada numa margem do Takoê, na confluência de uma pequena ribeira; o solo é composto de argila coberta por uma boa camada de lama, as sementeiras germinam quase todos os anos, as planícies são imensas e, por sorte, os homens têm sido bons proprietários. No entanto, nos primeiros anos, esta colónia diferia pouco de Vérkhni--Armúdan e esteve quase em vias de desaparecimento. É que tinham começado por instalar trinta homens de uma só vez no mesmo lote; ora, na época, o desembarque de ferramentas em Aleksandrovsk tinha tido uma longa interrupção e os colonos partiram literalmente de mãos a abanar. Por compaixão, a administração da prisão distribuíra-lhes uns velhos machados para eles poderem, pelo menos, arranjar lenha. Depois, ficaram três anos seguidos sem gado, devido às falhas dos desembarques, tal como aconteceu com as ferramentas.

Há noventa habitantes (sessenta e três homens, e vinte e sete mulheres) dos quais cinquenta e dois são proprietários.

Há uma loja que pertence a um sargento aposentado, antigo vigilante no distrito do Tym, onde se vendem produtos alimentares, mas junto das sardinhas também há pulseiras de cobre. Quando entrei na loja, o dono julgou que eu era sem dúvida um alto funcionário, porque me contou de rompante, e sem necessidade, que outrora se metera numa embrulhada qualquer, mas que tinha sido absolvido. Sentindo-se no dever de desdobrar febrilmente diante de mim certificados de bom comportamento, mostrou-me, entre outros, uma carta de um tal senhor Schneider que terminava com a seguinte frase que ainda sei de cor: «Quando estiver mais calor, frite as que estão a descongelar.» Em seguida, querendo-me provar que já não devia mais nada a ninguém, começou a mexer em papéis à procura de recibos que nunca mais conseguia encontrar, e eu saí da loja com a convicção de que ele era completamente inocente e com uma libra de bombons de má qualidade, feitos à moda dos camponeses, pelos quais ele me extorquiu, apesar de toda a conversa, cinquenta copeques.

A colónia seguinte está situada à beira do rio Takoê, um nome bem japonês, que desagua no Naibu. O vale do Takoê tornou-se célebre por outrora aí se terem instalado colonos livres. Oficialmente, a colónia de Bolchoie-Takoê (*Grande Takoê*) existe desde 1884, mas de facto foi fundada muito antes. Quiseram dar-lhe o nome de Vlassovsk em homenagem a Vlassov, mas o nome perdeu-se. Há setenta e um habitantes (cinquenta e seis homens e quinze mulheres) e quarenta e sete deles são proprietários. Um sargento, a quem os aldeões chamam sargento de primeira classe, reside aí permanentemente. A sua jovem esposa envenenou-se com acónito uma semana antes da minha chegada.

Perto de Bolchoie-Takoê, mais concretamente na estrada de Kresti, há excelentes pinheiros para construção. Em geral, a verdura é abundante, cheia de seiva, com uma cor tão viva como se tivessem acabado de a lavar. A flora do vale do Takoê é incomparavelmente mais rica do que a do Norte, mas a paisagem setentrional é mais viva e fazia-me muitas vezes lembrar a da Rússia. É verdade que no Norte a natureza é triste e agreste, mas é agreste à maneira russa; aqui, ela sorri ou entristece-se à maneira ainu e desperta numa alma russa um sentimento mal definido[116].

Ainda no vale do Takoê, a quatro *verstás* e meia de Bolchoie-Takoê, fica Máloie-Takoê (*Pequeno Takoê*), situada junto a uma pequena ribeira que desagua no Takoê[117]. Esta colónia data de 1885 e tem cinquenta e dois habitantes: trinta e sete homens e quinze mulheres. Conta com trinta e cinco proprietários, dos quais só nove vivem em família, mas não há um único casal legítimo.

Em seguida, a oito *verstás* dali, num lugar a que os japoneses e os ainus chamavam Siantcha e onde havia antes um armazém de peixe japonês, está a colónia de Galkino-Vrasskoie, ou Siantsy, fundada em 1884. O local é bonito, na confluência do Takoê e do Naibu, mas a aldeia está muito mal situada. Na Primavera, no Outono e até no Verão, quando está mau tempo, o Naibu, caprichoso como todas as torrentes de montanha, transborda e inunda Siantcha, e a violência da corrente impede o escoamento do Takoê e este, por sua vez, também sai do leito. E dá-se o mesmo fenómeno com os pequenos caudais que desaguam no Takoê. Então Galkino-Vrasskoie torna-se uma espécie de Veneza onde uma pessoa tem de se deslocar em barcas ainus; às vezes, a água cobre o chão das isbás que estão nos lugares mais baixos. Este ponto de povoamento foi escolhido por um tal senhor Ivanov, que sabia tanto do assunto como das línguas guiliaks ou ainus, das quais era oficialmente considerado intérprete; era inspector-adjunto das prisões mas assumia, na época, as funções do actual inspector das colónias. Os ainus e os colonos tinham-no advertido de que o lugar era pantanoso, mas Ivanov não lhes deu ouvidos. E quem protestasse levava com a chibata... Numa das inundações, um boi afogou-se; numa outra, foi um cavalo.

Ao desaguar no Naibu, o Takoê forma uma península onde só se chega através de uma ponte elevada. O lugar é muito bonito, é um verdadeiro ninho de rouxinóis. A casa do vigilante é luminosa, muito limpa e até tem uma lareira. Da varanda, tem-se vista para o rio e o pátio está embelezado com um pequeno jardim. O guarda é o velho Savéliev, um preso que desempenha as funções de criado e de cozinheiro dos funcionários que ali se deslocam em serviço. Um dia em que nos servia o almoço, a um deles e a mim próprio, apresentou um prato mal confeccionado e, de imediato, o meu companheiro tratou-o rudemente por «imbecil». Então, olhei para aquele velho irresponsável e — ainda me lembro disso — pensei que a nossa *intelligentsia* não tinha até agora sabido fazer outra coisa da colónia penal senão reduzir os reclusos à forma mais grosseira de servidão.

Galkino-Vrasskoie conta com setenta e quatro habitantes: cinquenta homens e vinte e quatro mulheres. Há quarenta e cinco proprietários dos quais vinte e quatro são camponeses.

A última colónia da estrada, Dubki (*Carvalhos*), foi fundada em 1886 no lugar de um carvalhal. Ao longo de oito *verstás* entre Siantsy e Dubki, há bosques queimados entrecortados de pequenas planícies onde, cresce, diz-se, a potentilha.

Quando se passa por ali, mostram-nos, entre outras coisas, o caudal de Malovétchkin, assim chamado por causa de um colono com este nome que tinha o hábito de ir pescar para lá. Dubki tem quarenta e quatro habitantes (trinta e um homens e treze mulheres) e trinta proprietários. Devido à teoria segundo a qual terra onde há carvalhos é boa para trigo, o terreno é considerado favorável. A maior parte da superfície actualmente ocupada por terra lavrada e pastagens era, ainda não há muito tempo, um lugar pantanoso; no entanto, com os conselhos do senhor I., abriu-se um canal com uma *sájene* (dois metros e treze) de profundidade que se junta ao Naibu, e agora tudo está a funcionar.

Talvez por estar situada num ponto alto e um pouco afastada, nesta pequena colónia a paixão pelo jogo e o encobrimento de malfeitores são uma prática muito desenvolvida. Um colono chamado Lifanov, que se tinha arruinado com o jogo, envenenou-se com acónito no passado mês de Junho.

Apenas quatro *verstás* separam Dubki do estuário do Naibu. Essa zona é completamente inabitável, porque fica em pleno pântano, a costa é de saibro e tem uma vegetação meio arenosa, meio marítima, onde abundam roseiras-bravas com bagas enormes, centeio-silvestre, etc. A estrada prossegue até ao mar, mas também se pode lá chegar pelo rio, em embarcações ainus.

Antes, havia no estuário um Posto chamado Naibutchi, fundado em 1866. Mitsul encontrou aí dezoito edifícios, uns habitáveis e outros não, uma capela e uma mercearia. Um jornalista que visitou Naibutchi em 1871 escreveu que havia vinte soldados comandados por um jovem oficial; numa das isbás, a esposa de um soldado, uma mulher alta e bonita, ofereceu-lhe ovos frescos e pão escuro, teceu elogios à vida que levava e só se queixou da carestia do açúcar[118]. As casas desapareceram sem deixar rasto e, ao contemplarmos todo este espaço deserto, a esposa alta e bonita do soldado surge-nos como um mito. A única casa em construção destina-se a um vigilante ou a uma estação da mala-posta... E não há mais nada...

O mar é frio, agitado, ruge e as suas enormes ondas brancas desfazem-se na areia e parecem querer dizer: «Senhor! Por que razão nos criaste?» É já o Grande Oceano, o oceano Pacífico. Nesta margem do Naibu, ouve-se o som dos machados dos prisioneiros que estão a trabalhar no estaleiro; na outra margem, é a América, longínqua, imaginária. À esquerda, através da bruma, vislumbramos os cabos de Sacalina; à direita, mais cabos... Em redor, nem uma alma viva, nem um pássaro, nem uma mosca, e eu já nem sei para quem rugem as ondas, quem as escuta durante a noite, nem o que elas querem e, enfim, para quem irão rugir quando eu me for embora. O que se apodera de mim nesta costa não são ideias, mas sim uma meditação. Sinto-me angustiado, mas, ao mesmo tempo, gostaria de ficar aqui, tempos sem fim, a contemplar o movimento monótono das vagas e a ouvir o seu rugido ameaçador.

XIV

Taraika — Os colonos livres — Os seus fracassos — Os ainus, limites da sua expansão, número, aspecto, alimentação, vestuário, habitat *e costumes — Os japoneses — Kussun-Kotan — O consulado do Japão*

No distrito de Taraika, num dos afluentes mais meridionais do Poronai que desagua na Baía da Paciência[119], fica a colónia de Siska. Toda a região está ligada ao distrito do Sul, o que não se entende lá muito bem, porque, daqui a Korsakovsk, são cerca de quatrocentas *verstás* e o clima é horroroso, ainda pior do que em Duí. O distrito que está em projecto chamar-se-á Distrito de Taraika e englobará todas as colónias do Poronai, incluindo Siska; contudo, neste momento, só as pessoas do Sul estão dependentes dele. O recenseamento oficial apenas refere sete habitantes, seis homens e uma mulher. Não consegui lá ir, mas extraí as seguintes informações do diário de um outro viajante: «A colónia, tal como o próprio local, são uma desolação: não há água digna desse nome, nem lenha; os habitantes servem-se da água de um poço que, quando chove, fica vermelha, da cor da tundra pela qual a aldeia, situada à beira de uma praia arenosa, está rodeada por todos os lados. No seu conjunto, estes lugares dão uma impressão sufocante, desesperante[120].»

Para acabar o assunto em relação a Sacalina-Sul, resta-me dizer algumas palavras sobre os seus antigos e actuais habitantes que não estão ligados à colónia penal. Vejamos primeiro as tentativas de colonização livre. Em 1868, uma das chancelarias da Sibéria oriental decidiu enviar para lá um número máximo de vinte e cinco famílias; tinha-se em vista instalar camponeses livres, emigrantes que tinham vindo para o Amur, mas esta decisão resultou num fiasco tão grande, que um autor qualificou a sua instalação de «lamentável» e designou os colonos por «uns pobres-diabos». Eram uns ucranianos naturais da região de Tchernigov, que, antes de virem para a beira do Amur, já se tinham instalado na região de Tobolsk com o mesmo insucesso. Ao proporem-lhes que se deslocassem para Sacalina, a administração prometeu-lhes mundos e fundos: durante dois anos, receberiam gratuitamente farinha e sêmola; cada família teria, mediante empréstimo, ferramentas agrícolas, gado, sementes e dinheiro — o empréstimo seria reembolsável ao fim de cinco anos — e durante vinte e cinco ficaria livre de todos os impostos e do recrutamento militar. Dez famílias do Amur e onze famílias do distrito de Balágan (região de Irkutsk), ou seja, cento e uma pessoas ofereceram-se como voluntárias. No mês de Agosto de 1869, mandaram-nos no *Mandjur* para o Posto de Muraviovsk, de onde deviam dobrar o Cabo do Aniva e ir pelo Mar de Okhotsk para o Posto de Naibutchi, só a trinta *verstás* do vale do Takoê onde se pretendia implantar a colónia. Mas já se estava no Outono, não havia um único barco livre, e o *Mandjur* deixou-os de tarecos às costas no Posto de Korsakovsk, de onde os ucranianos esperavam partir por via terrestre para o vale. Nessa época, ainda não havia estrada. O alferes Diakonov «pôs-se em marcha», como disse Mitsul, e levou quinze soldados rasos para abrirem um caminho. Mas, ao que parece, a «marcha» foi muito lenta, porque as dezasseis famílias partiram para o vale do Takoê sem esperar que acabassem a estrada, avançando a corta-mato, através da tundra, em telegas e bois de carga. A neve apanhou os viajantes desprevenidos a meio do caminho e caiu em camadas tão espessas que eles foram obrigados a abandonar uma parte dos carros e a pôr patins nos outros. Chegaram ao vale a 20 de Novembro e começaram logo a construir barracas e cabanas para se protegerem do frio. Uma semana antes do Natal, juntaram-se-lhes as outras seis famílias que não tinham lugar onde se instalarem. Como era muito tarde para construírem o que quer que fosse, foram procurar abrigo em Naibutchi, e daí deslocaram-se para o Posto de Kussunai, onde passaram o Inverno num quartel. Só voltaram a Takoê na Primavera.

«Foi então que a incúria e a incompetência da administração saltaram à vista», escreve um autor. Tinham prometido aos colonos mil rublos de reses mortas e quatro cabeças de gado de diversas espécies a cada família, mas, quando os meteram a bordo do *Mandjur* em Nikolaievski, não havia mulas nem bois de carga; depois não encontraram lugar para os cavalos e os arados também não tinham animais que os puxassem. Só lhos mandaram durante o Inverno em trenós de cães (nove cabeças no total); os colonos pediram mais à administração, mas a requisição «não foi objecto da atenção que se impunha». Despacharam uns quantos bois para Kussunai no Outono de 1869, que chegaram completamente esgotados, meio mortos; por outro lado, como se tinham esquecido de mandar feno, durante o Inverno, em quarenta e um animais, morreram vinte e cinco. Os cavalos deviam hibernar em Nikolaievski, mas como a sua alimentação era cara, venderam-nos num leilão e compraram outros na Transbaikália com o produto da venda; só que os novos cavalos não eram tão bons como os outros e os camponeses recusaram-nos. As sementes deram muito pouco rendimento. Como o centeio de primavera estava misturado com o centeio de outono, os camponeses não o puderam semear; continuaram a usá-lo, mas serviram-se dele para darem de comer ao gado ou para a sua própria alimentação. Como tinham falta de mós, em vez de moerem o grão, limitavam-se a passá-lo pelo vapor a consumi-lo em papas.

Em 1875, depois de uma série de más colheitas, houve uma inundação que desencorajou de vez os colonos em relação à agricultura de Sacalina. Mudaram-se de novo. Vinte famílias dispersaram-se, a meio caminho dos Postos de Korsakovsk e de Muraviovsk, num lugar chamado Tchibissáni. Depois, pediram autorização para se instalarem a sul do rio Ússuri; mas essa autorização, que era esperada com ansiedade, como se fosse uma graça especial, só foi concedida após dez anos, durante os quais as famílias viveram da pesca e da caça à zibelina. Só partiram para o Ússuri em 1886. «Os colonos abandonam as suas casas», escreve um jornalista, «e partem de bolsa vazia, levando uns tarecos e um cavalo» (*Vladivostok*, n.º 22, 1886).

Hoje ainda se pode ver uma zona queimada na floresta, um pouco afastada da estrada que vai de Bolchoie para Máloie-Takoê: é tudo o que resta da colónia livre de Voskressenskoie. As casas abandonadas pelos proprietários foram queimadas por vagabundos. Mas diz-se que as isbás, a capela e até a casa, onde funcionava a escola de Tchibissáni, estão ainda intactas. Não fui lá.

Neste momento, só restam três colonos livres na Ilha: Khomutov, de quem já falei, e duas mulheres que nasceram em Tchibissáni. Diz-se que Khomutov anda a laurear por aí e que vive, creio, no Posto de Muraviovsk. Raramente lhe põem a vista em cima. Caça zibelinas e pesca esturjão, na Baía de Boussé. Quanto às mulheres, uma delas, Sófia, é casada com um camponês proscrito chamado Baranovski e mora em Mitsulka; a outra, Aníssia, casou com Leonov, um colono proscrito, e fixou residência no Terceiro Barranco. Khomutov já não deve ter muito tempo de vida; Sófia e Aníssia irão para o continente com os respectivos maridos. Por isso, dentro de pouco tempo, dos colonos livres, de facto, só restará a lembrança.

Esta situação leva-nos a reconhecer que a colonização livre do Sul de Sacalina foi um fracasso. O erro ficará a dever-se às condições naturais, que, desde o início, se revelaram tão duras e tão hostis? O erro ficará a dever-se à incúria e à falta de zelo dos funcionários? É difícil dizer, porque a experiência foi curta e, além disso, foi protagonizada por indivíduos presumivelmente instáveis, a quem as infindáveis atribulações através da Sibéria tinham dado o gosto por uma vida errante. Também é difícil prever o que poderia ter acontecido numa segunda tentativa[121]. Em suma, esta experiência falhada pode dar dois ensinamentos à colónia penitenciária: em primeiro lugar, os colonos livres não foram perseverantes durante muito tempo na via agrícola e viveram os últimos dez anos, que precederam o seu regresso ao continente, da caça e da pesca; ainda hoje, Khomutov, apesar da sua idade avançada, acha mais prático e mais vantajoso pescar esturjão e caçar zibelinas do que semear trigo ou plantar couves; em segundo lugar, é impossível reter no Sul de Sacalina um homem livre, ainda que com pouca saúde e poucas ambições, a quem se explica diariamente que, apenas a dois dias de viagem de Korsakovsk, se encontra a quente e rica região do Ússuri do Sul.

Quanto aos aborígenes desta zona, quando se lhes pergunta o que são, não dizem nem o nome da tribo nem a nação, mas respondem simplesmente: «ainu» (que significa «homem»). No mapa etnográfico de Schrenk, a área ocupada pelos ainus está pintada a amarelo e cobre uniformemente a ilha japonesa de Matsmai e a parte sul de Sacalina até à Baía da Paciência. Vivem igualmente nas Ilhas Curilhas e é por isso que os russos os designam por este último nome. Não se conhece com exactidão o número da sua população em Sacalina, mas não há a menor dúvida de que esta tribo está em vias de extinção com uma rapidez impressionante. O doutor Dobrotvorski, que prestou serviço aqui há vinte e cinco anos[122], diz que, em tempos, só nos arredores da Baía de Boussé, havia oito grandes aldeias ainus e que o número de habitantes de uma delas chegou a ser de duzentas pessoas. Perto do Naibu, viu também vestígios de muitas outras aldeias e cita três estimativas correntes no seu tempo, provenientes de fontes diferentes: dois mil, oitocentos e oitenta cinco, dois mil, quatrocentos e dezoito e dois mil e cinquenta, considerando esta última a mais fidedigna. Segundo o testemunho de um autor seu contemporâneo, as aldeias ainus estendiam-se, ao longo da costa, de um lado e de outro do Posto de Korsakovsk. Não encontrei uma única delas, e apenas vi algumas iurtás perto de Bolchoie-Takoê e de Siantsy. O *Recenseamento dos Indígenas que viviam em 1889 no Distrito de Korsakovsk* regista quinhentos e oitenta e um homens e quinhentas e sessenta e nove mulheres ainus.

Dobrotvorski considera que o seu desaparecimento é devido às guerras devastadoras que outrora se travaram aqui, a uma natalidade insignificante derivada da esterilidade das mulheres e sobretudo às doenças. Sempre lhes foram detectadas enfermidades como a sífilis e o escorbuto, e provavelmente também foram vítimas de epidemias de varíola[123].

Mas todas estas causas, que condicionam habitualmente a extinção crónica dos indígenas, não chegam para explicar a razão pela qual os ainus desaparecem tão depressa, quase diante dos nossos olhos. Vejamos: nos últimos vinte ou trinta anos, não houve guerras nem grandes epidemias, e no entanto esta tribo diminuiu para menos de metade. Quanto a mim, é mais correcto pensar que este desaparecimento tão rápido, que até parece que se evaporaram, não é só devido à extinção de uma raça, mas também à emigração para outras ilhas.

Antes de os russos terem ocupado Sacalina, os japoneses mantinham os ainus em condições semelhantes à servidão; era-lhes muito fácil reduzi-los a essa situação por eles serem humildes, submissos, e sobretudo por terem fome e não poderem passar sem arroz[124].

Quando ocuparam Sacalina-Sul, os russos libertaram-nos e, até há pouco tempo, defenderam a sua liberdade, protegeram-nos de ofensas e evitaram imiscuir-se nos seus assuntos internos. Em 1884, uns prisioneiros evadidos degolaram várias famílias. Diz-se também que deram umas vergastadas a um *kaiur* ainu por este se ter recusado a transportar o correio e que alguns teriam atentado contra o pudor de mulheres indígenas. Mas este género de vexames e de ofensas só é referido nas conversas como casos isolados e não muito frequentes. Infelizmente, os russos esqueceram-se de trazer arroz com a liberdade. Depois da partida dos japoneses, mais ninguém foi à pesca; os ainus deixaram de ganhar dinheiro e a fome chegou. Não conseguiam alimentar-se apenas de carne e de peixe como acontecia com os guiliaks, porque tinham necessidade de arroz. Foi assim que, apesar da aversão que tinham aos japoneses, empurrados pela fome, começaram a emigrar para Matsmai. Li numa reportagem (*A Voz*, n.º 16, 1876) que uma delegação de ainus se dirigiu ao Posto de Korsakovsk para pedir trabalho ou pelo menos «grãos» (*sic*) de batatas e para implorar que lhes ensinassem a cultivá--los. Ao que consta, ter-lhes-iam recusado trabalho mas prometeram--lhes os «grãos». No entanto, esta promessa nunca foi cumprida e, empurrados pela miséria, os ainus continuaram a emigrar para Matsmai.

Num outro artigo (*Vladivostok*, n.º 28, 1885), afirma-se que os ainus fizeram certos pedidos, os quais, segundo parece, não foram satisfeitos. Por isso, desejam ardentemente deixar Sacalina e ir para Matsmai.

Os ainus são escuros como os ciganos; têm barba grande em forma de leque, bigode e cabelos negros, fortes e abundantes, olhos negros, expressivos e doces. São de estatura média e de corpulência vigorosa, sólida, com feições muito marcadas, talvez até grosseiras, mas, segundo a expressão do marinheiro Rimski-Korsakov, não têm nem o rosto achatado dos mongóis nem os olhos em bico dos chineses. Há até quem ache que os ainus barbudos são muito parecidos com os mujiques russos. E é verdade: quando um ainu veste uma roupa semelhante à nossa *tchúika*[125] e a aperta com um cinto, fica parecido com um cocheiro dos nossos mercadores[126].

Têm o corpo coberto de pêlos negros, por vezes muito abundantes no peito, mas não se poderá dizer que são «hirsutos». No entanto, os seus cabelos e barbas, habitualmente muito raros em povos de regiões selvagens, têm surpreendido muito os viajantes, que, no regresso, os descrevem como indivíduos hirsutos. Os nossos cossacos, que os obrigavam a pagar-lhes tributo no século passado, também os qualificavam do mesmo modo.

Os ainus vivem em estrita vizinhança com povos cujo sistema capilar é muitíssimo pobre; por isso, não é de admirar que as suas enormes barbas tenham deixado o etnógrafo embaraçado. E, até hoje, a ciência não soube ainda situar o lugar exacto que eles ocupam no sistema das raças: ora os associam aos mongóis ora aos caucasianos. Um inglês chegou mesmo à conclusão de que eram descendentes de uma comunidade judia abandonada na noite dos tempos no arquipélago japonês.

Actualmente, há duas opiniões que parecem ser as mais verosímeis: segundo a primeira, os ainus pertenceriam a uma raça específica que povoou outrora todas as ilhas do Extremo Oriente; de acordo com a segunda, defendida pelo nosso Schrenk, tratar-se-ia de um povo paleo--asiático, que, em tempos remotos, ao ser expulso pelos mongóis do continente para a periferia insular, teria abandonado a Ásia, atravessando a Coreia. O que é certo é que os ainus emigraram de sul para norte, do calor para o frio, e que as suas condições de vida têm vindo sempre a piorar.

Não são belicosos, não suportam a violência e por isso foi fácil dominá-los, reduzi-los à escravidão ou expulsá-los. Os mongóis expulsaram--nos da Ásia; os japoneses de Nippon e de Matsmai; em Sacalina, os guiliaks não lhes permitiram ir além de Taraika e nas Ilhas Curilhas tiveram de enfrentar os cossacos. Deste modo, esta gente ficou num beco sem saída. Hoje, o ainu, que costuma andar de cabeça descoberta, descalço e de calças arregaçadas por cima do joelho, ao cruzar-se connosco na rua, faz-nos uma reverência e olha-nos com a doçura triste e dolorosa de uma pessoa infeliz, como se quisesse pedir desculpa de não ter ainda, apesar da sua grande barba, conseguido prosperar.

Para outras informações sobre este povo, podemos consultar as obras de Schrenk, Dobrotvorski e A. Polonski[127].

O que se disse acerca da alimentação e do vestuário dos guiliaks também é válido para os ainus. Contudo, deve acrescentar-se que, por terem herdado dos seus antepassados das ilhas meridionais o gosto pelo arroz, a falta de tal alimento constitui para este povo uma privação grave, ainda mais acentuada por não apreciarem o nosso pão. A sua alimentação é mais variada do que a dos guiliaks; além da carne e do peixe, comem todo o tipo de plantas, de moluscos, e aquilo a que os mendigos italianos chamam *frutti di mare*. Comem pouco de cada vez, mas comem muitas vezes, quase de hora a hora. Não têm a voracidade típica dos povos selvagens do Norte. Como os bebés têm de passar directamente do leite para o peixe e para a gordura de baleia, são desmamados muito tarde. Rimski-Korsakov viu uma mulher ainu a amamentar uma criança de três anos que já sabia andar na perfeição e que até trazia, como os adultos, uma pequena faca presa ao cinto de couro.

As roupas e o modo de viver revelam uma grande influência do Sul, não do de Sacalina, mas do verdadeiro Sul. No Verão, os ainus usam camisas que tecem com ervas ou com fibra de madeira; outrora, quando não eram tão pobres, usavam roupões de seda. Andam descalços e de cabeça descoberta durante todo o Verão e no princípio do Outono, até à chegada das primeiras neves. As suas iurtás estão cheias de fumo e são nauseabundas, mas, de qualquer modo, são mais luminosas e mais limpas e, podemos até dizer, mais confortáveis do que as dos guiliaks. Perto das iurtás, estão as secas do peixe que difundem pelos arredores um odor pestilento e sufocante. Os cães uivam e brigam; às vezes, apercebemo-nos de uma pequena jaula de madeira com um urso pequeno, que irá ser morto e comido no Inverno na chamada «Festa do Urso». Um dia de manhã, vi como uma menina ainu dava de comer a um desses animais, passando-lhe, através das grades e numa pequena pá, peixe seco demolhado.

As iurtás são construídas com pranchas e barrotes, com um tecto de varas fininhas cobertas de erva seca. No interior, ao longo das paredes, sucedem-se as tarimbas, por cima das quais estão prateleiras cheias de diversos utensílios; além das peles, por vezes, há potes de gordura, redes, louça, etc.; também há cestos, capachos e até instrumentos de música. Habitualmente o dono da casa senta-se na tarimba, com o seu eterno cachimbo na boca e, se lhe perguntamos alguma coisa, responde devagar, laconicamente, mas sempre com delicadeza. No meio da iurtá, está a lareira com a lenha a arder. O fumo sai para o exterior através de uma abertura no telhado. Num grande caldeirão negro pendurado por cima do fogo, ferve uma sopa de peixe espumosa e cinzenta que nenhum europeu gostaria de provar nem por todo o ouro do mundo. À volta do caldeirão, estão sentados uns mostrengos. Com efeito, enquanto os homens ainus são imponentes e agradáveis, as mulheres e as mães são muito pouco atraentes. Alguns autores descrevem-lhes o aspecto, dizendo que é «horroroso» e até «repugnante». A tez é de um amarelo-escuro que parece pergaminho. Têm os olhos rasgados e os traços muito carregados; os cabelos, ásperos e lisos, caem-lhes em madeixas sobre a cara como o colmo de uma barraca velha. O vestuário é descuidado, informe; e, além disso, são excessivamente magras e têm uma expressão envelhecida. As mulheres casadas pintam os lábios de azul, o que lhes tira qualquer aparência humana. Quando observei o ar sério, quase grave, com que pegavam na concha para mexerem o caldeirão e retiravam a espuma cinzenta, julguei-me na presença de umas autênticas bruxas. No entanto, as miúdas e as raparigas mais jovens não causam uma impressão tão repulsiva[128].

Os ainus nunca se lavam e dormem vestidos.

Quase todos os que escreveram sobre eles falaram dos seus costumes de maneira muito favorável. De acordo com a opinião geral, trata-se de um povo afável, modesto, bondoso, optimista, sociável, educado, que respeita o bem dos outros, astuto na caça e, segundo o doutor Rollen, companheiro de La Pérouse, até distinto. O desinteresse, a sinceridade, a confiança na amizade e a generosidade são as suas qualidades dominantes. São francos e não suportam nenhum tipo de traições. Krusenstern ficou literalmente encantado com eles. Depois de ter enumerado as suas maravilhosas qualidades morais, conclui: «Qualidades tão raras, cujo mérito se deve à natureza e não à elevação moral dada por um educador, despertaram em mim a sensação de estar perante uma tribo superior a todas as outras que tinha conhecido até então[129].»

Por seu lado, Rudanovski escreve: «Não poderá haver população mais pacífica e mais modesta do que aquela que encontrámos na parte meridional de Sacalina.» Toda e qualquer espécie de violência desperta neles horror e desagrado. A. Polonski refere-se à triste história que conto a seguir, guardada nos arquivos graças aos seus cuidados, uma história muito antiga que aconteceu no século passado. O chefe de esquadrão cossaco Tchorni, preocupado em russificar os ainus das Curilhas, decidiu aplicar a alguns deles o castigo das chibatadas. Só com a vista dos preparativos do castigo, os ainus ficaram horrorizados, e quando ataram as mãos atrás das costas a duas mulheres para lhes darem com mais facilidade a punição, alguns refugiaram-se numa falésia inacessível (*sic*); outro, acompanhado de vinte mulheres e crianças, meteu-se numa piroga mar adentro… As mulheres que não tinham tido tempo de escapar foram chicoteadas e houve seis homens que foram levados pelos cossacos para as pirogas; para os impedirem de fugir, ataram-lhes as mãos atrás das costas tão selvaticamente que um deles morreu em consequência dessa agressão. Ficou com o corpo todo inchado e os braços pareciam ter sido escaldados. Então, quando o deitaram ao mar com uma pedra ao pescoço, Tchorni comentou, para edificação dos outros: «É assim que se faz, entre nós, os russos.»

Para concluir, queria ainda dizer algumas palavras acerca dos japoneses que desempenharam um papel tão importante na história de Sacalina-Sul. Sabe-se que o terço mais meridional da Ilha só pertence sem contestação à Rússia desde 1875. Antes, essa parte era considerada uma possessão japonesa. No seu *Manual Prático de Navegação e de Astronomia Marítima* (1854), um livro de que os marinheiros ainda se servem nos nossos dias, o príncipe E. Golítsin atribui mesmo ao Japão a totalidade da Ilha, incluindo os cabos Elizaveta e Maria. Mas havia muitos outros, nomeadamente Nevelskói, que punham em dúvida que a parte meridional de Sacalina pertencesse àquele país. E parece que os próprios japoneses também não tinham muitas certezas disso até ao dia em que, com o seu estranho comportamento, os russos os convenceram de que esse lado da Ilha fazia parte do seu império.

Os primeiros japoneses fizeram a sua aparição no Sul de Sacalina no princípio deste século e não antes. Em 1853, N. V. Boussé registou a conversa que tinha tido com velhos ainus que se recordavam do tempo em que eram independentes e diziam: «Sacalina é a terra dos ainus, não há terras japonesas em Sacalina.» Em 1806, ano das explorações de Khvostov, só havia nas margens do Aniva uma única aldeia japonesa, cujas construções novas de madeira provavam que a instalação era bem recente. Krusenstern ancorou na Baía do Aniva em Abril, na altura da migração do arenque; havia tanta quantidade de peixe, de baleias e de focas que o mar se agitava formando bolhas; os japoneses que não tinham redes nem outros iscos apanhavam o peixe com baldes. Mas deve dizer-se que então não havia ainda as ricas fábricas pesqueiras que depois se instalaram em grande escala. Segundo todas as probabilidades, os primeiros colonos japoneses eram criminosos em fuga ou então tinham vivido no estrangeiro e, por isso, foram expulsos da pátria.

No princípio deste século, e pela primeira vez, os nossos diplomatas demonstraram interesse por Sacalina. Rezanov, ministro plenipotenciário encarregado de concluir o nosso tratado de comércio com o Japão, tinha também por missão «adquirir a Ilha de Sacalina, que não depende nem da China nem do Japão». Portou-se com uma falta de tacto impressionante. «Tendo em consideração a intolerância dos japoneses em relação à religião cristã», proibiu a tripulação de se benzer e ordenou a confiscação de todos os ícones, cruzes, livros de orações sem excepção, e de «tudo o que simbolizasse o cristianismo e tivesse o sinal da cruz». A acreditar no que diz Krusenstern, quando receberam Rezanov em audiência, recusaram-lhe uma cadeira, proibiram-no de levar a espada e, «tendo em atenção a intolerância dos japoneses», teve de se apresentar descalço. Um embaixador! Um alto dignitário russo! Parece impossível falhar-se até este ponto nas boas maneiras.

Depois deste completo fiasco, Rezanov quis vingar-se dos japoneses. Ordenou a Khvostov, oficial da Marinha, que semeasse o terror entre eles em Sacalina. Contudo, as suas disposições não foram comunicadas segundo as vias normais, mas por portas travessas: essas determinações iam num envelope lacrado, com ordens explícitas de só o abrirem no local de destino[130].

Foi assim que Rezanov e Khvostov acabaram por ser os primeiros a reconhecerem a parte sul de Sacalina como uma possessão nipónica. Contudo, os japoneses não fizeram nada para irem ocupar o seu novo território e contentaram-se em mandar para lá, em missão de reconhecimento, o geómetra Mamia Rinzo. Em todo este assunto, os nipónicos, que são pessoas habilidosas, empreendedoras e astutas, conduziram-se com uma indecisão e uma moleza que só se podem explicar por não terem a certeza — tal como os russos — de estar a defender os seus direitos.

É provável que, depois de terem posto o pé na Ilha, o Japão tivesse a ideia de fundar uma colónia, talvez mesmo uma colónia agrícola, mas as suas tentativas neste sentido, se tivessem chegado a existir, só trariam decepções, porque, de acordo com o engenheiro Lopátin, os trabalhadores japoneses suportam o Inverno com dificuldade, ou nem o conseguem suportar. Apenas pescadores e caçadores foram então para Sacalina, raramente acompanhados das mulheres, instalando-se sobretudo em tendas de campanha. Só um pequeno número aí permanecia no Inverno (umas dezenas de pessoas); os outros metiam-se nos juncos e regressavam a casa. Não semeavam nada, não tinham hortas, não tinham gado bovino nem caprino, e traziam do Japão todos os víveres indispensáveis. A única coisa que os atraía em Sacalina era o peixe: dava-lhes bom lucro porque a pesca era abundante e a mão-de-obra ainu, que assegurava a maior parte do trabalho, não lhes custava quase nada. O provento da indústria pesqueira era inicialmente de cinquenta rublos, mas depois chegou a atingir os trezentos mil rublos por ano; por isso, não é de espantar que os proprietários japoneses chegassem a usar sete quimonos de seda, uns em cima dos outros. Nos primeiros tempos, só tiveram feitorias no litoral do Aniva e em Maúka, e o seu ponto mais importante estava situado no desfiladeiro de Kussun-Kotan, onde vive actualmente o cônsul do Japão[131]. Mais tarde abriram uma estrada entre o Aniva e o vale do Takoê, onde estavam os seus armazéns (perto da actual colónia Galkino-Vrasskoie). A passagem ficou aberta até aos nossos dias e chama-se Caminho dos Japoneses. Estes chegaram mesmo a Taraika, pescaram o peixe que subia o Poronai e fundaram a aldeia de Siska. Os seus navios foram até ao Golfo de Niysk: a embarcação tão lindamente engalanada que Poliakov avistou em Tro em 1881 era japonesa.

Sacalina só interessava aos japoneses do ponto de vista exclusivamente económico, tal como a Ilha das Focas (*Tiuliéni*) interessava aos americanos. Mas, quando os russos fundaram o Posto de Muraviovsk, a actividade dos japoneses sofreu uma reviravolta política. Compreendendo que se arriscavam a perder uma boa fonte de receitas e a mão--de-obra gratuita, começaram a observar atentamente os russos e esforçaram-se desde então por consolidar a sua influência para equilibrarem a dos seus antagonistas. Mas, mais uma vez, talvez por estarem pouco convictos dos seus direitos, a sua luta foi tão pouco enérgica, que chegou a parecer ridícula, pois comportaram-se como crianças. Limitaram-se a espalhar calúnias sobre os russos junto dos ainus e a vangloriar-se que estrangulariam até ao último dos seus inimigos, afirmando que, onde quer que os russos estabelecessem um posto, um piquete japonês entraria imediatamente em acção. Mas, do outro lado do rio, e apesar desta grande vontade de inspirar terror, os japoneses continuavam pacíficos e afáveis: enviavam esturjões aos soldados russos e, quando estes lhes pediam redes, emprestavam-lhas de boa vontade.

Nos termos de um tratado concluído em 1867, Sacalina tornou-se propriedade conjunta dos dois estados: russos e japoneses reconheciam-se mutuamente com direitos iguais sobre a Ilha. Por isso, nem uns nem outros a consideravam verdadeiramente sua[132]. Pelo tratado de 1875, Sacalina tornou-se definitivamente parte constituinte do Império Russo e, em contrapartida, o Japão ficou com a totalidade das nossas Ilhas Curilhas[133].

Ao lado do barranco em que fica o Posto de Korsakovsk, há um outro, que mantém o nome original, do tempo em que aí havia a aldeia japonesa de Kussun-Kotan. Nem uma única das construções dessa época sobreviveu; há apenas, diga-se, de passagem, uma mercearia pertencente a uma família japonesa, que também vende artigos de bazar — comprei lá pêras duras do Japão —, mas foi montada posteriormente. No lugar mais saliente, ergue-se uma casa branca no cimo da qual flutua às vezes uma bandeira com um círculo vermelho sobre fundo branco. É o consulado do Japão.

Numa manhã em que soprava o vento do noroeste e em que estava tanto frio na minha casa que até me tinha embrulhado num cobertor, o senhor Kuzê, cônsul do Japão, e o senhor Suzi-Yama, seu secretário, vieram visitar-me. A minha primeira preocupação foi pedir-lhes desculpa pelo frio que estava na sala.

— Oh, nem por isso! Até se está muito bem aqui... — responderam os meus visitantes.

O rosto deles e o tom de voz tentavam demonstrar-me que a sala estava mais do que bem, que até estava quente, e que a minha casa era, a todos os níveis, o paraíso na terra. Eram ambos uns japoneses de gema, de estatura média, de rosto mongólico. O cônsul tinha cerca de quarenta anos, era imberbe, mal se lhe via o bigode, e era atarracado; o secretário era aí uns dez anos mais novo, usava óculos fumados e apresentava todos os sintomas da tísica (mais uma vítima do clima de Sacalina). Havia ainda outro secretário, o senhor Suzuki. Era de estatura inferior à média, com um grande bigode de pontas caídas, à moda chinesa, tinha os olhos rasgados e arqueados; do ponto de vista japonês, era irresistível. Um dia, ao falar de um ministro do seu país, o senhor Kuzê, exprimiu-se nestes termos: «É tão bonito como o senhor Suzuki.» Na rua, trajavam à europeia e falavam muito bem russo; mais de uma vez, os encontrei no consulado com um livro russo ou francês nas mãos, entre os muitos que abundavam na biblioteca. Tinham recebido uma educação europeia e eram requintadamente elegantes, delicados e cordiais. Para os funcionários de Sacalina, o consulado era um canto simpático e acolhedor onde podiam esquecer a prisão, a colónia penal, a canseira do trabalho, e repousar.

O cônsul servia de intermediário entre os japoneses das feitorias pesqueiras e a administração local. Nos dias de festa, acompanhado pelos seus dois secretários e em uniforme de gala, o senhor Kuzê saía do desfiladeiro de Kussun-Kotan e dirigia-se ao Posto para apresentar cumprimentos ao chefe do distrito. Por sua vez, o senhor Béli pagava-lhe na mesma moeda e, no primeiro de Dezembro, acompanhado pelos seus ajudantes, ia a Kussun-Kotan desejar felicidades ao cônsul: era o dia do aniversário do imperador do Japão e, por esse motivo, abriam uma garrafa de champanhe. Quando o cônsul ia a bordo de um navio de guerra, tinha direito a ser homenageado com sete salvas. Por coincidência, eu estava lá quando chegaram as cruzes de terceira classe de Santa Ana e de São Estanislau concedidas ao senhor Kuzê e ao senhor Suzuki. O senhor Béli, o comandante C. e o senhor F., secretário do Comando da Polícia, que acompanhei, foram de uniforme de gala e em grande pompa a Kussun-Kotan proceder à entrega das condecorações. Os japoneses ficaram muito comovidos, tanto pelas cruzes como pela solenidade, de que são grandes apreciadores, e serviram champanhe. O senhor Suzuki não dissimulava o seu contentamento e observava a condecoração de todos os lados com os olhos a brilhar, como uma criança faria com um brinquedo. No seu «belo e másculo rosto», eu conseguia ler uma luta interior: ardia em desejo de correr para casa para a mostrar à sua jovem esposa (tinha casado recentemente), mas, ao mesmo tempo, a delicadeza impunha-lhe que ficasse com os seus convidados[134].

Agora que terminei as questões do povoamento de Sacalina, vou passar a aspectos particulares, importantes ou não, que fazem parte da vida da colónia.

XV

Os prisioneiros proprietários — Passagem à situação de exilado — Escolha de novos lugares de povoamento — Como se faz uma casa — Os rendeiros — Passagem à situação de camponês — Transferência dos camponeses exilados para o continente — A vida nas aldeias — Proximidade da prisão — Composição da população em função do lugar de nascimento e da sua situação — As autoridades rurais

Se, além da sua finalidade directa — vingança, repressão, regeneração —, o legislador define outros objectivos, tais como os de organizar uma colónia, tem necessariamente de adaptar-se às necessidades dessa intenção e fazer muitas concessões. Prisão e colonização são situações antagónicas, porque os seus interesses são completamente opostos. A vida em dormitórios celulares escraviza o detido e, com o decorrer do tempo, arrasta-o para a degenerescência; por influência da vida gregária, os seus instintos sedentários de bom chefe de família e de pai vão-se esfumando. Perde a saúde, envelhece, a força moral enfraquece e, quanto mais tempo estiver na prisão, mais razões temos para recear que ele se venha a tornar um peso morto e não um membro activo e útil de uma colónia. Por isso, a prática da colonização exigiu, antes de tudo, a redução das penas de reclusão e de trabalhos forçados e o nosso *Regulamento de Deportação* fez grandes concessões nesse sentido. Assim, para os presos em vias de regeneração, dez meses contam por um ano; e, se os presos de segundo e de terceiro grau (isto é, condenados a penas de quatro a doze anos) forem trabalhar para as minas, dois meses contam por três[135]. A partir do momento em que é considerado «em via de regeneração», a lei autoriza o condenado a residir fora da prisão, a construir casa, a casar e a dispor de dinheiro. Mas, neste aspecto, a realidade vai bem mais longe do que o *Regulamento*. Para facilitar a passagem da condição de prisioneiro para uma situação mais independente, o governador-geral da Região do Amur autorizou, em 1888, a libertação dos detidos que eram trabalhadores e com bom comportamento antes de estes acabarem de cumprir a pena. Ao proclamar esta decisão na sua nota de serviço n.º 302, o general Kononovitch prometeu-lhes uma libertação antecipada de dois ou três anos. Além disso, independentemente de qualquer artigo do código e de todas as prescrições, e apenas por necessidade, porque era útil à colónia, todas as mulheres, sem excepção, muitos detidos ainda no «período probatório» e até condenados a prisão perpétua vivem fora da cadeia, na sua própria casa ou em quartos alugados, desde que tenham filhos ou sejam bons especialistas, por exemplo, agrimensores ou *kaiúri*, e assim sucessivamente. Muitos são os que têm sido autorizados a viver fora da prisão simplesmente por «humanidade», ou porque se diz que se Fulano mora num alojamento livre, isso não prejudica ninguém, ou ainda se Beltrano, condenado a prisão perpétua, também foi autorizado pela simples razão de ter vindo com mulher e filhos, seria injusto não conceder essa regalia a Sicrano, que só apanhou uma pena relativamente leve.

Nos três distritos de Sacalina, em 1 de Janeiro de 1890, havia cinco mil e novecentos e cinco detidos dos dois sexos, com a seguinte distribuição:

2124 condenados a menos de oito anos	36%
1567 condenados de oito a doze anos	26,5%
747 condenados de doze a quinze anos	12,7%
731 condenados de quinze a vinte anos	12,3%
386 condenados a prisão perpétua	6,5%
175 reincidentes condenados de vinte a cinquenta anos	3%

Os condenados a penas mais leves — menos de doze anos — perfazem 62,5%, ou seja, um pouco mais de metade do total. Não conheço a média de idades dos detidos recentemente condenados; no entanto, a julgar pela sua composição actual a população da colónia penal, não deve ser inferior a trinta e cinco anos. Se acrescentarmos que a duração média dos trabalhos forçados é de oito a dez anos e, se tivermos em conta que se envelhece muito mais depressa aqui do que em condições normais, é evidente que, se se respeitassem as condenações à letra, em conformidade com o *Regulamento*, o que implicaria a obrigação de manter os detidos na prisão (assim como o trabalho sob vigilância de uma escolta militar, com tudo o que daí decorre), os condenados a penas pesadas e uma boa parte dos condenados a penas leves, quando fosse a sua vez de participarem na vida da colónia, teriam perdido toda a sua capacidade colonizadora.

Encontrei quatrocentos e vinte e quatro condenados de ambos os sexos instalados como proprietários em concessões; fiz o registo de novecentos e oito exilados que residiam nas colónias com o estatuto de cônjuges, concubinos, operários, inquilinos, etc. O número total dos que habitam fora da prisão, na sua própria casa ou em quartos alugados, era de mil trezentos e trinta e dois, ou seja, 23%[136]. Quando se tornam proprietários, os prisioneiros quase não se distinguem dos colonos. Os condenados que trabalham nas concessões fazem o mesmo que os nossos operários agrícolas. O facto de um fazendeiro, que também é, ele próprio, um proscrito, dar emprego a um detido constitui neste momento o único aspecto da colónia bem trabalhado pela experiência russa e é incontestavelmente mais simpático do que o trabalho dos jornaleiros agrícolas da Austrália. Os condenados que vivem em quartos alugados só aqui passam a noite; têm de se apresentar no Posto e no trabalho tão pontualmente como os seus companheiros que dormem na prisão. Os artesãos, tais como os sapateiros e os marceneiros, executam muitas vezes o trabalho no seu domicílio[137].

O facto de haver um quarto dos presos que reside fora da cadeia não dá origem a desordens gritantes, e eu até estaria inclinado a dizer que, se a ordem é tão difícil de estabelecer na colónia penal, é precisamente porque os outros três quartos vivem na prisão. Não podemos falar das vantagens das casas privadas em relação aos dormitórios celulares senão em termos de hipótese, porque não dispomos ainda de observações rigorosas sobre estas situações. Ninguém, até hoje, demonstrou que, entre os condenados em liberdade, a proporção de crimes e de fugas seja menor do que a dos que vivem na prisão e que o trabalho dos primeiros seja mais produtivo do que o dos segundos, mas é provável que as estatísticas que terão, mais tarde ou mais cedo, de tratar deste problema concluam a favor das isbás. A única coisa que, de momento, parece incontestável é que a colónia ganharia certamente se cada preso, sem distinção da duração da pena, fosse obrigado, logo que chegasse a Sacalina, a construir uma casa para a família e iniciasse a actividade de colono o mais cedo possível, desde que fosse relativamente novo e tivesse bom comportamento. Além disso, a justiça ficaria a ganhar com

estas medidas, porque, ao participar desde o primeiro dia na vida da colónia, o condenado teria de fazer face a imensas dificuldades antes de
passar à condição de colono, e não depois.

Mal acaba de cumprir a pena, o prisioneiro fica liberto dos trabalhos
forçados e passa à situação de colono exilado. O processo não costuma
ser demorado. Se tiver dinheiro e gozar da protecção das autoridades,
fica em Aleksandrovsk ou numa colónia à sua escolha, e compra ou
manda construir uma casa, no caso de ainda não o ter feito durante o
tempo em que estava a cumprir a pena. Para pessoas nestas condições,
nem a agricultura nem qualquer outro trabalho são obrigatórios. Mas,
se o condenado pertencer à massa obscura da maioria, instala-se habitualmente na concessão que lhe impuserem as autoridades; e, se a aldeia estiver sobrepovoada e não houver terras aráveis, atribuem-lhe
uma quinta já existente, de que se torna co-proprietário ou rendeiro, ou
despacham-no para outro lugar[138].

A escolha de novos pontos de povoamento que exigem experiência e
certos conhecimentos específicos está confiada à administração local,
isto é, aos chefes de distrito, aos inspectores das prisões e aos inspectores das colónias. Não há leis nem instruções concretas sobre o assunto e tudo depende de contingências como a composição dos quadros superiores. Temos situações em que estes exercem as suas funções há
muito tempo e conhecem a população de deportados e os sítios a povoar, como sucede com o senhor Butakov no Norte e com os senhores
Béli e Iartsev no Sul. Outras vezes trata-se de pessoal empossado recentemente, formado por gente de letras, juristas, ou alferes de infantaria, no melhor dos casos; no pior, temos pessoas sem a mínima instrução, sem experiência e que são, muitas vezes, jovens citadinos sem
saberem nada da vida. Já falei daquele funcionário que se recusou a
acreditar nos indígenas e nos deportados que o advertiram de que, na
Primavera e durante as chuvas torrenciais, o sítio de implantação que
ele tinha escolhido ficaria inundado. Vi um funcionário ir inspeccionar
um novo lugar situado a quinze ou vinte *verstás*, na companhia do seu
séquito, e regressar no próprio dia: duas ou três horas tinham-lhe bas-
tado para examinar o lugar e aprovar a escolha. E dizia que tinha sido
um belíssimo passeio.

Os funcionários mais velhos e mais experientes só muito raramente vão fazer a prospecção dos lugares e vão de má vontade, porque têm
sempre outras coisas para fazer; os jovens são inexperientes e indife-
rentes aos problemas. A administração é lenta, as questões não avan-

çam, o que leva à sobrepopulação das colónias existentes. Assim, mesmo contra vontade, tem de se recorrer à ajuda de reclusos ou de guardas militares, os quais, segundo me disseram, conseguem às vezes fazer escolhas acertadas. Na sua nota de serviço n.º 280 de 1888, o general Kononovitch, por já não haver lugar, nem no distrito do Tym, nem do de Aleksandrovsk, para a criação de novas concessões, embora a necessidade crescesse a olhos vistos, propôs que «se organizassem, com a máxima prioridade, equipas de reclusos dignos de confiança que soubessem ler e escrever, mas sob a vigilância dos guardas mais expeditos, mais experientes na matéria — ou mesmo de funcionários — e que as mandassem à procura de novos lugares de povoamento». Estas equipas vagueiam por lugares totalmente inexplorados e onde, por vezes, nem sequer os topógrafos puseram os pés. Encontram lugares com facilidade, mas não sabem avaliar a altitude, não conhecem a natureza do solo nem a da água, e assim sucessivamente; a administração só pode decidir a esmo se esses lugares são adequados ao povoamento e à agricultura. Por isso, a adopção definitiva de tal ou de tal lugar faz-se ao acaso, às cegas, e sem se ter consultado um médico ou um topógrafo, de que Sacalina, aliás, está francamente necessitada. Quanto ao agrimensor, só irá chegar quando a terra já estiver limpa e habitada[139]...

Dando-me conta das suas impressões após ter dado uma volta pelas aldeias, o governador-geral fez o seguinte comentário: «O trabalho forçado não começa na penitenciária, mas na colónia.» Se o peso do castigo se mede pela quantidade de trabalho fornecido e pelas privações físicas suportadas, os colonos de Sacalina foram muitas vezes punidos com mais severidade do que os condenados a trabalhos forçados. Normalmente, o colono chega aos sítios do seu futuro *habitat* — quase sempre pantanoso e cheio de árvores — apenas com um machado, uma serra e uma pá. Abate as árvores, arranca as cepas, abre canais para drenar o terreno e, enquanto duram estes trabalhos preliminares, dorme ao relento no chão húmido. É sobretudo nestas actividades que se sente o rigor do clima de Sacalina, com o seu tempo cinzento, as suas chuvas quase diárias e as suas baixas temperaturas, onde, durante semanas a fio, se fica prisioneiro de uma humidade que penetra até aos ossos e se treme permanentemente de frio. É uma autêntica *febris sachalinensis*, com dores de cabeça, com dores musculares generalizadas, provocadas não por uma infecção mas pelo clima. Constrói-se primeiro a colónia e só depois a estrada de acesso — e não o inverso — e assim se sacrifica, de maneira totalmente improdutiva, uma quantidade colossal de forças e de saúde a transportar fardos do Posto, ao qual por vezes não se tem acesso nem por um carreiro; o colono, carregado de ferramentas, de provisões, etc., tem de atravessar uma taiga densa, ora com água pelo meio da perna, ora escalando pilhas de troncos, ora ficando enredado nos duros arbustos de rododendro.

O parágrafo 307 do *Regulamento de Deportação* estipula que as pessoas que forem morar para fora do presídio têm direito a receber madeira destinada à construção das casas. Aqui o parágrafo é interpretado no sentido de ser o próprio colono a abater as árvores e a serrá-las. Antes era ajudado por reclusos e davam-lhe dinheiro para poder contratar os serviços dos carpinteiros e comprar materiais, mas esta medida foi abandonada. Como me explicou um funcionário, isso só servia para alimentar madraços que jogavam ao cara ou coroa enquanto os reclusos trabalhavam. Agora, os colonos unem esforços e ajudam-se uns aos outros: o carpinteiro faz os toros; o ladrilhador instala a estufa; os serradores cortam as tábuas. Quem não sabe, ou quem não tem forças para fazer estes trabalhos, contrata, se tem algum pecúlio, os serviços dos companheiros. Os fortes, os rijos, fazem os trabalhos mais duros, e os mais débeis e os que perderam na prisão o hábito do trabalho do campo, quando não estão entretidos a jogar ao cara ou coroa, ou às cartas, ou a abrigar-se do frio, entregam-se a actividades mais leves. Há muitos que sucumbem ao esforço, que perdem a coragem e abandonam as casas antes de as terem acabado. Os chineses e os caucasianos, que não sabem construir isbás à maneira russa, vão-se embora normalmente no primeiro ano. Cerca de metade dos concessionários não tem casa, o que se explica antes de mais, parece-me, pelas dificuldades com que o colono se defronta no começo da sua instalação. Os colonos sem casa situavam-se, em 1889, segundo os dados fornecidos pelo inspector da agricultura, em 50% no distrito do Tym, e em 42% no de Korsakovsk; no distrito de Aleksandrovsk, onde as dificuldades são menores e onde os colonos compram casas já feitas, a percentagem é apenas de 20%. Quando a estrutura em madeira já está completamente montada, o proprietário recebe, a título de empréstimo, os vidros e as ferragens. Sobre este empréstimo, o comandante da Ilha comenta numa das suas notas de serviço: «É com muita pena que verificamos que este empréstimo, bem como muitas outras coisas, demora tanto tempo a chegar que paralisa a vontade das pessoas que querem arranjar um tecto... No último Outono, ao fazer a inspecção do distrito de Korsakovsk, vi casas à espera de vidros, de pregos, de fechos da estufa; passei por lá há pouco tempo e vi que estão exactamente no mesmo estado» (nota de serviço n.º 318, 1889)[140].

Não se considera necessário examinar os novos lugares, mesmo quando se trata de proceder ao seu povoamento. Mandam para lá de cinquenta a cem proprietários; depois, todos os anos lhes acrescentam mais umas dezenas, sem saberem quantas pessoas dispõem de terrenos utilizáveis. É por essa razão que as colónias, pouco tempo depois da sua criação, ficam à cunha, sobrepovoadas. Apenas o distrito de Korsakovsk escapa a esta regra; os postos e as colónias dos outros dois regurgitam de gente e estão a rebentar pelas costuras. Até um homem tão diligente como A. M. Butakov, chefe do distrito do Tym, distribui as concessões à toa, sem reflectir no futuro, visto que não há território onde os co-proprietários ou os proprietários supranumerários sejam tantos como no seu. É de crer que nem a própria administração acredita na colonização agrícola e que se habituou pouco a pouco à ideia de que o deportado só precisa da terra por um período de tempo muito reduzido (apenas seis anos), porque, a partir do momento em que pode beneficiar do estatuto de camponês, julga-se no dever de deixar a Ilha e, nessas condições, o problema das concessões fica reduzido a uma mera formalidade.

Dos três mil quinhentos e vinte e dois proprietários que recenseei, seiscentos e trinta e oito (18%) são co-proprietários; se excluirmos o distrito de Korsakovsk, onde não se pratica a co-propriedade, esta percentagem eleva-se consideravelmente. No do Tym, quanto maior for a colónia, maior é o número de rendeiros; em Voskressenskoie, por exemplo, para noventa e sete proprietários, há setenta e sete rendeiros. Isto significa que se torna cada vez mais difícil descobrir novos lugares de povoamento e atribuir novas concessões[141].

A organização de uma quinta e a sua correcta manutenção são da estrita obrigação do colono. A preguiça, a negligência ou a recusa de obedecer a este imperativo acarretam o regresso aos trabalhos públicos, isto é, forçados, durante um ano, e ao realojamento na prisão. O artigo 402 do *Regulamento* autoriza o governador-geral da Região do Amur a «satisfazer, a expensas do Tesouro, as necessidades dos colonos de Sacalina que não tenham meios de subsistência próprios, desde que tal seja reconhecido pelas autoridades locais». Actualmente, a maior parte dos colonos recebe, durante os dois primeiros anos após a saída em liberdade, e raramente no terceiro, a mesma atribuição em vestuário e em alimentos que os reclusos comuns. As considerações que levam a administração a conceder-lhes esta ajuda são de ordem humanitária e prática. Efectivamente, seria difícil admitir que um colono pudesse ao mesmo tempo construir a casa, desbravar a terra e ganhar o pão de cada dia. Contudo, os relatórios referem muitas vezes que tal ou tal colono foi retirado da sua concessão por negligência, por preguiça ou «por não ter começado a construir a casa» e assim sucessivamente[142].

Ao fim de dez anos de residência na condição de colono, o deportado passa ao estatuto de camponês, situação nova que lhe dá importantes regalias. O camponês proscrito pode: deixar Sacalina e instalar-se onde quiser na Sibéria (com excepção das regiões de Semirétchie, de Akmolinsk e de Semipalátinsk); aderir a comunidades de camponeses se o aceitarem; residir na cidade para exercer a sua profissão ou criar uma indústria; se for levado a tribunal e incorrer numa pena, é condenado segundo o direito comum e não segundo o *Regulamento de Deportação*; enviar e receber correspondência normalmente, isto é, sem passar pela censura prévia que se aplica aos presos sujeitos a trabalhos forçados e aos colonos. Contudo, no seu novo estatuto, permanece em vigor um elemento fundamental: o exílio. É-lhe interdito o direito de regressar à terra natal[143].

O *Regulamento* não subordina a outorga dos direitos de camponês a nenhuma condição específica. Além dos casos previstos pela nota relativa ao artigo 375, impõe-se apenas que o colono tenha vivido dez anos em Sacalina e que tenha sido proprietário, rendeiro ou operário. O senhor Kamorski, inspector das prisões da Região do Amur, confirmou-me, durante uma conversa que tivemos sobre este assunto, que a administração não tem qualquer direito a manter um colono mais de dez anos na condição de deportado ou a levantar qualquer tipo de impedimento à outorga dos direitos de camponês.

E, no entanto, encontrei uns velhotes que permaneceram nessa condição mais de dez anos sem terem obtido o novo estatuto. Acontece, porém, que não tive tempo de controlar as suas declarações com o registo criminal na mão, e não posso avaliar a sua boa fundamentação. Também pode ser que estes velhos se tenham enganado a fazer as contas ou me tenham mentido; mas, por outro lado, o «deixar andar» dos escribas e a inexperiência dos funcionários subalternos são de tal ordem que se pode esperar toda a espécie de fantasias vindas das secretarias de Sacalina. Para os degredados «cujo comportamento não deixou estritamente nada a desejar, que se dedicaram a tarefas úteis e se tornaram sedentários», o período de dez anos pode ser reduzido a seis. O comandante da Ilha e os chefes de distrito fazem uso frequente do artigo 377, que lhes permite conceder esse privilégio; pelo menos, quase todos os camponeses que conheci puderam beneficiar do novo estatuto ao fim de seis anos. Infelizmente, as «tarefas úteis» e a «sedentariedade», que, segundo o *Regulamento*, condicionam a obtenção deste privilégio, têm, em cada um dos três distritos, significações diferentes. No do Tym, por exemplo, um colono nunca terá o estatuto de camponês enquanto tiver dívidas ao Tesouro e enquanto a sua casa não estiver toda revestida de madeira. Em Aleksandrovsk, como os colonos não se dedicam à agricultura, não têm necessidade de ferramentas nem de sementes; por isso, endividam-se menos e é-lhes mais fácil a aquisição desses direitos. Impõem aos colonos a criação e a organização de uma quinta, mas há alguns que, por natureza, são incapazes de o fazer e sentem-se muito melhor a trabalhar como operários, por conta de outros.

Quando perguntei se a redução a seis anos e, de uma maneira geral, a obtenção do estatuto de camponês eram acessíveis a um colono que não possui uma quinta, porque está empregado como cozinheiro em casa de um funcionário ou como operário num sapataria, em Korsakovsk responderam-me afirmativamente, mas nos dois distritos do Norte a resposta foi evasiva. Nestas condições, é impossível falar de qualquer norma e, se um novo chefe de distrito viesse exigir que os colonos cobrissem o telhado com chapa de zinco ou que soubessem cantar no coro da igreja, seria difícil provar-lhe que se tratava de uma medida arbitrária.

Quando estava em Siantsy, o inspector das colónias convidou vinte e cinco colonos a irem a casa do vigilante onde lhes comunicou que, por ordem do comandante da Ilha, tinham sido promovidos a camponeses. Esta ordem, assinada pelo general em 27 de Janeiro, foi comunicada aos colonos em 26 de Setembro. Os vinte e cinco homens acolheram a boa nova em silêncio; nem um só se benzeu, nenhum agradeceu, e ficaram todos ali, com um ar sério e como que entristecidos pelo pensamento de que tudo, neste mundo, até mesmo o sofrimento, tem um fim. Quando o senhor Iartsev e eu próprio lhes perguntámos quem contava ficar em Sacalina e quem queria partir, ninguém manifestou o desejo de ficar. Todos disseram que se sentiam atraídos pelo continente e que se iriam embora de boa vontade já de seguida. Mas, como não tinham meios de satisfazer esse desejo, teriam de reflectir no assunto. E as conversas continuaram à volta da ideia de que não basta ter com que pagar a viagem, porque o continente gosta de dinheiro: tinham de ser aceites pela comunidade de camponeses, obsequiá-la, comprar um pedaço de terra, construir uma casa, e mais isto e mais aquilo… Em resumo, isso daria aí uma conta de uns mil e quinhentos rublos. Mas onde é que os iam arranjar?

Em Rikovskoie, apesar das suas proporções relativamente vastas, só encontrei trinta e nove camponeses, e nenhum deles tinha intenções de aí criar raízes; todos queriam voltar para o continente. Um deles, chamado Bespálov, que construiu uma casa enorme com primeiro andar e varanda, semelhante a uma residência de férias, intriga toda a gente, porque ninguém vê para que é que ele precisa de uma casa assim. Que um homem rico, com filhos já crescidos, se venha fixar em Rikovskoie, quando poderia ir morar algures junto do Zéia, parece um estranho capricho, um acto de doidivanas. Em Dubki, um camponês jogador de cartas, a quem perguntei se iria para o continente, respondeu-me olhando desdenhosamente para o tecto: «Vou tentar fazer a coisa a meias[144].»

O que faz com que os camponeses fujam de Sacalina é o sentimento da sua insegurança material, o tédio, a preocupação contínua com a sorte dos filhos... Mas o móbil essencial é um desejo apaixonado de respirar, nem que seja às portas da morte, o ar da liberdade e de viver uma vida verdadeira, uma vida não penitenciária. E o Ússuri e o Amur, de que toda a gente fala como da terra prometida, estão tão próximos! Três ou quatro dias e aí está a liberdade, o calor, as colheitas...

Os que já para lá foram escrevem aos amigos e conhecidos de Sacalina que estão a ter ajudas e que uma garrafa de *vodka* só custa cinquenta copeques. Um dia em que passeava no cais de Aleksandrovsk, entrei no hangar dos barcos e vi um velho sexagenário e a esposa, que, cheios de sacos e de pacotes, tinham todo o ar de quem estava de partida. Meti conversa com eles. O velho acabava de receber o estatuto de camponês e ia-se embora com a mulher para Vladivostok e depois «para onde Deus quiser». Diziam que não tinham dinheiro. O barco só ia sair daí a vinte e quatro horas, mas eles já tinham levado todos os tarecos até ao embarcadouro e tinham-se refugiado naquele barracão à espera da partida, como se tivessem receio de que não os deixassem ir embora. Falavam do continente com amor, com veneração e com a convicção de que era lá que estavam a verdadeira vida e a felicidade.

Vi, no cemitério de Aleksandrovsk, uma cruz negra ornada com a imagem da Virgem que tinha a seguinte inscrição: «Aqui jaz a Menina Afímia Kurnikova, falecida a 21 de Maio de 1888, com a idade de dezoito anos. Esta Cruz foi erigida em sinal de saudade na partida dos seus pais para o continente, no Junho (*sic*) de 1889.»

Os camponeses cujo comportamento deixa a desejar ou com dívidas ao Tesouro não estão autorizados a sair da Ilha. Se um deles viver maritalmente com uma deportada que lhe deu filhos, só lhe dão um bilhete no caso de ele ter bens que lhe permitam garantir a subsistência futura da sua concubina e dos filhos que teve dela (artigo n.º 92, 1889). No continente, o camponês regista-se no distrito que escolheu; o governador da jurisdição desse distrito informa o comandante da Ilha e, na ordem do dia, este propõe à Direcção da Polícia que risque das suas listas o camponês Fulano e os respectivos membros da família; oficialmente, há um «desgraçado» a menos. O barão A. N. Korff disse-me que, quando o camponês libertado se porta mal, é devolvido a Sacalina por uma medida administrativa e que, dessa vez, é para sempre.

Parece que, uma vez no continente, os habitantes de Sacalina não têm razão de queixa da vida. Li as suas cartas, mas nunca tive oportunidade de os visitar no seu novo ambiente. Ah! Estou a mentir... Vi uma vez um, mas foi na cidade. Um dia, em Vladivostok, ia eu a sair de uma loja em companhia do padre Irakli, padre oficiante e missionário em Sacalina, quando um homem de avental branco e botas altas bem engraxadas, porteiro ou artesão, manifestou uma alegria enorme ao ver o sacerdote e lhe pediu para o abençoar. Era uma das suas ovelhas, um camponês deportado. O padre Irakli reconheceu-o e tratou-o mesmo pelo nome próprio e pelo apelido. «Como é que está correr a vida?», perguntou-lhe. «Muito bem, graças a Deus», respondeu-lhe o outro alegremente.

Enquanto esperam pelo momento de embarcar, os camponeses continuam a viver nos postos ou nas aldeias e continuam a explorar as quintas, mas em condições tão adversas como as dos colonos e as dos reclusos. Como no passado, todos eles dependem da autoridade penitenciária e, se vivem no Sul, têm de tirar o boné a cinquenta passos de distância. São mais bem tratados, escapam aos castigos corporais, mas nunca são considerados camponeses no verdadeiro sentido do termo, porque são sempre vistos como reclusos. Moram ao pé da prisão, vêem-na todos os dias e a coexistência de uma prisão de trabalhos forçados com a vida pacífica de uma colónia agrícola é inconcebível. Alguns autores dizem ter visto pessoas que dançavam a ronda em Rikovskoie, e que ouviram sons de acordeão e canções alegres; eu não vi nem ouvi nada disso e nem consigo imaginar raparigas a fazer uma farândola perto de uma prisão. E mesmo se, para além do tinido das correntes e dos gritos dos guardas, me tivesse sido dado ouvir uma canção alegre, teria visto nisso um mau sinal, porque é preciso uma pessoa não ter um pingo de caridade para se pôr a cantar ao pé de uma prisão. O regime penitenciário oprime os camponeses, os reclusos, as mulheres de condição livre e os seus filhos; comparável ao estado de guerra, com a sua excepcional severidade e o inevitável controlo das autoridades, mantém toda a gente num estado de tensão e de medo permanentes. A administração penitenciária tira-lhes, em benefício da prisão, as pastagens, os melhores lugares de pesca, os melhores cortes de madeira; os evadidos, os usurários das prisões e os ladrões roubam-nos à porfia; a visão do carrasco que deambula pela rua aterroriza-os; os beleguins pervertem-lhes as mulheres e as filhas e, sobretudo, a cada segundo, a prisão lembra-lhes o passado, o que são e onde estão.

Os camponeses de Sacalina ainda não constituem uma comunidade. Nenhuma das crianças nascidas na Ilha, e que talvez a venha a encarar como a sua pátria, atingiu ainda a idade adulta e a maior parte dos habitantes não está lá há muito tempo. Muitos deles são recém-chegados; a população muda todos os anos; uns chegam, outros partem. Em muitas aldeias, tal como já disse, julgaríamos estar não perante uma comunidade rural, mas perante um aglomerado humano reunido ao acaso. Tratam-se por irmãos porque sofreram juntos, mas não têm muito em comum, e são uma espécie de estranhos uns para os outros. Professam religiões diferentes e não falam as mesmas línguas. Os velhos olham para esta misturada de gente com desprezo e perguntam, em tom de zombaria, que comunidade se pode constituir numa aldeia onde estão, lado a lado, russos, ucranianos, tártaros, polacos, judeus, lapões, quirquizes, georgianos e ciganos... Pela minha parte, já tive oportunidade de denunciar a irregularidade com que são distribuídas as pessoas que não são russas[145].

Existe uma disparidade de outro tipo que tem também uma influência desfavorável no desenvolvimento de cada uma das colónias: há muitos velhos, pessoas débeis, doentes físicos e mentais, criminosos inaptos para o trabalho, que não sabem fazer nada, e antigos cidadãos que nunca trabalharam na agricultura. Segundo os dados fornecidos pelos registos da administração, a 1 de Janeiro de 1890, havia, no conjunto da Ilha, noventa e um membros da nobreza e novecentas e vinte e quatro pessoas de diversas origens urbanas: respeitáveis cidadãos, comerciantes, gente da pequena burguesia e elementos estrangeiros que constituem 10% da população de Sacalina[146].

Cada colónia dispõe de um responsável eleito entre os proprietários; tem de ser colono ou camponês e confirmado pelo inspector das colónias. Regra geral, este cargo é atribuído a pessoas sérias, sensatas, instruídas; as suas funções não estão ainda bem definidas, mas eles esforçam-se por copiar o modelo do *stárosta* russo: decidem sobre assuntos correntes, de pouca importância, distribuem as carroças por turno, intercedem pela sua gente, etc. O responsável de Rikovskoie tem inclusivamente o seu próprio selo. Alguns recebem salário.

Cada aldeia conta igualmente com um inspector que aí tem residência permanente. Geralmente é um funcionário subalterno da hierarquia local, um homem pouco instruído que informa regularmente nos relatórios apresentados às autoridades que por lá passam que tudo corre às mil maravilhas. Vigia o comportamento dos colonos, e verifica se eles não se ausentam sem autorização e se se dedicam, como é seu dever, à agricultura. É a autoridade mais acessível da colónia, por vezes o seu único juiz, e os relatórios que envia aos seus superiores têm bastante peso na avaliação dos progressos de um colono relativamente à sua regeneração, instalação e estabilidade. Aqui está uma pequena amostra do relatório de um inspector:

Lista dos habitantes da colónia de Vérkhni-Armúdan com mau comportamento

	Apelido e Nome próprio	Motivos reais a assinalar
1	Izduguin, Anáni	Ladrão
2	Kisséliov, Piotr Vassilievitch	Também
3	Glibin, Ivan	Também
1	Galínski, Semion	Patrão negligente e insubordinado
2	Kazankin, Ivan	Também

XVI

Composição da população desterrada por sexo — A questão feminina — Mulheres na prisão e na colónia — Concubinos e concubinas — Mulheres de condição livre

Na colónia penal há cinquenta e três mulheres para cem homens[147]. Esta relação só é rigorosa no que respeita à população que vive em liberdade. Há também os homens que vão dormir ao cárcere e os soldados solteiros para quem as prisioneiras, ou qualquer outra mulher em contacto com os reclusos, constituem, de acordo com a expressão usada um dia por uma das autoridades locais, «esse objecto indispensável para a satisfação das exigências da natureza». Contudo, se para estabelecer o estado efectivo da população da colónia por sexo e por situação familiar, devemos ter em conta estas pessoas, devemos também fazer algumas reservas: enquanto vivem na prisão ou no quartel, só consideram a colónia em função das suas necessidades; as suas visitas a estas mulheres exercem uma influência externa e nefasta que reduz a percentagem de nascimentos e aumenta o número de doenças. Esta influência ocasional pode ser maior ou menor, variando, aliás, com a distância que separa a colónia da prisão ou do quartel; é uma situação que pode ser comparada às visitas que os homens que trabalham na construção da via-férrea fazem às aldeias russas vizinhas. Se contarmos todos os homens, no seu conjunto, incluindo os das prisões e os dos quartéis, o número de cinquenta e três fica reduzido a cerca de metade, e chegaríamos a uma percentagem de 25%.

Por muito que os números de cinquenta e três ou de vinte e cinco sejam insuficientes, para uma jovem colónia penal que se tem desenvolvido em condições tão adversas, há que reconhecer que esses números não são tão baixos como parecem. Na Sibéria, no total da população da colónia penal e a das colónias de deportados, as mulheres representam menos de 10%; além disso, se olharmos para a situação da deportação no estrangeiro, deparamo-nos com colonos, convertidos em respeitáveis fazendeiros, neste ponto tão pouco favorecidos, que acolheram com entusiasmo umas prostitutas recrutadas na metrópole, apesar de terem de pagar por cada uma cem libras de tabaco aos intermediários que lhas mandaram. A chamada questão feminina assume aspectos escandalosos em Sacalina, embora menos repugnantes do que nas colónias penais da Europa Ocidental nos seus começos. As criminosas e as prostitutas não são as únicas a virem para a Ilha. Graças à Direcção-Geral das Prisões e à Frota Voluntária, que conseguiram estabelecer uma ligação rápida e cómoda entre a Rússia europeia e Sacalina, os problemas das esposas e filhas que queriam acompanhar o marido ou o pai no degredo foram consideravelmente simplificados. Até há bem pouco tempo, só se encontrava uma mulher em trinta criminosos que seguia voluntariamente o marido; actualmente, a presença de mulheres de condição livre tornou-se habitual, e hoje seria difícil imaginar Rikovskoie ou Novo-Mikhailovka sem essas personagens trágicas, que, «vindas para aliviar a vida dos maridos, perderam a sua própria redenção». É provavelmente esse o único ponto em que Sacalina não ocupa o último lugar na história das colónias penais.

Comecemos pelas condenadas. Em 1 de Janeiro de 1890, elas constituíam 11,5% do número total de detidos dos três distritos[148]. Do ponto de vista da colonização, estas mulheres têm uma grande vantagem: vêm para a colónia ainda relativamente jovens; na maior parte dos casos, são mulheres de temperamento exaltado, condenadas por crimes de carácter passional ou familiar. «Estou aqui por causa do meu marido», «estou aqui por causa da minha sogra...» Muitas delas são vítimas do amor e do despotismo familiar. Mesmo as incendiárias ou as falsificadoras de moeda são, na realidade, castigadas por terem amado, já que foram arrastadas para o mundo do crime pelos amantes.

O factor amoroso desempenha um papel fundamental nas suas tristes vidas, tanto antes como depois do processo. No barco que as leva para a colónia penal, começa a circular o boato que, uma vez em Sacalina, as obrigarão a casar. E essa ideia assusta-as... Numa ocasião, pediram até ao comandante do barco que intercedesse a seu favor para lhes evitar essa união forçada.

Há uns quinze ou vinte anos, mal acabavam de desembarcar, eram logo levadas para uma casa de tolerância. «Na falta de um lugar adequado, escrevia Vlassov no seu relatório, as mulheres do Sul de Sacalina são alojadas na padaria... Depreradóvitch, o comandante da Ilha, deu ordem para se transformar a secção das mulheres numa casa de tolerância.» Nem sequer se pôs em questão o tipo de tarefas a que elas se podiam dedicar, porque só «as mulheres que tinham apanhado um castigo ou que não tinham sabido atrair a atenção dos homens» eram mandadas para o trabalho das cozinhas; as outras serviam para satisfazer as «necessidades naturais», bebiam até ficarem bêbedas como um cacho e, por fim, chegavam a um estado de tal depravação que, como diz Vlassov, reduzidas ao hebetismo total, «vendiam os filhos por uma garrafa de álcool».

Actualmente, quando um grupo de mulheres chega a Aleksandrovsk, conduzem-nas logo cerimoniosamente do cais para a prisão. Curvadas com o peso dos embrulhos e dos alforges, arrastam-se pela calçada, indolentes, ainda não recompostas do enjoo do barco, seguidas por uma multidão de mujiques, de camponeses, de crianças e de pessoal das secretarias, como se fossem saltimbancos de feira. A cena assemelha-se à migração dos arenques do Aniva, quando batalhões inteiros de baleias, de focas e de golfinhos, com a gula de comer as ovas, seguem os bancos de peixes. Os camponeses seguem-lhes as pisadas, com a cabeça cheia de honestas e óbvias intenções, porque têm necessidade de uma mulher que lhes tome conta da casa. As mulheres põem-se a olhar para ver se descobrem no grupo alguma conterrânea. Os escribas e os guardas têm necessidade de «meninas». Normalmente, estas cenas dão-se à noitinha. As prisioneiras são encerradas num dormitório preparado com antecedência e, durante toda a noite, no Posto não se fala de outra coisa senão do grupo que chegou, dos atractivos da vida familiar, da impossibilidade de manter uma casa sem uma mulher, e assim sucessivamente. Nas primeiras vinte e quatro horas, antes de o barco partir para Korsakovsk, dividem-se as recém-chegadas por distrito. A divisão é feita pelos funcionários de Aleksandrovsk, que ficam com a parte de leão, tanto em qualidade como em quantidade; o distrito vizinho — o do Tym — fica mais mal servido em número e em escolha. O Norte faz uma triagem cuidadosa e, por assim dizer, filtra as mais bonitas e as mais jovens, de modo que os que têm o azar de viver no Sul ficam quase unicamente com as velhas ou com as que «não sabem merecer os favores dos homens». Ao fazerem a distribuição, os funcionários não têm em conta as necessidades da colonização. Por conseguinte, tal como já disse mais acima, a distribuição das mulheres pela Ilha é completamente desproporcionada: quanto pior é o distrito, quanto menos esperanças há de se desenvolver a colonização, maior é o número de mulheres. É assim que, no distrito de Aleksandrovsk, que é o pior dos três, há sessenta e nove mulheres para cem homens; no do Tym, que está numa posição intermédia, há quarenta e sete; e, no de Korsakovsk, que é o melhor de todos, há apenas trinta e seis[149].

Uma parte das mulheres escolhidas para ficar em Aleksandrovsk é colocada no serviço doméstico em casa dos funcionários. Depois das prisões, do vagão celular e do porão do navio, nos primeiros tempos, as divisões limpas e luminosas das residências dos funcionários parecem-lhes palácios encantados e o *bárin* um génio bom ou mau que tem sobre elas um poder absoluto; aliás, adaptam-se depressa à sua nova situação, embora no seu discurso ressoe ainda o eco da prisão e dos porões do navio: «não sei nada disso», «faça o favor de comer, Excelência», «ao serviço de Vossa Excelência». Uma segunda fracção entra nos haréns dos escribas e dos guardas; a terceira, a mais numerosa, nas isbás dos colonos; mas, neste caso, só os mais ricos e aqueles que gozam de certos favores conseguem ficar com mulheres. Até um preso, mesmo entre aqueles que estão no «período probatório», consegue arranjar mulher, se for abastado e se exercer a sua influência no microcosmos da prisão.

No Posto de Korsakovsk, as recém-chegadas são também alojadas num pavilhão especial. O chefe do distrito e o inspector das colónias determinam em conjunto os colonos e os camponeses que merecem ter mulher. A escolha recai sobretudo nos homens que já estão instalados, que são bons proprietários e têm bom comportamento. Os raros eleitos recebem uma ordem para se apresentarem no Posto, em determinado dia e hora, para irem receber uma mulher. Nesse dia, ao longo da estrada de Naibutchi, vêem-se, aqui e ali, homens que se dirigem para sul, designados, não sem ironia, pelos pomposos nomes de «noivos» ou de «prometidos». Têm um aspecto curioso, um verdadeiro ar de noivos: um vai engalanado com uma camisa de andrinopla de um vermelho-vivo, outro com um incrível chapéu de plantador, um terceiro com botas altas de tacão, brilhantes, novinhas em folha, compradas sabe Deus onde e em que circunstâncias. Quando já estão todos, deixam-nos entrar no barracão das mulheres e ficar um bocado com elas. Durante os primeiros quinze ou trinta minutos, paga-se o inevitável tributo devido à confusão e à perturbação; os «noivos» deambulam à volta das tarimbas e observam em silêncio e com um ar sério as mulheres, que continuam sentadas, de olhos baixos. Cada um faz a sua escolha, sem mostrar um ar contrariado, sem ironia, com perfeita seriedade, comportando-se «com humanidade» em relação à fealdade, à velhice e ao aspecto lúgubre dessas mulheres. Cada um escrutina os rostos, procurando adivinhar qual será a melhor dona de casa. Se alguma mulher jovem ou velha lhe «parece ter esta qualidade», senta-se ao lado dela e falam abertamente. Ela pergunta-lhe se tem samovar, se a isbá tem telhado de madeira ou de colmo. Ele responde que tem samovar, um cavalo, uma vitela com um ano e que a isbá tem telhado de madeira. Depois deste exame doméstico, quando ambos acham que o assunto está concluído, ela atreve-se a perguntar:
— Não me vai tratar mal, pois não?
A conversa termina. A mulher é atribuída ao colono Fulano, da aldeia tal, e o casamento civil está feito. O colono regressa a casa com a sua concubina; e, para assinalar a festa e não fazer má figura, aluga uma carroça, muitas vezes com os seus últimos copeques. Ao chegarem a casa, a mulher começa logo por acender o samovar, e os vizinhos, ao verem sair o fumo, comentam com inveja que Fulano já arranjou mulher.

Em Sacalina, não estão previstos trabalhos forçados para as mulheres. É certo que muitas vezes esfregam o soalho dos escritórios, trabalham nas hortas, cosem sacos, mas não fazem trabalhos mais duros,

obrigatórios, constantes e definidos. A prisão desistiu totalmente do trabalho das mulheres a favor da colónia. Quando as levam para Sacalina,
não se pensa no castigo nem na regeneração, mas na sua aptidão para
gerar filhos e tomar conta de uma casa. São atribuídas aos colonos a título de operárias, em função do artigo 345 do *Regulamento de Deportação*, que autoriza as presidiárias solteiras a «trabalharem sem salário
nas colónias mais próximas para os colonos mais antigos, até casarem».
Mas este artigo só serve para tornear a lei que proíbe a fornicação e o
adultério, porque uma prisioneira ou uma deportada que vive em casa
de um colono, não é, de modo nenhum, uma jornaleira, mas uma concubina, uma esposa ilegítima, à vista de toda a gente e com o consentimento da administração. Nos boletins oficiais e nas notas de serviço, a
situação das mulheres que vivem debaixo do mesmo tecto com um colono é mencionada como «em organização conjunta de uma quinta» ou
de «uma casa[150]» e ambos são designados pelo termo «casal livre». Pode dizer-se que, com excepção de um pequeno número de mulheres das
classes privilegiadas e de esposas que acompanham os maridos, todas
as presidiárias da colónia penal estão destinadas à concubinagem. Pode
considerar-se esta situação como uma regra. Contaram-me uma história que provocou a estupefacção geral: uma mulher de Vladimirovka
recusou prestar-se a este tipo de submissão, alegando que a tinham
mandado para a colónia penal para trabalhar e não para outra coisa[151].

Estas práticas locais levaram as pessoas a ter uma visão muito particular destas mulheres (provavelmente idêntica em todas as colónias penitenciárias). Uma mulher nesta situação é considerada um ser que está a meio caminho entre uma criada da casa e uma criatura de baixo
nível, inferior até aos animais domésticos. Os colonos de Siska apresentaram ao chefe do distrito o seguinte pedido: «Solicitamos humilde-
mente a Sua Excelência que queira ter a bondade de nos mandar, para
a localidade abaixo mencionada, gado bovino, assim como elementos
do sexo feminino que tomem conta das nossas casas.» O comandante
da Ilha, ao falar na minha presença com os colonos de Uskovo e ao
fazer-lhes toda a espécie de promessas, disse-lhes, entre outras coisas:

— E em relação às mulheres, podem contar com o meu apoio.

— É um erro mandarem-nos mulheres no Outono e não na Primavera
— disse-me um funcionário. — No Inverno, uma mulher não tem nada
para fazer e para um camponês não é uma ajuda, mas uma boca inútil.

O raciocínio é idêntico ao que se faz acerca dos cavalos, quando se
espera pagar muito cara a sua alimentação de Inverno. Em nenhuma situação se tem em conta o sentido da dignidade, da feminilidade, do pu-

dor das presidiárias, como se tudo isso tivesse ficado reduzido a cinzas pelo selo da infâmia, ou que elas o tenham perdido, enquanto se foram arrastando de prisão em prisão e de etapa em etapa. Tão-pouco se tem em conta a noção de pudor quando lhes infligem castigos corporais. No entanto, nunca as humilharam ao ponto de as obrigarem a casar contra vontade ou de lhes imporem um concubino à força. Os boatos que correm a este propósito são tão destituídos de fundamento como as histórias de enforcamentos à beira-mar ou dos trabalhos em subterrâneos[152].

Nem a velhice da mulher, nem a diferença de religião, nem os seus hábitos de vagabundagem constituem um entrave ao concubinato. Encontrei mulheres de cinquenta anos e mais que viviam não só com jovens colonos mas também com vigilantes que tinham vinte e cinco anos. Às vezes, chega à colónia penal uma mulher velha com a filha já adulta. Ambas vão viver com colonos e começam a ter filhos a ver quem leva a melhor. Católicos, protestantes, até tártaros e judeus vivem frequentemente com russas. Numa isbá de Aleksandrovsk, conheci uma camponesa russa em companhia de um grande grupo de quirquizes e de caucasianos, a quem ela servia à mesa, e registei-a como concubina de um tártaro ou, como ela lhe chamava, de um checheno. Toda a gente em Aleksandrovsk conhece o tártaro Kerbalai que vive com a russa Lopuchina de que tem três filhos[153]. Os vagabundos tentam também arranjar um lar: em Derbinskoie, um deles, Ivan, de trinta e cinco anos, declarou-me a sorrir: «Tenho uma mulher aqui e outra, com papéis assinados, em Nikolaievsk.» Há outro colono que vive maritalmente há dez anos com uma mulher que se esqueceu de quem era filha, do seu verdadeiro nome e do sítio onde nasceu.

Quando lhes pergunto como se entendem no dia-a-dia, respondem-me: «Bem.» Algumas presidiárias disseram-me até que, na Rússia, só tinham recebido dos maridos remoques, pancadas e censuras por cada bocado de pão que comiam, e que na colónia penal tinham conhecido, pela primeira vez, uma vida feliz. «Deus seja louvado, agora vivo com um homem bom, que me sabe estimar.» De uma maneira geral, os deportados tratam as concubinas com benevolência e estimam-nas.

— Quando não têm mulher, os colonos têm de fazer tudo sozinhos: tratar da terra, cozinhar, ordenhar a vaca, coser e remendar a roupa — disse-me o barão A. N. Korff —, de modo que, se têm a sorte de arranjar uma, agarram-se a ela enquanto podem. Veja como eles as vestem. Aqui, uma mulher é respeitada.

— O que não as impede de terem o corpo cheio de nódoas negras — acrescentou o general Kononovitch, que assistia à nossa conversa.

Discutem, brigam, às vezes há nódoas negras, mas as «lições» que o colono dá à sua concubina são prudentes, porque a mulher é mais forte: ele sabe que a união é ilegítima e que, em qualquer momento, ela pode trocá-lo por outro. No entanto, se os colonos estimam as companheiras, não é apenas por esse receio. Por muito rude que seja a forma como nasceu essa união em Sacalina, às vezes o amor também está presente na sua forma mais pura e genuína. Conheci, em Duí, uma presidiária epiléptica totalmente privada da razão que vivia na isbá do companheiro, também presidiário; ele tratava-a com um zelo de enfermeira, e quando eu comentei que lhe devia ser difícil partilhar o quarto com ela, respondeu-me alegremente: «Não tem importância, Excelência, é uma questão de humanidade.» Em Novo-Mikhailovka, encontrei uma mulher paralítica, há muito, das duas pernas, que vive dia e noite deitada em cima de um monte de farrapos no meio do quarto; o colono com quem morava cuida dela, e quando tentei convencê-lo de que seria mais cómodo mandá-la para o hospital, também me falou de humanidade.

No meio destes casais, bons ou maus, há também outra categoria de uniões livres, às quais a «questão feminina» da colónia penal deve em parte a sua má reputação. Estes casais repugnam-nos, desde o primeiro instante, pelo que têm de artificial, de falso e fazem-nos sentir que, na atmosfera de corrupção e de servilismo da prisão, a família está há muito tempo em decomposição e foi substituída por outra coisa. Muitos homens e mulheres vivem juntos, porque é esse o hábito da colónia penal. O concubinato tornou-se uma tradição e esta gente, débil e sem vontade, submete-se a esta norma, ainda que ninguém a obrigue. Em Novo-Mikhailovka, conheci uma ucraniana de uns cinquenta anos que mandaram para ali com o filho, depois de terem descoberto a nora no fundo de um poço; deixou na terra natal um marido velho e outros filhos, vive agora com um concubino e, a julgar pelas aparências, essa situação repugna-lhe tanto que tem vergonha de falar do assunto a um estranho. Tem desprezo pelo parceiro e, no entanto, vive e dorme com ele: é a norma da colónia penal. Os membros deste tipo de famílias são uns estranhos uns para os outros; por vezes, apesar de viverem debaixo do mesmo tecto há cinco ou dez anos, ignoram reciprocamente a idade, o lugar de nascimento, bem como o nome próprio do pai de cada um. Quando se pergunta à mulher a idade do companheiro, ela desvia normalmente o olhar sombrio e indolente, e responde: «O diabo é que sabe!» Enquanto o homem trabalha ou joga às cartas num lugar qualquer, a mulher fica na cama, ociosa, de barriga vazia. Se um vizinho lhe vem

fazer uma visita, levanta-se de má vontade e conta que foi parar a Sacalina «por causa do marido», que é uma vítima, que está inocente:
«Uns gajos mataram esse demónio mas fui eu que vim parar à colónia
penal!» O companheiro regressa a casa: não há nada para fazer, nada
para dizer; acenderiam o samovar, se houvesse chá e açúcar... Ao vê-
-la de papo para o ar, um sentimento de tédio e de ociosidade apodera-
-se do homem que, apesar da fome e do despeito, suspira e... pumba!
Ei-lo também na cama!

Neste género de famílias, se a mulher decide entrar na prostituição,
é normalmente estimulada pelo companheiro. Na prostituta que lhe
proporciona o seu quinhão de pão, o homem vê geralmente um animal
útil que respeita, ou seja, é ele próprio que acende o samovar e que se
cala quando a mulher o insulta. A mulher muda muitas vezes de parceiro, procurando os mais ricos ou os que têm *vodka*, ou então deixa-se
levar pelo tédio ou pelo gosto da diversidade.

As mulheres que estão a cumprir pena recebem provisões que partilham com os homens com quem vivem; por vezes, é o único meio de
subsistência alimentar da família. Como elas oficialmente são consideradas operárias, os colonos têm de pagar uma renda ao Tesouro: são
obrigados a levar uma carga de vinte *puds* (trezentos e trinta quilogramas) de um distrito para outro ou a entregar no Posto uma dezena de
toros. Contudo, esta formalidade só é obrigatória para os colonos agrícolas e não é exigida aos deportados que vivem nos postos e não fazem
nada.

Quando acaba de cumprir a pena, a condenada passa à situação de
colona e perde qualquer direito de receber roupa e alimentos. Deste modo, a passagem ao novo estatuto não melhora em nada o seu destino; as
mulheres que são alimentadas pelo Estado têm a vida mais facilitada,
porque, quanto maior é a condenação, mais segurança têm neste ponto;
se forem condenadas a prisão perpétua, têm o pão assegurado até fim
dos seus dias. Normalmente, concedem-lhes, por favor, o estatuto de
camponesas ao fim de seis anos.

Actualmente, a colónia conta com mais mulheres de condição livre
que seguiram voluntariamente os maridos; a proporção de conjunto em
relação às condenadas é de duas para três. Fiz o registo de seiscentas e
noventa e sete mulheres livres num total de mil e quarenta prisioneiras,
colonas e camponesas. Por outras palavras, as mulheres livres constituem 40% do total do sexo feminino da colónia[154]. As mulheres deixam
a terra natal e vão com os maridos para a colónia penal por razões mui-

to diversas. Umas fazem-no por amor e por piedade; outras acompanham-nos, porque estão inteiramente convencidas de que só Deus pode separar marido e mulher; outras fogem de casa porque querem escapar à vergonha. No espírito obscuro dos meios provincianos, ainda nos dias de hoje, o estigma do marido recai também na mulher; com efeito, quando a mulher de um condenado vai lavar a roupa ao rio, as comadres da aldeia chamam-lhe a presidiária. Outras são atraídas a Sacalina por terem caído na cilada armada pelos maridos. Ainda no porão do navio, são muitos os que escrevem para casa a dizer bem de Sacalina: o clima é suave, a terra é abundante, o pão é barato, as autoridades são simpáticas. Uma vez na prisão, continuam a escrever as mesmas coisas, inventando de cada vez novos atractivos; contam com a ignorância e a credulidade das mulheres e os factos por vezes dão-lhes razão[155]. Por último, há mulheres que vão com os maridos, porque estes continuam a exercer sobre elas um forte ascendente; pode também ter acontecido que estas mulheres tenham participado no crime ou que tenham beneficiado dele e só não terem comparecido em tribunal por falta de provas. Os dois primeiros motivos são os mais frequentes: por um lado, uma compaixão, uma piedade que vai até à abnegação; por outro, uma convicção inquebrantável. Entre estas mulheres, não há só russas, mas também tártaras, judias, ciganas, polacas e alemãs[156].

Não se poderá dizer que a recepção reservada às mulheres livres no dia da sua chegada seja especialmente acolhedora, como se vê na ocorrência seguinte.

Em 19 de Outubro de 1889, no *Vladivostok* da Frota Voluntária, chegaram trezentas mulheres livres, adolescentes e crianças. A travessia tinha durado três ou quatro dias, em pleno frio, sem comida nem bebidas quentes. O médico de bordo contou-me que, entre os passageiros, havia diagnosticado vinte e seis casos de doença (escarlatina, varíola e rubéola). O navio chegou ao porto já depois de o Sol se pôr. Receando provavelmente o mau tempo, o comandante ordenou que passageiros e carga fossem desembarcados nessa mesma noite. Esta operação ocorreu entre a meia-noite e as duas da manhã. As mulheres e as crianças ficaram fechadas, no próprio cais, no pavilhão dos guardas e num armazém de mercadorias, e os doentes num outro pavilhão preparado para servir de lazareto. As bagagens foram amontoadas desordenadamente numa lancha. De manhã, começou a circular a notícia de que a tempestade tinha quebrado as amarras da lancha e a levara mar adentro. Foi um coro de soluços. Uma mulher perdera, juntamente com a bagagem, uma soma de trezentos rublos. Levantaram um auto de ocorrências e atribuíram o caso ao mau tempo. Contudo, no dia seguinte, os objectos perdidos apareceram no porão dos presos.

Nos primeiros tempos após a chegada, as mulheres livres têm um ar perdido. A Ilha e o ambiente da colónia penal deixam-nas atordoadas. Dizem com desespero que, durante a viagem, não tinham ilusões acerca do que iam encontrar e tinham esperado o pior, mas que a realidade ultrapassava em horror tudo o que tinham imaginado. Mal falaram com mulheres que já tinham chegado há mais tempo e viram o seu ramerrão quotidiano, ficaram convencidas de que tanto elas como os seus filhos estavam perdidos. Se bem que os maridos tenham ainda de cumprir quinze ou vinte anos até serem libertados, só sonham com o regresso ao continente e nem querem ouvir falar da sua instalação, porque, à primeira vista, essa instalação lhes parece absurda, indigna de atenção. Choram noite e dia, lembrando-se dos pais e da família que deixaram, como se eles tivessem morrido. Entretanto, os maridos, sentindo-se verdadeiramente culpados perante elas, ficam num silêncio profundo; depois, perdem o controlo, batem-lhes, sem dó nem piedade, e recriminam-nas asperamente por terem vindo.

Se uma mulher de condição livre chegar sem um tostão ou apenas com dinheiro à justa para comprar uma casa, e se o casal não receber ajuda da família, a fome não tardará a aparecer. Sem meios de ganhar algum dinheiro, sem lugares para exercer a mendicidade, resta-lhe partilhar com os filhos os víveres que a colónia penal dá ao marido mas que mal chegam para alimentar um adulto[157]. Dia após dia, os seus pensamentos andam à volta das seguintes questões: o que comer e que dar de comer aos filhos? A fome é permanente e o casal recrimina-se mutuamente por cada bocado de pão que come e a mulher está convencida de que a situação não vai melhorar; o tempo passa e ela começa a ficar insensível, chega à conclusão de que, em Sacalina, ninguém se alimenta de bons sentimentos e vai procurar ganhar umas moedinhas de cinco ou dez copeques «com o próprio corpo», como me disse uma delas. Por seu lado, o marido também endureceu, deixa de se preocupar com a pureza, porque nada disso tem importância na sua situação. Quando as filhas atingem os catorze ou quinze anos, são também postas em circulação; as mães vendem-nas ao domicílio ou mandam-nas partilhar a vida de um colono rico ou de um vigilante. E todo este processo é facilitado pela completa ociosidade das mulheres livres. Nos postos, não há nada para fazer; nas colónias, sobretudo nas dos distritos setentrionais, o agregado familiar é pequeno.

Além da penúria e da ociosidade, a mulher de condição livre tem uma terceira fonte de terríveis preocupações: o marido. É bebedeira atrás de bebedeira, e ele é capaz de perder a ração, a roupa da mulher e até a dos filhos a jogar às cartas. Pode cometer um novo crime, ou tentar desesperadamente a evasão. Quando estive no distrito de Tym, o colono Bichevets estava preso no calabouço da prisão de Duí, acusado de tentativa de homicídio. A mulher e os filhos estavam instalados, não muito longe, nos «aquartelamentos familiares», e tinham abandonado a casa e as culturas. Kutcherenko, um colono de Malo-Tymovo, fugiu e abandonou mulher e filhos. Mesmo que o marido não tenha propensão para o homicídio ou para a evasão, a mulher receia na mesma, todos os dias, que ele seja punido, seja vítima de falsas acusações, se estafe a trabalhar e possa adoecer ou morrer.

Os anos passam, a velhice aproxima-se; o marido cumpriu a pena e o tempo de deportação e requereu o estatuto de camponês. O passado está esquecido, perdoado, e a partida para o continente acena com o sonho longínquo de uma vida nova, razoável, feliz. Mas algumas vezes as coisas passam-se de outra maneira. A mulher morre de consumição e o marido regressa ao continente, velho e solitário; ou então é ela que fica viúva e não sabe o que fazer nem para onde ir. Em Derbinskoie, Aleksandra Timoféieva, uma mulher de condição livre, abandonou o marido, um *molokánin*[158], por um pastor com quem vive num pardieiro exíguo e imundo, e ao qual já deu uma filha; por seu turno, o marido arranjou uma amante. Em Aleksandrovsk, duas outras mulheres livres, Chulikina e Fedina, também deixaram os maridos para irem viver com outros homens. Nenila Karpenko é viúva e agora está com um colono. O preso Altukhov tornou-se vagabundo e a mulher, Ekaterina, de condição livre, vive agora maritalmente com outro[159].

XVII

Composição da população por idades — A situação familiar dos deportados — Os casamentos — A natalidade — As crianças de Sacalina

Mesmo que os números referentes à idade da população se caracterizassem por uma exactidão ideal, e fossem incomparavelmente mais completos do que os que recolhi, dar-me-iam muito poucas das informações que pretendia obter.

Em primeiro lugar, são contingentes, já que estão condicionados não por situações naturais ou económicas, mas por teorias jurídicas, por um código penal, e pelo livre-arbítrio do pessoal da Direcção das Prisões. Quando mudar a concepção da colónia penal em geral e a de Sacalina em particular, a composição da população por nível de idades mudará também. Assim sucederá quando mandarem para a colónia o dobro das mulheres ou quando, com a construção da via-férrea transiberiana, começar a surgir a imigração voluntária.

Em segundo lugar, numa ilha que serve de colónia penitenciária, e onde as condições de vida são específicas, esses números não têm o mesmo significado que os obtidos em condições normais de qualquer distrito de Tcherepovets ou de Moscovo. Por exemplo, o facto de haver uma baixa percentagem de velhos não significa uma taxa de mortalidade elevada, mas apenas que muitos deportados, assim que acabam de cumprir a pena, regressam ao continente para lá passarem a velhice.

Actualmente, os residentes entre os vinte e cinco e os trinta anos (24,3%) e entre os trinta e os trinta e cinco anos (24,1%) predominam em Sacalina[160].

A idade dos vinte aos cinquenta anos, a que o doutor Griaznov chama a «idade de trabalhar», cifra-se na colónia em 64,6%, número que é superior a metade da média existente no conjunto do Império[161]. Infelizmente, a grande percentagem e mesmo o excedente de pessoas em «idade de trabalhar» ou em «idade produtiva» não constitui em Sacalina um índice de bem-estar económico. Apenas denuncia um excedente de mão-de-obra, graças ao qual, apesar da quantidade de gente a morrer de fome, de ociosos e de incapazes, se constroem aqui cidades inteiras e excelentes estradas. As dispendiosas construções, que ombreiam com a incerteza do futuro e com a miséria em que vivem as pessoas em idade de trabalhar, permitem estabelecer um paralelismo entre a colónia actual e os tempos em que também havia um excesso artificial de mão-de-obra, tempos em que, enquanto se erigiam templos e circos, os homens «em idade de trabalhar» passavam tanta fome que chegavam ao desfalecimento.

As crianças, isto é, a população com menos de quinze anos, atingem igualmente uma percentagem elevada: 24,9%. Comparada com os números correspondentes da Rússia, esta percentagem é fraca[162], mas é elevada para uma colónia de deportados onde a vida familiar decorre em condições tão adversas. A fecundidade das mulheres de Sacalina e a baixa mortalidade infantil não tardará, como o leitor verá mais à frente, a aumentar a percentagem de crianças, que poderá atingir em breve as médias da Rússia. É um aspecto positivo porque, além de outras considerações relativas à colonização, a presença de crianças é um apoio moral para os deportados, e recorda-lhes, com muito mais intensidade do que qualquer outra coisa, a terra natal; por outro lado, os cuidados que requerem salvam as mães da ociosidade. No entanto, também há aqui um lado negativo, porque esta população não produtiva, que exige despesas sem dar nada, tem grande peso nas dificuldades financeiras, já de si tão graves, e aumenta a miséria. Neste aspecto, a colónia está em condições ainda mais desastrosas do que as dos campos russos: as crianças de Sacalina partem para o continente na adolescência ou quando chegam à idade adulta e, assim, a provisão de fundos despendidos pela colónia nunca são recuperados.

O nível de idade, que deveria representar a base de uma colónia que ainda não é próspera mas que se está a desenvolver, representa em Sacalina uma percentagem insignificante. Há apenas cento e oitenta e cinco indivíduos entre os quinze e os vinte anos: oitenta e nove homens e oitenta e seis mulheres, isto é, cerca de 2% da população total. Destes, só vinte e sete são naturais de Sacalina, nascidos na Ilha ou quando os pais iam a caminho da colónia penal; os demais vêm todos de fora. Mas mesmo aqueles e aquelas que nasceram em Sacalina só estão à espera da partida dos pais ou dos maridos para saírem com eles. Os vinte e sete naturais de Sacalina são quase todos filhos de camponeses abastados que cumpriram as penas e que continuam na Ilha para ganharem mais dinheiro. É o caso, por exemplo, de Ratchókov, da colónia de Aleksandrovsk. Nem Maria Baranóvskaia, que nasceu em Tchibissáni — agora com dezoito anos —, pensa ficar em Sacalina, mas sim ir para o continente com o marido. Não resta mais ninguém que tenha nascido na Ilha há vinte anos e que tenha agora vinte e um anos. O número total de jovens de vinte anos em toda a colónia é actualmente de vinte e sete: treze presos, sete esposas de condição livre, sete filhos de exilados, jovens para quem a estrada de Vladivostok e do Amur é já um caminho familiar[163].

Em Sacalina há oitocentas famílias legítimas e setecentas e oitenta e duas uniões livres. Estes números dão uma ideia clara da situação familiar da colónia. Em geral, cerca de metade da população adulta desfruta das vantagens da vida em família. Todas as mulheres da colónia têm par, do que se deduz que a outra metade da população (mais ou menos três mil pessoas) é constituída por homens sós.

Contudo, esta proporção mais ou menos contingente está sujeita a constantes flutuações. Assim, por exemplo, por cada *Manifesto imperial*, saem da prisão novos reclusos (por vezes, um milhar) que vão aumentar a percentagem de colonos celibatários; mas, quando os colonos de Sacalina (e isto aconteceu pouco tempo depois da minha partida) foram autorizados a trabalhar no troço do Ússuri do Transiberiano, essa percentagem baixou. Seja como for, o aumento de estruturas familiares estáveis é considerado extremamente débil e considera-se que a causa fundamental do insucesso da colonização reside precisamente na existência de um grande número de celibatários[164].

Falta-nos agora analisar por que razão as uniões ilegítimas, ou seja, o concubinato, se desenvolveram tanto, e por que razão, ao observarmos os números relativos à situação familiar dos deportados, se tem a impressão de que estes se opõem obstinadamente ao casamento legítimo. Sem as mulheres de condição livre que para aqui vieram voluntariamente, haveria quatro vezes mais uniões ilegítimas do que legítimas[165]. Ao dar-me as informações que registei no meu caderno, o governador-geral considerou esta situação «revoltante» e não deixou, naturalmente, de atribuir a responsabilidade do problema aos deportados. No entanto, dado que estes são, na sua maioria, pessoas de tendências patriarcais e religiosas, decerto que preferiam contrair uniões legítimas. As «esposas» ilegítimas solicitam muitas vezes às autoridades permissão para mudar de marido; contudo, na maior parte dos casos, esses pedidos são recusados por razões que não dependem da administração local nem dos próprios deportados. O que sucede é que, além de perder os seus direitos cívicos, os seus direitos de marido, e de ter deixado de existir para a família, como se tivesse morrido, o direito do deportado de se casar não depende da transformação que a sua vida venha a ter depois da condenação, mas da vontade do cônjuge que ficou em liberdade na terra natal. O consentimento deste é indispensável; terá de aceitar o divórcio para que a primeira união se possa dissolver. Só assim o condenado poderá contrair novo casamento. Ora, os cônjuges em liberdade não dão muitas vezes esse consentimento: uns, por convicção religiosa, porque o divórcio é um pecado; outros, por considerarem a dissolução do casamento uma formalidade inútil e desnecessária, um capricho, sobretudo quando os dois membros do casal se aproximam dos quarenta anos. «Querer casar-se nesta idade!», diz a mulher quando recebe a carta do marido a pedir que lhe dê o divórcio. «Mais valia que pensasse na salvação da alma, velho baboso!»

Outros recusam porque hesitam envolver-se num assunto extremamente complexo que representa canseiras e gastos de dinheiro, ou simplesmente porque não sabem a quem dirigir o pedido ou por onde começar.

Se muitas vezes os deportados recuam perante o casamento legítimo, a culpa é da imperfeição da certidão do registo criminal, cuja obtenção arrasta em cada caso uma série infinita de formalidades que lembra deploravelmente os lentos procedimentos de antigamente, e acabam, na prática, por levar o expatriado, que se foi arruinando com escriturários públicos, papel selado e telegramas, a desistir do assunto e a concluir que nunca poderá constituir uma família legal. Acontece que muitos deportados nem chegam a obter a certidão, ou então têm uma que não menciona a sua situação familiar ou que a indica de maneira imprecisa ou inexacta. Ora, quando isto sucede, o deportado não tem mais nenhum documento que possa apresentar em caso de necessidade[166].

O registo paroquial fornece todos os dados do número dos casamentos celebrados na Ilha; mas, como aqui o casamento legítimo constitui um luxo que não está ao alcance de todos, essas informações estão longe de indicar a verdadeira proporção de habitantes que desejam fundar um lar. Aqui as pessoas não se casam quando querem, mas quando podem. Falarmos da média de idades dos recém-casados seria supérfluo; apoiarmo-nos nela para dizer que os casamentos são precoces ou serôdios e retirar daí quaisquer conclusões é impossível, visto que, na maioria dos casos, a vida conjugal começou muito antes da cerimónia religiosa e os casais já têm filhos em comum. Por agora, os dados do registo paroquial só permitem saber que, ao longo dos últimos dez anos, a maior parte dos casamentos (quase um terço) se tem realizado em Janeiro. O aumento de casamentos no Outono é insignificante, se os compararmos com os de Janeiro, para podermos falar de similitudes com os costumes dos nossos distritos rurais. Os casamentos celebrados em condições normais pelos filhos dos deportados, que gozam naturalmente da condição livre, são todos precoces, sem excepção: o noivo tem entre dezoito e vinte anos e a noiva entre quinze a dezanove. Mas há mais mulheres do que homens entre os quinze e os vinte anos, porque os homens deixam geralmente a Ilha antes de terem idade de casar. É talvez devido à falta de pretendentes jovens e também devido a questões económicas que a diferença de idades entre cônjuges é tão frequente. Encontramos mulheres muito jovens, quase umas meninas, que são casadas pelos pais com colonos e camponeses idosos. Os cabos, os oficiais de baixa patente, os enfermeiros militares, os escriturários e os vigilantes também se costumam casar com mulheres da região, mas as alegrias do himeneu só os satisfazem se as noivas forem meninas de quinze ou dezasseis anos[167].

As bodas são modestas e muito aborrecidas, mas diz-se que no distrito do Tym às vezes são alegres e cheias de animação. As mais exuberantes são as dos ucranianos. Em Aleksandrovsk, onde há uma tipografia, é costume enviar convites impressos. Os presidiários tipógrafos, cansados de imprimir notas de serviço, ficam encantados por poderem mostrar a sua arte, de maneira que os seus cartões não ficam a dever nada aos de Moscovo, tanto ao nível da apresentação como do texto. O Tesouro contribui com uma garrafa de *vodka* para cada casamento.

Os próprios exilados consideram que a natalidade da colónia é bastante elevada, o que dá origem a uma série de dichotes sobre as mulheres e a sentenciosas observações. Dizem que o próprio clima de Sacalina favorece a gravidez; há mulheres já velhas que são mães e até mulheres que, na Rússia, se consideravam estéreis e tinham perdido toda e qualquer esperança de virem a ter filhos.

Até parece que as mulheres estão com pressa de povoar Sacalina, porque às vezes têm gémeos. Uma parturiente de Vladimirovka, mulher já madura e mãe de uma filha adulta, depois de muito ouvir falar de gémeos, tinha esperança de também os vir a ter. Ficou tão decepcionada de só dar à luz um rapaz que pedia à parteira: «Procure melhor!»

Mas a verdade é que o número de gémeos não é mais frequente na Ilha do que nos distritos da Rússia. Em dez anos (de 1 de Janeiro de 1880 a 1 de Janeiro de 1890), nasceram duas mil e duzentas e setenta e cinco crianças de ambos os sexos, mas só houve vinte e seis casos de «hiperfecundidade», como aqui se diz[168]. Todos estes comentários, um pouco exagerados, sobre a excessiva fecundidade das mulheres, sobre os gémeos, etc., dão ideia do interesse da população colonial pela natalidade e da grande importância que lhe atribui.

Como os números da população estão sujeitos a variações devidas a constantes afluxos e refluxos tão aleatórios como os de um mercado, a determinação da taxa de natalidade é um luxo inacessível, difícil de obter, visto que os dados que conseguimos recolher são bastante limitados. Os números anteriores à colonização são desconhecidos: depois de ter consultado as informações organizadas pela administração, compreendi que a sua reconstituição seria uma tarefa digna dos construtores das Pirâmides, e que, além disso, só me levaria à obtenção de resultados duvidosos.

Apenas se pode avaliar a taxa da população de maneira aproximada e unicamente em relação à época actual. Em 1889, no conjunto das quatro paróquias da Ilha, nasceram trezentas e cinquenta e duas crianças dos dois sexos; em circunstâncias normais, na Rússia, esse número corresponde a uma população de sete mil pessoas[169]. A população da colónia era precisamente de sete mil e algumas centenas nesse ano. A taxa de natalidade, é pois, apenas um pouco mais elevada do que a da Rússia em geral (49,8‰) ou de certos distritos como o de Tcherepovets (45,4‰). Salvaguardadas as devidas proporções, poderia pois afirmar-se que, em 1889, a natalidade em Sacalina foi a mesma que na Rússia e que a diferença de taxas, se é que ela existe, foi pequena e não tem grande significado. No entanto, se em dois lugares diferentes há uma taxa de natalidade idêntica, deve considerar-se mais elevada a fecundidade das mulheres naquele onde o seu número relativo é mais fraco; em resumo, a fertilidade das mulheres é mais elevada em Sacalina do que no resto da Rússia.

A fome, a saudade, a depravação, a escravidão, isto é, todas as condições desfavoráveis da colónia penal, não excluem a faculdade da reprodução. Contudo, esta taxa de natalidade não é sinal de bem-estar. As causas principais da grande fecundidade das mulheres e da alta taxa de natalidade são: em primeiro lugar, a ociosidade dos deportados da colónia, maridos ou concubinos, que ficam muito tempo em casa porque não trabalham para outros, não exercem um ofício que os afaste do lar, levam uma vida monótona e a satisfação do instinto sexual é muitas vezes a única distracção; em segundo lugar, a maioria das mulheres está na idade reprodutora. Além destas causas evidentes, há provavelmente outras que são, neste momento, inacessíveis à observação directa. Talvez se possa considerar essa elevada natalidade um meio que a natureza concede à população para a ajudar a lutar contra as influências nefastas e destruidoras, e sobretudo contra certos inimigos naturais, tais como o baixo povoamento da Ilha e a sua carência de mulheres. Quanto maior é o perigo que ameaça uma população, mais a natalidade aumenta; nesse sentido, as circunstâncias desfavoráveis podem ser vistas como factores de uma taxa de natalidade elevada[170].

Dos dois mil duzentos e setenta e cinco nascimentos registados ao longo dos últimos dez anos, o maior número verificou-se durante os meses de Outono (29,2%) e o menor durante a Primavera (20,8%), enquanto no Inverno (26,2%) houve mais nascimentos do que no Verão (23%). As taxas mais elevadas de gravidezes e de nascimentos registaram-se até agora durante os seis meses entre Fevereiro e Agosto; assim, os períodos em que os dias são curtos e as noites longas revelaram-se mais propícios do que a chuvosa e sombria Primavera e do que o próprio Verão.

Actualmente, Sacalina conta com duas mil cento e vinte e duas crianças, incluindo as que fizeram quinze anos em 1890. Seiscentas e quarenta e quatro delas vieram da Rússia com os pais, mil, quatrocentas e setenta e três nasceram em Sacalina ou a caminho do desterro. Há cinco crianças cujo local de nascimento não me foi possível apurar. O primeiro grupo é cerca de três vezes mais pequeno do que o segundo; muitos destes meninos e meninas chegaram à Ilha numa idade em que já tinham consciência do que se estava a passar e, por isso, recordam e amam a terra natal; as crianças do segundo grupo, nascidas em Sacalina, nunca conheceram nada melhor e estão decerto apegadas à Ilha que consideram a sua verdadeira pátria. Seja como for, os dois grupos apresentam diferenças consideráveis. Enquanto no primeiro grupo só há 1,7% de filhos ilegítimos, no segundo essa percentagem ascende a 37,2%[171]. Os representantes do primeiro grupo são considerados livres; muitos deles nasceram ou foram concebidos antes do julgamento e conservam, por conseguinte, todos os direitos cívicos. Os filhos nascidos na colónia penal não têm qualquer classificação. Com o decorrer do tempo, ficarão adstritos a uma determinada classe e serão camponeses ou pequeno-burgueses; por agora, a sua situação social é definida da seguinte maneira: filho ilegítimo de presidiária, filha ilegítima de deportada, etc. Uma mulher de origem nobre, casada com um exilado, desfez-se em lágrimas quando soube que o filho tinha sido inscrito no registo paroquial como «filho de deportado».

Quase não há bebés nem crianças com menos de quatro anos no primeiro grupo; predominam meninos e meninas em idade escolar. Pelo contrário, no segundo grupo, o dos nascidos em Sacalina, predominam as crianças pequenas; além disso, quanto mais elas crescem, mais raros são os seus coetâneos. Se fizéssemos um gráfico das idades, obteríamos uma descida acentuada da curva. Neste grupo, há duzentas e três crianças com menos de um ano, quarenta e cinco entre os nove e os dez anos, e apenas onze entre os quinze e os dezasseis. Como já disse atrás, não há um único nativo de Sacalina com vinte anos. Deste modo, a falta de adolescentes e de jovens é colmatada pelos recém-chegados, que são, neste momento, os únicos candidatos a noivos e a pretendentes de um e de outro sexo.

A baixa percentagem de crianças de idade média entre os naturais de Sacalina pode ser explicada não só pela mortalidade infantil mas também por ter havido, em anos anteriores, menos mulheres e, consequentemente, menos nascimentos; mas a causa principal continua a ser a emigração. Quando os adultos voltam para o continente, levam os filhos com eles. Os progenitores de crianças nascidas em Sacalina começam normalmente a cumprir a pena, muito antes de elas virem ao mundo e, antes de os filhos chegarem aos dez anos, já muitos pais obtiveram o estatuto de camponeses e deixaram a Ilha. A situação da criança levada para Sacalina é completamente diferente. Quando os seus progenitores para lá foram, ela tinha cinco, oito ou dez anos, mas deixa de ser criança durante o tempo em que os pais cumprem a pena e o período de deportação; depois, enquanto estes procuram obter o estatuto de camponeses, o jovem começa a trabalhar em Vladivostok ou em Nikolaievsk, antes de voltar de vez para o continente. Em todo o caso, nem os naturais de Sacalina nem os que vêm de fora se radicam aqui; por isso, neste momento, seria muito mais adequado chamar lugares de residência provisória aos postos e às aldeias do que designá-las por colónias.

Cada novo nascimento é mal recebido na família; junto aos berços, não há canções de embalar e só se ouvem queixas amargas. Pais e mães dizem que não têm nada para dar de comer aos filhos, que estes não aprenderão nada de bom na Ilha, e que «mais valia que, na sua misericórdia, Deus os levasse quanto antes». Se uma criança faz alguma travessura, gritam-lhe com azedume: «Cala-te ou dou cabo de ti!»

Mas, por muito que digam e por muitas queixas que façam, os seres mais úteis, mais necessários e mais agradáveis de Sacalina são, sem sombra de dúvida, as crianças, e os deportados dão-se perfeitamente conta disso e sabem estimá-las. As crianças trazem momentos de ternura, de pureza, de doçura e de alegria aos seus lares endurecidos e moralmente desgastados. Apesar da pureza, esses meninos amam acima de tudo a mãe corrupta e o pai ladrão. E, se um desterrado que, na prisão, perdeu o sentimento da ternura, fica comovido com o afecto de um cão, que valor não terá para ele o amor de um filho? Já disse atrás que as crianças eram um grande apoio moral na Ilha, mas quero acrescentar que elas são muitas vezes a única coisa que liga os deportados (homens e mulheres) à vida, que os salva do desespero e da queda definitiva.

Um dia registei no meu ficheiro a situação de duas mulheres de condição livre que tinham acompanhado os maridos e partilhavam a mesma casa. Uma delas, que não tinha filhos, passou o tempo todo a praguejar contra a sua sorte, a rir-se de si própria, chamando-se tonta e maldita por ter vindo para Sacalina; e dizia tudo isto apertando espasmodicamente os punhos e na presença do marido, que olhava para mim com ar de culpa. Entretanto, a outra, a «prolífica», como se diz muitas vezes por aqui, que tinha vários filhos, nem abria a boca. E eu dizia para mim mesmo que a situação da primeira mulher devia ser terrível.

Também me recordo de que, ao preencher a ficha de um menino tártaro de três anos, de barrete na cabeça e olhos muito rasgados, lhe dirigi algumas palavras carinhosas; de repente, o rosto indiferente do pai, um tártaro de Kazan, iluminou-se e pôs-se a abanar alegremente a cabeça, como para me dizer que estava de acordo comigo, que o filho era um rapazinho muito simpático. Pareceu-me que esse tártaro era feliz.

O leitor pode imaginar, a partir do que já foi dito atrás, os valores que influenciam a educação das crianças de Sacalina e as impressões que determinam a sua orientação espiritual. Aquilo que, numa cidade ou numa aldeia da Rússia, seria abominável, é aqui moeda corrente. As crianças seguem com um olhar indiferente os condenados a trabalhos forçados, com grilhetas nos pés; quando os acorrentados empurram os carros de mão carregados de areia, agarram-se a eles a rir às gargalhadas.

Brincam aos soldados e aos presos. Um rapazinho sai de casa e grita aos outros miúdos: «Sentido!», «Descansar!» Ou então põe os brinquedos e um bocado de pão num saco e diz à mãe: «Vou fazer de vagabundo.» «Toma cuidado, não vá um soldado matar-te à facada», diz a mãe a brincar. O garoto sai de casa, põe-se a vagabundear pela rua, onde os outros miúdos, que fazem de soldados, tentam apanhá-lo. Os meninos de Sacalina falam de vagabundos, de chibatas, de chicotes, sabem o que é um carrasco, um preso acorrentado, um concubino.

Quando percorri as isbás de Vérkhni-Armúdan, entrei numa onde não havia nenhum adulto. Só encontrei um rapazinho de uns dez anos, de cabelos claros, descalço, de costas arqueadas, cujo rosto pálido, coberto de sardas, parecia de mármore.

— Como se chama o teu pai?

— Não sei.

— Como? Vives com o teu pai, e não sabes o nome dele? Devias ter vergonha.

— Não é o meu pai verdadeiro.

— Como é que não é o teu pai verdadeiro?

— É o concubino da mãezinha.

— A tua mãe é casada ou é viúva?

— É viúva. Veio para aqui por causa do marido.

— O que é tu queres dizer com isso, por causa do marido?

— Ela matou-o.

— Lembras-te do teu pai?

— Não. Sou filho ilegítimo. A mãezinha teve-me em Kara.

Os meninos de Sacalina são pálidos, magros, indolentes. Andam vestidos com farrapos e estão sempre esfomeados. Como o leitor verá em seguida, morrem quase sempre de doenças do aparelho digestivo. Vivem cheios de fome, alimentam-se, por vezes, durante meses inteiros, de nabos e de mais nada ou, nos lares um pouco mais abastados, de peixe salgado. As baixas temperaturas e a humidade destroem muitas vezes o organismo das crianças, levando-as a uma morte lenta, por esgotamento, por degenerescência progressiva de todos os tecidos. Se não fosse a emigração, bastariam duas ou três gerações para que a colónia apresentasse um quadro completo de más nutrições gravíssimas. Actualmente, os filhos dos colonos e dos prisioneiros mais pobres recebem o chamado «subsídio alimentar» do Tesouro; os que têm idades compreendidas entre um e quinze anos recebem um rublo e meio por mês; para órfãos de pai e de mãe, enfermos, crianças deformadas e gémeos, a quantia eleva-se a três rublos. O direito de uma criança a receber este apoio é deixado ao critério dos funcionários que interpretam, cada um à sua maneira, a expressão «mais pobres»[172].

Os pais e as mães podem gastar o rublo e meio ou os três rublos como entenderem. Esta ajuda pecuniária, que depende de tantas avaliações e que, face à pobreza e à falta de consciência dos pais, raramente atinge os seus objectivos, deveria ter sido abolida há muito tempo. Não diminui a pobreza e só serve para a mascarar, porque leva as pessoas mal informadas a acreditar que a alimentação das crianças de Sacalina está garantida.

XVIII

As ocupações dos deportados — A agricultura — A caça — A pesca — Os peixes migratórios: salmões e arenques — As indústrias pesqueiras das prisões — O artesanato

Como disse atrás, o desejo de associar o trabalho dos prisioneiros e dos colonos ao desenvolvimento da agricultura nasceu com a própria criação da colónia penal. A ideia é, em si mesma, muito sedutora: a actividade agrícola parece reunir todos os elementos que ajudam o exilado a estar ocupado, a dar-lhe o gosto pela terra e a dar-lhe até condições para se regenerar. Para além disso, é um trabalho que se adequa à grande maioria dos deportados, já que na colónia penal predominam camponeses e só um décimo da população pertence a outros estratos. Assim sendo, a ideia foi recebida com entusiasmo; pelo menos, até hoje, a principal ocupação dos deportados tem sido a agricultura e Sacalina sempre foi considerada uma colónia agrícola.

Desde a sua criação, todos os anos se cavou a terra e se fizeram sementeiras; nunca houve interrupção destas actividades e, com o aumento da população, desenvolveu-se a superfície da terra cultivada. Aqui o trabalho do agricultor não é só forçado; é também muito duro. E se a coacção e o esforço físico relativos à palavra «forçado» devem ser considerados os sinais essenciais do trabalho penitenciário, será difícil encontrar actividade mais apropriada a condenados do que o exercício da agricultura em Sacalina. Até agora, essa actividade tem cumprido a sua função de dar resposta aos mais severos objectivos punitivos.

Mas terá sido produtivo esse trabalho? Terá também satisfeito os objectivos da colonização? Sobre estas questões, desde a criação da colónia penal na Ilha até aos nossos dias, tem havido as opiniões mais diversas, traduzidas quase sempre em posições extremadas. Uns acham que Sacalina é extraordinariamente fértil e assim a descreveram nos seus relatórios e correspondência, e chegaram até, segundo me disseram, a enviar telegramas entusiastas afirmando que os deportados estavam finalmente em condições de satisfazer as suas próprias necessidades e que o Estado já não teria de investir dinheiro. Outros mostraram cepticismo em relação ao sucesso da agricultura em Sacalina e declararam categoricamente que a exploração de terras era impossível.

Esta divergência de opiniões deve-se ao facto de a agricultura deste território ter sido analisada por pessoas que desconheciam a realidade da situação. A colónia foi fundada numa ilha ainda inexplorada; do ponto de vista científico era uma *terra incognita*; só avaliaram as suas condições naturais e as suas possibilidades para o desenvolvimento da agricultura, segundo dados como o grau de latitude, a proximidade do Japão, a existência de bambu, de sobreiros, etc. Os correspondentes ocasionais, que vinham à Ilha, emitiam opiniões baseando-se muitas vezes, nas primeiras impressões, em factores como o bom ou o mau tempo, o pão e a manteiga que lhes ofereciam em certas isbás e o facto de chegarem primeiro a um lugar tão sinistro como Duí ou a um tão transbordante de vida como Siantsy.

Muitos funcionários encarregados de dirigir a colónia agrícola não tinham sido, antes de ocuparem estes lugares, nem proprietários de terras nem camponeses e não sabiam absolutamente nada de agricultura. Para fazerem os seus registos, serviam-se apenas das informações recolhidas pelos inspectores. Os agrónomos locais eram pouco competentes na sua especialidade e não faziam nada; em certos casos, os seus relatos distinguiam-se por um carácter manifestamente tendencioso ou então, como chegavam à colónia vindos directamente dos bancos da escola, nos primeiros tempos limitavam-se a abordar os aspectos formais e teóricos do assunto, e nos seus relatórios serviam-se também das informações recolhidas em diversas secretarias por funcionários medíocres[173].

Pareceria lógico que as pessoas que lavram e semeiam a terra dessem informações mais exactas, mas verificou-se que também não se pode confiar nessa fonte. Receando que lhes retirem subsídios, que deixem de lhes dar sementes a crédito, ou que tenham de ficar em Sacalina para o resto da vida, os colonos costumam indicar superfícies e colheitas inferiores à realidade. Os exilados mais abastados, que não têm necessidade de subsídios, também não dizem a verdade, não pelo receio, mas pelos mesmos motivos que levaram Polónio[174] a afirmar que uma nuvem podia ser, ao mesmo tempo, parecida com um camelo e com uma doninha. Acompanham atentamente as modas e as ideias predominantes, de maneira que, se a administração local não acredita na agricultura, eles também não acreditam; e, se a moda for na direcção contrária, começam a defender que, em Sacalina, graças a Deus, se pode viver, que as colheitas são boas, que o único senão é que as pessoas se tornaram muito exigentes, etc., etc. Além disso, para agradarem às autoridades, são capazes de recorrer às mentiras mais grosseiras e a todos os subterfúgios possíveis e imaginários. Uma vez, por exemplo, foram ao campo, escolheram as espigas mais cheias e ofereceram-nas a Mitsul; o bom homem acreditou no que via e concluiu que a colheita tinha sido excelente. Mostram aos visitantes batatas do tamanho de uma cabeça, rábanos e melancias de quase meio *pud* (oito quilogramas), e os viajantes, ao verem estes fenómenos, julgam que o trigo pode chegar a crescer numa proporção de quarenta para um[175].

Durante a minha estada em Sacalina, a questão agrícola atravessava uma fase crítica e era bem difícil entender fosse o que fosse. O governador-geral, o comandante da Ilha e os chefes de distrito não acreditavam na produtividade da colónia; na sua opinião, já não havia nenhuma dúvida de que a tentativa de associar a actividade dos deportados ao trabalho do campo tinha sido um tremendo fracasso, nem de que insistir no propósito de fazer de Sacalina uma colónia agrícola seria gastar o dinheiro do Tesouro a fundo perdido e sujeitar as pessoas a sofrimentos inúteis. Para ilustrar o que acabo de dizer, transcrevo as palavras que anotei ditadas pelo governador-geral:

«A implantação de uma colónia penitenciária de tipo agrícola em Sacalina é impossível. Há que dar evidentemente a esta gente um meio de ganhar a vida, mas a agricultura local só poderá ser um complemento.»

Os funcionários subalternos diziam o mesmo e, até na presença dos chefes, criticavam sem receio o passado da Ilha. Quanto aos colonos, quando se lhes perguntava como estavam a correr as coisas, respondiam com humor, com um ar desesperado ou com um sorriso amargo nos lábios. Apesar desta opinião unânime e bem arreigada, os colonos continuam a lavrar e a semear, e a administração continua a fornecer sementes a crédito. E o comandante da Ilha, que é o primeiro a não acreditar na viabilidade da agricultura no seu território, continua a promulgar despachos, nos quais, «com o objectivo de envolver os deportados no nosso desenvolvimento agrícola», confirma que a mudança para o estatuto de camponeses de quem que não tiver perspectivas de êxito na agricultura «não poderá, em caso algum, ter lugar» (n.º 276, 1890). O fundo psicológico destas contradições escapa-me por completo.

Até à data, as superfícies das terras exploradas referidas nos relatórios são seleccionadas e exageradas (ordem do dia n.º 366, 1888) e ninguém poderá determinar com exactidão a média de terra que cabe a cada proprietário. O inspector da agricultura fixa esse número em mil, quinhentas e cinquenta e cinco *sájenes* quadradas (oitenta ares) ou dois terços de *deciatina* e, em particular, para o melhor dos distritos, o de Korsakovsk, em novecentas e trinta e cinco *sájenes* quadradas (quarenta e dois ares). Em primeiro lugar, pode acontecer que esses números sejam falsos; têm pouco significado, tanto mais que a distribuição das terras é bastante desigual: os que vieram da Rússia com dinheiro, ou que souberam enriquecer por meios pouco confessáveis, possuem três, cinco e até oito *deciatinas* de terra arável; em contrapartida, há muitos colonos, sobretudo no distrito de Korsakovsk, que só dispõem de algumas *sájenes* quadradas. É provável que o número absoluto das culturas aumente todos os anos, mas não o número médio, que ameaça converter-se numa ameaça constante[176].

As sementes são todos os anos fornecidas a crédito pelo Tesouro. Em 1889, no melhor dos distritos — o de Korsakovsk —, «da quantidade total dos grãos semeados, que ascendia a dois mil e sessenta *puds* (trezentos e trinta quintais), apenas cento e sessenta e cinco *puds* (vinte e sete quintais) foram fornecidos pelos agricultores, e, dos seiscentos e dez utilizadores, só cinquenta e seis tinham as suas próprias sementes (nota de serviço n.º 318, 1889). Segundo os dados fornecidos pelo inspector da agricultura, só se semeia uma média de três *puds* e dezoito libras (cinquenta e seis quilogramas e meio) de cereais por adulto e esse número ainda é inferior no distrito meridional. É curioso verificar que a agricultura é menos florescente no distrito onde o clima é mais favorável do que nos distritos setentrionais, o que não o impede de ser realmente o melhor.

Nos dois distritos da zona norte, nunca se observou uma quantidade de calor suficiente para uma maturação completa da aveia e do trigo e só há registos de dois anos em que o calor permitiu a maturação da cevada[177]. A Primavera e o princípio do Verão são quase sempre frios; em 1889, registaram-se geadas em Julho e Agosto e as intempéries do Outono começaram a 24 de Julho e prolongaram-se até fins de Outubro. É possível combater o frio e a aclimatação dos cereais; seria até uma tarefa muito compensadora, se não fosse a humidade excepcional que aqui se faz sentir e contra a qual, julgo, não se pode lutar. No momento da formação, da floração e sobretudo da maturação das espigas, a quantidade de precipitação é tão desproporcionada que só se obtêm grãos meio maduros, aquosos, enrugados e de baixa densidade. Outras vezes, as chuvas são tão abundantes que causam o apodrecimento das colheitas ou a germinação das gavelas nos campos. A época da ceifa, sobretudo a dos cereais de primavera, coincide quase sempre com as chuvas mais abundantes; às vezes, como a água cai sem parar desde Agosto até meio do Outono, as colheitas ficam nos campos. No relatório do inspector da agricultura, é apresentado um quadro das colheitas dos últimos cinco anos, baseado em dados a que o comandante da Ilha chama «invenções inúteis». A partir desse quadro, poderia concluir-se que o rendimento é aproximadamente de três para um, o que é confirmado com outros números: a colheita de 1889 deu em média onze *puds* (cento e oitenta quilogramas) por adulto, isto é, três vezes mais do que aquilo que foi semeado. A qualidade do grão foi má. Ao examinar os lotes de sementes trazidos pelos camponeses que as queriam trocar por farinha, o comandante da Ilha descobriu que alguns eram impróprios para semente e que outros estavam misturados com uma quantidade de grãos verdes ou estragados pelas geadas (nota de serviço n.º 41, 1889).

Com uns rendimentos tão miseráveis, o pobre proprietário de Sacalina deveria, para matar a fome, dispor de quatro *deciatinas* de terra arável, não se poupar a esforços e não ter de pagar aos empregados que trabalham para ele. Quando, num futuro próximo, a monocultura permanente, sem pousio nem adubo, tiver esgotado os solos e os colonos «sentirem necessidade de recorrer a métodos de cultura mais racionais e a outro sistema de rotação, será preciso mais terra e mais trabalho; então esta actividade, que se revelou improdutiva e deficitária, será forçosamente abandonada.»

Ao que parece, a horticultura, esse ramo da agricultura, cujo sucesso depende mais dos esforços pessoais e dos conhecimentos do proprietário do que das condições naturais, tem dado bons resultados. E esse êxito já foi demonstrado pelo facto de haver famílias inteiras que se alimentam durante todo o Inverno unicamente de rutabagas. No mês de Julho, quando uma mulher de Aleksandrovsk se queixava de o seu jardim ainda não ter dado flores, vi, numa isbá de Korsakovsk, um crivo cheio de pepinos. No relatório do inspector da agricultura, mostra-se que a colheita de 1889 rendeu, no distrito do Tym, quatro *puds* e um décimo (sessenta e seis quilogramas) de couves e cerca de dois *puds* (trinta e dois quilogramas e quinhentos) de raízes comestíveis diversas; no de Korsakovsk, deu quatro *puds* (sessenta e quatro quilogramas) de couves e quatro *puds* e um oitavo (sessenta e sete quilogramas) de raízes. No mesmo ano, por adulto, produziram-se: cinquenta *puds* (oitocentos e vinte quilogramas) de batatas no distrito de Aleksandrovsk; dezasseis *puds* (duzentos e sessenta e dois quilogramas) no do Tym; trinta e quatro *puds* (quinhentos e cinquenta e sete quilogramas) no de Korsakovsk. Em geral, as colheitas de batatas são boas, o que é confirmado não só pelos números, mas também pela impressão com que fiquei; não vi celeiros nem sacos de cereais; não vi gente a comer pão de trigo, ainda que se semeie mais trigo do que centeio. No entanto, vi batatas em todas as isbás e ouvi as pessoas queixarem-se de que muitas apodreciam durante o Inverno. Com o desenvolvimento da vida citadina, começa a sentir-se cada vez mais a necessidade de um mercado. Em Aleksandrovsk existe já um espaço onde as camponesas vêm vender legumes, e pelas ruas começa também a ser frequente haver exilados que vendem pepinos e toda a espécie de produtos hortícolas. Em alguns lugares do Sul, como no Primeiro Barranco, a horticultura regista já uma produção apreciável[178].

A cultura dos cereais é considerada a principal ocupação dos deportados. A caça e a pesca são ocupações secundárias que proporcionam recursos acessórios. Mas, para um caçador, a fauna dos vertebrados de Sacalina é maravilhosa. Os animais mais apreciados pelas suas peles são a zibelina, a raposa e o urso, que aqui existem em abundância[179]. O território das zibelinas cobre toda a Ilha. Diz-se que, em consequência do corte de florestas e dos incêndios, elas se afastaram, já há algum tempo, dos lugares povoados. Não sei em que medida esta observação é verídica. Vi o vigilante de Vladimirovka abater uma com um revólver, muito perto da aldeia, quando o animal ia a atravessar um regato em cima de um tronco de árvore. Além disso, os caçadores com quem falei não se afastam muito da colónia onde vivem. As raposas e os ursos também povoam toda a Ilha. Antes, os ursos não atacavam os homens nem os animais domésticos e eram considerados pacíficos; no entanto, desde que os exilados começaram a estabelecer-se no curso alto dos rios e a abater as florestas, barrando-lhes o caminho de acesso aos peixes, que constituem o seu principal alimento, nos registos paroquiais e nos «boletins de ocorrências» começou a aparecer uma nova causa de morte: «despedaçado por um urso». Actualmente, o urso é considerado um fenómeno perigoso e lutar contra ele é um caso sério. Também há renas, veados-almiscareiros, nútrias, fuinhas, linces; os lobos são raros e os arminhos e os tigres ainda são mais raros[180]. Apesar desta profusão, a caça destinada ao comércio de peles é quase inexistente.

Só os oportunistas a quem as negociatas permitem arrecadar grandes fortunas se dedicam a esse comércio, comprando peles aos indígenas a um preço irrisório ou em troca de álcool; mas, neste caso, já não se trata de caça, porque estamos perante actividades de outra ordem. Conta-se pelos dedos o reduzido número de exilados que se dedicam à caça. Na maior parte dos casos, não são profissionais, mas amadores apaixonados por esta actividade, que caçam sem cães e com espingardas de má qualidade, apenas para se divertirem. Vendem as peças que matam por tuta-e-meia ou por bebida. Um deportado de Korsakovsk a quem comprei um cisne selvagem pediu-me «três rublos ou uma garrafa de *vodka*». Parece-me que a caça nunca chegará a desenvolver-se à escala de uma indústria, precisamente por ser praticada por exilados. Para se ser caçador profissional, tem de se ser independente, ousado, vigoroso; ora os colonos são, na sua maioria, pessoas de carácter fraco, indecisas, melancólicas; na sua terra natal, não eram caçadores, não sabem manejar uma espingarda, e esta actividade livre é tão estranha para a sua alma oprimida, que, levados pela necessidade, preferem — ainda que correndo o risco de serem punidos — degolar uma vitela adquirida a crédito ao Estado do que ir até à floresta e atirar a uma lebre ou a um tetraz-grande. Além disso, na minha opinião, a extensão desta actividade nem seria desejável numa colónia essencialmente dedicada à regeneração de pessoas condenadas por homicídio. Não se pode permitir que um antigo assassino mate animais com frequência e se entregue às operações brutais típicas de uma caçada, como matar uma perdiz torcendo-lhe o pescoço ou exterminar uma rena com um punhal, etc.

A principal riqueza de Sacalina e o seu futuro — talvez feliz e invejável — não está, como se pensa, nem nas peles dos animais nem no carvão, mas na pesca sazonal. Uma boa parte e até a massa inteira dos elementos que os rios arrastam para o oceano voltam todos os anos ao continente sob a forma de peixes migratórios. O *Salmo lagocephalus*, que possui as dimensões, a cor, e o sabor do salmão da Europa e vive na parte norte do Oceano Pacífico, entra em certos períodos de vida no curso de alguns rios da América e da Sibéria com uma força irreprimível, em quantidades realmente incalculáveis, e sobe a corrente com uma velocidade louca, até alcançar as mais altas torrentes das montanhas. Em Sacalina, esse fenómeno dá-se no fim de Julho e no primeiro terço de Agosto. A quantidade de peixe é tanta e o seu avanço é tão impetuoso, tão extraordinário, que quem não tiver visto este fenómeno com os seus próprios olhos não o consegue imaginar. Pode avaliar-se a rapidez e a densidade dos peixes pelo aspecto dos rios: a sua superfície parece entrar em ebulição, a água sabe a peixe, os remos entram com dificuldade e lançam para o ar os animais em que esbarram. Quando penetra no estuário dos rios, o salmão está cheio de saúde e de vigor, mas a luta incessante contra a corrente, o amontoamento, a fome, a fricção de uns contra os outros, as colisões com os troncos submersos e com as pedras deixam-nos esgotados; enfraquece, o corpo fica coberto de equimoses, a carne torna-se flácida e branca, os dentes sobressaem-lhe nas mandíbulas. O seu aspecto muda tanto que os não entendidos na matéria julgam que se trata de outra espécie e às vezes chamam-lhe até «solho-rei». Pouco a pouco, fica debilitado, deixa de poder resistir à corrente, atrasa a marcha nas enseadas ou atrás dos troncos e enterra a boca nas margens; então podemos apanhá-lo à mão e os ursos tiram-no à patada. Por fim, completamente esgotado pela desova e pela falta de alimento, morre; e, ao longo do rio, vêem-se inúmeros espécimes que dormem o sono eterno, enquanto as margens dos cursos superiores se cobrem de peixes rebentados que exalam um odor pestilento. A todos os sofrimentos que o peixe suporta no período reprodutivo dá-se o nome de «migração para a morte», porque é a esta que tal percurso conduz inevitavelmente: nenhum salmão regressa ao oceano, porque morrem todos no rio. Como diz Middendorf: «é o desenvolvimento do conceito de migração, o impulso irreprimível da atracção erótica, levado até à morte. E quem havia de pensar que um ideal destes pudesse existir no pequeno cérebro de um peixe húmido e frio?»

A migração do arenque não é menos interessante: este peixe aparece periodicamente nas costas pela Primavera, normalmente na segunda quinzena de Abril. O arenque surge em bancos colossais, «em quantidades inverosímeis», de acordo com a expressão usada pelas testemunhas. Pode detectar-se a aproximação do arenque por certos sinais característicos: uma faixa de espuma branca que cobre uma vasta extensão de mar, bandos de gaivotas e de albatrozes, baleias que lançam jactos de água e grupos de leões-marinhos. Que quadro maravilhoso! As baleias que seguem os arenques eram tantas na Baía do Aniva que o navio de Krusenstern ficou cercado, não conseguiu avançar e foi obrigado a regressar a terra «com prudência». Durante a migração do arenque, o mar parece estar a ferver[181].

É impossível avaliar, ainda que aproximadamente, a quantidade de peixe que se pode capturar em cada estação do ano nos rios e nas costas de Sacalina. Contudo, ninguém duvida de que são números astronómicos.

Em todo o caso, pode dizer-se sem exagerar que a organização da indústria pesqueira em grande escala, com mercados tão antigos e importantes como os do Japão e os da China, poderia render milhões de rublos. Quando Sacalina-Sul estava nas mãos dos japoneses e a indústria da pesca estava ainda nos seus primórdios, o peixe já rendia perto de meio milhão de rublos por ano. Segundo os cálculos de Mitsul, para a extracção do óleo de baleia nessa parte da Ilha, seriam necessários seiscentos e onze barris e quinze mil *sájenes* de madeira. E só o arenque representava uma entrada anual de duzentos e noventa e cinco mil e oitocentos e seis rublos.

Com a ocupação russa desta região, a actividade pesqueira entrou numa fase de decadência que se tem prolongado até aos nossos dias. «Num lugar que até há pouco tempo fervilhava de vida, que proporcionava alimento aos ainus e lucros significativos aos patrões», escrevia em 1880 L. Deuter[182], «temos agora quase um deserto.» A pesca praticada pelos exilados dos dois distritos setentrionais é insignificante e não há outro adjectivo para a qualificar. Estive no Tym na altura em que o salmão tinha alcançado o curso superior do rio e, ao longo das verdes margens, vi, aqui e ali, pescadores solitários que apanhavam com um arpéu peixes meio mortos. Há alguns anos, a administração, com o objectivo de arranjar maneira de os exilados ganharem dinheiro, começou a encomendar-lhes peixe salgado. Estes adquirem o sal a preço baixo e a crédito; depois, para os encorajar, a prisão compra-lhes o peixe a preços elevados. Mas o ganho é insignificante e só refiro esta actividade porque, segundo a opinião dos detidos, a sopa que é feita na prisão com esse peixe tem um sabor particularmente repugnante e um cheiro insuportável. Os colonos não sabem pescar nem preparar o peixe e ninguém lhes ensina como devem proceder. A prisão fica com os melhores lugares de pesca e deixa para os exilados os rápidos e os baixios onde os troncos submersos e as pedras rasgam as modestas redes que eles próprios fabricaram. Quando estive em Derbinskoie, vi reclusos que pescavam por conta da prisão. O comandante da Ilha, general Kononovitch, reuniu todos os colonos e fez-lhes um discurso no qual os recriminava por terem vendido à prisão um peixe intragável e disse-lhes: «O condenado a trabalhos forçados é vosso irmão e é meu filho. Quando enganam o Tesouro, estão a lesar o vosso irmão e o meu filho.» Os colonos deram-lhe razão, mas via-se-lhes nos rostos que, no futuro tal como no passado, os irmãos e os filhos continuariam a comer peixe malcheiroso. Mesmo que os colonos venham um dia a aprender a preparar o peixe, essa nova actividade não trará grandes vantagens à população, porque a inspecção sanitária vai acabar, mais tarde ou mais cedo, por proibir o consumo de espécimes capturados no alto dos rios.

Em 25 de Agosto assisti a uma pescaria executada por prisioneiros, em Derbinskoie. A chuva que caía com abundância dava à natureza um aspecto desolador, e era difícil andar pelas margens escorregadias. Primeiro, entrámos num pavilhão onde dezasseis condenados a trabalhos forçados salgavam o peixe, sob as ordens de Vassilenko, um antigo pescador de Taganrog. Já tinham enchido cento e cinquenta barricas, cerca de dois mil *puds* (trinta e dois mil e setecentos e cinquenta quilogramas). E eu pensava que, se Vassilenko não tivesse aterrado na colónia

penal, ninguém aqui saberia preparar o peixe. Na encosta que ia do pavilhão até à margem, seis prisioneiros esventravam o peixe com facas
bem afiadas, deitando as vísceras no rio. A água estava vermelha e turva; um forte cheiro a peixe e a lama misturada com sangue empestava
o ar. Um pouco à parte, uns prisioneiros completamente encharcados,
descalços ou com os pés embrulhados em trapos, deitavam uma pequena chincha à água. Lançaram-na duas vezes à minha frente e, das duas
vezes, a rede veio cheia. Todos os salmões tinham um aspecto extremamente duvidoso: dentes à mostra, dorso arqueado, corpo cheio de
manchas. Quase todos tinham a barriga acastanhada ou esverdeada e
segregavam excrementos líquidos. Uma vez lançado na margem, o peixe desfalece depressa, se é que já não desfaleceu na água ou enquanto
se debatia na rede. Aos raros espécimes que não têm manchas dão-lhes
o nome de «dorso de prata»; os homens põem-nos à parte com mil precauções, não para irem parar ao rancho da prisão, mas para preparem
com eles «belos pratos de *balyk*».

As pessoas daqui não conhecem bem a história dos peixes migratórios e ainda não compreenderam que os devem pescar nos estuários ou
no curso inferior dos rios, já que mais acima ele é impróprio para consumo. Ao navegar pelo Amur, ouvi os velhos habitantes dessas terras ri-
beirinhas queixarem-se de lhes apanharem todo o salmão no estuário e
de só lhes deixarem o solho-rei. No barco também se dizia que já era
tempo de regular a pesca, isto é, de a proibir no curso inferior dos
rios[183]. Enquanto no curso superior do Tym os prisioneiros e os colonos apanhavam uns peixes descarnados, meio mortos, na foz os contrabandistas japoneses barravam as águas com a ajuda de uma paliçada e,
no curso inferior do rio, os guiliaks capturavam para os cães um peixe
incomparavelmente mais fresco e mais saboroso do que aquele que era
preparado para o consumo humano no distrito do Tym. Os japoneses
carregavam juncos e até barcos de grandes dimensões; o belo navio que
Poliakov viu no estuário do Tym em 1881 voltou provavelmente aqui
este Verão.

Para que a pesca venha a ser uma indústria digna deste nome, há que
aproximar mais a colónia dos estuários do Tym ou do Poronai. Mas só
esta condição não chega. É também indispensável evitar a concorrência
entre colonos e residentes livres, porque não há estruturas, e quando há
interesses em conflito, os segundos impõem-se aos primeiros. Além
disso, há concorrência com os japoneses, que pescam ilegalmente ou
pagando direitos alfandegários, e com os funcionários que reservam para a indústria da prisão os melhores lugares de pesca. Dentro de pouco

tempo, o traçado da via-férrea siberiana estará pronto e, com o desenvolvimento da navegação e os rumores que se ouvem sobre as incríveis
riquezas de peixe e de peles de Sacalina, muitas pessoas livres terão
vontade de vir para a Ilha. Será o princípio da imigração, e criar-se-ão
verdadeiras empresas de pesca, nas quais os deportados não figurarão
como proprietários mas como meros trabalhadores à jorna. Em seguida, a julgar por outros casos análogos, começará a exigir-se que uma
parte desse trabalho seja feita por homens livres, incluindo chineses e
coreanos. Do ponto de vista económico, a comunidade de exilados será uma carga para a Ilha e, perante uma imigração crescente e o desenvolvimento da vida sedentária e industrial, o próprio Estado julgará
mais equitativo e mais vantajoso ficar do lado da população livre e pôr
termo à deportação. Assim, o peixe fará a riqueza de Sacalina, mas não
a da colónia penitenciária[184].

Já falei da apanha da couve-marinha, quando descrevi Maúka. As
pessoas que se dedicam a esta indústria, de 1 de Março a 1 de Agosto,
ganham entre cento e cinquenta a duzentos rublos, gastam um terço
deste dinheiro em comida e levam para casa dois terços. É um bom trabalho, mas infelizmente, por ora, só está ao alcance dos habitantes do
distrito de Korsakovsk. Como os trabalhadores são pagos de acordo
com o peso dos produtos que apanham, os ganhos estão em relação directa com a experiência, o esforço e o conhecimento de cada um, qualidades que não são inerentes a todos os degredados. Por isso, há muitos que não podem ir para Maúka[185].

Há, entre os deportados, muitos carpinteiros, marceneiros, alfaiates,
etc., mas a maioria não faz nada ou dedica-se à agricultura. Um prisioneiro serralheiro mecânico fabrica espingardas e já vendeu quatro para
o continente; outro operário faz umas pequenas correntes de aço; um
terceiro faz esculturas de gesso. Mas essas espingardas, correntes e co-
fres vendidos a preços exorbitantes dão uma imagem da economia da
colónia tão errada como o facto de um colono do Sul se dedicar a apanhar ossos de baleia na costa ou outro a apanhar holoturióides. Todas
estas tarefas não passam afinal de actividades ocasionais. Os belos e
elegantes artigos de madeira que vi na exposição da cadeia só provam
que às vezes vão parar à colónia penal excelentes marceneiros. Mas essas obras não têm qualquer relação com a penitenciária, porque não é
ela que promove o escoamento dos produtos nem tão-pouco forma os
artesãos. Até há pouco tempo, a prisão apenas se servia do trabalho de

artesãos já qualificados. Por outro lado, a oferta excede largamente a procura. «Aqui, nem sequer há forma de pôr a circular notas falsas», disse-me um recluso. Os carpinteiros trabalham por vinte copeques por dia, sem direito a comida, e os alfaiates são pagos em *vodka*[186].

Se fizermos um balanço do rendimento médio que o deportado obtém da venda de sementes ao Tesouro, da caça, da pesca, etc., obtemos o número bastante miserável de vinte e nove rublos e vinte e um copeques[187], porque cada lar deve em média a esse mesmo Tesouro trinta e um rublos e cinquenta e um copeques. Como a soma dos rendimentos inclui também o fornecimento a crédito de víveres, os subsídios do Estado e o dinheiro que os deportados recebem pelo correio, e como estes ganhos provêm essencialmente do trabalho que lhes dá a administração (que, às vezes, lhes paga deliberadamente preços mais elevados), uma boa parte desse rendimento é pura ficção e a dívida ao Estado é muito maior do que parece.

XIX

A alimentação dos deportados — Género e modo de distribuição das refeições na penitenciária — A roupa — A igreja — A escola — O nível de instrução

Enquanto é mantido pelo Estado, o deportado de Sacalina recebe diariamente três libras (mil duzentos e trinta gramas) de pão, quarenta *zolotniks* (cento e setenta gramas) de carne, cerca de quinze *zolotniks* (setenta e cinco gramas) de sêmola e vários produtos alimentares no valor de um copeque; e nos dias magros a carne é substituída por uma libra (quatrocentos e dez gramas) de peixe. Para determinar se esta distribuição é adequada às verdadeiras necessidades do desterrado, utiliza-se um método muito pouco rigoroso, que consiste em cálculos comparativos, muitas vezes meramente aparentes, de dados relativos à alimentação de diferentes grupos de população, tanto na Rússia como no estrangeiro. Se, nos cárceres de Saxe ou da Prússia, os detidos só têm carne três vezes por semana, à razão de menos de um quinto de libra (oitenta gramas) por pessoa e se o camponês de Tambov consome quatro libras (mil e seiscentos gramas) de pão por dia, isso não significa que o deportado de Sacalina tenha muita carne e pouco pão, mas simplesmente que as autoridades alemãs receiam ser acusadas de filantropia excessiva e que a alimentação do camponês de Tambov se caracteriza pelo seu elevado teor de pão. Do ponto de vista prático, é extremamente importante que o cálculo da ração alimentar de um grupo, seja ele qual for, comece por uma análise qualitativa e não quantitativa, acompanhada por um estudo das condições de vida naturais e habituais desse grupo. Sem esta individualização rigorosa, nunca se obterão mais do que respostas unívocas que só poderão, quanto a mim, satisfazer alguns formalistas.

Num dia de calor, em que o ar da taiga era sufocante, quando regressava de Krássni-Iar com o inspector da agricultura, o senhor Von Fricken (ele a cavalo e eu de caleche), vi os prisioneiros que trabalhavam na estrada, de cabeça descoberta e camisa empapada em suor. Quando cheguei ao pé deles, os reclusos, que me tomaram sem dúvida por um funcionário do Estado, mandaram parar os meus cavalos e fizeram-me queixas de que lhes davam um pão intragável. Quando lhes disse que seria melhor queixarem-se à direcção, responderam-me:

— Já apresentámos queixa ao senhor Davidov, chefe dos guardas, que nos acusou de sermos rebeldes.

Na verdade, o pão era abominável. Quando o partíamos, viam-se umas fininhas gotas de água que brilhavam ao sol; além disso, a massa ficava colada aos dedos, tinha um aspecto sujo e viscoso que repugnava ter nas mãos. Apresentaram-me vários bocados de pão: todos estavam mal cozidos, com uma farinha mal moída, e provavelmente com o peso aumentado por alguma habilidade inconfessável. O pão tinha sido cozido em Novo-Mikhailovka, sob a responsabilidade de Davidov, o chefe dos guardas.

Devido a diversos aditivos, as três libras de pão que fazem parte da ração contêm muitas vezes muito menos farinha do que a que é exigida na *Tabela*[188]. Os presos padeiros de Novo-Mikhailovka, cidade a que acabo de me referir, vendem a sua ração de pão e alimentam-se da farinha que tiram. Na prisão de Aleksandrovsk, distribuem um pão decente; os que vivem na cidade têm um pão de pior qualidade, e o que é entregue aos trabalhadores das obras afastadas do Posto é ainda pior. Por outras palavras, só é bom o pão que se teme que possa vir a ser analisado pelo chefe do distrito ou pelo inspector das prisões. Para aumentarem o peso, padeiros e guardas encarregados das rações recorrem a toda a espécie de subterfúgios, já usados em experiências na Sibéria, dos quais um dos mais inocentes consiste em regar a farinha com água a ferver. Antigamente, no distrito do Tym, para aumentar o peso do pão, misturava-se farinha com argila peneirada. É fácil perpetrar abusos desta ordem, porque os funcionários não podem passar o dia inteiro na padaria e inspeccionar cada ração, e porque os detidos quase nunca se queixam[189].

Quer o pão seja de boa ou de má qualidade, ninguém consome geralmente toda a sua ração. Os detidos economizam-no, porque, segundo um hábito há muito estabelecido, tanto nas prisões como nos lugares de exílio russo, o pão distribuído pela administração serve, de algum modo, de moeda corrente. O recluso paga com pão a quem lhe limpa a cela, a quem trabalha em vez dele, a quem o ajuda a satisfazer os seus pecadilhos; paga com pão as linhas, as agulhas, o sabão. Para variar a sua alimentação frugal, terrivelmente monótona e sempre demasiado salgada, guarda o pão e troca-o no *maidan* por leite, pão branco, açúcar, *vodka*... O pão escuro deixa muitos caucasianos doentes; por isso, trocam-no assim que podem. Deste modo, se bem que as três libras de pão estabelecidas pela *Tabela* pareçam, em termos quantitativos, totalmente suficientes, quando se descobre a sua natureza qualitativa e os costumes da prisão, o valor da ração torna-se fictício e os números perdem a sua força. A carne que se consome é unicamente carne salgada e acontece o mesmo com o peixe[190] e, tanto uma como o outro, são servidos na sopa. A sopa, o «rancho» da prisão, é uma mistela meio líquida, de sêmola ou de batatas espapaçadas onde bóiam uns bocados vermelhos de carne ou de peixe. Alguns funcionários dizem que é muita boa, mas nem se atrevem a prová-la. Até a sopa que é preparada para os doentes tem sal a mais. Há várias circunstâncias que podem contribuir para influenciar o sabor, a cor e o odor da comida, tais como a espera de uma visita à prisão, o fumo de algum navio no horizonte ou uma discussão entre cozinheiros e guardas à volta dos caldeirões. O cheiro é por vezes tão repugnante que nem a pimenta nem as folhas de louro conseguem disfarçá-lo. Neste aspecto, a sopa de peixe goza de uma péssima reputação e é fácil compreender porquê: em primeiro lugar, é um alimento que se deteriora com facilidade e, por isso, começa-se habitualmente por utilizar as reservas que começam a apodrecer; em segundo lugar, vai parar à panela o peixe doente que os exilados pescam nos cursos superiores dos rios. Houve um tempo em que se alimentavam os presos de Korsakovsk com sopa de arenque salgado. Segundo o director dos Serviços de Saúde, a sopa não sabia a nada, o arenque desfazia-se rapidamente em bocadinhos, a presença de pequenas espinhas dificultava a deglutição e provocava inflamações do tracto gastrointestinal. Ignora-se a frequência destes casos, mas sabe-se que os detidos deitam muitas vezes fora o conteúdo da sua escudela por este ser intragável[191].

Como comem os reclusos? Não há refeitórios. Ao meio-dia, dirigem-se em fila indiana para o barracão ou para o alpendre onde se encontra a cozinha, como se estivessem na fila da bilheteira de uma estação de caminhos-de-ferro. Todos levam um recipiente na mão. Nesse momento, a sopa está pronta, e já em papas, a ferver nos caldeiros tapados. O cozinheiro, armado de uma vara comprida, na ponta da qual fixou um púcaro que mergulha no caldeirão, vai servindo a ração a quem passa diante dele; com o púcaro, o cozinheiro pode tirar dois bocados de carne ou nenhum, como ele quiser. Quando chega a vez dos últimos, a sopa já se transformou numa massa morna colada ao fundo do caldeiro que se tem de diluir com água[192]. Depois de receberem a ração, os presos vão-se embora; uns comem de pé; outros sentam-se no chão e outros nas tarimbas das celas. Ninguém os vigia, ninguém os obriga a comer nem os impede de vender ou de trocar a ração. Ninguém se preocupa em saber se toda gente foi servida ou se alguém ficou a dormir. Quando se diz aos responsáveis pela cozinha que, entre os prisioneiros, há homens abatidos e doentes mentais que têm de ser vigiados e por vezes alimentados à força, essa observação apenas provoca uma expressão de espanto nos rostos e a seguinte resposta: «Não podia saber isso, Excelência.»
Somente 25% a 40% das pessoas que são alimentadas a expensas do Estado comem na prisão; as demais recebem os víveres directamente[193]. Esta maioria divide-se em duas categorias: umas consomem a ração em casa, com a família ou com o seu co-proprietário; outras, que foram mandadas para serviços afastados, comem no local de trabalho. Cada condenado desta última categoria prepara as suas refeições, quando acaba o dia de trabalho, numa marmita de lata, a não ser que a chuva o impeça ou que a fadiga o deixe a morrer de sono. Está cansado, esfomeado e, muitas vezes, para não perder o tempo que lhe faz falta para repousar, come a carne ou o peixe salgados completamente crus. O vigilante não se preocupa em saber se os reclusos adormeceram à hora da distribuição da sopa, se venderam a ração ou se a perderam ao jogo, se os víveres se estragaram, ou se o pão ficou encharcado com a chuva. Em certos casos, alguns devoram a ração de três ou quatro dias numa só vez e, nos dias seguintes, apenas comem pão ou jejuam. Segundo o director dos Serviços de Saúde, os que trabalham à beira-mar ou à beira-rio não desdenham os peixes ou os moluscos trazidos pelas ondas e, para ou-

tros, a taiga fornece-lhes diversos tipos de raízes, muitas vezes venenosas. De acordo com o testemunho do engenheiro Keppen, alguns condenados que laboram nas minas chegam a comer velas de sebo[194].

Após o cumprimento da pena, os deportados continuam a receber provisões do Estado durante dois anos (e raramente três), mas depois têm de se alimentar por sua conta e risco. Não há números nem dados relativos à alimentação dos colonos, nem na literatura nem nas secretarias; mas, a julgar pelas minhas impressões pessoais, e pelas informações avulsas que fui recolhendo localmente, a base da alimentação é a batata, que, juntamente com o nabo e a rutabaga, constitui muitas vezes o único alimento das famílias durante longos períodos. Só comem peixe fresco durante a migração; quanto ao peixe salgado, não está, devido ao seu elevado preço, ao alcance de todas as bolsas[195]. Em relação à carne, nem vale a pena falar... Quem tem vacas prefere vender o leite em vez de o beber; não o guarda em recipientes de barro, mas em garrafas, que é sinal de o venderem. Regra geral, o colono está sempre disposto a vender os produtos da terra, mesmo em detrimento da saúde, pois considera esta menos importante do que o dinheiro: se não tiver economias, não pode voltar para o continente e, quando estiver em liberdade, terá tempo de matar a fome e de recuperar a saúde. Entre as plantas selvagens que lhe servem de alimento, citemos o alho-silvestre e diversos tipos de bagas como a framboesa branca, o mirtilo, a amora, a groselha, etc. Pode dizer-se que os colonos se alimentam exclusivamente de vegetais; pelo menos, uma grande maioria deles. De qualquer modo, a sua alimentação tem um baixo teor de gordura. Apesar disso, podemos dizer que têm um pouco mais de sorte do que os que comem do rancho da prisão[196].

Parece-me que os detidos recebem roupa e calçado suficientes. Dão aos prisioneiros dos dois sexos um casaco de lã e uma peliça curta por ano, enquanto os soldados, que não trabalham menos do que os condenados, só têm direito a um uniforme de três em três anos e a um capote de dois em dois. Em relação ao calçado, o detido recebe quatro pares de sapatos de salto raso e dois pares de botas curtas, ao passo que o soldado só tem direito a um par de botas altas e a dois pares e meio de solas. No entanto, o soldado vive em melhores condições sanitárias, porque tem uma cama, um lugar onde pode secar as roupas nos dias de frio e de chuva, ao passo que o recluso fica com a roupa e com o calçado estragados, porque, com falta de roupa de cama, tapa-se com o casaco e com todo o tipo de andrajos que se estragam e empestam o ar.

Como não tem meios de os secar, dorme muitas vezes com as roupas molhadas. Enquanto o prisioneiro não viver em condições mais humanas, a questão de se saber em que medida a quantidade de roupa e de calçado posta à sua disposição é suficiente continua em aberto. Quanto à qualidade, repete-se a mesma história do pão: quem vive perto das autoridades recebe vestuário e calçado melhores; quem vai trabalhar para longe recebe o pior[197].

Falemos agora da vida espiritual, da satisfação de necessidades de ordem superior. A colónia é considerada um centro correccional, mas não há nem instituições nem pessoas que se dediquem especialmente a regenerar os criminosos. O *Regulamento de Deportação* não inclui instruções nem artigos sobre esta questão, exceptuando algumas indicações relativas a casos em que um oficial superior ou um oficial subalterno das escoltas tem direito a usar as armas contra um detido ou aos momentos em que um padre deve «falar aos degredados dos seus deveres em relação à fé e à moral e explicar-lhes a importância do consolo que lhes é concedido», etc. Não há sequer concepções claras sobre o assunto, embora se costume aceitar que, em matéria de regeneração, o papel principal pertence à Igreja e à Escola e, em segundo lugar, à população livre, que, com a sua autoridade, tacto e exemplo, pode contribuir para «abrandar» os costumes.

Do ponto de vista da organização da Igreja, Sacalina faz parte do episcopado de Kamchatka, das Ilhas Curilhas e de Blagovéschensk[198]. Os bispos têm visitado muitas vezes a Ilha, fazendo as viagens com a mesma simplicidade que os padres comuns e suportando as mesmas dificuldades de deslocação e as mesmas privações. Todas as vezes que vieram lançar a primeira pedra de uma igreja, consagrar um edifício[199] ou visitar as prisões deram sempre palavras de conforto e de esperança aos deportados. Podemos avaliar a natureza do seu pastorado por um excerto da seguinte resolução de monsenhor Guri que consta das actas da igreja de Korsakovsk: «Se bem que a fé e o arrependimento ainda não sejam sentidos por todos, já muitos os sentem, como pude verificar pessoalmente; sim, foi um sentimento de fé e de contrição, que lhes fez correr lágrimas amargas durante os sermões que fiz em 1887 e em 1888. A função do cárcere não deve ser só punitiva; também deve sobretudo despertar nos prisioneiros sentimentos morais, para que, face à sua sorte, estes não caiam num desespero total.» Este ponto de vista também é partilhado pelo baixo clero. Os padres de Sacalina sempre se mantiveram à margem da ideia punitiva e sempre trataram os deportados como

homens e não como criminosos, demonstrando assim muito mais delicadeza e sentido de dever do que os médicos e os agrónomos, que, muitas vezes, se imiscuíram em assuntos que não lhes diziam respeito.

A personagem mais notável da Igreja de Sacalina é, até hoje, o padre
Simeon de Kazan, ou como lhe chamavam normalmente, o *pope* Semion, que foi titular da igreja do Aniva ou de Korsakovsk, nos anos 70.
Exercia o seu ministério, na época «pré-histórica», quando Sacalina-
-Sul não tinha estradas e quando a população russa, composta sobretudo por militares, estava dispersa em pequenos grupos por toda a região.
O pope Semion passava quase todo o tempo a deslocar-se de um grupo
para o outro: no Inverno, em trenós de cães ou de renas; no Verão, em
barcos à vela ou a pé através da taiga. De vez em quando, ficou gelado
e bloqueado pelas tempestades de neve, adoeceu pelo caminho, foi
acossado por mosquitos e ursos, naufragou nas torrentes, mergulhou
nas águas gélidas, mas suportou todos esses contratempos com uma abnegação extraordinária, e achando até que o deserto era «agradável».
Nunca se queixou de ter uma vida difícil. Nas suas relações com oficiais e funcionários, comportou-se como um excelente parceiro, nunca
recusando a sua companhia; tinha a arte de citar, no meio de piadas, um
texto religioso. Falava assim dos deportados: «Nós somos todos iguais
aos olhos do Criador» (e dizia isto num texto oficial[200]). Na sua época,
as igrejas de Sacalina eram muito pobres. Numa ocasião, enquanto con-
sagrava no iconóstase da igreja do Aniva, referiu-se do seguinte modo
a essa pobreza: «Não temos um único sino, não temos livros para celebrar o ofício divino, mas o importante é que o Senhor está neste lugar.»
Já falei antes deste padre, a propósito das Iurtás do Pope. Como soldados e deportados espalharam a sua fama por toda a Sibéria e por muitos outros lugares, o *pope* Semion tornou-se uma personagem lendária.

Actualmente, Sacalina tem quatro igrejas paroquiais: a de Aleksandrovsk, a de Duí, a de Rikovskoie e a de Korsakovsk[201]. No seu conjunto, as igrejas não são pobres. Os padres têm direito a um vencimento anual de mil rublos, cada paróquia tem um coro que sabe solfejo e
usa solenes cafetãs. Só há serviço ao domingo e nos dias de festa, nos
quais se tocam os carrilhões. No dia anterior, diz-se uma missa à meia-
-noite, e depois, às nove da manhã, celebra-se a grande missa. Não há
vésperas. Os sacerdotes não têm quaisquer obrigações especiais relativamente à composição particular do seu rebanho, e a sua actividade é
tão banal como a dos nossos padres de aldeia, isto é, só asseguram os
ofícios dos dias festivos, administram os sacramentos e ensinam nas escolas. Nunca ouvi falar de conversas particulares, de exortações, etc.[202]

Pela Páscoa, os presos vêm fazer as suas devoções e para isso são-
-lhes concedidos três dias. Quando é a vez dos prisioneiros acorrentados ou dos reclusos de Duí, um cordão de polícias cerca a igreja; dizem
que é um espectáculo medonho. Os detidos sujeitos a trabalhos forçados geralmente não vão à igreja, porque aproveitam os dias de festa para descansar, pôr os seus assuntos em ordem e apanhar bagas. Além disso, as igrejas são pequenas e, não sei porquê, estabeleceu-se o hábito de
franquear a entrada apenas a quem não usar o uniforme da prisão, isto
é, de só se deixar entrar «as pessoas decentes». Quando estive em Aleksandrovsk, por exemplo, vi nas missas que as primeiras filas da igreja
eram ocupadas pelos funcionários e pelas suas famílias; a seguir, estava
o grupo diversificado das mulheres dos soldados e dos guardas e das
mulheres livres com os filhos; depois, era a vez dos soldados e dos guardas e, atrás de toda a gente, encostados à parede, estavam os deportados
vestidos «à paisana» e os escribas da colónia penal. Um preso de cabeça rapada, com um ou dois ases de ouros nas costas, com grilhetas nos
pés ou acorrentado a um carro de mão, poderá, se o desejar, ir à igreja?
Um padre, a quem fiz esta pergunta, respondeu-me: «Não sei.»

Os deportados cumprem os seus deveres religiosos, casam-se e baptizam os filhos na igreja, se não residirem muito longe. Nas colónias afastadas, são os padres que lá vão para que os exilados «cumpram o jejum»
e recebam outros sacramentos. O padre Irakli tinha «vigários» em
Vérkhni-Armúdan e em Malo-Tymovo: eram Vorónin e Iakovenko, dois
presos que, aos domingos, liam os livros de orações. Quando o padre ia
celebrar o ofício divino numa colónia, um camponês percorria as ruas e
gritava a plenos pulmões: «Saiam de casa, que hoje há missa!» Quando
não há igrejas nem capelas, a missa é celebrada nos quartéis ou nas isbás.

Num fim de tarde, quando estive em Aleksandrovsk, recebi a visita
do sacerdote local, o padre Egor; ficou uns minutos comigo e depois
foi-se embora para celebrar um casamento na igreja. Acompanhei-o. Já
tinham acendido as luzes e o coro, com uma expressão de indiferença,
ocupava o seu lugar à esperava dos noivos. Havia muitas mulheres, prisioneiras ou livres, que olhavam para a porta com impaciência.
Ouvíamo-las cochichar. De repente, alguém, junto à porta da entrada,
fez um sinal com a mão e murmurou com uma voz emocionada: «Já
chegaram!» Os membros do coro começaram a afinar a voz. Uma onda de gente afastou-se para desimpedir a porta; ouviu-se um grito para
pôr tudo em ordem e a seguir entraram os noivos: ele, um prisioneiro
tipógrafo, que parecia ter uns vinte e cinco anos, de casaco, colarinho
engomado com as pontas dobradas e gravata branca; ela, também pri-

sioneira, três ou quatro anos mais velha do que o noivo, de vestido azul-
-escuro com rendas brancas e de flor na cabeça. Alguém estendeu um
lenço enorme no tapete. O noivo foi o primeiro a pisá-lo[203]. Os convidados masculinos, também tipógrafos, iam igualmente de gravata branca. O padre Egor saiu de trás do coro e pôs-se a folhear, durante algum
tempo, o livro que estava no atril. «Bendito seja Deus...» e deu início
à cerimónia. Quando o sacerdote depôs as coroas na cabeça dos noivos,
e orou a Deus para os unir «com glória e honra», os rostos das mulheres exprimiam ternura e alegria, como se se tivessem esquecido de que
a cerimónia se celebrava na igreja de uma prisão, numa colónia penal,
longe, muito longe, da terra natal. O padre dizia ao noivo: «Glória a ti,
ó noivo, tal como Abraão...» Terminada a cerimónia, a igreja ficou vazia; o cheiro das velas (que o guarda se apressou a apagar) encheu o ar
e a boa disposição deu lugar à melancolia. Saímos para o átrio. Chovia.
Perto da igreja, na obscuridade, havia muita gente e duas caleches: uma
para levar os recém-casados; a outra estava vazia.

«Venha, meu pai», diziam umas vozes, enquanto dezenas de braços
e de mãos se estendiam nas trevas para o padre Egor, como se o qui-
sessem agarrar. «Por favor! Dê-nos essa honra!»

Instalaram o padre na caleche e conduziram-no a casa dos recém-
-casados.

A 8 de Setembro, que era dia de festa, saí da missa com um jovem
funcionário, precisamente no momento em que traziam um cadáver numa padiola, transportado por quatro prisioneiros andrajosos, de rosto
grosseiro, embrutecido pelo álcool, semelhantes aos nossos mendigos;
atrás deles, vinham mais dois pobres esfarrapados — a reserva —, uma
mulher com duas crianças e um georgiano muito moreno, vestido «à civil» (é escriturário e chamam-lhe príncipe). Toda a gente ia apressada,
talvez com receio de já não encontrarem o padre na igreja. Kelbokiáni
disse-nos que se tratava do funeral da senhora Liálikova, uma mulher
livre, cujo marido, um deportado, tinha ido para Nikolaievsk. Deixava
duas crianças, e Kelbokiáni, que vivia em casa da defunta, não sabia o
que fazer com elas.

Como não tínhamos mais nada para fazer, eu e o meu companheiro
fomos para o cemitério sem esperarmos pelo ofício fúnebre. O cemitério fica a uma *verstá* da igreja, depois de Slobodka, numa falésia abrupta e elevada, junto ao mar. Enquanto subíamos, vimos o cortejo fúnebre
que nos estava quase a apanhar. Era evidente que a cerimónia religiosa
não tinha durado mais de dois ou três minutos. Lá de cima, podíamos

ver o féretro a balançar na padiola, enquanto o rapazinho que a mulher levava pela mão lhe puxava o braço, teimando em voltar para trás.

De um lado, tínhamos uma vista ampla sobre o Posto e arredores; do outro, víamos o mar sereno que brilhava à luz do Sol. A falésia estava cheia de campas e de cruzes. Lado a lado, erguem-se duas grandes cruzes: são as campas de Mitsul e do inspector Selivánov, assassinado por um recluso. As pequenas cruzes das campas dos deportados são todas iguais e todas anónimas. Mitsul ainda será recordado por algum tempo, mas de todos esses homens que repousam sob aquelas pequenas cruzes, desses homens que mataram, que arrastaram correntes, que se evadiram, ninguém terá necessidade de se lembrar deles. Talvez, em algum lugar da estepe ou da floresta russa, junto a uma fogueira, um velho carroceiro levado pelo aborrecimento conte os crimes de um bandido da sua aldeia. Então o seu interlocutor olhará para a escuridão e sentirá um arrepio, uma ave nocturna piará, e nisso consistirá toda a recordação. Na cruz que assinala o sítio onde está enterrado um enfermeiro deportado, podem ler-se os seguintes versos:

Caminhante, que estes versos te recordem
Que nada dura mais do que uma hora sob o céu, etc.

E no final:

Adeus, companheiro, até à manhã risonha!

E. Fiodorov

A cova, recentemente aberta, tinha já água até um quarto da sua altura. Os prisioneiros, extenuados e cheios de suor, que estavam a falar de qualquer coisa sem relação com o enterro, trouxeram o féretro e puseram-no à beira da sepultura. Era um caixão de tábuas toscas pregadas a trouxe-mouxe.

— E agora? — disse um deles.

Puseram rapidamente o caixão em baixo que tocou no fundo como se fosse uma ventosa. Torrões de argila caíram, martelando ruidosamente a tampa; o ataúde vibrou, a água jorrou; enquanto iam trabalhando com as pás, os coveiros continuavam a falar dos seus assuntos, e Kelbokiáni, que nos observava com os olhos muito abertos, queixava-se, levantando os braços para o céu:

— O que é que eu vou agora fazer com estes miúdos? Que carga! Fui falar com o inspector, pedi-lhe uma mulher, mas recusou-ma.

Aliocha, o rapazinho, de três ou quatro anos, que a mulher levava pela mão, tinha os olhos fixos na cova. Trazia uma camisola de malha muito grande para o seu tamanho, com as mangas muito compridas, e calças de um azul desbotado, com grandes remendos de um azul-vivo nos joelhos.

— Aliocha, onde está a tua mãe? — perguntou-lhe o meu companheiro.

— En-ter-ra-ram-na! — respondeu ele a gaguejar e a rir-se, apontando com um gesto despreocupado para a cova[204].

Em Sacalina há cinco escolas, sem contar com a de Derbinskoie, que está fechada por falta de professor. Durante 1889 e 1890, essas escolas foram frequentadas por duzentos e vinte e dois alunos no total: cento e quarenta e quatro rapazes e setenta e oito meninas, numa média de quarenta e quatro alunos por escola. Como a minha estada na Ilha coincidiu com o período de férias, não havia aulas; por isso, a vida interior dessas escolas, decerto muito original e interessante, é-me completamente desconhecida. A opinião pública diz que as escolas de Sacalina são pobres, miseravelmente equipadas, que a sua existência é precária, sem nada definido, com uma situação extremamente imprecisa, porque ninguém sabe se elas vão continuar abertas ou não. Estão dependentes da direcção de um funcionário da chancelaria do Comandante da Ilha. Trata-se de um jovem instruído, de um rei que reina sem governar, porque, na realidade, são os chefes de distritos e os inspectores das prisões que mandam nas escolas. Com efeito, é deles que depende quer a escolha, quer a nomeação dos professores. Estes são deportados que não exerciam tal profissão na Rússia; por outras palavras, são homens que sabem pouco do assunto e sem qualquer preparação para o desempenho de funções docentes. Ganham dez rublos por mês e a administração acha impossível pagar-lhes mais e nunca contrata homens livres, porque teria de lhes dar, pelo menos, vinte e cinco rublos. É óbvio que o ensino é considerado uma actividade de segunda ordem, porque os vigilantes que são contratados entre os exilados, cujas funções costumam ser bastante imprecisas e consistem unicamente em fazer recados aos funcionários, ganham quarenta ou mesmo cinquenta rublos por mês[205].

Na população masculina, incluindo crianças e adultos, há 29% de pessoas que sabem ler e escrever. No caso da população feminina, a percentagem desce para 9% e este número só diz respeito a pessoas em idade escolar, já que as mulheres adultas são todas analfabetas; não têm um pingo de instrução e a sua ignorância crassa deixa-nos siderados. Em parte alguma, de resto, encontrei mulheres tão estúpidas e de espírito tão lento como aqui, nesta população condenada e reduzida à escravatura. Nas crianças que vieram da Rússia, 29% sabem ler e escrever, mas esse número cai para 9% entre os meninos que nasceram em Sacalina[206].

XX

A população livre — Os graduados inferiores — Os destaca- mentos militares — Os vigilantes — A intelligentsia

Os soldados são designados por «pioneiros» de Sacalina, por já habitarem na Ilha antes de a colónia penal ter sido instituída[207]. A partir da década de cinquenta — período em que Sacalina foi ocupada — e quase até aos anos 80, os soldados, além de cumprirem as suas obrigações regulamentares, executavam também todos os trabalhos que agora são feitos pelos prisioneiros. A Ilha era um deserto, sem casas, sem estradas, sem gado; os soldados tiveram de construir quartéis e casas, de abrir atalhos, de levar os materiais às costas. Quando um engenheiro ou um cientista vinham a Sacalina para cumprir alguma missão, punham à sua disposição vários soldados que faziam as vezes de animais de carga. «Como tinha intenção de me entranhar na taiga de Sacalina», escreveu o engenheiro de minas Lopátin, «estava fora de questão ir a cavalo, ou usar animais de tiro que transportassem os meus carregamentos. Mesmo a pé, tive enormes dificuldades em atravessar montanhas escarpadas cobertas por emaranhados de troncos caídos ou pelo bambu da região. Nestas condições, tive de percorrer mais de mil e seiscentas *verstás* a pé[208].» Atrás dele iam os soldados, com a carga às costas.

O punhado de militares que ocupava a Ilha estava disperso pelas costas oeste, sul e sudoeste; aos lugares onde viviam chamavam-lhes «postos». Hoje, abandonados e esquecidos, esses postos desempenharam o mesmo papel que as actuais concessões e são considerados os embriões da futura colónia. No Posto de Muraviovsk, estava acantonada uma companhia de fuzileiros; no de Korsakovsk, estavam três companhias do 4.º batalhão da Sibéria e uma secção de artilharia de montanha. Outros postos, como o de Manúi ou de Sortunai, só tinham seis soldados,

seis homens que, isolados da sua companhia por uma distância de várias centenas de *verstás*, sob o comando de um oficial subalterno ou até
de um civil, eram uns autênticos robinsons. Levavam uma vida selvagem, extremamente monótona e aborrecida. No Verão, os postos situa-
dos junto à costa eram abastecidos por um navio que descarregava as
provisões e se ia embora; no Inverno, para os ajudar «a fazer o jejum»,
vinha um padre que, vestido com um casacão e calças de peles, mais
parecia um guiliak do que um membro do clero. Só as desgraças inter-
rompiam a monotonia: ora era um soldado arrastado pelo mar quando
conduzia uma balsa de feno, ora era outro esfacelado por um urso, ora
era outro perdido numa tempestade de neve, ou então era ainda outro
atacado por gatunos, ou era o escorbuto que fazia a sua insidiosa aparição… Às vezes, esse mesmo soldado, farto de estar encerrado num barracão sepultado na neve ou de deambular pela taiga, começava a dar sinais «de violência, de embriaguez e de insolência», e tinha de ser preso
por estar a roubar ou a desperdiçar munições, ou tinha de ir a tribunal
por ter atentado contra a dignidade de uma reclusa que já tinha companheiro[209].

Dada a diversidade das suas tarefas, os soldados não tinham tempo
de completar a instrução militar e esqueciam o que lhes tinham ensina-
do; como eles, também os oficiais se deixavam ultrapassar pela situação, e por isso as unidades militares encontravam-se num estado completamente deplorável. Cada revista dava lugar a incidentes e os
superiores não escondiam o seu descontentamento[210]. O trabalho era
duro. Quando os soldados eram destacados como sentinelas, tinham de
partir em escolta, depois iam de novo fazer guarda, segar feno ou descarregar as mercadorias do Estado; não descansavam nem de dia nem
de noite. Viviam em espaços exíguos, sujos, frios que pouco se distin-
guiam das celas da prisão. Até 1875, o Posto militar de Korsakovsk esteve instalado no presídio. O posto do guarda, propriamente dito, era
um cubículo obscuro. A este propósito, escreveu o doutor Sintsovski:
«Talvez essas condições tão horrorosas sejam admissíveis como medida punitiva no caso dos reclusos, mas a guarda militar não está nessa
situação e não deveria sofrer uma penitência semelhante à dos prisioneiros[211].» Comiam tão mal como os presos e andavam vestidos com
farrapos. Quando perseguiam os evadidos na taiga, desgastavam tanto
o uniforme e o calçado, que, uma vez, em Sacalina-Sul, os tomaram por
fugitivos e dispararam sobre eles.

Actualmente, a guarda militar da Ilha compõe-se de quatro destacamentos: o de Aleksandrovsk, o de Duí, o de Korsakovsk e o do Tym. Em Janeiro de 1890, havia ao todo mil quinhentos e quarenta e oito efectivos entre oficiais subalternos e graduados. Os soldados continuam a desempenhar tarefas muito pesadas, desproporcionadas em relação às suas forças, ao seu nível intelectual e às exigências do *Regulamento Militar*. É verdade que já não têm de desbravar caminhos, de construir quartéis, mas, tal como no passado, não podem contar com tempos de descanso, quando acabam o turno de guarda ou quando regressam das manobras, porque podem de imediato mandá-los para outros serviços: escoltar presos, segar feno ou perseguir evadidos. As necessidades da vida quotidiana afastam muitos soldados das suas tarefas fundamentais e, por isso, há uma falta constante de homens para formar as escoltas e é impossível repartir os piquetes de guarda por três turnos. Durante a minha permanência em Duí, no princípio do mês de Agosto, encontrei sessenta militares que participavam na ceifa do feno, e metade deles, para fazer este trabalho, tinha sido obrigada a percorrer cento e nove *verstás* a pé.

O soldado de Sacalina é calmo, taciturno, obediente e não bebe (só em Korsakovsk vi soldados embriagados que armaram um pé-de-vento na rua). Raramente canta, e quando o faz, entoa sempre a mesma cantilena:

> *Dez moças só para mim,*
> *Para onde elas vão, eu vou atrás delas,*
> *Elas vão para o bosque, e eu vou atrás delas*

É uma canção alegre, mas é cantada com tanta tristeza, que, ao ouvi--la, temos saudades da nossa terra, e começamos a sentir como a natureza de Sacalina pode ser ingrata. O soldado suporta docilmente as privações e enfrenta com indiferença os perigos que tantas vezes ameaçam a sua vida e a sua saúde. Mas é rude, limitado e inapto e, por falta de tempo livre, não consegue ter consciência dos seus deveres e do sentido da honra; por isso, comete imensos erros que fazem dele um inimigo da ordem, idêntico àqueles que deve vigiar ou perseguir[212].

Estas limitações são ainda mais evidentes, quando lhe confiam missões que não estão de acordo com as suas capacidades, como quando o nomeiam, por exemplo, guarda da prisão.

Segundo o artigo 27 do *Regulamento de Deportação*, em Sacalina, «a vigilância das prisões é confiada a guardas subalternos e a chefes, na proporção de um chefe para quarenta presos e de um subalterno para vinte presos, nomeados anualmente pelo director das prisões». Assim, há três guardas — um chefe e dois subalternos — para quarenta prisioneiros, isto é, um vigilante para treze reclusos. Se considerarmos que treze pessoas trabalham, comem e passam o tempo num cárcere, etc., sob a vigilância constante de um homem consciencioso e experiente, e que este, por sua vez, está sob a autoridade do inspector da prisão, que depende do chefe do distrito, podemos pensar que tudo corre bem. Na realidade, a vigilância tem sido, até agora, um dos pontos mais fracos da colónia penal de Sacalina.

Actualmente, há cerca de cento e cinquenta chefes e o dobro de guardas subalternos. Os postos de chefia são assegurados por oficiais de baixa patente ou por soldados rasos que saibam ler e escrever, que tenham cumprido o seu tempo de serviço militar na Ilha, ou ainda por civis com experiência e conhecimento da zona, embora estes casos sejam muito raros. O pessoal subalterno, que assegura realmente o serviço, não representa mais do que 6% do pessoal dos quadros, e as funções efectivas de vigilância são desempenhadas por soldados rasos destacados dos seus regimentos.

No caso de o contingente de vigilantes não estar completo, o *Regulamento* permite a nomeação de pessoal do escalão mais baixo da guarnição militar para executar este serviço; assim, até os jovens siberianos considerados inaptos para a escolta de prisioneiros são nomeados para estas tarefas, ainda que «provisoriamente» e só «em situações de imperiosa necessidade». No entanto, essa «provisoriedade» dura há dezenas de anos e «as situações de imperiosa necessidade» tendem a aumentar, de maneira que o escalão mais baixo da guarnição representa já 73% da totalidade dos guardas subalternos, e ninguém pode garantir que, dentro de dois ou três anos, esse número não atinja os 100%. Por outro lado, convém assinalar que os melhores soldados não são destacados para estes serviços, porque os comandantes dos destacamentos, no próprio interesse das forças armadas, só concedem à colónia penal os menos capacitados e ficam com os melhores nas suas unidades[213].

Se bem que haja muitos vigilantes na prisão, há muito pouca ordem. De facto, os vigilantes constituem um travão constante da actividade da administração, como testemunha o próprio comandante da Ilha. Quase todos os dias faz notas de serviço para lhes aplicar sanções, lhes reduzir os salários ou para os despedir: a um, por negligência e indisciplina; a um outro, por imoralidade, falta de consciência e estupidez; a um terceiro, por desvio de provisões que estavam à sua guarda; a um quarto, por encobrimento de malfeitores; a um quinto, por ser incapaz de manter a ordem, quando foi encarregado de vigiar uma barcaça que transportava um carregamento de nozes, mas também por pilhagem, dando assim um mau exemplo; a um sexto, a quem foi aberto um inquérito, por venda ilícita de machados e pregos do Estado; a um sétimo, por ter sido apanhado várias vezes a servir-se sem escrúpulos da forragem destinada aos rebanhos do Estado; a um oitavo, por ter estabelecido relações e conivências duvidosas com os detidos.

Graças a essas notas de serviço, podemos ficar a saber que um vigilante-chefe, ex-soldado raso, nas suas horas de guarda, se atrevia a penetrar no pavilhão das mulheres por uma janela, à qual previamente retirara os pregos, com finalidades de natureza romântica; outro, que estava igualmente de turno, permitiu que um soldado, que também era vigilante, entrasse na cela individual de uma prisioneira. Mas as aventuras amorosas dos guardas não se limitam ao âmbito restrito dos pavilhões das mulheres ou das celas individuais. Nas suas casas encontrei, mais de uma vez, adolescentes que, ao perguntar-lhes quem eram, me respondiam: «Sou concubina». Por vezes, ao entrarmos na casa de um vigilante, deparamo-nos com um homem forte, bem nutrido, anafado, de colete desabotoado, botas novas a chiar, sentado à mesa a beber chá. Junto à janela, está sentada uma jovem de catorze anos, de rosto marcado, pálida. Geralmente, esse homem intitula-se «oficial» ou «vigilante-chefe» e diz que a companheira é filha de um condenado a trabalhos forçados, que tem dezasseis anos e é a sua concubina.

Quando estão de guarda, os vigilantes permitem que os prisioneiros joguem às cartas e se reúnam com eles; embebedam-se juntos e fazem negócio com o álcool. Nas notas de serviço, também são mencionados casos de violência, de insubordinação, de insolência grave em relação aos superiores hierárquicos na frente dos detidos e, por último, encontramos uma ocorrência de golpes e de feridas na cabeça de um recluso, que foram provocadas à paulada.

Estes guardas são pessoas boçais, limitadas. Embebedam-se, jogam com os reclusos e aproveitam-se sem remorsos do amor e da *vodka* das prisioneiras. São indisciplinados, não têm escrúpulos e só conseguem exercer a autoridade de uma forma negativa. Os deportados não lhes têm respeito e tratam-nos com desprezo, por cima da burra. Chamam-lhes «bestas-quadradas», cara a cara, e tratam-nos por tu. A administração não faz nada para lhes elevar o prestígio, talvez por considerar que tais esforços não levariam a nada. Os funcionários também tratam os guardas por tu e tratam-nos «abaixo de cão», mesmo diante dos reclusos e não se importam com isso. A cada passo, ouve-se: «Que estás aí a fazer

parado, paspalhão?» Ou então: «Não percebes nada disto, imbecil!»
O pouco respeito que lhes têm prende-se também com o facto de muitos deles fazerem «tarefas inconciliáveis com a sua situação»; por outras
palavras, tornaram-nos lacaios e moços de fretes dos funcionários. Os
vigilantes superiores, como se tivessem vergonha do seu trabalho, tentam distinguir-se dos colegas de diferentes maneiras: um usa dragonas
um pouco mais largas; outro exibe uma insígnia de oficial; um terceiro
intitula-se «funcionário administrativo» e não indica nos documentos
que é guarda, mas «encarregado de obras e de trabalhadores».

Como os guardas de Sacalina nunca atingiram o estádio de com-
preensão do objectivo da vigilância, com o decorrer do tempo esse objectivo foi-se degenerando até chegar ao nível actual. Hoje a vigilância
está reduzida a uma figura de corpo presente na guarita, que procura não
arranjar «sarilhos» e que se queixa ao superior hierárquico, quando ele
existe; nas obras, munido de um revólver de que, graças a Deus, não se
sabe servir e de um sabre que tem dificuldade em tirar da bainha enfer-
rujada, acompanha com um olhar indiferente o trabalho dos condenados, fuma e aborrece-se. Na prisão, é um criado que abre e fecha as portas; nas obras é um homem que está a mais. Apesar de, teoricamente,
haver três guardas para quarenta pessoas, há constantemente grupos de
quarenta a cinquenta pessoas a trabalharem sob a vigilância de um único guarda ou sem qualquer vigilância. Se um dos três vigilantes vai com
os presos para as obras, o segundo fica perto da loja do Estado, fazendo a saudação militar aos funcionários que passam e o terceiro fica es-
pecado num vestíbulo qualquer ou põe-se em sentido, sem que ninguém
lhe dê importância, à porta de um gabinete de consultas no hospital[214].

Sobre a *intelligentsia* local, não há muito a dizer. A vida desta gente
resume-se a castigar o próximo por dever profissional e porque se prestou juramento, a arranjar forças para superar, a cada momento, os sentimentos de repugnância e de horror, a viver numa terra distante, a receber um salário de miséria, a morrer de tédio, a tropeçar a cada passo
em homens de cabeça rapada e acorrentados, em carrascos, a ser obrigada a fazer contas de merceeiro, a brigar por «dá cá aquela palha», e
sobretudo a sentir-se completamente impotente para lutar contra o mal
à sua volta: tudo isto, tomado no seu conjunto, sempre tornou excepcionalmente duro e pouco atractivo o trabalho na administração penitenciária. No princípio, o pessoal da colónia penal era composto essencialmente por pessoas desleixadas e intratáveis, a quem pouco
importava o lugar onde trabalhavam, desde que pudessem comer, be-

ber, dormir e jogar às cartas. No entanto, empurradas pela necessidade, também foram parar à Ilha pessoas honestas que abandonavam o cargo na primeira oportunidade; as que ficavam entregavam-se à bebida até caírem, enlouqueciam, suicidavam-se ou deixavam-se pouco a pouco apanhar pela ralé que as cercava como um polvo, tornando-se, por sua vez, capazes de roubar ou de açoitar cruelmente os prisioneiros...

A julgar pelos relatórios oficiais e pelos artigos dos jornais, nos anos 60 e 70, a *intelligentsia* de Sacalina distinguia-se por uma moralidade totalmente indigente. No tempo desses funcionários, as prisões tinham--se convertido em ninhos de vícios, em casas de jogo onde as pessoas se corrompiam, se endureciam e eram açoitadas até à morte. O administrador mais famoso deste tempo foi um tal Nikolaiev, que comandou, durante sete anos, o Posto de Duí e cujo nome figura em muitos artigos[215]. Era um antigo servo liberto recrutado para o Exército. Não há nenhuma informação sobre as aptidões de que esse homem, boçal e mal formado, tenha dado provas para ter subido nos escalões militares até chegar ao posto de major. Uma vez, um jornalista perguntou-lhe se já tinha visitado a parte central da Ilha e, ao pedir-lhe para falar do que tinha visto, Nikolaiev respondeu: «A montanha, a planície, mais uma planície, mais uma montanha; toda a gente sabe isso, é um terreno vulcânico, sujeito a erupções.»

Noutra ocasião, quando o jornalista lhe perguntou por uma coisa chamada alho-silvestre, respondeu assim: «Em primeiro lugar, não é uma coisa; depois é uma planta muito útil e agradável; é certo que faz inchar a pança, faz gases, mas a gente está-se nas tintas, não nos damos com senhoras.» Substituiu os carros de mão, utilizados para o transporte de carvão, por tonéis, porque estes rolavam melhor pelas galerias. Metia os forçados que tinham cometido alguma falta nesses tonéis e dava ordem para os porem a «valsar» pelo areal. «Depois de andarem uma horinha a rodopiar como o pião, os meninos voltam mansinhos como um cordeiro.» Para ensinar os soldados a contar, recorria ao jogo do loto. «Os que não forem capazes de dizer os números vão ter de pagar uma multa de dez copeques. Pagam uma vez, duas vezes, e depois vêem que estão a perder dinheiro. Então agarram-se ao estudo a sério e ao fim de uma semana já sabem os números.» Estas sentenças imbecis só contribuíram para corromper os soldados de Duí, que chegaram a vender espingardas aos presos. Um dia, antes de infligir um castigo a um recluso, o major anunciou-lhe que não sairia dali vivo; e, com efeito, o condenado morreu pouco tempo depois. Na sequência deste incidente, o major Nikolaiev foi levado a tribunal e condenado a trabalhos forçados.

Quando se pergunta a um velho colono se, no seu tempo, havia gente boa na Ilha, ele fica em silêncio, como se estivesse a recordar, e em seguida responde: «Havia um pouco de tudo.» Em nenhum outro lugar o passado é esquecido tão depressa como aqui; isso deve-se, por um lado, à extraordinária mobilidade da população exilada que muda radicalmente de cinco em cinco anos e, por outro, à inexistência de arquivos dignos desse nome nas secretarias locais. Os acontecimentos de há vinte ou vinte e cinco anos parecem fazer parte de um passado longínquo, totalmente esquecido e perdido para a História. Desses tempos, só sobreviveram alguns edifícios, o velho Mikriukov, duas dezenas de anedotas e alguns números que não são dignos de crédito, já que nenhuma secretaria sabia exactamente quantos presos havia na Ilha, quantos se tinham evadido, quantos tinham falecido de morte natural, etc.

A época «pré-histórica» de Sacalina prolongou-se até 1878, até ao dia em que o príncipe Chakhovskoi, excelente administrador, homem bom e inteligente, foi nomeado director das Colónias Penais do Litoral[216]. O seu *Dossiê sobre a Organização de Sacalina* é, sob muitos aspectos, um trabalho exemplar e encontra-se actualmente na biblioteca do comandante da Ilha. O príncipe era essencialmente um homem de gabinete. Por isso, durante o seu mandato, a vida dos condenados continuou tão dura como antes, mas é evidente que as observações que partilhou com superiores e subalternos, assim como o trabalho que elaborou, independente e sincero, serviram de ponto de partida para melhorar a situação dos prisioneiros.

A Frota Voluntária entrou em acção em 1879; a partir desta data, foram os russos europeus que começaram, uns a seguir aos outros, a assegurar as funções administrativas de Sacalina. Em 1884, foi promulgado um novo regulamento que proporcionou um afluxo de população ou, como se diz aqui, «a descarga» redobrada de gente nova[217]. Actualmente, há três cidades de distrito onde residem os funcionários e os oficiais com as famílias. Esta sociedade é já tão diversa e culta como qualquer outra. Assim, em 1888, um grupo amador já representou *O Casamento*[218] e, quando em Aleksandrovsk, na altura das grandes festividades, os funcionários e os oficiais decidem, por mútuo acordo, substituir o que iriam gastar em recepções por donativos em dinheiro, a favor das famílias dos reclusos pobres ou das crianças, a folha de subscrição chega a ter quarenta assinaturas. A sociedade de Sacalina causa muito boa impressão ao visitante. É cordial, hospitaleira, e não fica a perder na comparação com a dos distritos da Rússia. É na Região do Litoral que ela é considerada mais viva e interessante. Contudo, os funcionários não ficam muito satisfeitos quando os transferem para Nikolaievsk ou para De Castries. Tal

como no Estreito da Tartária se costumam dar tempestades tão violentas
que os marinheiros as vêem como o eco de ciclones que se desencadeiam
nos mares do Japão ou da China, também na vida desta sociedade, quer
se queira quer não, se faz sentir o eco do passado recente da Ilha e da proximidade da Sibéria. No entanto, depois da reforma de 1884, podemos
avaliar a bela natureza de algumas destas pessoas a partir das ordens de
destituição, das actas de acusação judicial, das participações oficiais sobre atitudes indecorosas no exercício de funções, que chegam até ao «deboche mais desavergonhado» (nota de serviço n.º 87, 1890), ou através
de anedotas e de histórias de todo o género, como a do deportado Zolo-
tariov, um homem endinheirado que mantinha boas relações com os funcionários, com quem jogava às cartas e andava na pândega. Quando a
mulher o encontrava com semelhantes companhias, ralhava com ele por
conviver com gente que só podia ter má influência na sua conduta. Ainda hoje há funcionários que não hesitariam em dar um murro a um prisioneiro, mesmo a um privilegiado, ou em intimidar alguém que não tivesse sido suficientemente rápido a tirar-lhe o boné: «Vai ter com o
inspector e diz-lhe que te mande dar trinta chibatadas.» Podemos ainda
assistir a desordens como esta: durante quase um ano, dois reclusos foram dados como ausentes e desaparecidos em parte incerta, embora con-
tinuassem a receber a ração e a ser mandados para diversos trabalhos (nota de serviço n.º 87, 1890). Alguns inspectores ignoram o número exacto
dos detidos da sua prisão, de quantos se alimentam do rancho, de quantos se evadiram, etc. O próprio comandante da Ilha considera, aliás, que
a situação do distrito de Aleksandrovsk deixa, em todos os ramos da administração, muito a desejar e exige grandes melhorias; no que diz respeito ao funcionamento das secretarias, tem sido abusivamente abandonado a bel-prazer dos empregados, que «davam ordens sem nenhum
controlo, como se depreende por algumas fraudes descobertas por acaso»
(nota de serviço n.º 314, 1888)[219]. No momento oportuno, dedicarei
umas palavras à lamentável situação actual do departamento de instrução
judicial. Na estação dos Correios e Telégrafos, tratam o público com in-
delicadeza; só entregam a correspondência aos pobres mortais quatro ou
cinco dias depois de ela ter chegado; os telegrafistas mal sabem escrever
e não têm o menor respeito pelo segredo profissional. Não recebi um único telegrama que não tivesse sido estropiado da maneira mais bárbara.
Uma vez recebi um que tinha fragmentos de um telegrama endereçado a
outro destinatário; procurei restabelecer o sentido das duas mensagens e
pedi aos funcionários para corrigirem o erro; responderam-me que isso
só seria possível se eu pagasse os custos.

Uns representantes de formação ulterior desempenham assim um papel importante na nova história de Sacalina: híbridos de Derjimórda e de Iago[220], estes senhores não conhecem outra linguagem senão a dos punhos, a da chibata e a dos palavrões de carroceiro quando se dirigem aos subordinados, mas enternecem os superiores com a sua boa educação e com o seu liberalismo.

Seja como for, a «Casa dos Mortos»[221] existiu. No entanto, entre a *intelligentsia* que tem cargos de responsabilidade ou que trabalha nas secretarias, encontrei pessoas sensatas, bondosas e dignas, cuja presença torna impossível a ideia de um regresso ao passado. Hoje já não se põem os prisioneiros dentro de tonéis, a rodopiar como o pião, não se pode chicotear um homem até à morte ou levá-lo ao suicídio, porque tudo isso provocaria a indignação da sociedade e a notícia espalhar-se-ia ao longo do Amur e por toda a Sibéria. Mais tarde ou mais cedo, uma vilania vem sempre à luz do dia, torna-se pública, como provam os tristes acontecimentos da colónia de Onor, que, apesar de todos os esforços para abafar o caso, deram azo a muitos comentários e acabaram por ser publicados nos jornais, graças à *intelligentsia* de Sacalina. Ainda não há muito tempo, morreu em Rikovskoie uma enfermeira que viveu muitos anos na Ilha, unicamente para dedicar a vida à humanidade sofredora. Um dia, vi um prisioneiro ser levado pelo mar numa jangada de palha. O comandante C. meteu-se ao mar numa lancha e, apesar da tempestade e de se expor ao perigo, navegou à bolina até às duas horas da manhã, hora em que, no meio da escuridão, conseguiu encontrar a jangada e resgatar o prisioneiro[222].

A reforma de 1884 mostrou que, quanto maior é a administração penitenciária, melhor funciona. A complexidade e a dispersão das tarefas exigem um mecanismo subtil de participação de muita gente. Por isso, é indispensável que os assuntos de menos importância não distraiam os funcionários das suas obrigações essenciais. E, no entanto, por falta de um secretário ou de um empregado permanentemente adstrito ao seu gabinete, o comandante da Ilha passa a maior parte dos dias a redigir notas de serviço e textos de todo o género, e essa papelada complicada e minuciosa toma-lhe quase todo o tempo que deveria passar a inspeccionar as prisões e as colónias. Além da presidência dos departamentos da polícia, os chefes de distritos têm outras funções, porque devem, eles próprios, distribuir os subsídios às mulheres, participar em imensas comissões, inspecções, etc. A instrução judicial e a competência policial estão na esfera de acção dos inspectores das prisões e dos seus adjuntos. Nestas condições, os funcionários de Sacalina têm de se matar a trabalhar, deixando que lhes tirem a pele, como se costuma dizer, ou ficam de braços cruzados, vivendo à custa de terceiros, ou então descarregam grande parte das tarefas nos condenados que lhes servem de escribas, como acontece na maioria dos casos. De facto, nas secretarias, lá estão eles, redigindo a seu modo não só a correspondência, mas também documentos importantes. E, como, muitas vezes, têm mais experiência e são mais activos do que os funcionários, sobretudo em relação aos novatos, é frequente um prisioneiro ou um colono ter a seu cargo toda a secretaria, a contabilidade, e até a secção de instrução judicial. Depois de muitos anos de trabalho, por inépcia ou por desonestidade, esse homem emaranha de tal modo os cordelinhos do escritório que só ele é capaz desembaraçar a meada e, por isso, torna-se uma pessoa de tal modo indispensável e insubstituível, que as autoridades, mesmo as mais severas, não conseguem prescindir dos seus serviços. A única forma de se libertarem da sua omnipotência é substituí-lo por dois funcionários dignos desse nome.

Em todo o lado onde a *intelligentsia* é numerosa, há inevitavelmente uma opinião pública que impõe um controlo moral e submete as pessoas a exigências a que ninguém escapa impunemente, nem mesmo um comandante Nikolaiev. Também é certo que, com o desenvolvimento da vida pública, o serviço de Sacalina perderá pouco a pouco as suas características menos atractivas e a percentagem de loucos, de bêbedos e de suicidas irá diminuindo[223].

XXI

O nível moral dos deportados — A criminalidade — Processos de instrução e julgamentos — Os castigos — Vergastas e chicotes — A pena de morte

Alguns deportados suportam os castigos com coragem, reconhecem sem pestanejar que são culpados e, quando lhes perguntamos a razão de estarem em Sacalina, respondem normalmente: «Não mandam as pessoas para aqui pelas suas boas acções.» Outros surpreendem-nos pela sua pusilanimidade e pelo seu ar amedrontado; queixam-se, choram, entram em desespero, e juram que estão inocentes. Um considera que o castigo é um bem, porque, a acreditarmos nas suas palavras, foi preciso vir para a colónia penal para se encontrar com Deus; outro tenta evadir-se logo que a ocasião lho permite e, quando tentam apanhá-lo, defende-se à bordoada. Debaixo do mesmo tecto, convivem malfeitores inveterados, criminosos reincidentes, delinquentes ocasionais e «infelizes» condenados por crimes que não cometeram[224]. Por isso, quando se põe a questão do nível moral do conjunto da penitenciária, fica-se com uma impressão extremamente mitigada e complexa; por outro lado, face aos meios de investigação de que dispomos, corremos o risco de fazer generalizações abusivas. Em situações normais, avalia-se a moralidade de uma população a partir dos números da criminalidade, mas, tratando-se de uma colónia penal, esse meio simples e corrente revela-se inoperante. Uma colónia penitenciária, que vive em condições anormais e excepcionais, tem um índice de criminalidade particular e exclusivo do próprio lugar em que está inserida, e dispõe de um «Regulamento» específico. Assim, delitos que consideramos veniais constituem aqui crimes graves e vice-versa, e muitos crimes de direito comum passam despercebidos, porque são vistos, no universo da prisão, como fenómenos banais e até quase necessários[225].

Os vícios e as perversões que se observam são em geral próprios de homens privados de liberdade, reduzidos à escravatura, esfomeados e constantemente amedrontados. A mentira, a astúcia, a cobardia, a pusilanimidade, a delação, o roubo e todo o tipo de vícios secretos constituem o arsenal de que dispõe esta população humilhada, ou pelo menos uma grande parte dela, para lutar contra as autoridades, contra guardas a quem não tem respeito, mas que teme e vê como seus inimigos. Para escapar aos trabalhos mais duros e aos castigos corporais, e arranjar um bocado de pão, uma pitada de chá, de sal ou de tabaco, o prisioneiro recorre a artimanhas, pois a experiência mostrou-lhe que esta era a arma mais segura e mais prometedora na luta pela vida. Os roubos são frequentes e atingem dimensões industriais. Os detidos deitam a mão a tudo o que podem, com a mesma firmeza e avidez dos gafanhotos esfomeados, dando preferência a produtos alimentares e a vestuário. Roubam-se uns aos outros dentro da prisão, roubam os colonos, roubam quando estão nas obras, e quando descarregam barcos... O seu virtuosismo pode ser avaliado pela frequência com que os ladrões de Sacalina exercem a sua arte. Um dia roubaram um carneiro vivo e um tonel cheio de massa de pão de um navio ancorado em Duí; o barquito ainda estava perto do navio, mas nunca se encontrou o corpo do delito. Noutra ocasião, assaltaram o camarote de um capitão e levaram os olhos-de-boi e a bússola, que tiveram de desaparafusar. Numa outra vez ainda, entraram nos salões de um barco estrangeiro e levaram o serviço de prata. Durante a descarga dos barcos, desaparecem fardos e barricas inteiras[226].

O deportado distrai-se em segredo, como um ladrão. Para arranjar um copo de *vodka,* que, em circunstâncias normais, custa cinco copeques, é obrigado a contactar clandestinamente um contrabandista e dar-lhe, se não tiver dinheiro, um bocado de pão ou uma peça de vestuário. O único meio de espairecer, jogar às cartas, só é possível à noite, à luz da vela, ou na taiga. Ora, à força de ser repetido, todo o prazer secreto se transforma, pouco a pouco, em paixão; como o espírito de imitação dos deportados está hiperdesenvolvido, contagiam-se de tal modo uns aos outros que, no fim, coisas aparentemente tão inofensivas como um copo de *vodka* de contrabando ou um jogo de cartas dão azo a desordens inimagináveis. Como já disse, os comerciantes oportunistas amontoam fortunas com o tráfico clandestino do álcool. Assim, ao lado de exilados que possuem trinta mil ou cinquenta mil rublos, há gente que perde sistematicamente a comida e o vestuário. Semelhantes a uma epidemia, os jogos de cartas já invadiram todas as prisões que se transformaram em imensas casas de jogo, e as colónias e os postos da guarda são as suas filiais. O negócio está organizado em grande escala e diz-se que os organizadores locais do jogo, em casa de quem ocasionais mandados de busca puseram a descoberto centenas ou milhares de rublos, mantêm relações «comerciais» regulares com as prisões siberianas, nomeadamente com a de Irkutsk, onde, para usar a expressão dos reclusos, se joga «a sério». Em Aleksandrovsk há já várias casas de jogo; numa delas, situada na Segunda Rua dos Tijolos (*Vtoraia Kirpitchnaia Ulitsa*), houve até um *escândalo* típico de espeluncas deste género: um vigilante perdeu tudo o que tinha e deu um tiro nos miolos. O *stoss* dá volta à cabeça como uma droga, e o preso que perde a comida e a roupa não sente fome nem frio, nem mesmo dor quando o chicoteiam. E, por mais estranho que pareça, durante o carregamento de um navio, mesmo quando a barcaça cheia de carvão choca com o casco do barco, agitada pelas vagas, e os homens ficam verdes de enjoo, joga-se às cartas e os gritos do trabalho confundem-se com os do jogo: «Iça! Dois para o lado! Tenho!»

O estado de relativa liberdade em que a mulher vive favorece, juntamente com a pobreza e a humilhação, o desenvolvimento da prostituição. Em Aleksandrovsk, quando perguntei se havia prostitutas, responderam-me: «Todas as que quiser![227]» Face à enorme procura, a velhice, a fealdade ou até a sífilis terciária não impedem ninguém de se entregar à prostituição. E a extrema juventude também não. Nas ruas de Aleksandrovsk, encontrei uma mocinha de dezasseis anos que, segundo me contaram, começou a prostituir-se aos nove. A miúda tem mãe, mas, em Sacalina, o facto de se ter um lar não basta, muito longe disso, para proteger uma jovem da degradação. Falaram-me de um cigano que vende as filhas e até regateia o preço. Uma mulher livre de Slobodka dirige um «estabelecimento» onde só trabalham as próprias filhas. Em geral, em Aleksandrovsk o vício tem um carácter completamente citadino. Há até uns «banhos familiares» administrados por um judeu, e citam-se já alguns nomes de proxenetas.

De acordo com os registos da administração, a 1 de Janeiro de 1890, a percentagem de reincidentes condenados pelos tribunais de Sacalina ascendia a 8%. Havia alguns que tinham sido condenados três, quatro, cinco e até seis vezes; mas, aqueles que, por acumulação de penas, apanharam entre vinte a cinquenta anos de trabalhos forçados são em número de cento e setenta e cinco, quer dizer, apenas 3% do total dos presos.

Assim, segundo parece, todas estas reincidências foram muito exageradas, já que a maioria tem sido condenada sobretudo por tentativa de fuga. Além disso, em relação aos evadidos, esses dados não são exactos, porque os fugitivos, quando são recapturados, nem sempre são levados a tribunal, mas castigados em privado. Por ora, desconhece-se a taxa de criminalidade real da população presidiária, quer dizer, a sua propensão para a reincidência. É um facto que os tribunais do distrito tratam de certos casos criminais, mas muitos são arquivados porque não se encontra o culpado, muitos outros são devolvidos para complemento de informação ou para determinação da competência jurídica, ou então ficam pendentes por não se terem recebido as informações requeridas aos diversos departamentos de Sacalina. E depois de imensas burocracias, que se arrastam por tempo interminável, quando as informações são recebidas, os processos acabam por ser arquivados, por morte ou por fuga do acusado. O mais grave é que ninguém pode ter confiança nos resultados dos processos conduzidos por jovens sem formação específica ou pelo tribunal do distrito de Khabárovsk, que julga as pessoas à revelia, baseando-se apenas em documentos.

Ao longo do ano de 1889, foram processados e levados a tribunal duzentos e quarenta e três reclusos, ou seja, um em cada vinte e cinco prisioneiros. Em relação aos colonos, temos sessenta e nove casos, isto é, um, em cinquenta e cinco; nos camponeses, só há quatro casos, quer dizer, um, em cento e quinze. Estes números mostram que, sempre que a situação de um deportado melhora, e este adquire mais liberdade, o risco de voltar a ter de prestar contas à justiça diminui para metade. Todos estes dados só fazem referência à abertura de processos ou a julgamentos, mas não à criminalidade registada em 1889, já que os processos comportam também casos iniciados há anos e ainda não encerrados. Os números podem dar ao leitor uma ideia da quantidade considerável de pessoas que vão desesperando, enquanto o processo ou o julgamento que lhes diz respeito se arrasta durante anos. O leitor não terá dificuldade em imaginar as consequências desastrosas deste estado de coisas na situação económica e psicológica da população[228].

A instrução do processo é geralmente confiada ao adjunto do inspector das prisões ou ao secretário da Direcção-Geral da Polícia. Segundo as palavras do comandante da Ilha, «o processo é aberto sem haver indícios suficientes, é conduzido com lentidão e incompetência e os suspeitos são detidos sem qualquer fundamento». O suspeito ou o acusado é detido e encarcerado. No caso do homicídio do colono do Cabo Calvo, as suspeitas recaíram em quatro homens que foram detidos e encerrados em calabouços sombrios e húmidos[229]. Ao fim de alguns dias, libertaram três deles; mas o quarto continuou preso, puseram-lhe grilhetas, e ordenaram que só lhe dessem comida quente de três em três dias; a seguir, por queixa apresentada por um guarda, foi condenado a cem chicotadas; depois, deixaram-no às escuras, esfomeado e aterrorizado, até que ele confessasse o crime. Na mesma época, também estava na prisão uma mulher livre, chamada Garanina, suspeita de ter assassinado o marido; meteram-na igualmente numa cela escura e só lhe davam comida quente de três em três dias. Quando a interrogaram na minha presença, ela disse que estava doente há muito tempo e que lhe tinham recusado um médico. Quando o funcionário que a interrogava perguntou ao vigilante encarregado dos calabouços a razão de não ter chamado o médico, o guarda respondeu (e cito):

— Já comuniquei a ocorrência ao senhor inspector, mas ele disse-me: «Ela que rebente!»

Essa incapacidade de fazer a distinção entre a prisão preventiva e a prisão punitiva (que ainda é pior na enxovia de uma colónia penal!), e de distinguir entre as pessoas livres e os degredados surpreendeu-me bastante, uma vez que o chefe de distrito fez estudos em Direito e o inspector da prisão já prestou serviço na polícia de São Petersburgo.

Numa outra ocasião, visitei de manhãzinha os calabouços na companhia do próprio chefe de distrito. Quando soltaram quatro deportados suspeitos de homicídio, vi que os pobres homens tremiam de frio. Garanina, que estava de meias mas não tinha sapatos, tremia como os outros e piscava os olhos por causa da luz. O chefe de distrito ordenou que a transferissem para uma cela com janela. Nesse mesmo dia, também vi um georgiano a errar como uma sombra diante das portas dos calabouços. Estava encarcerado há cinco meses numa cela sem luz, por suspeita de envenenamento; estava à espera do resultado do inquérito, mas este ainda nem tinha começado.

O assessor do procurador não vive em Sacalina e não há ninguém para dirigir a instrução. O rumo e a velocidade de um processo dependem inteiramente de acasos que não têm nada a ver com o próprio caso. Num comunicado, li que o homicídio de uma senhora chamada Iákovleva tinha sido cometido «com premeditação de roubo e tentativa prévia de violação, como provam a desordem da roupa da cama, os arranhões recentes e as marcas de tacões na cabeceira da cama». Este tipo de considerações determinam a sorte de todo o processo e nestes casos não se julga necessário recorrer à autópsia. Em 1888, um evadido matou o soldado Kromiátikh, mas a autópsia só foi realizada por ordem do procurador em 1889, quando a instrução já estava concluída e o caso já tinha sido levado a tribunal[230].

O artigo 469 do *Regulamento* permite que as autoridades locais determinem e inflijam, sem qualquer investigação formal por parte da polícia, penas relativas a crimes e delitos que, segundo o direito penal comum, após a detenção, só levariam à perda de direitos cívicos e de privilégios. Em geral, os casos de pouca monta são, em Sacalina, submetidos à justiça oficial e sumária, que depende das direcções da polícia. Apesar da ampla competência desse tribunal local, perante o qual passam todos os casos de pouca importância, assim como muitos outros assim considerados por pura convenção, a população ignora tudo sobre leis e tribunais. Quando um funcionário se arroga, legalmente, sem julgamento nem processo, o direito de condenar um homem ao castigo do chicote, da prisão ou da mina, a existência de um tribunal é uma questão meramente formal[231].

As penas relativas aos crimes graves são impostas pelo tribunal da Região do Litoral, que julga os casos baseando-se exclusivamente em documentos, sem ouvir acusados nem testemunhas. As decisões são sempre submetidas à aprovação do comandante da Ilha, que, se não estiver de acordo com a sentença, resolve a questão com a sua própria autoridade, mas deve, nesse caso, informar a suprema instância senatorial. Quando a administração considera estar perante um crime muito grave e que a pena prevista no *Regulamento de Deportação* não é suficientemente pesada, solicita a apresentação do acusado perante um tribunal militar.

As penas relativas aos prisioneiros e aos colonos culpados de um novo crime são de uma severidade excessiva. E, se há alguma coisa em que o *Regulamento de Deportação* está em total desacordo com o espírito da nossa época e das leis, isso é particularmente evidente nas páginas que se referem aos castigos. Estes, que humilham o delinquente e o endurecem, contribuindo para lhe agravar a dureza dos hábitos, são há muito considerados nocivos para a população livre, mas continuam em vigor para colonos e prisioneiros, como se estes estivessem menos sujeitos aos perigos da insensibilidade, do endurecimento e da perda da dignidade humana. O uso da vergasta, do chicote, e o acorrentamento a um carro de mão são castigos infames, dolorosos, verdadeiras torturas, que estão previstos para todos os delitos, independentemente da sua gravidade; sós, ou em complemento de outras medidas, constituem uma componente inevitável de qualquer condenação.

O castigo a que mais se recorre é o da vergasta[232]. Como mostra o *Registo*, no distrito de Aleksandrovsk, em 1889, foram castigados duzentos e oitenta e dois reclusos e colonos: duzentos e cinquenta e seis receberam castigos corporais, ou seja, levaram chibatadas, só dezassete sofreram outro tipo de castigos. Em suma, em 94% dos casos a administração recorre à chibata. Na realidade, o *Registo* está longe de dar conta do número exacto de prisioneiros submetidos a castigos corporais. Relativamente ao ano de 1889, no distrito do Tym, só há referência a cinquenta e sete casos e no de Korsakovsk mencionam-se apenas três, quando se sabe que nos dois distritos se chicoteiam várias pessoas por dia e que, em Korsakovsk, num único dia, chegam às vezes a aplicar esse castigo a dez pessoas. Normalmente, qualquer erro serve para justificar a aplicação de trinta ou de cem açoites: o incumprimento de uma tarefa quotidiana (por exemplo, se um sapateiro não confeccionou os três pares de sapatos previstos), a embriaguez, as injúrias, a indisciplina… Se forem vinte ou trinta os trabalhadores que não cumpriram as suas tarefas diárias, açoitam-se vinte ou trinta. Um funcionário disse-me:

— Os detidos, e sobretudo os que estão acorrentados, passam o tempo a fazer súplicas absurdas. Quando fui nomeado para aqui e fiz a primeira inspecção da prisão, recebi cinquenta petições. Aceitei-as, mas adverti os requerentes de que todos os que me tivessem entregado pedidos, que não fossem dignos de atenção, seriam castigados. Só dois pedidos tinham razão de ser e todos os outros eram uns disparates. Mandei aplicar o chicote a quarenta e oito prisioneiros; na vez seguinte, a vinte e cinco... Deste modo, o número de petições foi diminuindo e agora já não me entregam nada. Aprenderam a lição.

No distrito do Sul, na sequência da denúncia de um dos seus companheiros, revistaram os pertences de um recluso e descobriram um diário que foi entendido como um conjunto de rascunhos de artigos. Deram-lhe cinquenta açoites e puseram-no num calabouço escuro, durante quinze dias, a pão e água. O inspector das colónias submeteu quase toda a aldeia de Liutoga a castigos corporais, com conhecimento do chefe do distrito. O comandante da Ilha refere-se ao facto nos seguintes termos: «O chefe do distrito de Korsakovsk informou-me, entre outras coisas, de um caso extremamente grave de abuso de poder, cometido por Fulano, abuso que consistiu na aplicação, a vários colonos, de um duro castigo corporal que ultrapassava de longe as normas legais. Este caso, em si mesmo revoltante, parece-me ainda mais preocupante quando verifiquei as circunstâncias do que se passou: culpados e inocentes (e até uma mulher grávida) foram castigados sem uma análise prévia da situação, que, afinal, não passava de uma mera rixa entre colonos» (nota de serviço n.º 258, 1888).

O mais frequente é infligir-se ao culpado entre trinta a cem chibatadas. A quantidade não depende da natureza do delito, mas do grau da personagem que dá a ordem, se esta é dada pelo chefe do distrito ou pelo inspector da prisão: o primeiro tem autoridade para mandar dar cem chibatadas e o segundo só tem poder para ordenar trinta. Um inspector, que impunha sempre as trinta a que tinha direito, um dia, ao desempenhar temporariamente as funções de chefe do distrito, aumentou imediatamente a quota para cem, como se esse número fosse o sinal indispensável dos seus novos poderes. E manteve-se fiel a esse sinal até à chegada do novo chefe do distrito, altura em que voltou a descer escrupulosamente a sua bitola para as trinta chibatadas da ordem... Tem-se abusado tanto deste castigo em Sacalina que a sua aplicação se tornou banal e, em muitos casos, já não provoca, em muita gente, nem desagrado nem temor; diz-se até que muitos reclusos já nem sentem nada quando são punidos.

Usa-se muito mais raramente o chicote, e só depois da condenação de um tribunal do distrito. De acordo com o relatório do director dos Serviços de Saúde de 1889, os médicos tiveram de avaliar o estado de sessenta e sete pessoas «para se saber se estavam em condições de suportar os castigos corporais a que tinham sido condenadas pelos tribunais». De todas as penas infligidas em Sacalina, as chicotadas são as mais detestáveis, pela crueldade e pelo ambiente em que são aplicadas. Os juízes da Rússia europeia, que condenam os vagabundos e os reincidentes a esse castigo, teriam há muito renunciado a mandar aplicar esse suplício, se o tivessem observado com os seus próprios olhos. Mas, como o artigo 478 do *Regulamento* determina que os castigos devem ser aplicados no local de exílio, os senhores magistrados são poupados a esse espectáculo vergonhoso e humilhante.

Em Duí, tive oportunidade de ver como usam o chicote. Prókhorov, também conhecido por Milnikov, um vagabundo de trinta e cinco ou quarenta anos, evadiu-se da prisão de Voievodsk numa pequena jangada que ele próprio construiu, e tentou chegar ao continente. No entanto, a fuga foi descoberta e o fugitivo foi capturado por uma lancha. Durante a instrução do processo, consultaram o seu registo criminal e descobriram que, no ano anterior, Prókhorov (ou Milnikov) tinha sido condenado pelo tribunal de Khabárovsk a noventa chicotadas e a ser acorrentado a um carro de mão pelo homicídio de um cossaco e das suas duas netas. Por negligência, o castigo ainda não tinha sido aplicado. Se Prókhorov não tivesse tentado fugir, teria provavelmente escapado ao chicote e às grilhetas, porque talvez nunca ninguém desse pelo erro. Mas agora já não havia meio de escapar ao suplício. Na manhã de 13 de Agosto, dia marcado para o castigo, o inspector da prisão, o médico e eu próprio, dirigimo-nos, sem pressas, à secretaria. Prókhorov, segundo as ordens dadas na véspera, estava sentado na escada da entrada com um guarda, sem saber a sorte que o esperava. Ao ver-nos, levantou-se e compreendeu provavelmente do que se tratava, porque empalideceu de repente.

— Para a secretaria! — ordenou-lhe o inspector.

Entrámos no gabinete. Prókhorov entrou a seguir. O médico, um jovem alemão, disse-lhe para se despir e auscultou-lhe o coração para determinar *quantas* chicotadas o pobre poderia aguentar. Decidiu a questão num instante e sentou-se para passar o atestado.

— Ah! Coitadinho! — disse com ar de piedade e com forte sotaque alemão, molhando a pluma no tinteiro. — As correntes devem estar a pesar-te muito! Pede ao senhor inspector que tas mande tirar!

Prókhorov ficou em silêncio. Os lábios estavam brancos e tremiam.

— Não fiques assim! Estás a preocupar-te para nada — continuou o médico, para não estar calado. — Vocês preocupam-se todos para nada. Na Rússia as pessoas estão sempre desconfiadas. Ah, meu pobre homem!

O atestado está passado e juntam-no ao processo de instrução. Faz--se silêncio. O empregado da secretaria escreve. O médico e o inspector também escrevem... Prókhorov não sabe ainda muito bem para que é que o mandaram vir aqui. Será só pela tentativa de fuga ou será também por aquele caso antigo? A incerteza atormenta-o.

— Com quem é que sonhaste esta noite? — pergunta-lhe por fim o inspector.

— Já me esqueci, Excelência!

— Agora, ouve — disse o inspector, lendo o registo criminal. — No dia tal, e no ano tal, o tribunal do distrito de Khabárovsk condenou-te a noventa chicotadas pelo homicídio de um cossaco... Então hoje é o dia de as levares...

E, depois de ter dado uma palmada na testa do recluso, acrescentou, num tom moralista:

— E isto tudo porquê? Porque te armaste em esperto, meu grande cabeça de burro! São todos a mesma coisa... Tentam pirar-se, pensando que ficam em melhor situação, mas só pioram as coisas!

Fomos todos para a «sala dos vigilantes», um velho edifício cinzento, que mais parece um barracão. Um enfermeiro militar que estava à porta pediu com voz implorante, como se estivesse a mendigar uma esmola:

— Excelência, deixe-me assistir!

No meio da sala dos guardas há um banco em plano inclinado e com orifícios que servem para atar as mãos e os pés dos condenados. Tolstikh, o carrasco, um homem alto e robusto, de compleição atlética[233], em mangas de camisa e de colete desabotoado, faz um sinal de cabeça a Prókhorov, que continua calado. Devagar, e também em silêncio, Tolstikh baixa-lhe as calças até aos joelhos e começa a atar-lhe lentamente os braços e as pernas ao banco. O inspector olha com indiferença para a janela e o médico anda de um lado para o outro na sala, com um frasco de gotas na mão.

— Queres um copo de água? — pergunta.

— Quero. Dê-me, por amor de Deus, Excelência!

O carrasco, que acabou de atar Prókhorov, agarra num chicote de três correias e põe-se a esticá-lo devagarinho.

— Aguenta! — diz-lhe, em voz baixa, assestando-lhe a primeira chicotada, sem grande impulso, como para ganhar balanço.

— Uma! — diz o inspector com voz de sacristão.

No primeiro momento, Prókhorov fica calado e a expressão do rosto não se altera; mas logo a seguir um espasmo de dor percorre-lhe o corpo e solta não um grito, mas um urro.

— Duas! — grita o inspector.

O carrasco põe-se de lado e bate de maneira que o chicote apanhe o tronco da vítima. A cada cinco chicotadas, muda de lado e faz uma pausa de meio minuto. Prókhorov tem o cabelo colado à cabeça e o pescoço inchado. Ao fim de cinco ou de dez chicotadas, o corpo, já cheio de cicatrizes de castigos anteriores, torna-se violáceo, quase azul; a pele estala-lhe a cada chicotada.

— Excelência! — grita, entre soluços e urros. — Excelência! Tenha piedade de mim, Excelência!

Ao fim de vinte ou trinta chicotadas, Prókhorov começa a gemer, como um homem bêbedo ou em delírio...

— Não passo de um desgraçado, de um infeliz... Por que razão me castigam assim?

Depois o pescoço fica esticado de um modo estranho e ouvem-se vómitos... Prókhorov já não consegue falar, só se ouvem os gemidos e a respiração ofegante. Dir-se-ia que desde o princípio do suplício tinha passado uma eternidade, mas o inspector ainda vai em: «Quarenta e duas! Quarenta e três!» Ainda faltam muitas para chegar às noventa.

Vou para a rua, onde o silêncio é cortado pelos gritos lancinantes que vêm da sala dos guardas e que se devem ouvir, julgo eu, por toda a cidade. Um deportado à paisana passa na rua, olha de relance para a sala dos vigilantes e no seu rosto e até no seu andar transparece o medo. Entro de novo na sala, volto a sair... O inspector continua a contar.

Finalmente, chega às noventa. Desatam rapidamente Prókhorov e ajudam-no a pôr-se de pé. Tem as costas cobertas de equimoses, infectadas e a sangrar. Bate os dentes, tem o rosto amarelo, encharcado em suor e o olhar espavorido. Fazem-no beber as gotas; morde convulsivamente o bordo do copo... Molham-lhe a cabeça e levam-no para a «solitária».

— Estas foram pelo homicídio; depois vai ter de levar mais pela tentativa de fuga... — explicam-me, no caminho de regresso.

— Eu gosto de assistir a isto! — diz-me o enfermeiro militar, com um ar satisfeito, encantado por ter podido desfrutar deste repugnante espectáculo. — Gosto de ver isto! Estes vadios, estes crápulas... Deviam era ser todos enforcados!

Os castigos corporais endurecem e tornam cruéis não apenas os reclusos, mas também aqueles que os infligem ou presenciam. Nem sequer as pessoas cultas escapam à regra. De facto, não vi que funcionários com formação universitária reajam, perante os suplícios, de maneira diferente dos enfermeiros militares, dos alunos das academias militares ou dos seminários. Alguns habituam-se de tal modo ao chicote e à chibata, que se tornam duros como uma pedra e acabam por ter prazer na contemplação do espectáculo. Conta-se que um inspector da prisão tinha o hábito de assobiar quando assistia à flagelação de um condenado; outro, um homem já de idade, dizia a um preso com uma alegria perversa: «Aguenta! De que é que te vale gritar? Isso não serve para nada, aguenta! Vá, carrasco, dá-lhe o que merece, com força! Chega-lhe a roupa ao pêlo, carrasco!» Outro mandava prender o recluso pelo pescoço, para lhe ouvir a respiração ofegante, ordenava que lhe dessem cinco ou seis chicotadas e ia passear durante uma hora ou duas; depois, voltava e ordenava que administrassem o resto do castigo[234].

O Tribunal Militar compõe-se de oficiais da guarnição designados pelo comandante da Ilha. As actas dos processos, assim como as sentenças proferidas, são enviadas para ratificação ao governador-geral. Outrora, os condenados definhavam dois ou três anos nos calabouços à espera da decisão definitiva; hoje, a sorte decide-se por telegrama. A condenação habitual do tribunal é a pena de morte por enforcamento. Às vezes, o governador-geral suaviza a sentença, comutando a pena em cem chicotadas, em acorrentamento ao carro de mão e em manutenção perpétua no estatuto de detidos em «período probatório». Quando o condenado é um assassino, a comutação é muito rara. «Aos assassinos, mando-os enforcar», disse-me o governador-geral.

Na véspera da execução, durante dia e noite, um sacerdote vem preparar o condenado. Essa preparação consiste em confessá-lo e em conversar com ele. Um desses padres contou-me a seguinte história:

«No princípio do meu sacerdócio, tinha eu apenas vinte e cinco anos, fui dar assistência, na prisão de Voievodsk, a dois homens condenados à forca. Tinham matado um colono, com intenção de o roubarem, e o produto do roubo consistiu num rublo e quatro copeques. Entrei na cela e, por falta de experiência, assustei-me. Pedi à sentinela para não fechar a porta e para não se afastar. Então, os prisioneiros disseram-me:

— Não tenha medo, padre. Não vamos matá-lo. Sente-se.

Perguntei-lhes onde podia sentar-me e apontaram-me a tarimba. Primeiro, sentei-me no balde da água, mas depois enchi-me de coragem e fui sentar-me na tarimba entre os dois condenados. Perguntei-lhes de onde eram, e mais isto e mais e aquilo e comecei a prepará-los. Quando estava a confessá-los, vi passar diante da janela os postes da forca e os demais acessórios.

— O que é aquilo? — perguntaram-me os detidos.

— Devem estar a construir alguma coisa para o inspector — respondi eu.

— Não, meu bom padre, é para nos enforcarem. Bom padre, não nos podia arranjar uma pinguinha de *vodka*?

— Não sei, mas vou perguntar.

Fui falar com o capitão L. e disse-lhe que os condenados queriam beber. O capitão deu-me uma garrafa de *vodka* e, para evitar falatórios, ordenou ao cabo de serviço que mandasse embora a sentinela. Pedi um copo a um funcionário e voltei para a cela. Enchi o copo.

— Não, padre. Beba o senhor primeiro; se o senhor não for o primeiro a beber, nós não bebemos! — disseram-me os prisioneiros.

Tive de beber um gole; não havia nada para comer.

— É bom. Com a *vodka*, ficamos com as ideias mais claras.

Continuei a prepará-los. Falei com eles durante uma hora, duas horas. De repente, ouviu-se uma ordem:

— Tragam os prisioneiros!

Depois, enforcaram-nos. Por falta de hábito, durante muito tempo tive medo de entrar num quarto escuro.»

O medo da morte e tudo o que rodeia a execução provocam nos condenados um efeito angustiante. Em Sacalina, nunca se viu um homem que tenha enfrentado o suplício com coragem. Tchernochei, um prisioneiro que matou um lojista chamado Nikitin, quando foi transferido de Aleksandrovsk para Duí, teve tantos espasmos na bexiga que era obrigado a parar de cinco em cinco minutos, e Kinjálov, um dos seus cúmplices, começou a desvairar. Antes da execução, vestem uma mortalha aos condenados e administram-lhes os últimos sacramentos. Um dos assassinos de Nikitin não conseguiu suportar esses momentos e desmaiou. Já tinham vestido a mortalha a Pazúkhin, o mais jovem dos criminosos, quando lhe anunciaram que tinha sido indultado e que a pena de morte fora substituída por uma pena mais leve. Mas por quantas angústias não deve ter passado este homem em tão pouco tempo! Uma noite inteira a conversar com os padres, a solenidade da confissão, meio copo de *vodka* ao amanhecer, a ordem «Tragam os prisioneiros!», a mortalha, os últimos sacramentos; depois, a alegria do indulto e, logo a seguir, a execução dos companheiros, cem chicotadas e um desmaio quando lhe aplicaram a quinta e, para terminar, o castigo de ser acorrentado ao carro de mão.

Na região de Korsakovsk, condenaram onze pessoas à morte pelo as-
sassínio dos ainus. Os funcionários e os oficiais passaram toda a noite
anterior à execução a vigiar os presos, fazendo visitas uns aos outros e
bebendo chá. Toda a gente estava ansiosa e ninguém conseguia estar no
mesmo sítio. Dois dos condenados envenenaram-se com acónito, o que
foi motivo de grande preocupação para o pelotão a quem os prisioneiros estavam confiados. O chefe do distrito tinha ouvido o vaivém nocturno e fora informado do envenenamento, mas, antes da execução,
quando toda a gente estava reunida à volta da forca, viu-se obrigado a
dizer oficialmente ao chefe do pelotão:

— Foram preparadas para a morte onze pessoas, mas aqui só vejo
nove. Onde estão as duas que faltam?

Em vez de lhe responder no mesmo tom oficial, o comandante do pelotão gaguejou nervosamente:

— Bem, enforque-me a mim em vez deles, enforque-me a mim...

Isto passou-se numa manhã de Outubro, cinzenta, fria, escura. Os
condenados tinham o medo estampado no rosto amarelado e os cabelos
em desalinho. Um funcionário leu a sentença, a tremer de emoção e a
balbuciar, porque não via bem. O sacerdote, de sotaina negra, deu a
cruz a beijar aos nove condenados, e murmurou, voltando-se para o
chefe do distrito:

— Por amor de Deus, deixe-me ir embora! Já não aguento mais...

Foi um processo demorado: teve de se vestir a mortalha a cada um
dos condenados e de o acompanhar ao cadafalso. Quando os nove homens foram finalmente enforcados, no ar ficou «uma verdadeira gri-
nalda», como me disse o chefe do distrito ao narrar-me o acontecimen-
to. Quando os guardas tiraram os corpos da forca, os médicos
descobriram que um dos homens ainda estava vivo. Este «caso» tinha
um significado especial: a prisão conhecia os meandros de todos os crimes cometidos pelos detidos e o carrasco e os seus ajudantes sabiam
que aquele homem estava inocente do crime pelo qual o enforcavam.

— Tivemos de o voltar a enforcar — concluiu o chefe do distrito. —
Depois disso, não consegui dormir durante um mês inteiro.

XXII

Os evadidos — Causas das evasões — Composição dos eva-didos em função da origem e da classe social, etc.

Para o célebre comité de 1868, uma das principais vantagens de Sacalina, e uma das suas superioridades primordiais, consistia no facto de ser uma Ilha. Numa terra isolada do continente por um mar tempestuoso, não parecia difícil criar uma grande prisão junto ao mar para responder ao princípio «mar em redor, inferno no interior» e para realizar uma deportação à romana, para um lugar onde qualquer plano de evasão não passaria de um sonho. Mas, na realidade e na prática, Sacalina assemelha-se mais a uma península. O Estreito que a separa do continente fica completamente gelado no Inverno e a água que, no Verão, constitui uma verdadeira muralha para os prisioneiros transforma-se no tempo frio numa planície suave que qualquer pessoa pode atravessar a pé ou de trenó. Além disso, mesmo no Verão, o Estreito da Tartária também não é assim tão intransponível: no seu ponto mais apertado, entre os cabos Pogóbi e Lázarev, não tem mais do que seis ou sete *verstás* e, quando está bom tempo, não é difícil fazer até cem *verstás* na pobre canoa de um guiliak. Mesmo na parte mais larga do Estreito, os habitantes de Sacalina vêem com bastante nitidez a costa do continente. É uma nebulosa franja de terra com belos picos montanhosos que atrai e seduz, dia após dia, o deportado, prometendo-lhe a liberdade e uma pátria. Além destas condições físicas, o comité esqueceu-se da eventualidade — ou nem sequer pensou nela — de fugas que se poderiam dar não para o continente, mas para o interior da Ilha e que são tão preocupantes como as outras. Por isso, a posição insular de Sacalina está longe de corresponder inteiramente às expectativas do comité.

De qualquer modo, há uma vantagem: ninguém consegue escapar de Sacalina com facilidade. Os vagabundos, que podem ser considerados especialistas na matéria, dizem que é muito mais complicado sair daqui do que das colónias penais de Kara ou de Nértchinsk. Apesar do desleixo total e da completa debilidade da administração anterior, as prisões de Sacalina continuam cheias e os detidos não se evadiram talvez tantas vezes como os inspectores desejariam, porque o delito de fuga é um dos mais rentáveis. Os funcionários de hoje reconhecem que, dada a dispersão das obras onde os presos trabalham e a falta de vigilantes, se não fosse por medo dos obstáculos materiais da fuga, só ficariam em Sacalina os que gostassem de lá viver, ou seja, ninguém.

Mas, entre os obstáculos que desencorajam os candidatos à evasão, o mais aterrador não é o mar. A taiga impenetrável, as montanhas, a humidade permanente, as brumas, as vastas zonas desertas, os ursos, a fome, os mosquitos e, no Inverno, o frio, as pavorosas tempestades e nevões são os maiores aliados dos piquetes de vigilância. Na taiga de Sacalina, onde uma pessoa tem, a cada passo, de lutar com montões de ramos caídos, com uma confusão de alecrineiros ou de bambus duros como o ferro que se enredam nos pés, de se enterrar até à cintura nos pântanos e nos ribeiros, e de se proteger de nuvens de mosquitos, nem os caminhantes livres e bem alimentados conseguem avançar mais de oito *verstás* por dia. Um homem enfraquecido pela prisão, que se alimenta de toda a espécie de porcarias temperadas de sal, que não sabe onde fica o norte ou o sul, não consegue fazer mais de três a cinco *verstás*. Além disso, como não pode ir a direito, é obrigado a fazer longos desvios para evitar os cordões de vigilância. Passa assim uma semana, uma quinzena, raramente um mês; minado pela fome, pela disenteria, pela febre, devorado pelos mosquitos, com as pernas cobertas de feridas e inchadas, ensopado até aos ossos, cheio de lama, esfarrapado, morre num canto qualquer da taiga, ou então, fazendo da fraqueza força, volta para trás, pedindo a Deus que lhe conceda a graça de encontrar um soldado ou um guiliak que o leve de novo para a prisão.

Que razão levará um criminoso a procurar a salvação na fuga, em vez de a procurar no trabalho e no arrependimento? É sobretudo por sentir ainda uma insaciável força de viver que não se deixa abater. A menos que o prisioneiro seja um filósofo que se sinta bem em qualquer lugar e em qualquer circunstância, deve forçosamente ter vontade de fugir.

O móbil principal das evasões é o amor pela terra natal. A acreditarmos nas palavras dos deportados, não há maior alegria nem maior felicidade do que viver no próprio país. Falam da terra, das pessoas, das aldeias e do clima de Sacalina com risos de desdém, com aversão, com desprezo, enquanto na Rússia tudo é maravilhoso e encantador. Até o espírito mais aberto seria incapaz de admitir que no seu país há pessoas infelizes, porque viver na região de Tula ou de Kursk, ver isbás todos os dias, respirar o ar da Rússia é, já em si, a maior das felicidades. «Senhor, dá-me a miséria, a doença, a cegueira, a mudez, o desprezo dos meus semelhantes, mas deixa-me voltar à minha terra e morrer lá!» Uma reclusa já velhota, que trabalhou para mim durante algum tempo no serviço doméstico, admirava as minhas malas, os meus livros e a minha manta de viagem, só porque esses objectos não eram de Sacalina, mas da «nossa terra». Quando um padre me vinha visitar, nunca lhe pedia a bênção e mirava-o com sarcasmo, porque em Sacalina não podia haver «padres a sério». A saudade manifesta-se em forma de recordações permanentemente relembradas, tristes e comovedoras, acompanhadas de queixumes e de lágrimas amargas, ou sob a forma de sonhos irrealizáveis que muitas vezes nos surpreendem pelo seu carácter absurdo e delirante, ou ainda sob a forma de um indubitável desarranjo mental[235].

A outra causa que leva os deportados a fugirem da Ilha é o desejo de liberdade inerente ao ser humano e que, em situações normais, é um dos seus traços mais nobres. Enquanto é jovem e robusto, o deportado tenta fugir para o mais longe possível, para a Sibéria ou para a Rússia. Normalmente é apanhado, mandam-no de volta, mas essa situação até nem é assim tão má: nessa longa marcha através da Sibéria, a pé, por etapas, com mudanças sucessivas de prisão, de companheiros e de escolta, com aventuras próprias da viagem, há um certa poesia que se assemelha mais à liberdade do que a prisão de Voievodsk ou os trabalhos nas estradas. Debilitado pela idade, o deportado já não tem confiança nas pernas e foge para um sítio mais perto, nas cercanias do Amur, na taiga ou na montanha, mas que seja o mais longe possível da prisão, para não ver as paredes e as pessoas que lhe são odiosas, para não ouvir o tilintar das correntes e as conversas dos presos. Em Korsakovsk, há um velho de sessenta anos ou mais, chamado Altukhov, que foge da seguinte maneira: agarra num bocado de pão, fecha a isbá onde mora, afasta-se do Posto, não mais de meia *verstá*, senta-se numa colina, põe-se a contemplar a taiga, o mar ou o céu; fica por ali três dias, volta para casa, agarra outra vez nas suas provisões e vai outra vez para a montanha... Antes, davam-lhe chicotadas, mas agora essas «fugas» só provocam hilaridade. Uns evadem-se, esperando andar em liberdade uma semana ou um mês; outros contentam-se só com um dia. Um dia apenas, mas que seja meu! As saudades do tempo em que viviam em liberdade apoderam-se de alguns indivíduos de forma periódica, com características que fazem lembrar crises de alcoolismo ou de epilepsia. Diz-se que aparecem em certas épocas do ano ou do mês; por isso, os reclusos de boa-fé, quando sentem que estão prestes a ter um ataque, avisam sempre as autoridades. Normalmente, todos os fugitivos, sem excepção, são castigados com a chibata ou com o chicote. Estas fugas, muitas vezes inconsequentes e imponderadas, surpreendem-nos pela própria moralidade das pessoas envolvidas. De facto, vemos homens sensatos, modestos, pais de família, que fogem sem roupa, sem um plano de fuga, sabendo perfeitamente que vão ser apanhados, correndo o risco de perder a saúde, a confiança das autoridades, a sua liberdade relativa e por vezes o salário, arriscando-se também a morrerem de frio ou de um tiro. Esta inconsequência deveria bastar aos médicos, a quem compete a decisão do castigo, para concluírem que estão perante casos de doença e não de crime.

Entre as causas gerais que motivam a evasão, há que acrescentar as penas de prisão perpétua. Como é sabido, na Rússia, a condenação a trabalhos forçados está associada ao exílio sem retorno na Sibéria. O deportado é afastado do seu meio humano normal para sempre e, deste modo, está morto para a sociedade onde nasceu e cresceu. Aliás, falando de si próprios, os condenados dizem: «Os mortos não voltam do cemitério.» E é esta ausência total de esperança, esta desolação, que leva o exilado a fugir, a querer mudar de vida. «Pior do que isto não pode ser», pensa ele. Se foge, os outros dizem: «Foi-se embora, para mudar de vida.» Se é apanhado e o trazem de volta, comentam que «teve pouca sorte». Como o exílio é definitivo, as evasões e a vagabundagem são um mal inevitável e necessário que servem de algum modo de válvula de escape. Se se tirasse a esperança de evasão ao exilado, que é o seu único meio de mudar de vida, de «voltar do cemitério», o seu desespero manifestar-se-ia talvez, por não encontrar outra saída, de uma forma mais dura e mais terrível do que a fuga.

Há ainda outra causa geral associada às evasões: acredita-se na sua facilidade, na sua impunidade e na sua quase legitimidade, embora na realidade elas não sejam fáceis, sejam cruelmente punidas e consideradas crimes graves. Esta estranha crença foi cultivada durante gerações e gerações e a sua origem perde-se na bruma dos bons velhos tempos, quando era realmente fácil fugir e as evasões eram até estimuladas pelas autoridades. O director de uma fábrica ou um inspector de uma prisão consideravam uma punição divina os seus presos não fugirem, e ficavam contentes quando grupos inteiros desertavam. Se, no dia 1 de Outubro, data em que eram distribuídas as roupas quentes, trinta ou quarenta pessoas faltavam à chamada, isso significava geralmente que trinta ou quarenta peliças iam parar às mãos do inspector. A acreditar no que diz Iadrintsev, o director de uma fábrica costumava dizer, sempre que recebia uma nova fornada de presos: «Se vieram para ficar, podem vir buscar a roupa; se estão aqui para se porem na alheta, então não vale a pena levarem nada!» Do alto da sua autoridade, o director parecia legitimar as evasões. E foi esse espírito que dominou a educação de toda a população siberiana, para quem a fuga, ainda hoje, continua a não ser um delito. Os próprios prisioneiros falam das suas fugas com um sorriso ou lamentam ter falhado, e seria inútil esperarmos ver neles arrependimento ou remorsos. De todos os evadidos com quem tive oportunidade de falar, só um velhote doente, acorrentado ao carro de mão por várias tentativas de fuga, se recriminava pelo que tinha feito, mas, para ele, as fugas eram «asneiras» e não crimes: «Quando era novo, fiz asneiras e agora estou a pagar as favas.»

As causas particulares da evasão são muitas. Mencionarei o descontentamento em relação ao sistema prisional, a má qualidade da alimentação, a crueldade de algum chefe, a preguiça, a inaptidão para o trabalho, a doença, a falta de vontade, o espírito de imitação, o gosto pela aventura... Às vezes, há grupos inteiros que desertam unicamente para «darem uma volta» pela Ilha, passeio que é acompanhado por morticínios e por toda a espécie de horrores, que deixam a população completamente em pânico e em fúria. Vou contar um caso de evasão determinada pelo desejo de vingança. Numa tentativa de fuga, o soldado Belov feriu um recluso chamado Klimenko e levou-o de volta para a prisão de Aleksandrovsk. Quando ficou curado, Klimenko evadiu-se de novo, desta vez só com a finalidade de se vingar de Belov. Dirigiu-se directamente ao posto de vigilância, onde foi detido. «Volta a levar o teu afilhado... — disseram a Belov os seus companheiros — e boa sorte!». Pelo caminho, o guarda e o prisioneiro puseram-se a conversar. Era um dia de Outono, estava muito vento e fazia frio... Pararam para fumar. O soldado levantou a gola do casaco para acender o cachimbo. Klimenko apoderou-se da arma de Belov, disparou e deixou-o estendido no chão; a seguir, voltou para Aleksandrovsk, como se nada tivesse acontecido. Prenderam-no e enforcaram-no pouco tempo depois.

Agora uma fuga por amor. O prisioneiro Artiom... (não me lembro do apelido), um jovem de vinte anos, era vigilante num edifício público de Naibutchi. Estava apaixonado por uma mulher ainu que morava numa iurtá junto do rio Naibu, e diz-se que o amor era correspondido. Um dia foi acusado de roubo e, para o castigarem, transferiam-no para a prisão de Korsakovsk, que ficava a noventa *verstás* da casa da sua ainu. Então, ganhou o hábito de escapar do Posto para ir visitar a mulher amada em Naibu, e só deixou de o fazer quando lhe deram um tiro na perna.

Por vezes, também há negócios sujos envolvidos na evasão, como o exemplo que vou apresentar, que alia a ganância à mais odiosa das traições. Um velho meliante, encanecido pelas muitas fugas e aventuras, costumava escolher entre «os novos» os que tinham mais dinheiro (os recém-chegados têm quase sempre dinheiro) e incitava-os a fugirem

com ele. Não era muito difícil convencê-los; o «novo» evadia-se e, uma
vez na taiga, o velho matava-o e voltava para a prisão. Há outra tra-
móia, muito mais vulgarizada, que se baseia no negócio dos três rublos
que a administração paga pela captura de cada fugitivo. Depois de chegarem a acordo com um soldado ou com um guiliak, alguns prisioneiros evadem-se em grupo e, num local combinado na taiga ou na costa,
encontram-se com o seu perseguidor, que recebe três rublos por cabeça, como se os tivesse capturado. A seguir, esse dinheiro é, obviamen-
te, repartido. Às vezes, é ridículo ver um guiliak pequenino e enfezado,
«armado» de vara na mão, a levar para a prisão um grupo de seis ou sete vagabundos, espadaúdos e de figura imponente. Também vi o soldado L., que não se distinguia pela sua forte compleição, trazer de volta
onze prisioneiros.

Até aos dias de hoje, as estatísticas da penitenciária não têm tratado
devidamente a questão das evasões. Por ora, só se pode dizer que a frequência de evasões predomina entre as pessoas que sentem com mais
intensidade a diferença entre o clima de Sacalina e o da sua terra natal.
Trata-se sobretudo de oriundos do Cáucaso, da Crimeia, da Bessárabia
e da Ucrânia. Nas listas de fugitivos ou de recapturados, às vezes, entre sessenta pessoas, não há um único nome russo: são todos Ogly, Su-
leiman ou Hassan. Também não há a menor dúvida de que os condenados a penas longas ou a prisão perpétua se evadem com mais frequência
do que os têm penas mais leves; os reclusos que vivem dentro da prisão evadem-se mais do que os que moram fora; e os detidos jovens e os
recém-chegados evadem-se muito mais do que os presos mais antigos.
As mulheres raramente se evadem, o que se explica pelas dificuldades
inerentes à fuga e também pelo facto de não tardarem a desenvolver
fortes relações afectivas, assim que chegam à colónia penal. O mesmo
acontece com os chefes de família, porque os seus deveres em relação
às mulheres e aos filhos os afastam muitas vezes da ideia da fuga, embora já tenha havido alguns casos de evasões. Os maridos legítimos fogem menos do que os outros. Quando andei a visitar as isbás, mais de
uma prisioneira com estatuto de camponesa, a quem perguntei pelo
companheiro, me respondeu:

— E eu agora é que vou saber onde é que ele se meteu? Não posso
andar o dia inteiro à procura dele!

Os evadidos nem sempre são pessoas de origem humilde, porque há
também alguns oriundos de classes privilegiadas. Ao folhear o inventário da Direcção da Polícia de Korsakovsk, encontrei o registo de um an-

tigo nobre condenado a oitenta ou noventa chicotadas por delito de fuga e por assassinato durante a evasão. O célebre Laguiev, o assassino do reitor do seminário de Tbilissi (que exercia as funções de professor primário em Korsakovsk), evadiu-se na noite de Páscoa de 1890, na companhia de Nikolski, filho de um sacerdote, e de três vagabundos. Uns dias mais tarde, dizia-se que estes últimos tinham sido vistos, vestidos à civil, a caminho da costa, na direcção do Posto de Muraviovsk, mas que Laguiev e Nikolski não estavam na sua companhia. Provavelmente os três vagabundos convenceram Laguiev e o companheiro a fugirem juntos e mataram-nos para lhes roubarem as roupas e o dinheiro. O filho do arcipreste K., condenado por homicídio, fugiu para o continente, onde cometeu outro crime e foi mandado de novo para Sacalina. Vi-o uma vez, de manhãzinha, no meio da multidão de presos, perto da mina: extraordinariamente magro, curvado, de olhar mortiço, com um velho casaco de Verão e calças rotas para fora das botas; sonolento, a tremer com o frio da manhã, abeirou-se do inspector que estava ao meu lado, tirou o miserável boné, deixando à mostra a cabeça rapada, e pediu-lhe não sei o quê.

Para referir as estações do ano em que as fugas são mais frequentes, servir-me-ei dos dados que tive tempo de descobrir e de anotar. Em 1877, 1878, 1885, 1887, 1888 e 1889, houve mil, quinhentas e uma evasões. Este número distribui-se pelos meses do seguinte modo: Janeiro — 117; Fevereiro — 64; Março — 20; Abril — 20; Maio — 147; Junho — 290; Julho — 283; Agosto — 231; Setembro — 150; Outubro — 44; Novembro — 35; Dezembro — 100. Se traçássemos uma curva com estes dados, veríamos que as evasões atingem o seu ponto mais alto no Verão e durante os meses de Inverno, quando o frio é mais intenso. É evidente que os períodos mais favoráveis para as fugas são os dias de bom tempo — os detidos trabalham fora da prisão, há a migração dos peixes, as bagas da taiga estão maduras, assim como as batatas dos colonos — e quando o mar está coberto de gelo e Sacalina deixa de ser uma Ilha. Além disso, o aumento de fugas no Verão e no Inverno é também favorecido com a chegada dos novos contingentes de prisioneiros na Primavera e no Outono. Se há menos evasões em Março e em Abril, é porque nesta altura se processa o degelo dos rios e se torna quase impossível arranjar que comer, tanto na taiga como na horta do colono, que, quando chega a Primavera, normalmente já não tem pão.

Em 1889, na prisão de Aleksandrovsk, houve uma média de 15,33% de fugas; de 6,4%, nas prisões de Duí e de Voievodsk, onde há mais vigilantes e a guarda é assegurada por sentinelas armadas; e de 9% nas prisões do distrito do Tym. Estes dados reportam-se apenas a um ano, mas, se considerarmos o conjunto da população penitenciária, durante todo o tempo da sua permanência na Ilha, a percentagem global das evasões atinge, pelo menos, os 60%, isto é, em cinco detidos que vivem na prisão ou fora dela, provavelmente três deles, uma ou outra vez, já tentaram fugir. Nas minhas conversas com os deportados, fiquei mesmo com a impressão de que todos eles já o tinham tentado e de que são raros os que, durante a fase de trabalhos forçados, não tenham tirado umas «férias»[236].

Normalmente, o plano de evasão começa a ser elaborado quando os presos ainda estão no porão do navio ou na barcaça no Amur, a caminho de Sacalina. Durante a viagem, os velhos vagabundos que já tentaram a fuga descrevem aos recém-chegados a geografia da Ilha, o funcionamento da colónia penal, a vigilância, as bênçãos e as privações que esperam quem se evade. Se, nas prisões em trânsito, e depois nos porões dos navios, isolassem os velhos manhosos dos que ainda estão «verdes», talvez estes não tivessem tanta pressa em fugir. Regra geral, muitos evadem-se pouco tempo depois de abandonarem o barco e alguns até imediatamente a seguir ao desembarque. Em 1879, fugiram sessenta pessoas de uma assentada, poucos dias após a chegada, depois de terem massacrado os guardas.

Na hora da evasão, os prisioneiros não têm necessidade de recorrer a todos os preparativos e de tomar todas as precauções descritas por V. G. Korolenko no seu belo conto O Socalinense (sic). As fugas estão rigorosamente proibidas e já não são facilitadas pelas autoridades, mas as condições de vida, de vigilância e de trabalhos forçados, e as condições geográficas da Ilha são tão particulares, que tornam impossível evitar uma evasão. Se hoje um detido não conseguir sair pela porta grande da prisão, aberta de par em par, amanhã poderá tentar a oportunidade de se escapar na taiga, quando vinte ou trinta homens estiverem a trabalhar no exterior, sob a vigilância de um único soldado. Quem não conseguir fugir de lá esperará um mês ou dois até ser destacado para casa de um funcionário ou para a quinta de um colono. Precauções, artimanhas para iludir as autoridades, efracções, escavação de túneis, etc. só são necessárias à minoria formada pelos prisioneiros acorrentados, pelos que estão em regime celular e pelos que estão na cadeia de Voievodsk. E estou também a pensar nos trabalhadores das minas, porque, em quase toda a distância que vai de Duí a Voievodsk, há sempre sentinelas que os vigiam. Aqui, a primeira etapa da evasão apresenta riscos; no entanto, quase todos dias acontecem fugas com êxito. Só os amantes da aventura recorrem a disfarces e a manigâncias de todo o tipo, muitas vezes perfeitamente inúteis, como *Mão de Ouro*, que se travestia de soldado de cada vez que tentava fugir.

A maior parte dos evadidos vai para norte, para a parte mais estreita do Canal da Tartária, entre o Cabo Pogóbi e o Cabo Lázarev, ou ainda um pouco mais para norte: a região é deserta e é mais fácil escapar aos piquetes de vigilância, é possível arranjar um barco dos guiliaks ou até construir uma jangada e atravessar para o outro lado; se for Inverno e se estiver bom tempo, basta andar duas horas a pé para se fazer a travessia. Quanto mais se for para norte, mais se fica próximo da foz do Amur, e menos risco se corre de morrer de fome, porque, junto ao estuário, há imensas aldeias guiliaks, as cidades de Nikolaievsk, de Marinsk e de Sofiysk ficam muito perto, assim como as aldeias dos cossacos, onde um fugitivo pode trabalhar à jorna durante o Inverno e onde, segundo se diz, há sempre alguém disposto a dar abrigo e um bocado de pão a um desgraçado. Por vezes, acontece que, por não saberem situar o Norte, os fugitivos começam a andar às voltas e retornam ao lugar de onde partiram[237].

Outras vezes os evadidos tentam atravessar o Estreito num lugar perto da prisão. Para isso, é preciso ter uma coragem excepcional, circunstâncias particularmente favoráveis, e sobretudo ter vivido várias vezes a experiência das dificuldades e dos riscos de ir para norte através da taiga. Os reincidentes que se escapam das prisões de Voievodsk ou de Duí dirigem-se logo para o mar, no próprio dia da fuga ou no dia seguinte. Então, já não se trata de calcular as tempestades e os perigos; só contam o medo animal da perseguição e a ânsia de liberdade: «Afoguemo-nos, se tiver de ser, mas em liberdade!» Normalmente dirigem-se para Ágnevo, a cinco ou dez *verstás* a sul de Duí, constroem uma jangada e lançam-se a todo o vapor em direcção à nebulosa margem da qual estão separados por sessenta ou setenta milhas de mar frio e agitado. Foi assim que Prókhorov, também conhecido por Milnikov, de quem falei no capítulo anterior, se evadiu de Voievodsk[238]. Escapam-se em jangadas e chalanas que o mar destrói impiedosamente e lança para a costa. Uma vez, uns prisioneiros evadiram-se a bordo da lancha do serviço das minas[239]. Alguns também fogem nas embarcações que estiveram a carregar. Em 1883, Franz Kietz subiu a bordo do *Triumph* e escondeu-se no porão do carvão. Quando o descobriram e o tiraram de lá, a todas as perguntas que lhe faziam, só respondia: «Dêem-me água! Há cinco dias que estou sem beber!»

Assim que conseguem chegar, de uma forma ou de outra, ao continente, os evadidos dirigem-se para oeste, mendigando comida em nome de Deus, trabalhando à jorna quando é possível e roubando tudo o
que está à mão de semear: gado, legumes, roupa... Em resumo, tudo o
que se pode comer, vender ou usar. Apanham-nos, ficam uma larga
temporada na prisão, julgam-nos, mandam-nos de volta para Sacalina
com o cadastro ainda mais pesado, mas são muitos — como o leitor já
sabe pelos processos judiciais — os que conseguem chegar até ao mercado Khitrov de Moscovo ou até à sua terra natal. Goriátchi, um padeiro de Pálevo, um homem simplório, franco e provavelmente bondoso,
contou-me como tinha chegado à sua aldeia; voltou a estar com a mulher e os filhos, mas foi de novo mandado para Sacalina, onde está a
cumprir a segunda condenação. Também se diz — e, de resto, a imprensa tem falado várias vezes no assunto — que os baleeiros americanos recrutam os evadidos para as suas tripulações e que os levam para
a América[240]. É possível que seja verdade, mas não tive conhecimento
de um único caso desse género. Os caçadores de baleias americanos
operam no Mar de Okhotsk e raramente se aproximam de Sacalina, e
seria ainda mais surpreendente que isso acontecesse, precisamente no
momento em que há evadidos na desabitada costa leste. Segundo
Kurbski (*A Voz*, n.º 312, 1875), no território índio da margem direita do
Mississípi, vivem muitos grupos de «vaqueros» que, na realidade, não
são mais do que ex-condenados de Sacalina. Esses «vaqueros», se de
facto existem, não chegaram à América nos baleeiros, mas provavelmente através do Japão. Em qualquer caso, se bem que raras, as fugas
para o estrangeiro existem e ninguém tem dúvidas acerca disso. Por
volta dos anos 20, os prisioneiros que trabalhavam nas salinas de
Okhotsk evadiam-se para as ilhas «cálidas»[241], ou seja, para as Ilhas
Sandwich[242].

Os reclusos evadidos inspiram um medo terrível às populações, e isso explica a razão pela qual o delito de fuga é considerado um crime tão
grave e punido com tanta severidade. Quando um fugitivo famoso se
escapa da prisão de Voievodsk ou do barracão dos acorrentados, a nova espalha-se rapidamente, semeando o terror não apenas na população
de Sacalina, mas também nos habitantes do continente. Conta-se que,
no dia em que Blokhá se evadiu, a notícia deixou os habitantes de Nikolaievsk em tal estado de pânico que o chefe da polícia achou necessário perguntar por telegrama se a informação era verdadeira[243].

As evasões representam um perigo para a sociedade, porque mantêm
e desenvolvem a vagabundagem e porque põem quase todos os fugiti-

vos em tal estado de ilegalidade que, na maioria dos casos, os leva irreversivelmente a cometerem novos delitos. A maior parte dos reincidentes é composta por fugitivos, e são estes os autores dos crimes mais terríveis e mais audaciosos que têm sido praticados até hoje em Sacalina.

Actualmente, para impedir as fugas, recorre-se sobretudo a medidas repressivas. De facto, estas medidas são reduzidas, mas só até certo ponto; a repressão nunca conseguirá excluir a hipótese de novas evasões, mesmo que seja aperfeiçoada. Há um limite, para lá do qual as medidas repressivas deixam de ser eficazes. Como se sabe, um prisioneiro continua a correr, mesmo quando vê uma sentinela a apontar-lhe uma arma; a tempestade e a iminência de morrer afogado tão-pouco o dissuadem da fuga. Para lá desse limite, são as próprias medidas repressivas que se tornam causas de evasão. Assim, por exemplo, a severa sanção do delito de fuga, que consiste no agravamento da pena inicial, aumenta o número de condenados a prisão perpétua ou a penas prolongadas, o que, por sua vez, aumenta o número de evasões. Falando em geral, estas medidas de repressão não têm futuro, porque divergem profundamente do ideal da nossa legislação, para a qual o castigo é acima de tudo um meio de regeneração. Quando um carcereiro despende, dia após dia, toda a sua energia e todo o seu engenho a pôr o recluso em condições materiais tão difíceis que lhe tornem a fuga impossível, já não se trata de regenerar o criminoso, mas de o transformar num animal feroz e de converter a prisão numa jaula. De resto, estas medidas nem são racionais: em primeiro lugar, só servem para aterrorizar os restantes presos que não têm culpa de nada; em segundo lugar, a reclusão numa cadeia de regime especial, com grilhetas, calabouços escuros, «solitárias» nas caves e carros de mão tornam um ser humano incapaz de trabalhar.

As medidas ditas humanitárias, bem como qualquer tipo de melhoria das condições de vida dos prisioneiros (nem que seja um pouco mais de pão ou a esperança de um futuro melhor), reduzirão consideravelmente o número de evasões. Só quero dar um exemplo: em 1885, fugiram vinte e cinco colonos; em 1887, isto é, depois da boa safra de 1886, só sete. Os colonos evadem-se muito menos do que os deportados encarcerados e entre os camponeses proscritos quase não há fugas. No distrito de Korsakovsk, há menos fugitivos, porque: as colheitas são melhores; os condenados a penas leves são ali proporcionalmente mais numerosos; o clima é mais suave e é mais fácil obter o estatuto de camponês. Além disso, uma vez cumprido o tempo da condenação, não há necessidade de voltar a trabalhar nas minas para se ganhar a vida.

Quanto melhor é a vida do prisioneiro, menor é o perigo de fuga. Por isso, devemos depositar grandes esperanças na implantação de medidas que melhorem a vida da colónia penitenciária, tais como edificação de igrejas, a construção de escolas e de hospitais, assim como a criação de condições que assegurem a subsistência dos deportados e das suas famílias, etc.

Como já disse, por cada fugitivo recapturado e mandado de volta para a prisão, os soldados, os guiliaks e todos os que o perseguirem recebem do Tesouro uma recompensa de três rublos por cabeça. Não há dúvida de que essa quantia, tentadora para um homem esfomeado, é uma ajuda para a captura e aumenta a quantidade de fugitivos apanhados «mortos ou vivos», mas essa ajuda está, evidentemente, longe de compensar todo o dano que essas notas de três rublos provocam na população da Ilha, ao despertar-lhe os maus instintos. Quem se sente obrigado a capturar um fugitivo, porque é um soldado ou porque é um colono despojado dos seus haveres, apanhá-lo-á sem necessidade da recompensa dos três rublos. Quem o faz não por obrigação profissional e por necessidade, mas por razões de ordem mercantil, torna a caça ao homem uma indústria abominável e os três rublos são um estímulo da ordem do mais vil que pode existir.

De acordo com os dados que tenho em meu poder, dos mil quinhentos e um evadidos, mil e dez foram recapturados ou regressaram voluntariamente à prisão, quarenta e três foram encontrados mortos ou foram abatidos durante a perseguição, e quatrocentos e cinquenta e um estão dados como desaparecidos. Assim, Sacalina perde um terço dos seus fugitivos, apesar da sua situação insular. No *Boletim* de onde tirei estes números, os que são capturados e os que regressam de livre vontade estão no mesmo grupo. Como acontece o mesmo com os velhos cadáveres encontrados na taiga e com os homens abatidos durante a perseguição, é impossível saber quantos fugitivos são apanhados pelos seus perseguidores e quantos caem sob as balas dos soldados[244].

XXIII

Morbilidade e mortalidade dos deportados — Organização
médica — O hospital militar de Aleksandrovsk

Em 1889, o número de prisioneiros dos dois sexos considerados débeis ou inaptos para o trabalho foi de seiscentos e trinta e dois, isto é,
10,6% da totalidade. Dito de outro modo, em dez pessoas há uma que é
inapta e débil. Por outro lado, a população apta para o trabalho produz
pouco e também não dá a impressão de ter muita saúde. Nunca se vê um
homem bem alimentado, forte, de boas cores; até os colonos que não fazem nada são magros e pálidos. Durante o Verão de 1889, registaram-
-se trinta e sete doentes, entre os cento e trinta e um prisioneiros que estavam a trabalhar na estrada de Taraika, e os restantes compareceram
diante do comandante da Ilha, que estava a fazer uma inspecção, «num
estado lamentável: esfarrapados, muitos deles sem camisa, devorados
pelos mosquitos, cheios de arranhões provocados pela ramagem. E contudo ninguém se queixava...» (nota de serviço n.º 318, 1889).

Neste ano, onze mil, trezentas e nove pessoas pediram assistência
médica, mas no relatório de onde recolhi estes dados, não é feita a distinção entre homens livres e deportados, embora o autor observe que a
grande massa de doentes é composta por prisioneiros. Tendo em conta
que os soldados são tratados por médicos militares e os funcionários,
bem como as suas famílias, recebem assistência domiciliária, é de crer
que esse número de onze mil, trezentos e nove se refira unicamente a
deportados ou a pessoas das suas relações que recorreram aos cuidados
médicos pelos menos uma vez por ano[245].

A minha única fonte sobre a morbilidade da população é o relatório
de 1889, baseado, infelizmente, nos dados dos «Registos verídicos»
dos hospitais, documentos feitos com tanto desleixo que, para anotar
as causas dos óbitos dos últimos dez anos, tive de recorrer aos registos
paroquiais. Essas causas são quase sempre registadas pelos padres a
partir de certidões passadas por médicos ou por enfermeiros e estão
cheias de fantasias[246], mas tais informações são, no conjunto, semelhantes às dos «Registos verídicos»: nem melhores, nem piores. É evidente que, devido às suas lacunas e incorrecções, estas duas fontes estão longe de ser suficientes e tudo o que o leitor vai encontrar a seguir
sobre a morbilidade e a mortalidade é apenas um esboço e não um quadro rigoroso.

As doenças que figuram no relatório em duas rubricas distintas —
«Contágios fulminantes» e «Epidemias» — têm tido, até esta data, muito pouca propagação. Assim, no ano em referência, só foram registados
três casos de sarampo, nenhum de escarlatina, de difteria ou de garrotilho. Em dez anos, essas doenças que matam sobretudo as crianças só
são mencionadas quarenta e cinco vezes. Neste número, estão incluídas
as «anginas» e «as inflamações da garganta», de carácter contagioso e
epidémico, como ficou demonstrado pela morte em série de várias
crianças em pouco tempo. As epidemias começam geralmente em Setembro ou em Outubro, quando os navios da Frota Voluntária trazem
para a colónia crianças doentes; a epidemia dura bastante tempo mas
não se propaga muito. Foi assim que, em 1880, na paróquia de Korsakovsk, a «angina» começou em Outubro e terminou em Abril do ano seguinte, mas só levou dez crianças; a epidemia de difteria de 1888 começou no Outono na paróquia de Rikovskoie, durou todo o Inverno, e
depois espalhou-se pelas de Aleksandrovsk e de Duí, onde se extinguiu
em Novembro do ano seguinte, ou seja, durou um ano inteiro, mas só
causou a morte a vinte crianças. A varíola só aparece registada uma única vez; em dez anos, só provocou a morte a dezoito pessoas; houve
duas epidemias no distrito de Aleksandrovsk, uma em 1886 — de Dezembro a Julho — e outra no Outono de 1889. As terríveis epidemias
de varíola que atravessavam antigamente as Ilhas do Japão e o Mar de
Okhotsk, incluindo Kamchatka, aniquilando às vezes tribos inteiras,
como as dos ainus, já foram erradicadas, ou pelo menos já não se ouve
falar nelas. É frequente encontrar rostos picados entre os guiliaks, mas
essas marcas são causadas pela varicela que provavelmente subsiste no
estado endémico entre os indígenas[247].

Em relação ao tifo, registaram-se vinte e três epidemias de febre tifóide com uma mortalidade de 30%, três casos de febre recorrente e três
de tifo exantemático, mas nenhum foi mortal. Nos registos das paróquias, há cinquenta casos de mortes provocadas por tifo e por febres,
mas são casos isolados, dispersos nos registos de quatro paróquias ao
longo de dez anos. Segundo o relatório, só se verificaram casos de febre tifóide nos distritos setentrionais, que são atribuídos à falta de água
potável, à poluição dos terrenos próximos das prisões e aos cursos de
água, assim como à exiguidade dos espaços e à sobrelotação. Pessoalmente, não observei nenhum caso de febre tifóide em Sacalina-Norte,
embora tenha visitado todas as isbás e as prisões militares. Alguns médicos afirmaram-me que essa variante de tifo não existia na Ilha, mas
mantenho-me muito céptico em relação a essa afirmação. Quanto à fe-

bre recorrente e ao tifo exantemático, considero que todos esses casos podiam ter vindo do exterior, tal como os de escarlatina e de difteria. Ao que tudo indica, as doenças infecciosas agudas encontrariam em Sacalina um terreno pouco propício para a sua propagação.

Há registos de dezassete casos de «febres de origem desconhecida». No relatório, este tipo de febre é descrito do seguinte modo: «Esta doença surge sobretudo nos meses de Inverno, manifestando-se por febre intermitente, por vezes com a aparição de erupções e danos generalizados do sistema nervoso central; mas, ao fim de cinco a sete dias, a febre desaparece e a recuperação é rápida.» Este tipo de febre é muito frequente na Ilha, principalmente nos distritos setentrionais, mas o que está nos relatórios não corresponde à centésima parte dos casos, porque as pessoas que contraem esta doença nem sempre recebem tratamento, andam levantadas ou ficam acamadas em casa. Durante a minha breve permanência na Ilha, fiquei convencido de que o frio desempenha um papel fundamental na etiologia desta doença, já que a contraem sobretudo aqueles que trabalham na taiga sob baixas temperaturas e humidade e passam a noite sujeitos à intempérie. Esta doença manifesta-se habitualmente nas pessoas que trabalham na construção de estradas e nas novas colónias. É uma verdadeira «febre de Sacalina» (*febris sachalinensis*).

Há também vinte e sete registos de pneumonia viral, com um terço de casos mortais. Esta doença parece ser tão perigosa para os deportados como para os residentes livres. Em dez anos, os registos imputam-lhe cento e vinte e cinco óbitos, dos quais 28% em Maio e Junho (época em que o tempo é horroroso, porque a temperatura está sempre a mudar, e em que começam os trabalhos fora da prisão) e 36% em Dezembro, Janeiro, Fevereiro e Março, ou seja, no Inverno[248]. Pensa-se que as principais causas da pneumonia viral são sobretudo os rigorosos frios invernais, as mudanças bruscas de temperatura e a realização de um trabalho duro no meio das intempéries. No seu relatório de 24 de Março de 1889, de que trouxe uma cópia, o doutor Pérlin, médico do hospital militar do distrito, diz entre outras coisas: «Sempre me horrorizou o alto índice de congestões pulmonares agudas entre os presos.» Na sua opinião, a doença deve-se «ao transporte, ao longo de oito *verstás*, de troncos de árvore, de seis a oito *verchoks* (vinte e cinco a trinta centímetros de diâmetro) e de quatro *sájenes* (cinco metros e meio) de comprimento, efectuado por três homens, e com um peso aproximado de vinte e cinco a trinta *puds* por tronco (de quatrocentos e dez a quinhentos e setenta quilogramas) *(sic)*; ainda por cima, o trabalho é feito em caminhos cheios de neve, com roupas empapadas em suor e com aceleração da actividade respiratória e circulatória», etc.[249]

Só há referência a cinco casos de disenteria ou de diarreia com sangue. Provavelmente, houve um surto epidémico em 1880 em Duí e em 1887 em Aleksandrovsk, mas os registos paroquiais só dão conta de oito óbitos. Em artigos e relatórios antigos, fala-se da disenteria que então era tão frequente na Ilha como o escorbuto, afectando deportados, soldados e indígenas e, como causa, apontavam-se a má alimentação e as duras condições de vida[250].

Não há um único registo de cólera-asiática. No hospital, presenciei casos de erisipela e de gangrena, e inclino-me a pensar que estas duas doenças são frequentes. Em 1889, não houve casos de tosse convulsa. A febre intermitente é referida quatrocentas e oitenta e oito vezes e mais de metade dos casos ocorreu no distrito de Aleksandrovsk. De acordo com o relatório, esta doença deve-se sobretudo ao calor que reina nas casas (e cujo ar nunca é renovado), à contaminação do solo perto das habitações, ao trabalho em terrenos periodicamente alagados e à instalação de colónias em zonas deste tipo. Estas condições de insalubridade são um facto; no entanto, a Ilha não dá a impressão de ser um lugar afectado pela malária. Quando dei a volta pelas isbás, não me apercebi de um único caso e também não me lembro de ter ouvido queixas dessa doença. Contudo, é bem possível que muitas das situações registadas tenham a ver com doentes que já padeciam de febre intermitente, por já terem o baço hipertrofiado antes da sua vinda para Sacalina.

Só aparece assinalado um caso de carbúnculo da Sibéria e nenhum de mormo ou de hidrofobia.

Um terço da mortalidade é devido a doenças do aparelho respiratório. A tuberculose, em particular, é responsável por 15% dos óbitos. Como só os cristãos figuram nos registos paroquiais, se lhes juntarmos os muçulmanos, que morrem normalmente de tísica, essa percentagem aumenta consideravelmente. Em todos os casos, os adultos são os mais gravemente afectados por esta doença, a mais frequente e a mais perigosa de Sacalina. Os picos de mortalidade ocorrem em Dezembro (mês excepcionalmente frio!), em Março e em Abril; os mais baixos registam-se em Setembro e em Outubro. O quadro, por idade, dos óbitos devidos à tuberculose é o seguinte:

Dos 0 aos 20 anos	3%
Dos 20 aos 25 anos	6%
Dos 25 aos 35 anos	43%

Dos 35 aos 45 anos   27%
Dos 45 aos 55 anos   12%
Dos 55 aos 65 anos   6%
Dos 65 aos 75 anos   2%

Em suma, as pessoas entre os vinte e cinco e os quarenta e cinco anos, isto é, os trabalhadores na flor da idade, são as que correm mais riscos de morrer de tuberculose[251]. A maioria das mortes por tuberculose dá-se entre os prisioneiros condenados a trabalhos forçados (66%). Estas duas circunstâncias preponderantes, a morte na idade activa e a incidência da doença na população reclusa, permitem-nos concluir que a taxa significativa de mortalidade por tuberculose está intrinsecamente ligada às más condições de vida nas celas colectivas e à excessiva dureza dos trabalhos forçados que exigem ao trabalhador muito mais do que aquilo que a comida da prisão lhe permite dar. A severidade do clima, as privações que têm de suportar no trabalho, na fuga ou na reclusão em celas de isolamento, a vida agitada nos dormitórios colectivos, a insuficiência de matérias gordas na alimentação, bem como as saudades da terra natal, são as causas da tísica em Sacalina.

Em 1889, registaram-se duzentas e quarenta e seis ocorrências de sífilis, com cinco casos mortais. Trata-se, sempre, de acordo com o relatório, de velhos sifilíticos em fases secundária e terciária. Os casos que tive oportunidade de ver fizeram-me imensa pena; essas situações de abandono, antigas, revelavam a ausência total de qualquer inspecção sanitária, que, face à baixa densidade da população, poderia ter tido uma acção eficiente. Em Rikovskoie, vi um judeu com sífilis pulmonar; há muito tempo que estava sem tratamento, ia desaparecendo aos poucos e a família esperava a sua morte com impaciência. E tudo isto a meia *verstá* do hospital! Os registos paroquiais só mencionam treze óbitos por sífilis[252].

No relatório, há referência a duzentas e setenta e uma situações de escorbuto, com seis casos mortais, mas nos registos paroquiais mencionam-se dezanove óbitos devido a esta doença. Há vinte ou vinte e cinco anos, o escorbuto era muito mais frequente na Ilha do que nos últimos dez, e fazia numerosas vítimas entre soldados e presos. Alguns antigos jornalistas, partidários da criação de uma colónia penal, sempre desmentiram categoricamente a existência desta enfermidade; no entanto, apesar do desmentido, louvavam as virtudes do alho-silvestre no combate à doença e escreviam que a população armazenava centenas de *puds* para o Inverno. O escorbuto, que devastava a costa da Tartária, não podia poupar Sacalina e os seus postos, onde as condições de vida não eram decerto melhores. Actualmente, e de acordo com o relatório dos Serviços de Saúde, a doença é sobretudo trazida pelos prisioneiros que chegam nos barcos da Frota Voluntária. O chefe do distrito e o médico da cadeia de Aleksandrovsk disseram-me que, em 2 de Maio de 1890, vieram no *Petersburgo* quinhentos reclusos, entre os quais havia pelo menos cem que tinham escorbuto. Cinquenta e um desses doentes foram internados no hospital militar e no posto da polícia. Um deles, um ucraniano de Poltava, que ainda encontrei na enfermaria, disse-me que tinha contraído a doença quando estava na prisão central de Carcóvia[253].

Entre as doenças causadas pela má nutrição, quero ainda mencionar a senescência de que se morre aqui muito antes de se ser velho, em plena idade activa. Está assinalado o óbito de um homem com a idade de vinte e sete anos, de outro com trinta, e de outros com trinta e cinco, quarenta e três, quarenta e seis, quarenta e sete e quarenta e oito anos. É pouco provável que se trate de um erro de um enfermeiro ou de um padre, porque a menção de «caquexia senil» como causa de morte de pessoas ainda novas, com menos de sessenta anos, aparece quarenta e cinco vezes nos registos paroquiais. A esperança média de vida dos deportados ainda não é conhecida, mas, a julgar pelas aparências, os habitantes de Sacalina envelhecem e enfraquecem cedo; os prisioneiros e os colonos de quarenta anos parecem quase todos uns velhos.

Os exilados só muito raramente vão ao médico por doenças nervosas. E isso explica que, em 1889, só se tenham registado dezasseis casos de nevralgias e de convulsões[254]. É provável que só os doentes que são levados para o hospital recebam tratamento. As congestões cerebrais, a apoplexia e a paralisia apareceram referidas vinte e quatro vezes, com dez casos mortais; para a epilepsia, há trinta e um registos, e vinte e cinco para a perda de faculdades mentais. Como já disse atrás, não há um lugar específico para tratar as doenças psíquicas. Quando fui a Korsakovsk, vi um doente mental na mesma enfermaria dos doentes de sífilis e contaram-me que, num caso semelhante, um prisioneiro tinha contraído o mal. Outros vivem em liberdade, trabalham como as pessoas com saúde, têm companheiras, fazem tentativas de fuga e são julgados em tribunal. Eu próprio me deparei algumas vezes com alguns dementes nos postos e nas colónias. Lembro-me bem de um antigo soldado de Duí que passava o tempo a falar dos oceanos aéreos e celestes, da sua filha Nadéjda, do Xá da Pérsia e que dizia ter matado um sacristão de Krestovozdvijensk. Também encontrei, em Vladimirovka, um certo Vetriakov, que acabava de cumprir uma pena de cinco anos de trabalhos forçados, aproximar-se do senhor I., inspector das colónias, e, com uma expressão ingénua e idiota, estender-lhe a mão de forma amistosa. «Como é que me cumprimentas assim?», perguntou-lhe assombrado o inspector. Soubemos então que Vetriakov tinha estado a pedir um machado de carpinteiro. «Primeiro, vou construir uma cabana e depois uma isbá», explicou. Era um demente, um paranóico, há muito tempo reconhecido como tal, que estava sob vigilância médica. Perguntei-lhe o nome do pai. «Não sei», respondeu-me. Apesar disso, deram-lhe o machado. Nem sequer vou tratar da questão dos casos de desregramentos contra-natura e do período inicial da paralisia progressiva, que exigem um diagnóstico mais ou menos subtil. Todas as pessoas com estas doenças trabalham e são consideradas saudáveis. Algumas chegam já doentes ou são portadores do embrião da enfermidade. Nos registos paroquiais, é mencionado um caso de morte por paralisia progressiva de um homem chamado Gorodov, condenado por homicídio premeditado, que provavelmente foi perpetrado quando já estava atingido pela doença. Outros adoecem na Ilha, onde, todos os dias e a todas as horas, há motivos de sobra para um homem frágil, com os nervos arrasados, perder a razão[255].

No registo, estão anotados mil e setecentos e sessenta casos de patologias gastrointestinais, com trezentos e trinta e oito mortos em dez anos, dos quais 66% eram meninos de tenra idade. Os meses mais perigosos para as crianças são Julho e, sobretudo, Agosto, que totalizam um terço da mortalidade infantil geral. A mortalidade dos adultos com perturbações gástricas atinge o seu ponto mais alto em Agosto, talvez por ser a época do peixe migratório que toda a gente come até à indigestão. A dispepsia é aqui uma doença comum. Os caucasianos queixam-se sempre de «má disposição» e costumam vomitar depois de comerem pão de centeio e a sopa da prisão.

No hospital, não há registos de muitas doenças femininas: apenas cento e cinco casos no total. E, no entanto, quase todas as mulheres da colónia estão doentes. No relato de uma comissão encarregada de estudar a alimentação dos reclusos, da qual fazia parte o director dos Serviços de Saúde, diz-se: «Muitas mulheres (cerca de 70%) padecem de doenças femininas crónicas.» E sabe-se de casos de contingentes de deportados que, à chegada à Ilha, não tinham uma única mulher saudável.

A mais frequente das enfermidades oculares é a conjuntivite, que existe nos nativos de forma endémica[256]. Não posso dizer nada de patologias mais graves, porque o relatório as inclui todas no mesmo grupo, assinalando duzentos e onze casos. Nas isbás, vi pessoas zarolhas, cegas e com cataratas. Também vi crianças cegas.

Há também referência a mil e duzentas e dezassete pessoas que pediram assistência médica para traumatismos diversos: luxações, fracturas, equimoses e ferimentos de todo o género. Todas estas lesões tinham ocorrido em situações de trabalho, durante uma fuga (ferimentos por armas de fogo), ou durante uma briga. Neste grupo também estão incluídas quatro mulheres que foram conduzidas ao hospital por terem sido esfaqueadas pelos companheiros com quem viviam[257]. Estão ainda anotados duzentos e noventa casos de «congelação».

Em dez anos, houve cento e setenta ocorrências de óbitos por causas não naturais entre a população ortodoxa, incluindo: vinte execuções por enforcamento e duas pessoas enforcadas por desconhecidos; vinte e sete suicídios, alguns com armas de fogo, em Sacalina-Norte (como o caso de uma sentinela que se matou quando estava de guarda) e outros por envenenamento em Sacalina-Sul (onde se recorre ao acónito); muitas pessoas mortas por afogamento, pelo frio ou por terem sido esmagadas por árvores. Como ocorrência excepcional, aponta-se o caso de um homem «despedaçado» por um urso. No quadro das mortes naturais, junto a causas como paragem cardíaca, enfarte, apoplexia, paralisia total, etc., os registos paroquiais indicam ainda dezassete situações de morte «súbita», relativas a indivíduos que, na sua maioria, tinham entre vinte e dois e quarenta anos (só um deles tinha mais de cinquenta).

Sobre a morbilidade da colónia, não tenho muito mais a acrescentar. Se bem que as doenças infecciosas estejam pouco espalhadas, não posso dizer que não sejam importantes, como mostram os dados que acabo de citar. Em 1889, houve onze mil, trezentos e nove pedidos de assistência médica, mas como no Verão a maioria dos reclusos vive e trabalha muito longe da prisão, em locais onde só há enfermeiros junto de grandes grupos de detidos, e como a maioria dos colonos não pode ir ao hospital, devido à distância e ao mau tempo, esse número refere-se principalmente à fracção da população que vive nos postos, perto dos pontos de assistência. De acordo com o relatório, em 1889, morreram cento e noventa e quatro pessoas, ou seja, 12,5 por cada 1000 habitantes. Este índice de mortalidade pode levar ao engano de se achar que Sacalina é o lugar mais saudável do mundo; para não se ficar com ilusões, tem de se ter em conta os seguintes factores: em condições normais, mais de metade dessas mortes é relativa às crianças e um pouco menos da quarta parte diz respeito aos velhos; ora, como em Sacalina há muito poucas crianças e quase não há velhos, esse coeficiente de

12,5 por 1000 refere-se, na verdade, às gerações em idade de trabalhar. Além disso, este coeficiente é inferior ao coeficiente real, uma vez que, para estabelecer o cálculo, o relatório se baseia numa população de quinze mil habitantes, isto é, em quase 50% mais do que existe na realidade.

Actualmente, a Ilha conta com três locais de assistência médica, um por distrito: Aleksandrovsk, Rikovskoie e Korsakovsk. Os hospitais continuam a ter, por força do hábito, o velho nome de «hospitais militares de distrito» e às isbás ou aos locais onde se internam os pacientes com doenças menos graves chamam «pavilhões». Cada distrito tem um médico e o conjunto das instalações depende de um director dos Serviços de Saúde, também ele licenciado em Medicina. Os destacamentos militares têm os seus próprios hospitais e os seus próprios médicos, mas muitas vezes os médicos militares substituem temporariamente os colegas que prestam serviço nas prisões. Assim, durante a minha estada na Ilha, devido à ausência do director dos Serviços de Saúde, que tinha ido fazer a inspecção das cadeias, e de um outro médico que se reformara há pouco, o hospital penitenciário de Aleksandrovsk era dirigido por um médico militar. Quando estive em Duí, vi igualmente um médico militar a assistir à aplicação de uma pena. Os hospitais penitenciários regem-se pelo *Regulamento dos Hospitais Civis* e são mantidos a expensas da Tesouraria da colónia penal.

Gostaria ainda de dizer algumas palavras sobre o hospital de Aleksandrovsk. Compõe-se de vários edifícios, que, na verdade, não passam de uns barracões[258] com capacidade para cento e oitenta camas. Ao aproximar-se, pus-me a contemplar os pesados toros dos barracões novos que brilhavam ao sol, e senti de imediato um agradável odor a coníferas. Na farmácia é tudo novo, tudo reluz, e até há um busto de Bótkin[259], esculpido por um preso a partir de uma fotografia. «Não está lá muito parecido com ele», disse-me o enfermeiro, olhando para a estatueta. Como é normal nestes sítios, havia um monte de caixas de cortiça com plantas medicinais, cuja maior parte já devia estar fora de prazo. Prossegui a minha visita e dirigi-me à enfermaria. Entre duas filas de camas, o chão está juncado de ramos de pinheiro. As camas são de madeira. Uma delas é ocupada por um prisioneiro de Duí que tem um corte na garganta de meio *verchok* (vinte e dois milímetros). A ferida está seca, exposta, e ouve-se o sibilo do ar. Este doente, inicialmente, apresentou-se no hospital queixando-se de muitas dores nas costas por ter ficado debaixo de um tronco; pediu para ir para o «pavilhão», mas o enfermeiro recusou. Então o homem, revoltado contra esta injustiça, tentou suicidar-se e deu um golpe na garganta. Não tem sequer um penso na ferida, que está entregue a si própria, sem tratamento. À direita deste doente, a uma distância de cerca de três ou quatro *archins* (de dois a dois metros e oitenta) está um chinês com gangrena e à esquerda um recluso com erisipela... Num canto, outro caso de erisipela. Os pensos dos doentes que fizeram cirurgias estão sujos; os cabos ortopédicos têm um aspecto duvidoso, e parece que já foram utilizados por um funâmbulo. Os enfermeiros e os ajudantes de serviço são indisciplinados, não compreendem as minhas perguntas e causaram-me má impressão. Apenas Sózin, um recluso que era enfermeiro antes de ser preso, parece conhecer os métodos usados na Rússia e, no meio de toda esta gente, é o único que parece igualmente desempenhar as suas funções sem ofender Esculápio.

Um pouco mais tarde, fui visitar os doentes do ambulatório. O gabinete das consultas, situado ao lado da farmácia, é novo e cheira a madeira fresca e a verniz. A secretária do médico está separada do resto da sala por um balcão de madeira, como numa agência bancária, para o doente não ficar demasiado perto durante a consulta; na maioria dos casos, o médico examina-o de longe. Um enfermeiro graduado, sentado à secretária, junto do médico, brinca com um lápis sem descerrar os lábios, como se estivesse a assistir a um exame. Perto da porta de entrada, já dentro do gabinete, está um vigilante com uma pistola, enquanto camponeses e mulheres do povo entram e saem. Este ambiente estranho é constrangedor para os doentes; um sifilítico ou uma mulher com algum problema mais melindroso terão decerto dificuldade em falar ao médico da sua doença, na presença de um vigilante armado e de mujiques. Não há muitos doentes. Em geral, são casos de febres de Sacalina, de eczemas, de «picadas no coração», mas há alguns que simulam doenças. Os prisioneiros doentes pedem com insistência que os isentem do trabalho. Apresentam-nos um rapazinho com um abcesso no pescoço. Há que fazer uma incisão. Peço um escalpelo. O enfermeiros e mais dois homens saem a correr e vão não sei aonde; voltam pouco depois e dão-me o escalpelo, mas o instrumento está cheio de mossas: dizem que não pode ser, já que o amolador o afiou há pouco tempo. O enfermeiro e os dois homens saem de novo a correr e, ao fim de dois ou três minutos, voltam com outro escalpelo. Começo a fazer a incisão, mas o novo instrumento está tão rombo como o anterior. Peço uma solução de fenol; dão-ma, mas levam tempo a ir buscá-la. Vê-se bem que o produto não é aqui muito usado. Não há bacias, não há algodão, não há sondas, não há tesouras em condições, nem sequer água em quantidade suficiente.

Estas consultas no ambulatório têm agora uma média diária de onze pacientes, mas a média anual (em cinco anos) é de dois mil, quinhentos e oitenta e um. No hospital, a média diária de doentes internados é de cento e trinta e oito. O hospital militar dispõe de um médico principal (que desempenha também as funções de director dos Serviços de Saúde), de um médico-adjunto, de dois enfermeiros e de uma parteira (só uma para dois distritos) e de... — até se tem dificuldade em dizer este número — sessenta e oito empregados para outros serviços (quarenta e oito homens e vinte mulheres). O orçamento do hospital em 1889 foi de vinte e sete mil, oitocentos e trinta e dois rublos e noventa e seis copeques[260].

Segundo os dados do relatório dos hospitais, no ano em referência, fizeram-se nos três distritos vinte e uma análises forenses e autópsias. Foram atendidos sete casos de ferimentos, cinquenta e oito de gravidez, e foram passados setenta e sete certificados para se determinar se os prisioneiros podiam suportar os castigos corporais prescritos pelo tribunal.

Para dar conta do equipamento dos estabelecimentos hospitalares, servi-me também de extractos daquele relatório. Os três hospitais estavam equipados com: um jogo de aparelhos ginecológicos; um conjunto de laringoscópios; dois termómetros de máxima, ambos partidos; nove termómetros «para medir a temperatura corporal», dois deles partidos; um termómetro «para as temperaturas altas», um cateter; três seringas de Pravaz[261], uma delas com a agulha partida; vinte e nove recipientes de estanho; nove tesouras, duas delas quebradas; trinta e quatro seringas de instilação; um tubo para drenagem; um grande almofariz com o pilão rachado; um estojo de barbeiro; catorze ventosas.

O *Registo das Entradas e Saídas de Medicamentos Relativas aos Hospitais Civis da Ilha de Sacalina* indica que se gastaram no total dos três distritos: trinta e seis *puds* e meio (quinhentos e noventa e oito quilogramas) de ácido muriático; vinte e seis *puds* (quatrocentos e vinte e cinco quilogramas) de cloreto de cal; dezoito libras e meia (oito quilogramas) de fenol; cinquenta e seis libras (vinte e três quilogramas) de *aluminium crudum*; mais de um *pud* (dezasseis quilos e trezentos e oitenta gramas) de cânfora; um *pud* e meio (vinte e quatro quilogramas e meio) de camomila; um *pud* e oito libras (dezanove quilogramas e meio) de quinquina; cinco libras e meia (dois quilogramas e duzentos e cinquenta gramas) de pimenta de Caiena (e no *Registo* não há referência à quantidade de álcool utilizada); um *pud* (dezasseis quilos e trezentos e oitenta gramas) de cortiça de sobreiro; um *pud* e meio (vinte e quatro quilogramas e meio) de menta; meio *pud* (oito quilogramas e duzentos gramas) de arnica; três *puds* (cinquenta quilogramas) de raiz de malvavisco; três *puds* e meio (cinquenta e sete quilogramas) de terebintina; três *puds* (cinquenta quilogramas) de azeite; um *pud* e dez libras (vinte quilogramas) de óleo para queimar e meio *pud* (oito quilogramas e duzentos gramas) de iodofórmio...

No total, sem incluirmos a cal, o ácido muriático, o álcool, os produtos de desinfecção e os pensos, temos sessenta e três *puds* e meio (mil e quarenta quilogramas) de medicamentos. A população de Sacalina pode, pois, gabar-se de ter consumido em 1889 uma dose considerável...

Gostaria de concluir com a citação de dois artigos da lei relacionados com a saúde dos deportados:

1. Estão proibidos os trabalhos prejudiciais à saúde dos prisioneiros, mesmo que estes os tenham solicitado (Decreto do Conselho de Ministros de 6 de Janeiro de 1886, artigo II, aprovado por Sua Majestade).

2. As mulheres grávidas estão isentas do trabalho durante toda a gestação e durante os quarenta dias posteriores ao parto. Passado esse prazo, o trabalho das mulheres que estejam a amamentar será aligeirado, de maneira a não prejudicar nem a mãe nem o lactente. O prazo durante o qual as prisioneiras poderão amamentar os filhos é fixado em seis meses (artigo 297 do *Regulamento de Deportação*, edição de 1890).

Notas

1 *Verstá*: medida de comprimento do antigo sistema russo equivalente a 1067 metros. Nesta obra, seguimos o critério utilizado na edição francesa. Embora tenhamos conservado o sistema russo utilizado por Tchékhov, para facilitar a leitura, inserimos à frente, entre parêntesis, a conversão destas medidas para o sistema decimal, à excepção de *verstá* (uma vez que esta medida corresponde aproximadamente ao quilómetro), e de *deciatina* (que tem um valor próximo do hectare). *(N. T.)*

2 *Balyk*: iguaria de carne ou de peixe fumados. *(N. T.)*

3 *Corylopsis*: planta dicotiledónea do Extremo Oriente (China, Índia, Japão e Coreia), da família das hamamelidáceas, com cerca de trinta espécies, algumas com propriedades medicinais. *(N. T.)*

4 Nos barcos que sulcam o Amur, incluindo o *Baikal*, os prisioneiros viajam no convés de terceira classe, misturados com os passageiros. Um dia, logo ao amanhecer, quando fui dar uma volta pelo castelo da proa, vi soldados, mulheres, crianças, dois chineses e condenados com grilhetas nos pés num sono profundo, encostados uns aos outros; o ar estava fresco e todos estavam cobertos de salpicos da água do mar. De pé, no meio desta massa de corpos humanos, segurando a espingarda com as duas mãos, as sentinelas dormiam também.

5 Na *Tabela de Precedências* (que limitava o poder dos boiardos, considerando que o grau de nobreza também podia ser alcançado pelas funções oficiais prestadas ao czar e ao Estado), instituída por Pedro, *o Grande*, em 1722, e que se manteve em vigor até à revolução bolchevique, a cada função civil correspondia um grau militar. *(N. T.)*

6 Nome pelo qual foi conhecida a Ilha de Hokkaido, a segunda maior do arquipélago japonês, até ao período da restauração Meiji (1868-1869). *(N. T.)*

7 La Pérouse conta que eles chamavam Tchoco à sua própria ilha, mas é provável que os guiliaks se estivessem a referir a qualquer outra coisa que o almirante não percebeu. O mapa do nosso compatriota Krachenínikov (1752) menciona na costa oeste de Sacalina um rio com o nome de Tchúika. Não estará ela relacionada com o tal Tchoco? Além disso, La Pérouse conta que o guiliak, que desenhou a ilha e lhe chamou Tchoco, traçou também uma pequena ribeira. No idioma local, *tchoco* significa «nós».

8 *Sájene*: medida russa equivalente a 2,13 metros. *(N. T.)*

9 É oportuno recordar aqui uma observação de Nevelskói, explicando que os indígenas fazem, habitualmente, um traço entre as duas margens para indicarem o ponto onde se pode passar de barco, quer dizer, o ponto onde há um estreito.

10 Que três reputados exploradores tenham, nem de propósito, cometido o mesmo erro, é por si só eloquente. Se não conseguiram descobrir a foz do Amur foi porque dispunham de limitados meios de pesquisa, mas, como eram homens de génio, ficaram com dúvidas e quase adivinharam a verdade, que deveriam ter defendido. Hoje em dia está provado que o istmo e a península de Sacalina não são mitos: existiram realmente no passado.

No livro de A. M. Nikolski, *A Ilha de Sacalina e a Sua Fauna de Vertebrados*, o leitor poderá encontrar não só a história pormenorizada da exploração de Sacalina mas também uma bibliografia, bastante completa, das obras que se referem à Ilha.

11 Ver pormenores desta polémica no livro de Nevelskói, *Explorações dos Oficiais de Marinha Russos no Extremo Oriente do País* (1849-1855).

12 Para se juntar ao marido, Ekaterina Ivánovna Nevelskaia, já doente, percorreu a cavalo mil e cem *verstás* em vinte e três dias, atravessando o solo movediço dos pântanos, a taiga selvagem e montanhosa, bem como os glaciares de Okhotsk. O mais brilhante dos companheiros de Nevelskói, N. K. Bochniak, «um sonhador, uma criança», como lhe chama um dos seus colegas, e que descobrira, antes de fazer vinte anos, o Golfo do Imperador, escreve nas suas notas: «Fizemos juntos a travessia até Aian a bordo do *Baikal*, depois continuámos a viagem no *Chélekov*, uma barcaça miserável. Quando esta se começou a afundar, ninguém conseguiu persuadir a senhora Nevelskaia a desembarcar em primeiro lugar. "O capitão e os oficiais são os últimos a abandonar o barco e eu só o farei quando já não houver mais nenhuma mulher ou criança a bordo." E foi assim que aconteceu, embora entretanto a barcaça se tenha virado...» Mais à frente, Bochniak diz que, tal como os seus camaradas, tinha estado muitas vezes na companhia da senhora Nevelskaia sem nunca a ter ouvido proferir um único queixume ou uma só acusação. Pelo contrário, «irradiava sempre um sentimento sereno e orgulhoso por a Providência lhe ter reservado um destino amargo, sem dúvida, mas nobre. Habitualmente, enquanto os homens partiam em missão, ela passava os Invernos sozinha, em casas onde a temperatura nunca ia além dos cinco graus. Em 1852, os barcos encarregados do reabastecimento, provenientes de Kamchatka, não pararam no porto, e toda a gente ficou numa situação mais do que desesperada: os bebés não tiveram leite, os doentes ressentiram-se da falta de alimentos frescos e várias pessoas morreram de escorbuto. A senhora Nevelskaia pôs uma vaca e alimentos frescos à disposição da comunidade. A atitude que assumia em relação aos indígenas era de uma tal simplicidade e atenção que mesmo os selvagens mais incultos davam por isso. E, contudo, esta senhora só tinha dezanove anos» (tenente Bochniak — «Expedição na Região do Amur», em *Antologia Marítima* (vol. II, 1959). Nevelskói também evoca nas suas notas a tocante atitude da esposa em relação aos guiliaks. «A senhora Nevelskaia mandava sentar os guiliaks em círculo no chão, em torno de uma grande tigela de papas de leite ou de chá, na única divisão de que dispúnhamos, e que nos servia simultaneamente de sala de recepção, de sala de estar e de sala de jantar. Encantados por serem tão bem tratados, davam com frequência pancadinhas no ombro da dona da casa, pedindo-lhe, alternadamente, para ir buscar mais *tamtchí* (tabaco) ou chá.»

13 *Novo Atlas da China, da Tartária Chinesa e do Tibete*, 1737.

14 Em 1808, o agrimensor japonês Mamia Rinzo navegou ao longo da costa ocidental, parando amiúde na costa da Tartária, muito perto do estuário, e efectuou várias vezes

a travessia de Sacalina até ao continente. Foi o primeiro a demonstrar que Sacalina era mesmo uma ilha. O naturalista russo F. Schmitt refere-se em termos muito elogiosos a esse mapa, considerando-o «de uma excelência rara, porque provavelmente terá sido traçado com base nos relevos executados pelo próprio autor».

15 Isbá: habitação típica do camponês russo construída em madeira. *(N. T.)*

16 Quanto ao papel desta baía nos tempos presentes e futuros, ver S. Skalkovski, *O Comércio Russo no Oceano Pacífico* (p. 5).

17 *Pud*: unidade de massa, equivalente a 16,38 quilogramas. *(N. T.)*

18 Linha a partir da qual os solos, tanto árcticos como antárcticos, conhecidos como *merzlota* (em russo), se encontram permanentemente congelados. *(N. T.)*

19 *Purga*: forte tempestade que, tal como o *blizzard* e o *buran* (que sopram respectivamente nas costas do Canadá e no Leste da Ásia), é acompanhada de neve, de gelo e de uma visibilidade quase nula. *(N. T.)*

20 Segundo Lily Denis, trata-se de um verso idêntico (só difere numa palavra) ao que dá início ao poema «Borodino», de Mikhail Lérmontov (1814-1841) que celebra a vitória russa sobre as tropas napoleónicas: «Diz-me, *velho*, se não é em vão». *(N. T.)*

21 *Rahat lokum* (delícia turca): doce gelatinoso, inventado em 1777 por um pasteleiro da corte imperial (Ali Bekir), com cobertura de chocolate ou de açúcar em pó. *(N. T.)*

22 *Ariston*: piano mecânico ou caixa de música, inventado no século XVIII. Funcionando na base de chapas perfuradas de cartão, foi o enlevo de centenas de milhar de pessoas. *(N. T.)*

23 Eis uma pequena amostra de uma denúncia telegráfica: «Consciência e artigo setecentos e doze, tomo terceiro, obrigam-me a pedir V. E. defender justiça contra impunidade de que goza X, responsável peculato fraude tortura.»

24 O *ás de ouros* era o nome dado ao losango cosido nas costas do vestuário dos prisioneiros condenados a trabalhos forçados. *(N. T.)*

25 E mesmo esperanças irrealizáveis. Numa colónia, ao dizer aos camponeses proscritos que actualmente tinham o direito de voltar para o continente, acrescentou: «E, em seguida, para a vossa casa, na Rússia.»

26 Na edição francesa, Ucrânia, ucraniano e ucranianos são designados respectivamente pelas seguintes expressões: «Pequena Rússia», «pequeno russo» ou «pequenos russos»; por seu lado, o finlandês é por vezes referido como «homem de Tchuko». A fim de facilitar o trabalho do leitor, optámos por utilizar as designações actuais. *(N. T.)*

27 *Archin*: medida russa equivalente a 0,71 metros. *(N. T.)*

28 *Bânia*: pequenas estufas de madeira no exterior da casa, onde se pratica sauna. *(N. T.)*

29 A *estufa russa* é feita de tijolos e tem uma tripla função: serve de fogão de cozinha, de aquecimento e a sua parte superior pode ser utilizada como cama. *(N. T.)*

30 *Canto de honra*: local da casa, semelhante ao oratório católico ocidental, onde são pendurados os ícones, iluminados por uma lamparina, e que é cuidadosamente limpo e decorado. *(N. T.)*

31 *Varéniki*: prato tradicional ucraniano, mas usado noutros países, como a Rússia e a Moldávia. É constituído por quadrados de massa, semelhantes aos *ravioli*, mas cujo recheio, muito variado, pode ser doce ou salgado. *(N. T.)*

32 Avgustinóvitch, «Algumas Informações sobre Sacalina», excertos do «Diário de Estrada», em *O Contemporâneo* (n.º 1, 1880). É também autor de um artigo, «Estada em Sacalina», em *O Mensageiro do Governo* (n.º 276, 1879).

33 *Deciatina*: medida agrária russa equivalente a 1,0925 hectares. Ver nota 1. *(N. T.)*

34 Por exemplo, se o funcionário se chamar Ivan Petróvitch Kuznetsov, uma das ruas chamar-se-á Kuznetsovskaia, outra Ivánovskaia, e a terceira Ivánovo-Petrovskaia.

35 *Kulak*: termo depreciativo que caracterizava a burguesia rural relativamente abastada que, no tempo do Império, possuía grandes fazendas e contratava muitos assalariados. *(N. T.)*

36 A melhor descrição do conjunto das prisões russas encontra-se num artigo de N. V. Muraviov, «As nossas prisões e o problema do encarceramento», em *O Correio da Rússia* (vol. IV, 1878). Em relação às prisões siberianas que serviram de protótipo às de Sacalina, ver o trabalho de S. V. Maximov, «A Sibéria e o Presídio».

37 *Artel*: termo geral usado na Rússia para designar vários tipos de cooperativas e associações de produção. *(N. T.)*

38 *Maidan*: nome dado no Oriente às praças onde se faz o mercado e aos próprios mercados. *(N. T.)*

39 O maço com nove ou dez cigarros custa dez copeques, o pãozinho de trigo dois copeques, a garrafa de leite oito a dez copeques, o pedaço de açúcar dois copeques. A venda pode fazer-se a dinheiro, a crédito ou por troca. O «dono» do *maidan* também vende *vodka*, cartas e velas, para se jogar às cartas de noite, mas clandestinamente. Quanto às cartas, também podem ser alugadas.

40 *Estatuto dos Canteiros da Construção, aprovado por Sua Majestade em 17 de Abril de 1869* (São Petersburgo, 1887). De acordo com este regulamento, deve ter-se em conta, na distribuição dos diversos trabalhos, a força física e a qualificação profissional do condenado. O regulamento determina também o horário laboral em função das estações e da diversidade das zonas geográficas: o horário máximo de doze horas e meia é praticado em Maio, Junho e Julho; o horário mínimo de sete horas é cumprido em Dezembro e Janeiro.

41 *Bárin* («senhor»): antiga forma de tratamento russa dada por um inferior a um seu superior. *(N. T.)*

42 No seu relatório, Vlassov comenta: «As estranhas relações que se estabelecem entre um oficial, uma condenada que é sua amante, e o soldado que o serve como cocheiro causam espanto e são de lamentar.» Invoca-se que o mal tem unicamente a ver com o facto de ser impossível encontrar criados de condição livre. Ora, isso não é verdade. Em primeiro lugar, deve limitar-se o número de pessoas ao serviço; os oficiais não podem ser servidos só por uma ordenança? Em segundo lugar, os funcionários daqui recebem grandes emolumentos e poderiam escolher os criados entre colonos, camponeses proscritos ou mulheres de condição livre, que, na maioria dos casos, têm enormes carências e não recusariam decerto a oportunidade de ganhar algum dinheiro. Ao que parece, esta ideia chegou a aflorar à mente das autoridades, porque existe uma nota de serviço autorizando uma exilada a suprir as suas necessidades «prestando serviço como criada dos senhores funcionários», devido à sua incapacidade para trabalhar a terra (nota n.º 44, 1889).

43 O moinho e a serralharia estão no mesmo edifício e estão ligados a duas máquinas a vapor por correias de transmissão. O moinho dispõe de quatro pares de mulas que moem mil e quinhentos *puds* (duzentos e cinquenta quintais) de grãos por dia. A serralharia usa uma velha locomóvel, importada no tempo do príncipe Chakhovskoi, que é alimentada com aparas de madeira. A forja funciona noite e dia com duas equipas e

tem seis bigornas. A oficina emprega quinhentas pessoas. Os presos também trabalham na extracção de carvão, mas não sei se esta operação alguma vez terá êxito. O carvão das minas de Aleksandrovsk é muito pior do que o de Duí; parece mais sujo, está cheio de xisto, e a sua extracção sai cara, porque as minas são exploradas por uma equipa permanente de operários dirigida por um engenheiro. A extracção local não se justifica, porque Duí não fica longe e, a qualquer momento, pode trazer-se de lá um carvão excelente. Contudo, estas minas começaram a ser exploradas com a finalidade louvável de, no futuro, dar trabalho aos colonos.

44 *Stárosta*: título dado aos chefes das comunidades rurais, responsáveis pela fiscalização dos impostos, distribuição de terras, dos serviços da polícia e da administração da justiça. *(N. T.)*

45 *Libra*: antiga unidade de massa que, na Rússia, era equivalente a 409,5 gramas. *(N. T.)*

46 Antes de ter sido identificado com a figura do Pai Natal, *São Nicolau* era o padroeiro da Rússia, dos marinheiros e das crianças e o seu dia era celebrado a 6 de Dezembro. *(N. T.)*

47 Trata-se do naufrágio do *Kostromá*, que aconteceu perto da costa ocidental de Sacalina, em 1886.

48 O *Vladivostok*, da Frota Voluntária.

49 Chinês de Man-sa.

50 Até à data, os homens que mais fizeram pela colónia, quanto à fundação e às responsabilidades que isso acarretava, foram M. S. Mitsul e M. N. Gálkin-Vrasski. O nome do primeiro foi atribuído a uma pequena colónia de dez fogos, pobre e em situação muito precária; o nome do segundo foi dado a outra que já tinha uma denominação anterior bem conhecida (Siantsy), pelo que só nos documentos oficiais, e não em todos, se faz referência a Gálkin-Vrasski. Em compensação, o nome de M. S. Korsakov serviu, em Sacalina, para baptizar uma colónia e um enorme posto, não em função dos seus méritos ou dos trabalhos prestados, mas simplesmente porque este senhor foi governador-geral e toda a gente tinha medo das suas fúrias.

51 A temperatura média anual oscila entre os + 1,2° e os − 1,2°; o número de dias com precipitações entre os cento e dois e os duzentos e nove dias; em 1881, só houve trinta e cinco dias sem vento; em 1884, houve três vezes mais: cento e doze dias.

52 N. Griaznov, *Ensaio Comparado das Condições de Higiene da Vida no Campo e Topografia Médica do Distrito de Tcherepovets* (1880). Griaznov anotou as temperaturas em graus Réaumur, que eu converti em graus centígrados.

53 *Libava* (ou Liepaja) é uma cidade situada no Báltico. É a terceira cidade da Letónia e um importante porto de águas quentes. *(N. T.)*

54 Quando Potiómkin chegou a Sacalina, já era um homem rico. O doutor Avgustinóvitch, que o conheceu três anos mais tarde, conta que «a melhor casa na Ilha é a de Potiómkin». Ora, se o preso Potiómkin teve meios, em três anos, para mandar construir uma bela casa, instalar uma cavalariça e casar a filha com um funcionário de Sacalina, penso que a agricultura não teve nada a ver com isso.

55 Muitos autores não gostam da paisagem local, provavelmente porque, quando chegam a Sacalina, não só trazem impressões ainda frescas da natureza do Ceilão, do Japão ou da Região do Amur, mas também porque começam a sua visita por Aleksandrovsk e Duí, onde a natureza é realmente muito pobre. O tempo também tem culpa. Por mui-

to bela e original que seja a paisagem, é difícil dar-lhe o seu devido valor se durante semanas inteiras ela estiver escondida pela neve ou por uma chuva ininterrupta.

56 *Agelophyllum ursinum*: variedade da angélica, planta apiácea, medicinal e aromática. *(N. T.)*

57 *Ubiénnykh*: «Cara de desenterrado». *(N. T.)*

58 Assim chamada em homenagem a A. M. Butakov, chefe do distrito do Tym.

59 Há cinco anos, uma personalidade importante, que estava a falar e a aconselhar os colonos sobre agricultura, entre outras coisas, recomendou-lhes o seguinte: «Não se esqueçam de que os finlandeses semeiam os cereais nas encostas das montanhas.» Mas Sacalina não é a Finlândia. As condições climatéricas, e sobretudo a natureza do solo, excluem qualquer possibilidade de se cultivar nas montanhas. No relatório que efectuou, o inspector da agricultura recomenda também a criação de carneiros que poderiam «aproveitar os pobres mas abundantes pastos das encostas que não servem para alimentar capazmente o gado graúdo». Ora, este conselho não tem qualquer valor prático, porque os carneiros só poderiam utilizar estas pastagens durante o Verão, que é muito curto, e morreriam de fome durante o Inverno, que é longo.

60 *Verchok*: medida de comprimento russa equivalente a 4,4 centímetros. *(N. T.)*

61 *Kaiúri* (plural de *kaiur*): condutores de trenós.

62 Disse-me que, quando jogava ao *stoss*, sentia «electricidade nas veias» e que as mãos lhe tremiam de emoção. Uma das suas recordações mais agradáveis era a de ter ganho ao jogo o relógio do chefe da polícia. Fala do *stoss* com paixão. Lembro-me de uma das suas expressões: «Fazes uma aposta... mas não é a altura certa!», disse-me ele com um desespero idêntico ao do caçador que acaba de falhar o tiro. Apontei algumas das suas expressões a pensar nos amantes deste jogo: «*Transporte comido!*», «*napé!*», «*naperipé!*», «*esquina*», «*um rublo, o ponto e o macho!*», «*Às cores, artilharia!*» .

63 Vi um grande número de feridos ou de doentes ulcerados, mas nem uma só vez senti o cheiro do iodofórmio, apesar de estar previsto o fornecimento a Sacalina de meio *pud* (ou seja, mais de oito quilogramas) desse produto por ano.

64 Duí tem má reputação entre a população, mas há exageros. No *Baikal* contaram-me que um passageiro, um funcionário de idade avançada, quando o barco ancorou junto a esta cidade, esteve largo tempo a observar a costa e depois acabou por perguntar:

— Diga-me, por favor, onde está o patíbulo para enforcarem os presos antes de os lançarem à água?

Duí foi o berço da colónia penal de Sacalina. Consta que a escolha deste local como penitenciária foi, em primeiro lugar, uma ideia dos próprios presos: parece que um parricida, chamado Ivan Lapchin, que estava a cumprir a pena em Nikolaievsk, teria pedido às autoridades locais que o transferissem para Sacalina, o que veio a acontecer em Setembro de 1858. Ivan instalou-se não muito longe do actual Posto de Duí, criou uma horta e começou a cultivar cereais; segundo Vlassov, foi assim que aqui cumpriu a pena de trabalhos forçados. É provável que não tenha vindo sozinho porque, em 1858, os presos já participavam nos trabalhos de extracção do carvão (ver: «Desde as margens do Amur e do Grande Oceano», em *Novidades de Moscovo*, n.º 207, 1874). Nos seus *Esboços de Pena e de Lápis*, Vicheslavets conta que, em Abril de 1859, encontrou em Duí uns quarenta homens acompanhados por três oficiais. Um deles, um engenheiro encarregado de dirigir as obras, escrevia entusiasmado: «Que lindos quintais cercam as suas casas, tão acolhedoras e limpas! E os legumes amadurecem duas vezes no Verão.»

A aparição da verdadeira colónia penitenciária em Sacalina remonta a 1860-1870, quando a falta de organização do nosso sistema de deportação chegou quase ao ponto de ruptura. O ambiente dessa época era tal que o conselheiro Vlassov, director executivo do departamento de polícia, declarou sem rodeios que a estrutura e o sistema de penas aplicadas na Rússia só servia para aumentar o número de crimes graves e para diminuir o nível da moralidade pública. Os estudos parciais sobre os trabalhos forçados, realizados no terreno, levam-no a concluir que, na Rússia, «este tipo de trabalhos quase não existia» (veja-se o seu trabalho *Breve Descrição sobre a Falta de Organização da Colónia Penal*, já citado). A Direcção-Geral das Prisões, ao fazer um exame crítico sobre os dez anos de existência da colónia penal, assinala que, no período em referência, os trabalhos forçados tinham deixado de ser uma medida de castigo extrema para se converterem numa desordem infernal onde imperava a incúria, a indiferença e a desumanidade. Eis as causas principais desta desorganização:

a) Nem o legislador, nem os agentes que executavam as penas de deportação tinham ideia do que era uma colónia penal, em que consistia ou qual a sua utilidade. E a prática, ainda que já longa, não tinha proporcionado um método nem materiais de informação suficientes que permitissem fazer uma definição jurídica dos castigos corporais.

b) Os princípios de castigo e de reeducação dos presos eram sacrificados em prol de todo o tipo de concepções económicas e financeiras. Encaravam-se os presos como mão-de-obra que devia dar lucros ao Estado. Se a sua actividade não os gerasse, ou até causasse défices, achava-se preferível manter os presos no cárcere, sem fazer nada. Face ao trabalho deficitário, dava-se a primazia à ociosidade deficitária. Era preciso, igualmente, ter em conta as finalidades da colonização.

c) É notória a ignorância das condições geográficas e, consequentemente, a ausência de uma perspectiva clara sobre o carácter e a natureza dos trabalhos forçados, como demonstra a recente supressão da sua divisão em trabalho nas minas, nas fábricas e na fortaleza. Na prática, um preso condenado para toda a vida a trabalhar nas minas ficava na prisão sem fazer nada; um condenado a trabalhar quatro anos numa fábrica ia trabalhar para as minas, enquanto, no presídio de Tobolsk os detidos tinham de arrastar as grilhetas de um lado para o outro, de carregar montões de areia, etc. Criou-se a convicção, tanto na sociedade como, em parte, na literatura, de que os verdadeiros trabalhos forçados, os trabalhos mais duros e mais infames, são os que se executam nas minas. Se o herói de *Uma Mulher Russa,* de Nekrassov, em vez de ir trabalhar para a mina, estivesse ocupado a pescar para abastecer a cozinha da prisão ou a abater árvores, muitos leitores teriam ficado descontentes.

d) A vetustez do *Regulamento de Deportação* não dá resposta à maior parte das questões da prática quotidiana, dando campo livre a interpretações arbitrárias e a actos ilegais. Face às situações mais complexas, é um documento destituído de qualquer utilidade. É provavelmente por isso — ou, pelo menos, em parte — que Vlassov não o conseguiu encontrar nas direcções de algumas prisões.

e) Há falta de unidade na direcção do presídio.

f) É de salientar também o afastamento de Petersburgo e a total ignorância do poder central acerca das condições de vida dos condenados. Os relatórios oficiais só começaram a ser impressos depois de ter sido instituída uma Direcção-Geral das Prisões (portanto, há muito pouco tempo).

g) A organização da nossa sociedade tem sido também um obstáculo para a definição correcta das condenações ao exílio ou aos trabalhos forçados. Quando uma sociedade não tem uma concepção clara sobre este ou aquele assunto, temos de forçosamente ter em conta os seus humores. A nossa sociedade sempre se indignou com os nossos hábitos penitenciários; no entanto, qualquer passo dado para melhorar as condições dos detidos sujeita-se a enfrentar protestos deste género: «Não está certo que o camponês viva melhor na prisão ou no presídio do que na sua própria casa.» É muitas vezes o caso, mas então, se aceitarmos o reparo anterior, se quisermos que o camponês seja ainda mais infeliz no presídio do que em sua casa, isso exige logicamente que transformemos o presídio num autêntico inferno. Quando, por acaso,em vez de água se serve *kvas* (uma bebida alcoólica suave de farinha de centeio e malte) aos condenados que esperam pelo comboio que os vai transportar, chamam a isso «estar a mimar assassinos e incendiários», e assim por diante. Além disso, por uma espécie de compensação desta disposição geral, podemos notar, nos nossos melhores escritores, uma certa tendência para idealizar o carácter dos condenados, dos evadidos e dos vagabundos.

Em 1863, um decreto do soberano aprovou a criação de um comité cuja finalidade era procurar e indicar os meios de organizar os trabalhos forçados em bases mais racionais. O comité reconheceu que era indispensável mandar os grandes criminosos para uma colónia distante onde seriam empregados em trabalhos forçados, com a intenção de os fixar no seu local de exílio. «Passando em revista todas as colónias mais afastadas, o comité acabou por escolher Sacalina, à qual reconhecia *a priori* as seguintes vantagens:

1 — A sua situação geográfica protegia o continente das evasões.

2 — A punição assumia uma enorme força repressiva, porque o transporte para Sacalina podia ser encarado como uma viagem sem regresso.

3 — O criminoso, decidido a recomeçar uma vida nova e laboriosa, podia dedicar-se a diversas actividades.

4 — Do ponto de vista dos bens do Estado, a concentração dos exilados em Sacalina era um penhor do reforço do nosso domínio na Ilha.

5 — As jazidas carboníferas podiam ser vantajosamente exploradas, tendo em conta as enormes necessidades de carvão.»

Julgava-se também que a concentração de todos os condenados do continente reduziria a despesa com a sua manutenção.

65 *A Ilha de Sacalina, as suas Regiões Carboníferas e o Desenvolvimento da Sua Indústria Carbonífera* (1875).

Há outros engenheiros de minas que deixaram trabalhos sobre este assunto:

— I. Nossov, «Notas sobre a Ilha de Sacalina, e os filões de carvão que aí se exploram», em *Revista das Minas* (n.º 1, 1859).

— I. A. Lopátin, «Excertos de uma carta», apêndice ao *Relatório* da Secção Siberiana da Sociedade Imperial de Geografia de 1868.

— Do mesmo autor, «Relatório enviado ao governador-geral da Sibéria oriental», em *Revista das Minas* (n.º 3, 1871).

— Deuchmann, «A Ilha de Sacalina, do ponto de vista da exploração mineira», em *Revista das Minas* (n.º 3, 1871).

— K. Skalkovski, *O Comércio Russo no Oceano Pacífico* (1883).

Os comandantes dos diversos navios da flotilha da Sibéria exprimiram, em diversas épocas, nos relatórios publicados na revista *Antologia Marítima*, a sua opinião sobre as qualidades do carvão de Sacalina.

Para ser mais completo, devo também mencionar os seguintes artigos de I. K. N. Butkovski: «A Ilha de Sacalina», em *O Mensageiro da História* (n.º 10, 1882), «Sacalina e a sua importância», em *Antologia Marítima* (n.º 4, 1874).

66 Alusão a uma das personagens da obra de Dostoiévski, *A Aldeia de Stepantchikovo e os Seus Habitantes* (Editorial Presença, 2004), na qual o ambicioso criado Fomá, servindo-se de engenhosas patranhas e ameaças, engana e tiraniza o seu amo e benfeitor. *(N. T.)*

67 *Coreia*: doença do sistema nervoso que provoca movimentos involuntários. *(N. T.)*

68 N. Bochniak chegou em Maio de 1853 ao extremo do Estreito da Tartária, erigiu uma cruz numa falésia próxima e deu ao lugar o nome de Golfo do Imperador, em homenagem ao czar Nicolau I. Após a revolução bolchevique, esta localidade passou a chamar-se, em 1921, Sovétskaia Gávan e foi promovida a cidade. *(N. T.)*

69 Quatro anos mais tarde, L. I. Schrenk voltou a fazer a mesma viagem, igualmente no Inverno e também ao longo de um Tym coberto de neve.

70 Já falecido. Morreu pouco depois da sua viagem a Sacalina. A avaliar pelas notas que apressadamente deixou no papel, era um homem cheio de talento e com uma cultura universal. Eis os títulos dos seus artigos:

1 — «Viagem a Sacalina em 1881-1882» (cartas enviadas ao secretário da Sociedade, suplemento ao vol. XIX das *Informações da Sociedade Imperial de Geografia da Rússia*, 1883).

2 — «Relatório sobre a viagem de exploração à Ilha de Sacalina e ao Sul do Ússuri» (suplemento n.º 6 ao vol. XLIII das *Notas da Academia Imperial das Ciências*, 1884).

3 — «Em Sacalina», *Novidades* (n.º 1, Novembro, 1885).

71 No que respeita a esta Estação, o inspector actua como um antigo monarca e está encarregado de uma série de funções que não têm nada a ver com o seu território.

72 Na desembocadura do rio, uma vara com duas *sájenes* (quatro metros e vinte) não chega ao fundo. Portanto, embarcações de grande tonelagem podem lá ancorar. Se o Mar de Okhotsk tivesse um tráfego marítimo desenvolvido, os navios encontrariam aqui um ancoradouro tranquilo e perfeitamente seguro.

73 *Thomas Maine-Reid* (1818-1883), também conhecido por «Capitão Reid», abandonou a Irlanda e uma carreira de pastor para prosseguir uma vida aventurosa no México e nos Estados Unidos, durante a qual escreveu novelas de aventuras, muito apreciadas na época. *(N. T.)*

74 Lopátin, um engenheiro de minas, a meio do mês de Junho, viu esse mar inteiramente coberto de gelo que não desapareceu até Julho. No dia de São Pedro (29 de Junho), a água do chá gelou na chaleira.

75 *Trinta Anos, ou a Vida de um Jogador*: melodrama da autoria de Victor Ducange (1827), que conta a história de três dias decisivos na vida de um jogador. *(N. T.)*

76 A este respeito, os habitantes de Sacalina estão convencidos de que os percevejos e as baratas vêm no musgo que vão buscar à floresta para a calafetação das casas. Esta dedução assenta na crença de que os parasitas começam a sair das frestas quando ainda mal acabaram de calafetar uma parede. É evidente que o musgo não tem nada a ver

com isso; são os próprios carpinteiros que dormem na prisão ou nas isbás dos colonos que trazem a bicharada.

77 Um escritor que visitou Sacalina dois anos depois de mim viu uma manada inteira de cavalos perto de Uskovo.

78 Necessitámos de três horas para percorrer estas seis *verstás*. Imagine o leitor o que passa um criado ao fazer este percurso carregado com farinha, carne salgada ou outras encomendas oficiais, ou um doente a caminhar desde Uskovo até ao hospital de Rikovskoie, e entenderá então o verdadeiro sentido que, em Sacalina, adquirem as palavras: «Não há caminho», quer dizer, não se podem usar nem cavalos nem viaturas. Houve várias tentativas de se fazer o percurso a cavalo, mas algumas montadas partiram as pernas.

79 Em Rikovskoie, a instalação está assim organizada: os locais onde se encontram as fossas são aquecidos por meio de estufas com as portas hermeticamente fechadas, para que recebam o ar indispensável para a combustão ao nível das fossas, a que estão ligadas por tubos. Assim, todos os gases fétidos passam directamente das fossas para as estufas e são expulsos para o exterior através da chaminé. O ar do local, aquecido pelas estufas, desce pelas aberturas, cedendo à força da tiragem, e sai pelas condutas da chaminé; a chama de um fósforo aceso junto de uma abertura dirige-se claramente para baixo.

80 *Tungus* ou *tunguz*: antigo nome de *evenki*, povo nómada do Norte da Ásia que fala uma língua da família das línguas manchu. *(N. T.)*

81 *Afanássi Fet* (1820-1892): poeta precursor do simbolismo russo, muito conhecido no final do século XIX. *(N. T.)*

82 Citarei entre estes os irmãos Aleksei e Teimuráss Tchikováni, de Kutaísi, membros da nobreza de corte. Havia um terceiro irmão que morreu tísico. Na sua isbá não há um único móvel, mas apenas um edredão estendido no chão. Um dos irmãos sobreviventes também está doente.

83 *Orochis* ou *Orokis*: pequeno povo, tradicionalmente instalado na região da cidade de Khabárovsk, situada no extremo oriente russo. No século XIX alguns imigraram para Sacalina. *(N. T.)*

84 Entre as notas de serviço do general Kononovitch, há uma que diz respeito à supressão, há tanto tempo desejada, das duas prisões supracitadas: «Depois de ter pessoalmente inspeccionado a prisão de Voievodsk, cheguei à conclusão de que nem as condições geográficas do lugar em que foi implantada, nem o facto de se destinar a acolher criminosos, na sua grande maioria condenados a penas de longa duração ou encarcerados por reincidência, poderão justificar o tipo de vigilância ou, para falar com mais exactidão, a ausência de qualquer tipo de vigilância efectiva que reina nesta prisão desde a sua fundação. Actualmente, a situação é a seguinte: a prisão está erigida num estreito vale, a cerca de *verstá* e meia a norte de Duí; as comunicações com o Posto, que só se podem fazer pela costa, são interrompidas duas vezes ao dia pela praia-mar; a passagem pela montanha é difícil no Verão e impossível no Inverno; o inspector e o seu adjunto residem em Duí; o destacamento militar, que executa as patrulhas e as escoltas dos diferentes contingentes de trabalhadores que laboram nas minas, de acordo com os compromissos que temos com "A Sacalina", também estão acantonados no Posto, pelo que na prisão não fica ninguém, a não ser alguns carcereiros e membros da guarda que escapam ao controlo permanente das autoridades mi-

litares. Sem me deter nas circunstâncias que determinaram a instalação da prisão num lugar tão pouco adequado e com uma vigilância tão pouco efectiva, mesmo antes de ter obtido a sua supressão pura e simples e a transferência dos presos para outros lugares, devo pelo menos remediar, nem que seja parcialmente, as deficiências tanto da prisão de Duí, como da de Voievodsk», etc. (nota de serviço n.º 348, 1888).

85 Ver o livro de Davidov, *Duas Viagens à América dos Senhores Khvostov e Davidov, Oficiais de Marinha, Contadas por este Último, e com Um Prefácio do Senhor Chichkov* (1810). No prefácio, o almirante Chichkov diz que «Khvostov tinha no coração duas qualidades contraditórias: a humildade do cordeiro e o ardor do leão». Quanto a Davidov, «tinha um temperamento mais fogoso e mais vivo do que Khvostov, mas inferior em firmeza e em coragem». A humildade de cordeiro, contudo, não impediu Khvostov de, em 1806, destruir os acampamentos nipónicos e levar como prisioneiros quatro japoneses das margens do Aniva, em Sacalina-Sul; depois, em 1807, na companhia do seu amigo Davidov, destruiu as feitorias japonesas das Ilhas Curilhas e fez nova razia em Sacalina-Sul. Estes corajosos oficiais guerreavam contra o Japão sem o conhecimento do governo russo, e estavam plenamente confiantes na sua completa impunidade. Ambos perderam a vida em circunstâncias pouco normais: afogaram-se quando tentavam apressadamente atravessar o Nevá, no momento em que abriram as pontes. As suas explorações, que na altura deram muito que falar, despertaram na sociedade um certo interesse por Sacalina. Falava-se dela — e quem sabe? — talvez se tenha decidido nesse momento o triste destino deste território desolador que tanto aterrorizava a imaginação das pessoas. Chichkov emite também uma opinião destituída de qualquer fundamento, segundo a qual os russos teriam querido, no século passado, tomar a Ilha e fundar uma colónia.

86 Na sua obra intitulada *Tó-tats Ki Ko*, que naturalmente não pude ler. Contudo, utilizei as citações que dela faz L. I. Schrenk, em *Os Aborígenes da Região do Amur*.

87 Há também uma pequena tribo de guiliaks dispersa pelas duas margens do Amur inferior, a partir mais ou menos de Sofiysk, ao longo do estuário e da costa do Mar de Okhotsk e na zona norte de Sacalina. Desde que se tem conhecimento histórico desse povo, quer dizer, desde os últimos duzentos anos, não se verificaram alterações significativas de fronteiras. Supõe-se que o berço dos guiliaks foi Sacalina e que só posteriormente terão passado para uma zona vizinha do continente, empurrados a sul pelos ainus, fugidos do Japão.

88 Em Sacalina existe um posto de intérprete de guiliak e de ainu mas, como o intérprete em questão não sabe uma única palavra tanto de uma língua como de outra, e como a maioria dos indígenas compreende o russo, este intérprete desnecessário faz um lindo par com o vigilante da inexistente Estação de Vediornikov. Teria sido muito melhor que a administração tivesse incluído no seu quadro de funcionários uma pessoa cientificamente formada em etnografia e em estatística do que um intérprete.

89 *Kuteikin*: personagem de uma comédia do dramaturgo russo Denis Fonvízin (1745--1792). *(N. T.)*

90 A sua excelente obra *Os Aborígenes do Amur* inclui em apêndice um mapa etnográfico e dois quadros com esboços de Dmitriev-Orenburgski; um deles representa um guiliak.

91 Os aborígenes de Amur e de Kamchatka contraíram a sífilis através dos chineses e dos japoneses, sem intervenção dos russos. Um negociante chinês, grande consumidor de

ópio, disse-me que uma das suas avós, quer dizer, uma das suas esposas, vive na sua
casa em Tchifu e que a outra, uma guiliak, vive perto de Nikolaievsk. Com hábitos
como estes, não é difícil difundir a enfermidade por toda a Região do Amur e em Sacalina.

92 Em 1866, o comandante Nikolaiev, chefe do posto de Duí, declarou a um jornalista:
«No Verão, não tenho contacto com eles; no entanto, no Inverno compro-lhes muitas
vezes peles que depois vendo com bom lucro; muitas vezes, em troca de uma garrafa de *vodka* ou de um naco de pão, obtém-se um belo par de peles de zibelina.»

   O jornalista ficou admirado com a quantidade de peles que viu em casa do comandante (Lukachévitch, «Os meus conhecidos de Duí», em *O Mensageiro de Kronstadt*,
n.º 47 e n.º 49, 1866). Voltaremos a ter ocasião de falar deste lendário comandante.

93 Os guiliaks não têm tribunais nem sabem o que significa a palavra «justiça». Podemos avaliar a sua dificuldade em nos compreenderem pelo facto de ainda não terem
percebido para que servem as estradas. Mesmo quando elas existem, continuam a
deslocar-se através da taiga. Muitas vezes, vemo-los em fila indiana seguidos pela família e pelos cães, atravessando um pântano, mesmo ao lado de uma estrada.

94 Tchékhov ironiza com estas alcunhas que, como vimos atrás, significam respectivamente *Coxo* e *Sem-Deus*. *(N. T.)*

95 Alguém propôs um projecto que visava a construção de um dique, na zona mais afu-
nilada do Estreito, que impedisse a passagem da corrente fria. Este projecto tem uma
fundamentação histórica e científica: sabe-se que, enquanto existiu o istmo de Sacalina, o clima era mais suave. Contudo, nos nossos dias, não se pensa que a sua realização traga algum benefício. A flora da zona meridional enriquecer-se-ia provavelmente com uma dezena de novas variedades, mas o clima não melhoraria muito
devido à proximidade do Mar de Okhotsk, onde icebergues e grandes blocos de gelo
flutuam em pleno Verão. O actual distrito de Korsakovsk, na sua parte principal, só
está separado desse mar por uma cadeia de montanhas baixas, por detrás da qual se
estende uma planície coberta de lagos e exposta aos ventos frios.

96 *Couve-marinha* ou *soldanela*: é uma planta herbácea, de folhas verdes e carnudas e
corolas grandes rosadas ou vermelhas, que também existe nas areias da costa portu-
guesa. *(N. T.)*

97 Semiónov tem uma loja que no Verão vende muito bem. O preço dos comestíveis é
tão caro, que os colonos deixam lá metade do salário. No relatório de 1870, o comandante do *Vsádnik* (O Cavaleiro) diz que projectava desembarcar dez soldados
perto da aldeia de Maúka, para cultivarem a terra, porque se pensava fundar ali um
novo posto no Verão. Anoto que isto aconteceu numa altura em que se tinham dado
diversos incidentes, embora de pouca gravidade, entre russos e japoneses na costa
oriental. Encontrei mais informação sobre este assunto num artigo de *O Mensageiro
de Kronstadt* (n.º 112, 1880), chamado «A Ilha de Sacalina. Algumas informações interessantes sobre Maúka-Kuv». Diz-se aí que Maúka é a sede de uma companhia que
teve autorização do governo russo para apanhar algas marinhas durante dez anos e
que a sua população se compõe de três europeus, sete soldados russos e setecentos
trabalhadores (coreanos, ainus e chineses).

   O negócio da couve-marinha parece render bastante e estar em vias de desenvolvimento, como demonstra o facto de Semiónov e Damby já terem encontrado segui-
dores. Um colono chamado Bíritch, antigo professor primário e posteriormente

empregado de Semiónov, contraiu um empréstimo, construiu as instalações necessárias para montar o negócio perto de Kussunai e contratou pessoal. Hoje em dia dá
emprego a umas trinta pessoas. O negócio não tem carácter oficial e não tem qualquer vigilância. O Posto de Kussunai, há muito abandonado, encontra-se a uma centena de *verstás* de Maúka, na foz do rio com o mesmo nome, que, antigamente, se
considerava a fronteira entre as possessões russas e as possessões japonesas de Sacalina.

98 Um pouco mais a norte do Cabo Crillon, vi as rochas onde, já há alguns anos, enca-
lhou o *Kostromá*, atraiçoado por esses nevoeiros. O doutor Chtcherbak, que acompanhava os detidos, disparou vários petardos de sinalização. Contou-me que, durante este naufrágio, tinha passado por três grandes fases emocionais. A primeira,
interminável e terrível, foi a da tomada de consciência do seu fim próximo; em pânico, os presos não paravam de gritar; entretanto as mulheres e as crianças foram
postas numa chalupa entregue a um oficial que, ao orientar a quilha da embarcação
na direcção em que supunha estar situada a costa, desapareceu no nevoeiro quase de
imediato. A segunda fase caracterizou-se por uma vaga esperança de salvação, quando se ouviu troar o canhão do farol de Crillon, o que significava que as mulheres e
as crianças tinham chegado a bom porto. A terceira foi a da certeza absoluta de que
seriam salvos, ao ouvirem, no ar enevoado, o som de uma corneta tocada pelo oficial que regressava ao navio.

Em Outubro de 1885, presos amotinados atacaram o farol de Crillon; saquearam-
-no completamente, mataram o marinheiro que estava de guarda e atiraram-no do alto da falésia.

99 A costa do Aniva foi explorada e descrita pela primeira vez pelo oficial russo N. V.
Rudanovski, um dos companheiros de Nevelskói. Os pormenores da expedição
encontram-se no diário de N. V. Boussé, outro membro da expedição do Amur (*A
Ilha de Sacalina e a Expedição de 1853-1854*), bem como num artigo de Nevelskói
e de Rudanovski, «A propósito das Memórias de V.N. Boussé», em *O Mensageiro
da Europa* (VIII, 1872) e nos cadernos de notas do próprio Nevelskói. O comandante N. V. Boussé, pessoa nervosa e pouco sociável, conta que «o modo como Nevelskói se servia dos seus subordinados não primava pela seriedade, tal como o espírito das suas notas», e considera Rudanovski «um subordinado difícil e um colega
impossível (...) que fazia observações estúpidas». Para Boussé, Bochniak não passava de «um sonhador, de uma criança». Nada o irritava mais do que ver Nevelskói
a acender tranquilamente o cachimbo. Passou todo o Inverno no Aniva, na companhia de Rudanovski, de quem era superior hierárquico e a quem importunava constantemente, exigindo-lhe demonstrações de respeito e de observância das mais pequenas regras protocolares. Isto, num deserto onde se encontrava quase sozinho com
um jovem inteiramente absorvido num importante trabalho científico.

100 São para esquecer os tempos em que os oficiais e os funcionários que prestavam serviço em Sacalina-Sul viviam em condições muito precárias. Em 1876, pagavam quatro rublos por um *pud* (dezasseis quilogramas e trezentos e oitenta gramas) de farinha branca, três rublos por uma garrafa de *vodka* e «quase ninguém via, por uma vez
que fosse, carne fresca» (*O Mundo Russo*, n.º 7, 1877). Quanto às pessoas de condição mais modesta, nem vale a pena falar: esses eram autênticos miseráveis. Ainda
há menos de cinco anos, um jornalista de Vladivostok escrevia: «ninguém tinha nem

meio copo de *vodka*, e o tabaco da Manchúria (semelhante ao nosso "mata-ratos") vendia-se a dois rublos e cinquenta a libra; os colonos e alguns vigilantes fumavam folhas de chá preto e chá em tabletes» (n.º 22, 1886).

101 Façamos-lhe a justiça de reconhecer que mostrou sempre o maior respeito pela minha profissão de escritor e que, durante toda a minha estada em Korsakovsk, fez o possível para me distrair. Algumas semanas antes da minha chegada, tinha-se comportado da mesma forma com Howard, um inglês, também escritor e em busca de aventuras, que tinha naufragado no Aniva num junco japonês e que, mais tarde, escreveria um monte de tolices sobre os ainus no seu livro *A vida com os Selvagens Transiberianos*.

102 O *ás de ouros*. Ver nota 24 e nota 232. *(N. T.)*

103 Estava presente quando E. V. Stelling iniciou diligências para a construção dessa estação, com o forte apoio de um médico militar, o senhor Z., um velho habitante de Korsakovsk e uma excelente pessoa. No entanto, parece-me que não é no Posto de Korsakovsk, aberto aos ventos levantinos, que a estação deve ser construída, mas num ponto mais central do distrito, por exemplo, na aldeia de Vladimirovka. Contudo, como cada lugar de Sacalina-Sul possui um clima específico, o melhor seria construir ao mesmo tempo vários postos de observação, em diversos pontos: perto do Golfo de Boussé, em Korsakovsk, em Crillon, em Maúka, em Vladimirovka, em Naibutchi e em Taraika. Claro que não é uma tarefa fácil, mas também não é assim tão difícil. Na minha opinião, poderiam utilizar-se os serviços dos exilados mais instruídos, já que, como a experiência demonstrou, aprendem rapidamente a fazer as medições sozinhos; só era preciso encontrar uma pessoa disposta a dirigi-los.

104 I. I. Béli conseguiu organizar com estes homens uma excelente brigada para o trabalho no mar. O chefe é o prisioneiro Golítsin, um indivíduo baixinho com suíças que gosta de filosofar. Quando está ao leme e grita «Soltem as amarras!» ou «Remos na água!», dá sempre essas ordens em tom rude e autoritário. Apesar do seu aspecto respeitável e da sua posição hierárquica, vi-o duas ou três vezes ser açoitado por se ter embebedado e creio que, também, por injúrias. A seguir a ele, o melhor marinheiro é Medvédev, um homem inteligente e intrépido. Um dia, o cônsul do Japão, o senhor Kuzê, regressava de Taraika numa baleeira onde, além do próprio Medvédev, que controlava o leme, vinha também um guarda. Ao anoitecer, o tempo refrescou e ficou ameaçador... Quando se encaminhavam para Naibutchi, o estuário do Naibu ficou de repente invisível, e era arriscado ancorar junto da costa. Medvédev decidiu passar a noite no mar, apesar da forte tempestade que se fazia sentir. O guarda deu-lhe uma grande bofetada e o senhor Kuzê ordenou-lhe com severidade que se acercasse da costa, mas Medvédev não obedeceu e entranhou-se ainda mais no mar. A tempestade durou toda a noite, a embarcação tornou-se um joguete das ondas e parecia que, a qualquer momento, ia naufragar ou virar-se. O cônsul contou--me mais tarde que foi a noite mais terrível que já tinha vivido. Ao amanhecer, Medvédev rumou para o estuário; ao chegar à barra, a baleeira foi surpreendida por uma onda gigante. A partir daí, quando o senhor Béli envia alguém com Medvédev, costuma dizer:

    — Faça ele o que fizer, por favor, não diga nada e não proteste.

    Gostava de falar de dois outros presos, dois irmãos, antigos príncipes persas, que são ainda tratados por «Altezas» nos envelopes da correspondência que recebem do seu país. Foram condenados por um assassinato cometido no Cáucaso. Cobrem a cabeça à maneira persa com gorros muito altos em pele de carneiro, que lhes deixam a fronte a descoberto. Todavia, como ainda estão no «período probatório», não lhes é permitido ter dinheiro. Um deles queixa-se de não poder comprar tabaco, porque lhe parece que, se fumasse, melhoraria da tosse. Puseram-no a colar envelopes na chancelaria, o que, aliás, faz bastante mal. Quando me mostrou os resultados do seu trabalho, disse-lhe: «Está muito bem.» E o cumprimento parece ter dado grande satisfação ao ex-príncipe.

Na prisão, há um outro preso que é escriturário: Heimann, um homem bem-parecido, forte e moreno, ex-oficial da polícia de Moscovo, condenado por corrupção de menores. Durante todo o tempo que permaneci na prisão, nunca se afastou muito de mim, tirando respeitosamente o boné, sempre que me voltava a ver.

O carrasco local chama-se Minaiev; é um homem ainda novo, filho de um comerciante. Quando falei com ele, confessou-me que nesse dia já tinha açoitado oito pessoas.

105 Segundo Lily Denis, trata-se da citação de uma obra satírica de Aleksandr Griboiédov (1795-1829), referente à tomada de Otchákov em 1788, episódio marcante da guerra russo-turca que decorreu ente 1787-1792. (*N. T.*)

106 Muraviovsk tinha outrora minas de carvão que eram exploradas pelos soldados que cumpriam penas disciplinares. Por outras palavras, era já uma amostra de uma prisão de trabalhos forçados em miniatura: eram as autoridades locais que lhes atribuíam estes trabalhos para os castigarem por «crimes, aliás, insignificantes» (Mitsul). É impossível dizer para quem revertia o produto da venda do carvão extraído pelos soldados, porque tudo foi queimado com os edifícios.

Até 1870, as autoridades militares criaram ainda os Postos de Tchibissanks, Otchekhpolsk, Manúi, Molkovsk e muitos outros. Foram todos esquecidos e abandonados.

107 À excepção dos dias em que o vento soprava de noroeste, esteve um tempo fantástico, estival, em Setembro e no princípio de Outubro. Enquanto viajávamos juntos, o senhor Béli confessou-me que tinha uma enorme saudade da Ucrânia e que nada lhe apetecia tanto como ver uma cereja ainda pendurada na árvore. Quando assentámos arraiais nas casas dos guardas, levantava-se de madrugada; eu também me levantava cedo e ia encontrá-lo de pé, junto da janela, recitando em voz baixa:

Uma luz branca levanta-se na cidade.
A noiva dorme num sono profundo.
(Nicolai Nekrassov)

O senhor I. passava também o tempo a dizer versos de cor. Muitas vezes, quando o aborrecimento tomava conta de mim durante a viagem, pedia-lhe que me recitasse alguma coisa, e ele dizia com sentimento um longo poema, por vezes dois.

108 É por esta razão que a população de Korsakovsk é composta por 70% de colonos com idades compreendidas entre os vinte e os quarenta e cinco anos. Outrora, mais por respeito a um costume do que à lei, no momento da distribuição dos novos contingentes de prisioneiros, mandavam-se os que tinham sido condenados a penas mais leves para as zonas do Sul onde fazia mais calor, partindo-se da ideia de que eram

criminosos menos inveterados. Mas a triagem em função das penas impostas nem sempre deu provas da prudência que seria indispensável. Foi baseado nesse critério que o general Hintze, antigo comandante da Ilha, ao reler, ainda no barco, os registos criminais dos presos, mandou para a zona sul os que tinham sido condenados a penas leves; descobriram-se depois, entre esses felizes mortais, vinte vagabundos e «esquecidos»; isto é, casos desesperados de criminosos irrecuperáveis. Actualmente, parece que o hábito que acabo de referir já foi abandonado, porque mandam para este lado da Ilha condenados a penas pesadas e até mesmo a prisão perpétua, enquanto na terrível prisão de Voievodsk, assim como nas minas, se cumprem penas de poucos anos.

109 A missão enviada por São Petersburgo a Sacalina em 1870, comandada por Vlassov, era composta nomeadamente pelo agrónomo Mikhail Sémionovitch Mitsul, um homem com uma coragem invulgar, trabalhador, optimista e idealista, um entusiasta que tinha a arte de transmitir os seus arrebatamentos aos outros. Tinha então cerca de trinta e cinco anos. Cumpria a missão que lhe tinha sido confiada com uma minúcia impressionante. Explorando o solo, a flora e a fauna, percorreu a pé os actuais distritos de Aleksandrovsk e o do Tym, a costa oeste e toda a parte meridional da Ilha, que, na época, não tinha estradas, mas tão-só, aqui e ali, uns atalhos rudimentares, que se perdiam na taiga e nos pântanos. Toda e qualquer deslocação a pé ou a cavalo eram um verdadeiro martírio. Ocorreu-lhe a ideia de uma colónia penal agrícola, tornou-se uma paixão pela qual se deixou arrebatar totalmente; apaixonou-se por Sacalina e, tal como uma mãe, que nunca vê defeitos no filho preferido, ficou cego perante o solo gelado e os nevoeiros de uma terra que se tornou a sua segunda pátria. Via-a como um canto florescente do nosso planeta e nem as observações meteorológicas — praticamente inexistentes na época — nem as amargas experiências dos anos anteriores, que aliás ele encarava com cepticismo, lhe tiravam essa ideia. E depois havia as vinhas virgens, os tambores, a erva-gigante, os japoneses... Na história da Ilha, vamos encontrá-lo mais tarde como director e conselheiro de Estado, mas sempre um entusiasta, sempre um trabalhador infatigável. Morreu em Sacalina aos quarenta e um anos, de graves perturbações nervosas. Vi a sua campa. O livro que deixou (*Ensaio sobre a Ilha de Sacalina vista pelo lado da agricultura*, 1873) é uma longa ode à fecundidade da Ilha.

110 Com um ar de súplica, um preso entregou-me um embrulho com o seguinte título: «Confidencial — Alguns traços do nosso canto perdido. Para o senhor Tchékhov, escritor de grande coração e muito afável, que nos deu a honra de visitar a indigna Sacalina. No Posto de Korsakovsk.»

No interior do pacote, encontrei um poema intitulado *O Acónito*.

> *À beira do rio, no fundo da ravina*
> *cresce no paul a folha azul e altiva*
> *de uma planta graciosa mas maldita*
> *a que os médicos chamam acónito.*
> *Vegetal moldado pelas mãos do Criador,*
> *muitas vezes atraiu o passeante inocente,*
> *e, em dor atroz, extirpando-lhe a alma,*
> *levou-o à cova, para o seio de Abraão.*

111 Quem escolhe os pontos de povoamento devia saber que a presença dos larícios revela um solo pantanoso e sem valor. Como o subsolo argiloso impede as infiltrações, só encontramos turfeiras, alecrim, murtinheira, musgo. O tronco dos larícios fica torcido e coberto de líquenes. Por isso, estas árvores são feias, de tronco débil, e secam antes de tempo.

112 Há sobreiros e vinhas, mas tão degenerados que se parecem tanto com os seus antepassados como o bambu de Sacalina se parece com o de Ceilão.

113 O futuro deu razão a Tchékhov na sua apreciação sobre esta colónia. A antiga Vladimirovka tem o hoje o nome de Iujno-Sakhalinsk, é a maior cidade da Ilha e transformou-se na capital administrativa da região (do *oblast*) de Sacalina. *(N. T.)*

114 Numa das suas notas de serviço, o general Kononovitch afirma: «por um lado, devido à sua posição isolada e à dificuldade das comunicações e, por outro, devido às diversas considerações e especulações particulares que têm, debaixo dos próprios olhos dos meus antecessores, corroído e deteriorado completamente o empreendimento até onde chegou o seu sopro mefítico, o distrito de Korsakovsk foi sempre menosprezado e mal distribuído; nem uma única das mais gritantes necessidades foi analisada, satisfeita ou proposta para estudo» (nota de serviço n.º 318, 1889).

115 *Favus* (em português: *favos*, *favosa* ou *tinha-favosa*) é uma espécie de tinha que ataca especialmente o couro cabeludo produzindo manchas que, geralmente, não são pretas mas vermelhas. Será uma forma subtil de Tchékhov nos dizer que não confia nos conhecimentos do inspector? *(N. T.)*

116 A uma verstá de Bolchoie-Takoê, seguindo pelo rio, há um moinho construído por Lachs, um deportado alemão, por ordem do general Kononovitch; foi também ele que construiu o moinho do Tym, perto de Derbinskoie. No moinho do Takoê, paga-se uma libra de farinha e um copeque por cada *pud* (dezasseis quilogramas e trezentos e oitenta gramas) de moedura. Os colonos ficaram contentes porque, antigamente, pagavam quinze copeques por cada *pud* ou moíam o grão em casa, com umas mós de braços enormes que eles próprios fabricavam. Para se fazer o moinho, teve de se abrir um canal e construir um dique.

117 Não dou o nome dos pequenos afluentes à beira dos quais estão situadas as aldeias das bacias do Sussúia e do Naibu, porque têm todas nomes ainus ou japoneses difíceis de fixar, como «Ekureki» ou «Fufkasamanai».

118 Oficial da Marinha V. Wittheft, «Duas palavras sobre Sacalina», em *O Mensageiro de Kronstadt* (n.º 7, n.º 17, n.º 34, 1978).

119 O nome foi dado pelo explorador holandês Maarten Guerritzon de Vries (o primeiro explorador europeu a descrever este lugar em 1643), por ter sido obrigado a esperar *pacientemente* que o nevoeiro se dissipasse para poder prosseguir a sua rota. *(N. T.)*

120 A colónia fica situada numa encruzilhada. Quem for, no Inverno, de Aleksandrovsk para Korsakovsk, ou vice-versa, tem sempre de lá parar. Em 1869, construíram uma estação no lugar do que era então uma aldeia japonesa. Inicialmente a estação foi ocupada por soldados que vieram com as mulheres e só mais tarde por deportados. Durante todo o Inverno, na Primavera e no fim do Verão, fervilhava com a vida tumultuosa das feiras. No Inverno, eram os tungus, os iacutos e os guiliaks do Amur que vinham fazer trocas comerciais com os estrangeiros do Sul; no Inverno eram os japoneses que chegavam nos juncos para apanharem peixe. O nome da estação, Posto de Tikhaméníevsk, conservou-se até aos nossos dias.

121 A que relatámos só tem a ver com a Ilha. No entanto, no seu ensaio «A deportação em Sacalina», em *O Mensageiro da Europa* (V, 1879), o professor D. G. Talberg atribui-lhe uma significação alargada e, concluindo sobre a nossa inaptidão para a colonização em geral, escreve: «Não seria já tempo de renunciarmos a todas as nossas tentativas de colonização no Extremo Oriente?» Numa nota relativa a este artigo, a redacção de *O Mensageiro* afirma que dificilmente «se encontraria um melhor exemplo de aptidão colonizadora do que a dos russos que souberam conquistar toda a Europa de Leste e toda a Sibéria». A este propósito, a veneranda redacção refere-se aos trabalhos do falecido professor Iéchevski que apresentam um «quadro maravilhoso da colonização russa».

Em 1869, um negociante de peles mandou vir da Ilha Kodiak vinte caçadores aleutianos dos dois sexos. Instalaram-nos perto do Posto de Muraviovsk, dando-lhes alimentação. Mas eles limitaram-se a comer e beber; não fizeram absolutamente nada e, ao fim de um ano, o negociante levou-os para uma das Ilhas Curilhas. Mais ou menos pela mesma altura, no Posto de Korsakovsk foi concedida residência a dois chineses, exilados políticos. Como manifestavam o desejo de se dedicarem à agricultura, o governador-geral da Sibéria oriental ordenou que dessem a cada um deles seis bois, um cavalo, uma vaca, sementes e dois anos de víveres. Mas não lhes deram nada disto, com o pretexto de não terem reservas, e acabaram por os despachar para o continente. No fundo, ao número dos colonos sem sorte poderia também acrescentar-se o nome de Semiónov, um burguês de Nikolaievsk, um homenzinho moralista com cerca de quarenta anos, que erra pelo Sul de Sacalina à procura de minas de ouro.

122 Deixou duas obras muito importantes: *A Parte Sul da Ilha de Sacalina* (excerto de um relatório de medicina militar), editada pela Secção Siberiana da Sociedade Imperial Russa de Geografia, 1870, tomo I, n.º 2 e n.º 3, e um *Dicionário de Ainu-Russo*.

123 É difícil acreditar que esta doença que devastou Sacalina-Norte tenha poupado a parte sul. Segundo A. Polonski, os ainus abandonam a iurtá onde morre um homem e constroem uma iurtá nova longe dali. Provavelmente este hábito vem do tempo em que os ainus, aterrorizados com as epidemias, abandonavam as suas habitações contaminadas e iam morar para novos lugares.

124 Uns ainus disseram a Rimski-Korsakov: «*Sizam* dorme, enquanto o ainu trabalha para ele, corta-lhe a lenha, pesca-lhe peixe; se o ainu não quer trabalhar, *Sizam* bate-lhe.»

125 *Tchúika*: espécie de capa comprida em tecido escuro, usada por artesãos, pequenos comerciantes e camponeses *(N. T.)*.

126 O livro de Schrenk, que já citei, tem uma gravura que representa ainus. Ver também o livro de F. Hellwald (ou Gellwald), *História Natural das Tribos e dos Povos*, tomo II, onde um ainu, usando um vestido, é representado de pé.

127 O relatório de A. Polonski, «As Ilhas Curilhas», foi publicado nas *Notas da Sociedade Imperial Russa de Geografia* (tomo IV, 1871).

128 N. V. Boussé, cujos juízos sobre os outros raramente pecam por indulgência, faz o seguinte comentário sobre as mulheres ainus: «Uma noite, um ainu com fama de ser um grande bêbedo, veio a minha casa, já bem "tocado". Trazia a esposa e, pelo que pude perceber, estava disposto a trocar a fidelidade conjugal por um bom presente.

A mulher, bastante bonita "dentro do estilo", parecia disposta a dar ao marido a ajuda que ele esperava, mas eu fingi não entender as suas explicações… Ao saírem da minha casa, o casal ainu prestou tributo à natureza, sem fazer cerimónia, em frente da minha janela e à vista do funcionário que estava de sentinela. Poderíamos dizer que aquela mulher não demonstrava qualquer pudor feminino, porque tinha os seios quase descobertos. As mulheres ainus usam um vestuário igual ao dos homens, isto é, várias túnicas curtas abertas à frente, atadas nas ancas com um cinto. Como não usam camisa nem roupa interior, a menor desordem no arranjo deixa em exposição todos os tesouros escondidos.» Contudo, este autor tão severo reconhece «que havia, entre as jovens, algumas raparigas bonitas, de rosto agradável e delicado e ardentes olhos negros». Seja como for, a mulher ainu apresenta uma evolução física muito retardada: envelhece e morre muito mais cedo do que o homem. Talvez isso se deva atribuir ao facto de, ao longo das adversidades seculares, a parte do leão reservada às mulheres terem sido as privações, o trabalho mais duro e as lágrimas.

129 Eis as qualidades: «Enquanto visitávamos uma habitação ainu situada à beira do Golfo de Rumiantsev, observava numa família composta de dez pessoas, que ocupava a dita habitação, a melhor das harmonias, da qual se poderia dizer que havia quase perfeita igualdade entre todos os membros. Ficámos por lá algumas horas, mas foi-nos impossível conhecer o chefe de família. Os mais velhos não mostravam qualquer sinal de domínio em relação aos mais novos. Quando lhes distribuímos os nossos presentes, nenhum manifestou o menor descontentamento de ter sido menos bem servido do que os outros. Desfaziam-se em gentilezas em relação a nós.»

130 Khvostov saqueou as casas e os armazéns japoneses da margem do Aniva e condecorou um decano ainu com o colar de prata da ordem de São Vladimir. Esta incursão sobressaltou imenso o governo japonês, que resolveu tomar as suas providências. Um pouco mais tarde, como se estivesse em tempo de guerra, o capitão Golóvin e os seus companheiros foram feitos prisioneiros nas Ilhas Curilhas. Quando os libertou, o governador de Matsmai declarou-lhes solenemente: «Foram detidos devido aos actos de pirataria cometidos por Khvostov. Mas, presentemente, as autoridades de Okha já apresentaram desculpas e explicaram-nos que este acto criminoso foi uma acção individual. Como esta explicação nos parece satisfatória, declaro-vos livres para poderem regressar ao vosso país.»

131 Ver pormenores em Veniukov, «Estudo geral da extensão progressiva das fronteiras russas na Ásia e dos seus meios de defesa. Primeiro sector: a Ilha de Sacalina», em *Antologia Militar* (n.º 3, 1872).

132 É presumivelmente a pedido do Japão, desejoso de dar uma base legal à servidão dos ainus, que se inclui no tratado, entre outras questões, um ponto bastante escabroso segundo o qual, no caso de os indígenas contraírem dívidas, poderiam libertar-se pela prestação de trabalho ou por qualquer outro serviço. Ora, não havia em toda a Ilha um único ainu que, na perspectiva dos japoneses, não lhes estivesse a dever dinheiro.

133 Nevelskói afirmou insistentemente que Sacalina era uma possessão russa por várias razões: ter sido ocupada pelos tungus da Rússia desde o século XVII e por ter sido descrita pela primeira vez pelos russos, em 1742, que depois ocuparam a parte meridional em 1806. Para Nevelskói, os orochis eram os tungus da Rússia, ponto controverso, segundo os etnógrafos. A primeira descrição de Sacalina foi feita

por holandeses, não por russos e, relativamente à ocupação de 1806, os factos demonstram que não se tratou da primeira invasão. Está fora de dúvida que os direitos de descobridor pendem para o lado dos japoneses, visto terem sido os primeiros ocupantes de Sacalina-Sul. Mas creio que, mesmo assim, a nossa generosidade foi excessiva; podia «ter-se feito como deve ser», como dizem os camponeses, deixando aos japoneses as cinco ou seis ilhas mais próximas das suas costas. Ora demos-lhes vinte e duas, que, a acreditar no que se diz, lhes rendem um milhão de rublos por ano.

134 As relações da administração local com os japoneses são excelentes, tal como devem ser. Além dos convites recíprocos para beber champanhe nas ocasiões especiais, as duas partes têm outros meios de manter as suas boas relações. Reproduzo aqui, palavra por palavra, um escrito enviado pelo cônsul: «Para o Excelentíssimo Chefe do distrito de Korsakovsk. Na sequência da comunicação de 16 de Agosto do corrente ano, com o número 741, mandei distribuir as quatro barricas de peixe salgado e os cinco sacos de sal que Vossa Excelência me enviou para socorrer os náufragos do brigue e do junco. Além disso, em nome desses pobres infelizes, tenho a honra de expressar o meu mais profundo reconhecimento pela simpatia de Vossa Excelência e pela dádiva de objectos tão importantes feita por um país vizinho e amigo; estou absolutamente convencido de que esses homens guardarão uma boa recordação. Kuzê, cônsul do Império do Japão.» Diga-se, de passagem, que esta carta dá uma boa ideia dos progressos dos jovens secretários em matéria de estudo da língua russa. Os oficiais alemães que a aprendem e os estrangeiros que traduzem as nossas obras literárias escrevem incomparavelmente pior.

A delicadeza japonesa não tem nada de afectado; é agradável e, mesmo quando abusam dela, não tem nada de mal, porque, segundo o ditado, «a fartura nunca fez mal a ninguém». Um torneiro de Nagasaki a quem os nossos oficiais da marinha tinham o hábito de comprar toda a espécie de bugigangas gabava sempre, por delicadeza, tudo o que vinha da Rússia. Quando via um berloque ou um porta-moedas nas mãos de um oficial, desfazia-se em elogios: «Que coisa bonita! Que elegância!» Um dia, um oficial trouxe uma cigarreira de Sacalina, talhada a machado, muito grosseira. «Vou fazer uma partida a esse torneiro», pensou. «Vamos ver o que é que ele vai dizer.» Mas, quando lhe mostrou o objecto, longe de dar parte de fraco, o japonês exclamou encantado, atirando-o ao ar: «Que solidez!»

135 Cada secretaria de Sacalina tem uma «Tabela de cálculo do tempo». Pode ver-se, por exemplo, que um homem condenado a dezassete anos e seis meses de trabalhos forçados cumpre na realidade quinze anos e três meses; se figurar num Manifesto de Graça Imperial, cumpre só dez anos e quatro meses; um condenado a seis anos é libertado ao fim de cinco anos e dois meses e, se for contemplado no Manifesto, fica livre ao fim de três anos e seis meses.

136 Não estou a incluir aqui os condenados que moram nas casas de funcionários como empregados domésticos. Penso que o número daqueles que vivem fora da cadeia atinge os 25%, o que significa que a prisão cede uma em cada quatro pessoas à colónia. Esta percentagem aumentará consideravelmente quando o artigo 305 do *Regulamento*, que permite ao preso em via de regeneração viver fora da cadeia, também for aplicado no distrito de Korsakovsk, onde, por decisão do senhor Béli, todos os condenados, sem excepção, são mantidos na prisão.

137 Quase todos os proprietários de Aleksandrovsk têm locatários, o que dá ao Posto um aspecto citadino. Cheguei a ver dezassete pessoas numa casa. Contudo, estes alojamentos sobrelotados pouco diferem dos dormitórios da prisão.

138 Sacalina é comparável às zonas remotas da Sibéria. Devido ao seu clima excepcionalmente duro, no princípio só para lá mandavam os deportados que tinham cumprido a pena na Ilha e que, deste modo, tinham tido tempo para se familiarizar com ela, ainda que não estivessem totalmente adaptados aos rigores do clima. Parece que actualmente querem mudar estas disposições. Durante a minha estada, instalaram em Derbinsk, por ordem do barão A. N. Korff, um tal Iuda Gamberg, condenado ao degredo na Sibéria, e um colono de Dubki, chamado Semion Saulat, que também tinha cumprido o seu tempo de colónia penal na Sibéria. Alguns novos residentes são casos de transferência administrativa.

139 Com o tempo, a escolha de novos lugares será confiada, em cada distrito, a uma comissão composta por funcionários da penitenciária, um topógrafo, um agrónomo, um médico, e então os seus protocolos permitirão avaliar os critérios que terão determinado as suas decisões. Actualmente, julga-se que há bons fundamentos em instalar, de preferência, as pessoas nos vales e perto das estradas existentes ou em projecto. Mas os critérios baseiam-se, mais uma vez, sobretudo na rotina e não num método rigoroso. Se se escolhe um determinado vale, não é por parecer que, se este for bem explorado, será mais favorável às culturas do que outro qualquer, mas apenas porque não está muito afastado do centro. A costa sudoeste distingue-se por ter um clima relativamente mais ameno, mas está mais longe de Duí e de Aleksandrovsk do que os vales do Arkai e do Armúdan, e foi esse o critério que determinou a escolha destas colónias. Quando se instalam povoados ao longo do traçado de uma estrada em projecto, pensa-se mais nos funcionários e nos *kaiúri* que terão de a percorrer do que nos seus futuros habitantes. Sem a modesta perspectiva de ter de animar, de manter o correio postal e de albergar os viajantes, ter-se-á dificuldade em compreender para que poderão servir as aldeias que estão projectadas na estrada que irá ligar os Picos do Tym ao Golfo de Niysk. Como resultado desta manutenção e desta animação, os habitantes irão provavelmente receber do Tesouro subsídios em géneros e em dinheiro. Se estas aldeias tiverem de se constituir como um prolongamento da colónia actual, e se a administração está a contar colher centeio e trigo, Sacalina ficará cheia de mais alguns milhares de esfomeados, de mais alguns pobres tolos que só se irão alimentar pela graça de Deus.

140 Aqui é que seria de grande utilidade o pecúlio que cada colono deveria juntar ao cumprir a sua pena de trabalhos forçados. Nos termos da lei, todo o condenado deve receber o décimo do produto do seu trabalho. Admitamos, por exemplo, que, se cada dia de jorna nos trabalhos da construção rodoviária for pago a cinquenta copeques, o condenado deverá receber cinco. Durante o período de detenção, só está autorizado a gastar metade do seu pecúlio para necessidades pessoais e o que sobrar é-lhe entregue no momento da libertação. Este montante não é alienável nem com custas judiciárias nem com indemnizações de perdas e de juros; e, em caso de falecimento do detido, reverte a favor dos herdeiros. No seu *Dossiê da Organização de Sacalina* (1878), o príncipe Chakhovskoi, que dirigiu a penitenciária de Duí durante os anos setenta, exprime uma opinião que os actuais administradores deviam ter em conta e seguir: «A remuneração dos trabalhos forçados penitenciários dá aos de-

tidos uma propriedade pessoal, por mais pequena que seja, e a posse de um bem, independentemente do seu valor, retém as pessoas num lugar; a retribuição permite que os reclusos, de comum acordo, melhorem o seu aspecto, dando mais atenção ao seu vestuário e à limpeza do alojamento. Quando se está habituado a certas comodidades, sofre-se ainda mais com a privação delas; e a sua falta total, num meio sempre austero e hostil, cria uma tal indiferença em relação à vida, e ainda mais relativamente às punições que, muitas vezes, quando a proporção de homens castigados chegou a atingir 80% dos presos, fiquei desesperado com a vitória das vergastadas sobre as simples e naturais exigências de homens que, para as satisfazerem, se expunham à chibata. A remuneração dos condenados dá-lhes uma espécie de independência, evita o desperdício do vestuário, ajuda os prisioneiros a constituir mais tarde a sua propriedade e diminui sensivelmente as despesas do Tesouro, quando esses homens passarem ao estatuto de colonos e se instalarem nas colónias agrícolas.»

As ferramentas são fornecidas a crédito por cinco anos, desde que o colono pague, todos os anos, um quinto da dívida. No distrito de Korsakovsk, um machado custa quatro libras; uma serra comprida é vendida por treze rublos; por uma pá, paga-se um rublo e oitenta copeques; uma lima vale quarenta e quatro copeques; uma libra de pregos custa dez copeques. Só vendem machados a crédito, pelo preço de três rublos e cinquenta copeques, nos casos em que o colono não tenha um machado de carpinteiro.

141 O proprietário e o co-proprietário moram na mesma casa e dormem em cima da mesma estufa. A diferença de religião ou até mesmo de sexo não é obstáculo à atribuição de uma propriedade comum. Recordo-me de ter visto em Rikovskoie, em casa de um colono chamado Gólubev, um rendeiro judeu com o nome de Liubárski. Nesta mesma colónia, encontrei em casa de Ivan Khavriévitch uma co-proprietária: Maria Brodiaga *(A Vagabunda)*.

142 Já tive ocasião de falar do estado de pobreza dos colonos agrícolas que cumprem a sua pena de degredo, apesar dos subsídios e dos empréstimos constantemente renovados de que beneficiam. Eis como é a vida dessa pobre gente, quase no limiar da mendicidade, de acordo com a pluma de uma personagem oficial: «Na aldeia de Liutoga, entrei no miserável casebre onde mora o colono Zérin, um mau alfaiate de profissão, que anda, já há quatro anos, à procura de instalação. A pobreza e a indigência deixaram-me estupefacto: não há resquícios de móveis, a não ser uma mesa a abanar e um cepo a servir de assento; também não se vê louça nem utensílios de cozinha, a não ser uma chaleira de lata feita a partir de um pote de querosene; e, à guisa de cama, pode ver-se um monte de palha onde jazem uma peliça curta e uma camisa. Em termos de acessórios de trabalho, não há nada além de umas agulhas, de umas linhas cinzentas, de alguns botões e de um dedal de cobre que serve também de cachimbo: o alfaiate fez-lhe um orifício onde introduz um tubinho de cana. Quanto ao tabaco, era à justa para encher meio dedal» (relatório n.º 318, 1889).

143 Até 1888, o deportado a quem era atribuído o estatuto de camponês não tinha direito a abandonar a Ilha. Esta interdição tirava às pessoas toda a esperança de virem a ter uma vida melhor e levava-as a odiar Sacalina. Como toda e qualquer medida repressiva, tal proibição só aumentava o número das evasões, dos crimes e dos suicídios; o seu ilusório pragmatismo sacrificava a própria equidade, porque interditava aos degredados de Sacalina o que autorizava aos da Sibéria continental. Pensava-se

que, se os camponeses deixassem a Ilha, esta seria sempre um lugar temporário de deportação e não uma colónia. Mas a deportação perpétua teria alguma vez convertido Sacalina numa nova Austrália? A prosperidade e a vitalidade de uma colónia não dependem de proibições ou de prescrições, mas da reunião de condições que garantam uma vida tranquila e segura que, se não o puder ser para os próprios degredados, o seja pelo menos para os seus filhos e netos.

144 Só encontrei um único homem que manifestou o desejo de ficar em Sacalina para sempre: foi um miserável rendeiro de Tchernigov, condenado por ter violado a própria filha. Não mantém contactos com a terra natal, porque deixou lá más recordações, nunca escreve aos filhos, hoje já homens feitos, para não lhes lembrar a sua existência. Mas, mesmo assim, se não vai para o continente, é só por uma questão de idade.

145 Cinco mil e setecentas e noventa e nove pessoas responderam à questão: «Distrito de origem?» Os resultados foram os seguintes: duzentas e sessenta pessoas de Tambov, duzentas e trinta de Samara, duzentas e uma de Tchernigov, duzentas e uma de Kiev, cento e noventa e nove de Poltava, cento e noventa e oito de Vorónej, cento e sessenta e oito da Região do Don, cento e cinquenta e três de Saratov, cento e cinquenta e uma de Kursk, cento e quarenta e oito de Perm, cento e quarenta e seis de Níjni-Novgorod, cento e quarenta e duas de Penza, cento e trinta e três de Moscovo, cento e trinta e três de Tver, centro e trinta e uma de Kherson; cento e vinte e cinco de Ekatérinoslav, cento e vinte e duas de Novgorod, cento e dezassete de Carcóvia, e cento e quinze de Orlov. Dos restantes distritos, o total é inferior a cem. Os do Cáucaso têm no conjunto duzentas e treze pessoas, ou seja, 3,6%. A percentagem de caucasianos nas prisões é mais elevada do que nas colónias, o que significa que não têm força para aguentar o sistema de trabalhos forçados e que muito poucos chegam à condição de colonos. As razões para isso advêm das frequentes tentativas de evasão e provavelmente de uma mortalidade elevada. A totalidade dos presos das regiões do reino da Polónia cifra-se em quatrocentos e cinquenta e cinco, ou seja, em 8%. Da Finlândia e dos distritos da costa ocidental, há cento e setenta e sete, isto é, 2,8%. Estes números só podem dar uma ideia aproximada da distribuição da população em função do seu lugar de nascimento, mas creio que ninguém se pode arriscar a deduzir que no distrito de Tambov há uma taxa maior de criminalidade ou que os ucranianos, que são em grande número em Sacalina, têm mais tendência para o crime do que os russos.

146 Os membros da nobreza e de todas as classes privilegiadas não sabem trabalhar a terra nem cortar madeira para construir uma isbá. Têm obrigação de trabalhar duramente e de suportar o mesmo castigo como todos os outros, mas não têm força para isso. Procuram trabalhos leves e muitas vezes não fazem nada. Por isso, vivem no terror constante de que o destino mude e de serem mandados para as minas, de lhes aplicarem castigos corporais, de os porem a ferros, e assim sucessivamente. São pessoas, na sua maioria, maltratadas pela vida, modestas, tristes, que temos dificuldade em imaginar no papel de criminosos. Mas também encontramos alguns insolentes, indivíduos sem vergonha, corrompidos até à medula, apanhados nas teias da *moral insanity* (do inglês, perversão moral) que são os arrivistas da colónia penal: a maneira de falar, o sorriso, os ademanes, o servilismo de criados... tudo tresanda a trivialidade e cheira a canalhice. Seja como for, a sua situação está muito longe de ser

invejável. Um antigo oficial, que ia num vagão celular para Odessa, viu pela janela «uma pitoresca e poética partida de pesca à linha com archotes... As planícies da Ucrânia já verdejavam. Nos bosques de carvalhos e tílias, perto da via do caminho--de-ferro, viam-se violetas e lírios do vale; e eu sentia como o aroma das flores se misturava com o da minha liberdade perdida» (*Vladivostok*, n.º 14, 1888). Um nobre, destituído dos seus títulos e encarcerado por homicídio, falou-me dos seus sentimentos no dia da sua partida da Rússia, quando os amigos se tinham ido despedir dele: «Nesse momento, a minha consciência despertou e eu só tinha vontade de uma coisa: não falar com ninguém, enfiar-me debaixo da terra, mas os meus amigos não compreendiam isso e tentavam consolar-me e enchiam-me de mimos.» Não há nada mais desagradável para um preso das classes privilegiadas (que são obrigados a desfilar pelas ruas) do que a curiosidade dos homens livres e, sobretudo, das pessoas suas conhecidas. Se alguém reconhecer entre o grupo de condenados um criminoso célebre e o chamar em voz alta pelo seu próprio nome, isso provoca-lhe uma dor profunda. Infelizmente, os membros das classes privilegiadas, que já têm de suportar o peso da sua condenação, são muitas vezes alvo de mofa na prisão, na rua e até na imprensa. Li, num diário, a história de um antigo conselheiro de comércio que, numa das etapas da viagem para a Sibéria, para onde seguia numa escolta de presos, foi convidado para almoçar não sei bem em que localidade. Quando o grupo continuou a marcha, os donos da casa deram por falta de uma colher. Quem é que a tinha roubado? O conselheiro, evidentemente! Sobre um antigo cavaleiro da Câmara, escreveu-se que estava a viver muito bem no degredo: o champanhe corria a rodos e tinha todas as belas ciganas que queria. Tudo isto é crueldade pura e dura.

147 O décimo recenseamento dos distritos da Rússia (1857-1860) estabelece a proporção de 104,8 mulheres para cem homens.

148 Este número só pode servir para indicar a composição dos presos por sexo, mas não prova nada quanto à moralidade por sexo. Se há menos mulheres condenadas na colónia penal, não será porque o seu sentido de moralidade é superior, mas sim porque a própria organização da vida e também, em parte, porque as particularidades da sua natureza levam a que estejam menos expostas do que os homens a influências externas e ao risco de cometerem crimes graves. Não têm funções no serviço público nem no exército, não saem de casa para participar em caçadas distantes, não trabalham na exploração florestal ou mineira, na pesca no mar alto; por isso, não estão tão expostas às infracções à disciplina militar, aos delitos de serviço e aos que exigem a força de um homem, tais como a pilhagem dos correios, o banditismo nas estradas, etc. Os artigos da lei que visam atentado ao pudor, violações, incitação ao deboche e vícios contra natura só dizem respeito aos homens. Mas, em contrapartida, as mulheres matam, torturam, mutilam e encobrem homicídios com muito mais frequência do que os homens. Entre o sexo masculino, os assassinos situam-se em 47%, contra 57% no feminino. No que diz respeito aos envenenamentos, o número de mulheres é maior não somente em termos relativos, mas também em termos absolutos. Em 1889, os três distritos registavam, em números absolutos, três vezes mais mulheres do que homens e, em termos relativos, vinte e três mulheres contra um homem. E, depois, mandam menos mulheres do que homens para a colónia penitenciária; e, embora todos os anos cheguem grupos de mulheres de condição livre, o predomínio dos homens é esmagador. A distribuição desproporcionada por sexo é

inevitável numa colónia destas; só se poderia conseguir o equilíbrio se banissem a relegação, se houvesse um afluxo de imigrantes que se misturasse com os deportados, ou se aparecesse na Rússia uma Mrs Frey que começasse a pregar com a mesma energia a ida para Sacalina de jovens honestas de famílias pobres, para assegurarem os desenvolvimentos das virtudes familiares.

Sobre a questão das colónias penais da Europa Ocidental e da Rússia, e sobre a questão feminina em particular, ver o célebre livro do professor Foinitski, *Estudos sobre o Castigo em relação à Direcção das Prisões*.

149 Numa das suas crónicas, o doutor A. V. Chtcherbak escreve: «O desembarque só terminou no dia seguinte de manhã. Faltava ainda fazer o reembarque dos detidos destinados ao Posto de Korsakovsk e dar ordens para se proceder a todo o tipo de descargas. Mandaram-nos os primeiros prisioneiros: cinquenta homens e vinte mulheres. Segundo os registos que figuravam nas listas, os homens não tinham profissão e as mulheres eram muito velhas. Mandavam para aqui os piores» («Com os condenados da colónia penal», em *Tempo Novo*, n.º 5381).

150 Veja-se, por exemplo, a seguinte nota de serviço: «De acordo com o que é pedido pelo senhor chefe do distrito de Aleksandrovsk, formulado no n.º 75 do seu relatório de 5 de Janeiro, Akulina Kuznetsova, detida na prisão de Aleksandrovsk, é transferida para o distrito de Tym, a fim de aí instalar uma casa em conjunto com o colono Aleksei Chapárov» (n.º 25, 1889).

151 É difícil imaginar onde poderiam morar as mulheres se todas recusassem a concubinagem. Na colónia penal não há alojamentos para mulheres. O director dos serviços de saúde escreve no seu relatório de 1889: «Quando chegam a Sacalina, são elas que ficam encarregadas de arranjar alojamento… em troca do qual algumas têm de se resignar a prestar certos serviços impostos pela necessidade.»

152 Pessoalmente, sempre fui céptico em relação a esses boatos, mas, apesar de tudo, verifiquei-os no lugar, e recolhi todos os casos que lhes puderam dar origem. Conta-se que, aqui há uns três ou quatro anos, quando o general Hintze comandava a Ilha, casaram uma presidiária de Aleksandrovsk, uma estrangeira, contra a sua vontade, com um ex-inspector da polícia. Iaghelskaia, outra presidiária do distrito de Korsakovsk, foi castigada com trinta chibatadas, por ter querido abandonar o companheiro, o colono Kotliarov. Nesse mesmo lugar, um colono chamado Iarováti queixou-se da «esposa» por esta se recusar a viver com ele e deram-lhe a seguinte ordem: «Castigue-a!» «Quantas?» «Setenta.» A mulher foi chicoteada, mas não mudou de opinião e foi viver com o colono Malovétchkin, que se desfaz em elogios a seu respeito. O colono Rezvétsov, ao encontrar a concubina na companhia de outro colono, chamado Ródin, foi queixar-se às autoridades. A ordem veio de seguida: «Traga-ma cá!» E ela apareceu. «Então, minha desavergonhada, recusas-te a viver com Rezvétsov? Vergastadas!» E Rezvétsov recebeu ordem de fazer justiça pelas próprias mãos. E foi o que ele fez. A mulher, no entanto, acabou por levar a sua ideia avante: nas minhas fichas, figura como concubina de Ródin e não do outro. O que acabo de referir é a enumeração total dos casos que me citaram. Se uma presidiária muda muitas vezes de concubino, seja por ter mau carácter ou por ser desavergonhada, é castigada. Mas estes casos são raros e só são conhecidos se os colonos apresentarem queixa.

153 Em Vérkhni-Armúdan, na ficha do tártaro Tukhvatoli, registei como concubina Ekaterina Petrova, que lhe deu alguns filhos. Trabalha para eles um maometano, e os

seus conhecidos também são maometanos. Em Rikovskoie, o colono Maomé Ustie-
-Nor vive com Avdótia Medvédeva. Em Níjni-Armúdan, o colono protestante Pe-
restskí vive com a judia Leah Pérmut Broka, enquanto em Bolchoie-Takoê, Kalévs-
ki, um camponês proscrito, coabita com uma ainu.

154 Durante os primeiros dez anos de transporte marítimo, de 1879 a 1889, os navios da
Frota Voluntária transportaram oito mil e quatrocentos e trinta condenados dos dois
sexos e mil cento e quarenta e seis membros das suas famílias que os acompanhavam de livre vontade.

155 Numa carta, um prisioneiro gabou-se até de ter moeda de prata estrangeira. O tom
destas cartas é alegre e cheio de vivacidade.

156 Por vezes também acontece que sejam os maridos a acompanharem as mulheres no
exílio. Em Sacalina, só encontrei três: dois antigos soldados, Andrei Naiduch e Andrei Gánin em Aleksandrovsk, e um camponês, Jigúlin, em Derbinskoie. Este, um
velho que acompanhou a mulher e os filhos, tem um comportamento estranho e, com
as suas atitudes de bêbedo, põe toda a rua a rir com as suas palhaçadas. Há um velho alemão que veio, na companhia da mulher, ter com Gottlieb, o filho de ambos.
Não sabe uma palavra de russo. Entre outras coisas, perguntei-lhe a idade: «Nasci
em 1832», respondeu-me ele em alemão; depois escreveu 1890, a giz, em cima da
mesa, e fez a subtracção.

Também chegou um antigo comerciante, em companhia de um empregado, o
qual, de resto, só ficou um mês em Aleksandrovsk, tendo logo de seguida regressado à Rússia. Segundo o artigo 264 do *Regulamento de Deportação*, os maridos judeus não podem ir com as mulheres para a Sibéria; estas só podem levar os filhos se
os estiverem a amamentar, mas para isso precisam da autorização do marido.

157 Aqui está a diferença nua e crua entre uma mulher livre e a sua vizinha presidiária e
concubina, a quem o Tesouro dá todos os dias três libras de pão. Em Vladimirovka,
uma mulher foi acusada de ter assassinado o marido; se for condenada a trabalhos
forçados, começará a receber a ração alimentar e ficará numa situação melhor do que
antes de ir a tribunal.

158 Um *molokánin* é um membro de uma comunidade dissidente da Igreja Ortodoxa. O
nome provém de *molokó* (que significa leite em russo), bebida que os membros deste movimento religioso consumiam nos dias em que a maioria ortodoxa impunha o
jejum. (*N. T.*)

159 O *Regulamento de Deportação* tem alguns pontos sobre a situação das mulheres de
condição livre. De acordo com o artigo 85, «as mulheres que acompanhem voluntariamente os maridos não devem, durante toda a fase da investigação, ser separadas
deles nem submetidas aos rigores da vigilância». Na Rússia europeia ou a bordo dos
navios da Frota Voluntária, efectivamente, não estão sujeitas a qualquer tipo de vigilância, mas na Sibéria, quando o grupo de prisioneiros se desloca a pé ou de carroça, a escolta tem mais que fazer do que procurar, no meio do rebanho, quem é livre e quem não é. Na Transbaikália, vi homens, mulheres e crianças que tomavam
banho juntos no rio; a escolta havia feito um semicírculo na margem e não permitia
que ninguém, nem mesmo as crianças, ultrapassasse essa linha. Nos termos dos artigos 173 e 253, as mulheres que acompanham voluntariamente os maridos têm «o
direito de receber roupa, calçado e dinheiro para alimentação durante a viagem e até
à chegada ao lugar de destino», de acordo com as normas regulamentares. Mas o *Re-*

gulamento não especifica se as mulheres devem atravessar a Sibéria a pé ou de carroça. De acordo com o artigo 406, elas são autorizadas, com a permissão do marido, a ausentarem-se temporariamente do lugar de destino e podem ir a regiões interiores do Império. No caso de o marido morrer ou de este cometer novo crime que leve à anulação do casamento, a mulher pode, nos termos do artigo 408, pedir o repatriamento a expensas do Estado.

Depois de descrever a situação das mulheres dos presos e dos seus filhos, cujo único crime foi o de o destino os ter ligado a criminosos, Vlassov diz no seu relatório que «este é talvez o lado mais negro do nosso sistema de deportação». Já me referi à pouca atenção que a administração local dá às mulheres de condição livre e à disparidade com que as distribui pelos distritos e colónias. Basta o leitor recordar-se dos aquartelamentos familiares de Duí! O facto de mulheres livres e crianças serem alojadas em dormitórios celulares como se fossem prisioneiras, em terríveis condições de promiscuidade, na companhia de jogadores de cartas, das suas amantes e de porcos, e serem retidas em Duí, isto é, no lugar mais horroroso da Ilha, dá uma ideia bastante elucidativa da política colonial e agrícola das autoridades de Sacalina.

160 Eis o quadro que elaborei por grupos de idade da população:

Idade	Homens	Mulheres
0 a 5 anos	493	473
5 a 10 anos	319	314
10 a 15 anos	215	234
15 a 20 anos	89	96
20 a 25 anos	134	136
25 a 35 anos	1419	680
35 a 45 anos	1405	578
45 a 55 anos	724	236
55 a 65 anos	318	56
65 a 75 anos	90	12
75 a 85 anos	17	1
85 a 95 anos	—	1
Idade desconhecida	142	35

161 No distrito de Tcherepovets, o número de pessoas «em idade de trabalhar» é de 44,9%; no de Moscovo é de 45%; no de Tambov é de 42,7%. Ver o livro de V. I. Nikolski, *O Distrito de Tambov. Estatísticas da população e da morbilidade* (1885).

162 No distrito de Tcherepovets é de 37,3% e no de Tambov é de cerca de 39%.

163 O meu quadro mostra que, durante a infância, a distribuição por sexo é quase equilibrada, mas entre os quinze e os vinte e cinco anos há um ligeiro excedente de mulheres; no entanto, em relação às idades compreendidas entre os vinte e cinco e os trinta e cinco anos, os homens são quase o dobro e depois, na idade madura, os elementos masculinos tornam-se preponderantes. O pequeno número de velhos e a ausência quase completa de velhas indicam que o elemento da tradição e da experiência falta nos lares de Sacalina. Aliás, todas as vezes que visitei uma prisão pareceu-me que o número de velhos era mais elevado do que na colónia.

164 Nada prova, no entanto, que a consolidação de uma colónia nos seus inícios dependa essencialmente do desenvolvimento da estrutura familiar. Sabemos que a prosperidade da Virgínia já estava consolidada antes da chegada das mulheres.

165 A avaliar unicamente pelos números, poderia concluir-se que o casamento religioso é a forma de união menos conveniente para os deportados russos. O recenseamento de 1887 mostra que Aleksandrovsk contava na época com duzentas e onze prisioneiras; destas só trinta e quatro estavam legalmente casadas, enquanto cento e trinta e seis viviam maritalmente com prisioneiros ou com colonos.

No mesmo ano, no distrito do Tym, em cento e noventa e oito presas, trinta e três eram casadas e cento e dezoito viviam em concubinato. No distrito de Korsakovsk, não havia uma única prisioneira que vivesse com o marido; cento e quinze viviam em união ilegítima; em vinte e uma deportadas só quatro eram casadas.

166 No seu *Dossiê sobre a Organização de Sacalina* (obra já citada), o príncipe Chakhovskoi escreve nomeadamente: «Na informação sobre o estado civil, faltam muitas vezes referências sobre a religião e a situação familiar do presidiário, e nem sempre se indica se ele está *(ou não)* divorciado do cônjuge que ficou na Rússia. Esta lacuna constitui um dos principais obstáculos à formalização dos casamentos: pôr fim a esta incerteza ou obter o divórcio por intermédio do consistório de Sacalina são tarefas quase impossíveis.»

Veja-se, a título de modestos exemplos, o modo como se constroem alguns lares de Sacalina. Uma presidiária de Máloie-Takoê, Praskóvia Soloviova, vive em concubinato com Kudrin, um colono que não se pode casar com ela porque deixou mulher na Rússia; a filha de Praskóvia, de dezassete anos, uma jovem de condição livre, vive com Gorodinski, um deportado que também não se pode casar com ela pelo mesmo motivo. Em Novo-Mikhailovka, o deportado Ignátiev fez-me as seguintes queixas: não podia casar-se porque não podia determinar a situação familiar «devido à sua ancianidade» a sua companheira pediu-me que fizesse diligências para resolver o assunto: «É pecado viver assim, e já não somos novos», disse-me. Poderia apresentar centenas de exemplos destes.

167 Os oficiais, mesmo os de baixa patente, e sobretudo os vigilantes, são considerados bons partidos. Assim, têm perfeita consciência do seu valor e comportam-se, em relação à noiva e aos futuros sogros, com essa desavergonhada altivez que deu origem ao ódio de N. Leskov contra as «bestas episcopais e famélicas». Em dez anos, assistiu-se a alguns casamentos desiguais: um funcionário administrativo casou com a filha de um condenado a trabalhos forçados; um conselheiro do Tribunal e um capitão com filhas de colonos; um comerciante com uma camponesa deportada; uma nobre com um deportado. Os raros casos em que membros da *intelligenstia* se casam com filhas de degredados parecem-me de louvar e, na minha opinião, acabarão por exercer uma influência positiva na colónia. Em 1880, na igreja de Duí, realizou-se o casamento de um presidiário com uma guiliak. Nas minhas fichas de Rikovskoie, registei o nome de Grigori Sivokobilka, de onze anos, filho de uma guiliak. Geralmente, os casamentos entre russos e indígenas são excepcionais. Contaram-me o caso de um guarda que vive com uma guiliak: têm um filho e ela quer converter-se para poderem casar. O padre Irakli conheceu um colono iacuto casado com uma georgiana e nem um nem outro dominam o russo. Em relação aos maometanos, nem sequer no exílio abdicam da poligamia e alguns têm duas mulheres. Assim, em Alek-

sandrovsk, Djassanbétov tem duas mulheres (Bátima e Sacena); em Korsakovsk, Abubakirov tem também duas mulheres (Ganosta e Verkhonissa). Em Andréie--Ivánovskoie, conheci uma tártara de quinze anos, de uma beleza extraordinária, que o marido tinha comprado ao pai por cem rublos; quando o marido não está em casa, ela senta-se na cama e os colonos fazem fila diante da porta só para a admirarem.

O *Regulamento de Deportação* só autoriza os condenados dos dois sexos a casarem-se um a três anos depois de terem passado à categoria de «detidos em via de reabilitação»; é evidente que uma mulher mandada para a colónia, mas ainda no «período probatório», só pode ser uma concubina e não uma esposa. Os deportados estão autorizados a casar com criminosas; as pessoas do sexo feminino, privadas de todos os direitos cívicos, até obterem o estatuto de camponesas, só se podem casar com desterrados. Na Sibéria, se uma mulher livre se casar em primeiras núpcias com um deportado, recebe cinquenta rublos do Tesouro; se um colono se casar em primeiras núpcias com uma condenada, recebe quinze rublos a fundo perdido e outro tanto a título de empréstimo.

O *Regulamento* não diz nada sobre os casamentos dos vagabundos. Não sei quais são os documentos utilizados para determinar a sua situação familiar e a idade. Mas sei que esta espécie de casamento existe em Sacalina, por ter lido o seguinte documento, redigido em forma de solicitação: «A Sua Excelência, o Senhor comandante da Ilha de Sacalina. Certificado feito por Ivan, de trinta e cinco anos, que ignora o seu apelido, colono em Rikovskoie, distrito do Tym. Que eu, O Esquecido, casei legalmente com Maria Beriozníkova, agricultora, a 12 de Novembro de 1888.» Por o interessado ser analfabeto, dois colonos assinaram em seu lugar.

168 Estes números são extraídos dos registos paroquiais e só dizem respeito à população ortodoxa.

169 Contando, segundo Ianson, que a natalidade é de 49,8 ‰, isto é, quase cinquenta para mil.

170 Os cataclismos, graves e transitórios, tais como más colheitas, guerras, etc., fazem descer a natalidade; as calamidades crónicas, tais como a elevada taxa de mortalidade infantil, e talvez também a prisão, o regime de servidão, o exílio, etc., reforçam-na. Em certas famílias vítimas de degenerescência psíquica, também se verifica um aumento da natalidade.

171 As crianças ilegítimas do primeiro grupo são filhas de presidiárias, que os tiveram, a maioria das vezes, depois do julgamento e na prisão; nas famílias que acompanharam voluntariamente o marido e pai no exílio, não há um único filho ilegítimo.

172 A importância do subsídio depende também do sentido que o funcionário atribui às palavras «enfermo» e «deformado» e se as limita aos coxos, aos manetas e aos corcundas ou se as estende também aos escrofulosos, aos pobres de espírito e aos cegos.

Como se pode ajudar as crianças de Sacalina? Em primeiro lugar, parece-me que o direito à ajuda não deveria depender de critérios como «muito pobre», «enfermo», etc. Deve dar-se apoio a todos os que o solicitam, sem excepção, e sem receio de eventuais fraudes; mais vale uma pessoa ser enganada do que se enganar. A forma de ajuda deve ser determinada pelas condições locais. Se dependesse de mim, com todo o dinheiro que é utilizado actualmente no «subsídio», mandaria fazer casas de chá de livre acesso a todas as mulheres e crianças, daria roupas e alimentos a todas as mulheres grávidas e às que estão a amamentar, sem excepção; em relação ao «subsídio» de um rublo e meio ou de três rublos por mês, reservá-lo-ia unicamente para o distribuir pelas adolescentes, de treze anos ou mais, até à altura de se casarem, e entregar-lho-ia em mão própria.

Os filantropos de São Petersburgo mandam todos os anos para Sacalina encomendas destinadas às crianças com objectos como peliças curtas, aventais, botas de feltro, bonés, acordeões, livros edificantes, penas para escrever. Quando estes objectos chegam, o comandante da Ilha pede às senhoras da região para procederem à sua distribuição. Diz-se que os pais perdem estes presentes ao jogo ou que os vendem para beber, e que, em vez de acordeões, mais valia mandarem-lhes pão, etc. No entanto, este género de observações não deve preocupar as pessoas de bom coração. Estas ofertas dão evidentemente uma grande alegria às crianças e aos pais que ficam infinitamente reconhecidos.

Mas seria conveniente enviar às pessoas generosas, que se interessam pela sorte dos filhos dos deportados, informações, tão pormenorizadas quanto possível, sobre o número de crianças, a sua composição por sexo e por idade, o total de analfabetos, de não-cristãos, etc. Por exemplo, se o benfeitor souber quantos meninos sabem ler e escrever, saberá também a quantidade de livros ou de lápis que deve mandar, para ninguém ser lesado; em relação às outras ofertas, também é muito mais fácil decidir a quantidade de brinquedos ou de vestuário a enviar, tendo em conta o sexo, a idade e a nacionalidade das crianças.

É indispensável retirar da competência da administração local, já de si tão sobrecarregada de trabalho, tudo o que diz respeito à filantropia, e entregar a organização das ajudas à *intelligentsia*: não faltam pessoas que ficariam felizes de desempenhar tarefas tão gratificantes. Algumas vezes, no Inverno, há em Aleksandrovsk espectáculos amadores em benefício das crianças. Ainda não há muito tempo, os funcionários do Posto de Korsakovsk fizeram um peditório cujo montante foi destinado à compra de tecidos com os quais as suas esposas confeccionaram vestuário e roupa interior que distribuíram aos miúdos.

As crianças constituem uma pesada carga financeira e são a punição divina do pecado, mas isso não impede os deportados sem filhos de aceitarem e de adoptarem os filhos alheios. Os que têm filhos desejam-lhes, muitas vezes alto e bom som, a morte; os que não os têm adoptam órfãos. Às vezes, um colono adopta um órfão ou uma criança pobre porque espera receber a ajuda alimentar ou outros subsídios, ou porque o quer mandar mendigar pelas ruas; mas é provável que, em muitos casos, os colonos sejam levados por bons sentimentos. Entre os adoptados, não há só crianças: há também adultos e até velhos. É assim que o colono Ivan Novikov I, de sessenta anos, se considera filho adoptivo do colono Evguéni Efimov, de quarenta e dois anos. Em Rikovskoie, Elissei Malakov, declarou-se filho adoptivo de Iliá Minaiev.

Segundo o *Regulamento de Deportação,* as crianças de tenra idade que vão para a Sibéria com pais deportados ou transferidos devem ser transportadas de carroça, à razão de cinco crianças por carro. Contudo, o *Regulamento* não define a noção de «tenra idade». Os filhos que acompanham os pais têm direito a receber vestuário, calçado e subsídio alimentar em dinheiro durante toda a viagem. Quando uma família inteira de condição livre acompanha um condenado, os filhos com mais de catorze anos só partem se tiverem exprimido vontade de o fazer. Os filhos com mais de dezassete anos podem abandonar o lugar de exílio e voltar para a terra sem autorização dos pais.

173 Nas suas conclusões ao relatório de 1890 do inspector da agricultura, o comandante da Ilha diz: «Aqui está finalmente um documento que, embora esteja longe de ser perfeito, é pelo menos fundamentado em dados de observação recolhidos por um especialista e interpretados sem o desejo de agradar a gregos e a troianos.» Para o comandante, o relatório é «um passo nessa direcção», o que quer dizer que, até essa data, todos os relatórios eram redigidos com o desejo de agradar a alguém. Mais à frente, o general Kononovitch acrescenta que, até 1890, as únicas fontes de informação sobre a agricultura de Sacalina tinham sido «invenções inúteis».

O agrónomo que trabalha em Sacalina tem o título de inspector da agricultura. É um funcionário do 6.º escalão e tem um bom vencimento. Depois de passar dois anos na Ilha, o actual inspector apresentou o seu relatório. É um pequeno estudo de gabinete, sem observações pessoais e cujas deduções são imprecisas, mas onde são expostos sucintamente dados relativos à meteorologia e à flora que dão uma imagem bastante clara das condições naturais da parte habitada da Ilha. Este relatório já foi publicado e será provavelmente incluído na literatura relativa a Sacalina. Quanto aos agrónomos que ocuparam anteriormente este lugar, tiveram todos muito pouca sorte. Já citei mais de uma vez o nome de Mitsul, que primeiro foi agrónomo, depois director e acabou por morrer de angina de peito antes de completar quarenta e cinco anos. Segundo se conta, um segundo agrónomo esforçou-se por demonstrar que o desenvolvimento da agricultura na Ilha era impossível, enviando documentos e telegramas, não sei para quem, e acabou sofrendo de um grave esgotamento nervoso. De qualquer modo, hoje diz-se que era um homem honesto e instruído, mas louco. O terceiro «director do departamento de agronomia», um polaco, foi despedido pelo comandante da Ilha (e o assunto deu muito que falar). Como se pode ver nos documentos dos ministérios, foi dada ordem para só lhe entregarem o dinheiro da viagem no caso de ele «vir a Nikolaievsk com o contrato do transbordo feito com o seu *kaiur*». Provavelmente, as autoridades receavam que, depois de ter metido ao bolso o dinheiro da viagem, o agrónomo ficasse na Ilha para sempre (nota de serviço n.º 349, 1888). Em relação ao quarto, um alemão que não fazia nada e que percebia pouco de agricultura, o padre Irakli contou-me que, depois de uma geada de Agosto ter queimado o trigo, foi a Rikovskoie, reuniu a sua gente, e perguntou compungido: «Por que razão apareceu esta geada?» O mais expedito do grupo deu um passo em frente e respondeu: «Ninguém consegue explicar, Excelência, mas talvez tenha sido a misericórdia divina que decidiu dar as suas ordens.» Completamente satisfeito com a resposta, o agrónomo sentou-se na caleche e foi para casa com o sentimento do dever cumprido.

174 *Polónio*: personagem do *Hamlet,* de Shakespeare, pai de Ofélia e Laertes. *(N. T.)*

175 «O novo agrónomo de Sacalina, um prussiano», escreve um correspondente do *Vladivostok* (n.º 43, 1889), «organizou, pouco tempo depois de ter chegado, uma exposição agrícola dos produtos da Ilha, inaugurada a 1 de Outubro, onde se apresentaram tantos produtos dos colonos dos distritos de Aleksandrovsk e do Tym como das hortas da administração… As sementes de trigo apresentadas pelos colonos não tinham nada de extraordinário, mesmo esquecendo que, entre as sementes pretensamente obtidas em Sacalina, havia algumas que tinham sido encomendadas no armazém de

Gratchev, o famoso seleccionador de sementes do continente. Sitchov, um colono do Tym, que exibia esse trigo com um certificado das autoridades do distrito, atestando que a colheita do ano lhe tinha rendido setenta *puds* (cento e quinze quintais) de trigo dessa variedade, foi acusado de fraude, ou seja, de ter apresentado trigo seleccionado.» O número 50 do mesmo jornal diz ainda, a propósito desta exposição: «O que sobretudo espantou o público foi a apresentação de amostras de legumes extraordinários, tais como um repolho de vinte e duas libras e meia, um rábano de treze libras, batatas de três libras cada uma, etc. Atrevemo-nos a dizer, sem receio de errar, que a Europa Central não se pode orgulhar de ter melhores exemplares.»

176 Com o aumento da população, é cada vez mais difícil encontrar terra arável. Os vales ribeirinhos, cobertos de folhas caducas — olmos, espinheiros, sabugueiros, etc. —, onde o húmus é profundo e fértil, são raros oásis perdidos no meio da tundra, dos pântanos, de colinas cobertas de bosques queimados e de terras baixas com coníferas cujo subsolo mal deixa filtrar a água. Mesmo na parte meridional da Ilha, esses vales ou *eláni* alternam com montanhas e depressões onde a escassa vegetação pouco difere da vegetação polar. Assim, toda a vasta zona que separa o vale do Takoê de Maúka — regiões cultiváveis — é ocupada por um pântano de onde não se pode retirar nada. Talvez seja possível fazer aqui estradas, mas não está nas mãos dos homens mudar a severidade do clima. Embora a parte meridional seja muito vasta, até à data só foram encontradas quatrocentas e cinco *deciatinas* de terra boa para a cultura cerealífera ou para a de legumes (nota de serviço n.º 318, 1889). E, no entanto, a comissão presidida por Vlassov e Mitsul, encarregada de avaliar as potencialidades de Sacalina para a criação de uma colónia penitenciária agrícola, chegou à conclusão de que a parte central da Ilha podia fornecer «muito mais do que duzentas mil *deciatinas*» de terra arável, enquanto na parte meridional se «podia chegar às duzentas e vinte mil».

177 Ver pormenores no *Relatório sobre a Agricultura em Sacalina em 1889*, de Von Fricken.

178 Até agora, por alguma razão que desconheço, só têm surgido dificuldades com a cultura da cebola. A sua falta na dieta dos deportados é compensada pelo alho-silvestre (*Allium victoriale*), que cresce aqui no estado selvagem. Esta planta bulbosa cheira intensamente a alho e antigamente os soldados dos postos e os exilados consideravam-na um remédio eficaz contra o escorbuto. Pelas centenas de *puds* que as autoridades militares e as da penitenciária armazenam todos os Invernos como reserva, pode avaliar-se a frequência dessa doença. Diz-se que o alho-silvestre é saboroso e nutritivo, mas há muita gente que não lhe suporta o odor. Mesmo ao ar livre, quando um homem que tinha comido alho-silvestre se aproximava de mim, sentia-me sufocado.

Ignora-se ainda a superfície das pradarias de Sacalina, se bem que o relatório do inspector da agricultura apresente números a esse respeito. Independentemente desses números, a única certeza, neste momento, é a de que há poucos proprietários a saber na Primavera onde podem ir segar erva no Verão, que há escassez de feno e que, por falta de alimento, o gado enfraquece no fim do Inverno. São os mais fortes, isto é, a prisão e o exército, que se apoderam das melhores pradarias, restando para os colonos as que ficam mais afastadas e as que só se podem segar com a foice e não com o gadanho. Como o solo é pouco permeável, muitos prados são pantanosos e estão sempre húmidos; por essa razão, aí só crescem ervas ácidas e juncos que dão um feno áspero e de fraco valor nutritivo. O inspector da agricultura diz que esse feno tem metade do valor do feno normal. Os colonos também o acham de má qualidade e os que são mais abastados não alimentam o gado com o feno em estado puro, mas misturado com farinha ou batatas. O feno de Sacalina não tem um perfume agradável como o nosso. Não me atrevo a julgar se as ervas gigantes que crescem nos vales frondosos podem constituir uma boa forragem, mas não quero deixar de notar que as sementes de uma dessas ervas, conhecida como o trigo-sarraceno de Sacalina, já são comercializadas na Rússia. O relatório do inspector não diz uma palavra sobre a necessidade e a possibilidade de se poderem semear pastagens artificiais na Ilha.

Passemos agora ao problema da criação de gado. Em 1889, havia uma vaca leiteira para duas quintas e meia nos distritos de Aleksandrovsk e de Korsakovsk, e para três e um terço no distrito do Tym. Os números são quase os mesmos para os animais de carga (cavalos e bois); mais uma vez se verifica que o melhor distrito, ou seja, o de Korsakovsk, é o mais pobre. Contudo, estes números não dão conta da situação real, porque o gado está distribuído de uma forma extremamente irregular entre os proprietários: está inteiramente concentrado nas mãos dos terratenentes que dispõem de grandes parcelas de terreno ou que se dedicam ao comércio.

179 Ver pormenores em A. M. Nikolski: *A Ilha de Sacalina e a sua Fauna de Vertebrados*.

180 Os lobos mantêm-se longe das casas, porque têm medo dos animais domésticos. Como esta explicação pode parecer inverosímil, para dissipar as dúvidas, posso citar o seguinte exemplo: Boussé descreve o pavor dos ainus, na primeira vez que viram um porco; Middendorf também diz que, quando se criaram os primeiros carneiros na Região do Amur, os lobos não lhes fizeram mal. As renas selvagens abundam sobretudo na costa ocidental do Norte da Ilha; no Inverno ficam agrupadas na tundra; mas, na Primavera, segundo Glen, quando elas vão para o mar lamber o sal das rochas, as vastas planuras desta parte da Ilha ficam cobertas de uma infinidade de rebanhos.

Quanto à caça às aves, há o ganso-bravo, patos de diferentes espécies, a perdiz branca, o tetraz-grande, o cortiçol-de-barriga-negra, o maçarico-real, a verdizela. A migração prolonga-se até Junho. Eu cheguei em Julho, quando na taiga reinava um silêncio de morte. A Ilha parecia sem vida, mas temos de acreditar nas pessoas, quando nos dizem que há rouxinóis de Kamchatka, galinholas, melros, pintarroxos. Há muitos corvos, mas não se vêem gralhas nem estorninhos. Poliakov só viu uma andorinha e, na sua opinião, a ave tinha ido parar à Ilha por acaso, porque se tinha perdido. Uma vez, pareceu-me ver uma codorniz no meio da erva; mas, ao observá-la mais de perto, apercebi-me de que se tratava de um animal muito bonito a que dão o nome de tâmia. É o mamífero mais pequeno dos distritos do Norte. Segundo A. M. Nikolski, não há ratos por aqui. No entanto, em documentos que remontam ao início da colónia, há referências a «perdas provocadas por incêndios, desgaste e roedura de ratos».

181 Um autor viu uma rede japonesa que ocupava um círculo de três *verstás* no mar; a rede estava fixada na margem e formava uma espécie de saco que era esvaziado pouco a pouco dos arenques que continha. Sobre este assunto, escreve Boussé: «As chinchas japonesas são dispostas a pouca distância umas das outras e são muito grandes. Cada uma delas chega para cobrir um espaço de cerca de setenta *sájenes* (cento e cinquenta metros) da margem. Mas qual não foi o meu espanto quando vi os japoneses deixarem ficar uma chincha de dez *sájenes* (vinte e um metros) na mar-

gem, porque estava tão cheia de arenques a todo o comprimento, que nem os esforços de sessenta homens a conseguiam arrastar. Cada vez que os remadores metiam
os remos na água, atiravam vários arenques ao ar e queixavam-se de os peixes não
os deixarem remar.» A migração do arenque e a campanha de pesca dos japoneses
estão descritas em pormenor por Boussé e Mitsul.

182 Em *Jornal do Mar* (n.º 3, 1880).

183 Sobre este assunto, é de notar que a indústria pesqueira do Amur, rio muito rico em
peixe, está muito mal organizada, porque, ao que parece, os empresários locais não
querem gastar dinheiro a contratar especialistas russos. Por exemplo, pescam-se
muitos esturjões, mas ninguém sabe preparar um caviar que tenha ao menos a aparência do caviar russo. A arte dos profissionais ficou-se pela salga do *balyk* e não foi
além disso. Deuter escreveu no *Jornal Mar* (n.º 6, 1880) que, no passado, se tinha
criado uma Companhia de Pescas do Amur (uma sociedade por acções, em grande
escala), cujos membros se banqueteavam com caviar que era, segundo dizem, a duzentos ou trezentos rublos de prata a libra.

184 Para os exilados que vivem nos estuários dos rios ou à beira-mar, a pesca pode ser
um recurso suplementar e dar algum lucro, mas para isso haveria que lhes dar boas
redes e fixar perto da costa aqueles que já tivessem morado no litoral, etc.

Actualmente, os barcos japoneses que vêm pescar no Sul de Sacalina pagam sete copeques em ouro de direitos alfandegários por cada *pud* (dezasseis quilogramas
e trezentos e oitenta gramas). Também se pagam direitos por todos os produtos pre-
parados à base de peixe, tais como fertilizantes, óleo de arenque e óleo de fígado de
bacalhau, mas o seu valor total não chega a perfazer vinte mil rublos, que é praticamente o único rendimento que obtemos da exploração das riquezas da Ilha.

Para além do *Salmo lagocephalus*, há outros salmonídeos nos rios de Sacalina.
Por outro lado, as águas doces do território estão povoadas de peixes como a truta,
o lúcio, a carpa, o barbo, o cadoz e um espécime da família do salmão que, na Ilha,
tem o nome de «peixe-pepino», por ter um cheiro intenso a pepino fresco. Entre os
peixes do mar, temos, além do arenque, o bacalhau, o rodovalho, o esturjão, e a cha-
puta, que atinge tais dimensões que consegue engolir, de uma assentada, um salmão
inteiro. Um exilado de Aleksandrovsk dedica-se à pesca de uns crustáceos de cauda
longa, extraordinariamente saborosos, a que aqui dão o nome de *tchirims* ou *chrims*.

Em relação aos mamíferos aquáticos, as costas da Ilha têm enormes quantidades
de baleias, de leões-marinhos, de focas e de lontras. Quando me aproximava de
Aleksandrovsk a bordo do *Baikal*, vi muitos pares de baleias que brincavam na sua
viagem pelo Estreito da Tartária. Perto da costa ocidental de Sacalina, ergue-se um
rochedo solitário a que chamam «o Rochedo do Perigo». Uma testemunha ocular
que se encontrava a bordo do *Ermak* quis explorar esse rochedo e escreveu o seguinte: «A uma milha e meia do alvo, verificámos que o penhasco estava completamente coberto de enormes leões-marinhos. Os rugidos desse imenso rebanho selvagem deixaram-nos estupefactos. Os animais atingiam dimensões tão fabulosas, que,
de longe, cada um deles parecia uma rocha isolada… Mediam duas *sájenes* (quatro
metros e vinte e cinco) ou mais. Além disso, o recife e o mar ferviam de lontras marinhas» (*Vladivostok*, n.º 29, 1886).

Pode avaliar-se a envergadura que poderia vir a ter, nos nossos mares setentrionais, a caça à baleia e à foca a partir do número impressionante que apresento: os ar-

madores americanos calcularam que, em catorze anos (até 1861), obtiveram, no Mar de Okhotsk, óleo de foca e de baleia e de barba de baleia no valor de duzentos milhões de rublos (V. Zbichévski, «Notas sobre a Caça à Baleia no Mar de Okhotsk», em *Antologia Marítima*, n.º 3, 1863). Mas, apesar desse futuro aparentemente brilhante, também esta caça não irá trazer riqueza à colónia penitenciária, porque se trata precisamente de uma colónia penitenciária. Segundo o testemunho de Brehm, a caça à foca é um massacre geral e desapiedado, no qual a brutalidade se alia à mais absoluta insensibilidade. É por isso que não se diz «caçar focas», mas «abater focas». Nestas «caçadas», os povos mais selvagens têm atitudes muito mais humanas do que o europeu civilizado. Quando se matam lontras marítimas à paulada, os miolos espalham-se por toda a parte e os olhos dos pobres animais saem-lhes das órbitas. Há que afastar os deportados, sobretudo os que foram condenados por homicídio, de espectáculos desta natureza.

185 Graças à couve-marinha e ao clima relativamente suave, considero que a costa sudoeste de Sacalina é actualmente o único lugar onde é possível estabelecer uma colónia penitenciária. Em 1855, numa das assembleias da Sociedade de estudo do Amur, foi lida uma interessante comunicação sobre a exploração da couve-marinha, da autoria de I. L. Semiónov, actual detentor do negócio. Foi publicada em *Vladivostok* (n.º 47 e n.º 48, 1885).

186 Até agora, os artesãos só têm podido ganhar a vida nos postos, nas casas dos funcionários ou nas dos exilados ricos. Temos de dizer, em honra da *intelligentsia* local, que ela paga generosamente esse trabalho. Casos como o do médico que fechou um sapateiro na «solitária» durante o tempo necessário para este lhe fazer umas botas para o filho, ou do funcionário que pôs ao seu serviço uma costureira (como se fosse para o trabalho doméstico) para fazer gratuitamente as roupas para a mulher e para os filhos, são raras excepções.

187 Dados fornecidos pelo inspector da agricultura.

188 A *Tabela das substâncias alimentares acordadas para os dois sexos* foi estabelecida com base no regulamento dos víveres e provisões do Exército, aprovado em 31 de Julho de 1871.

189 O aumento de peso no pão é um demónio tentador ao qual, como demonstram os factos, é difícil resistir. Por culpa dele, são muitos os que perderam os escrúpulos e algumas vezes a vida. O inspector Selivánov, a quem já me referi, foi vítima desse mal, já que foi morto por um padeiro recluso, por o acusar de «não ser farinha do mesmo saco», isto é, de não aumentar o peso do pão. Efectivamente, o negócio vale a pena. Imaginemos que a padaria de Aleksandrovsk alimenta duas mil e oitocentas e setenta pessoas; basta tirar dez *zolotniks* (quarenta e dois gramas) por cabeça, para se obterem perto de trezentas libras (cento e vinte e três quilogramas) de pão por dia. Em geral, essas operações com o pão são muito lucrativas. Assim, podem subtrair-se dez mil *puds* (mil seiscentos e quarenta quintais) de farinha e tapar pouco a pouco o furto, retendo um *zolotnik* (quatro gramas e vinte cinco) por dia e por detido: dois ou três anos bastam para se ganhar muito dinheiro.

Poliakov escreveu sobre este assunto: «O pão da colónia de Málaia-Timovka era tão mau que nem os cães o queriam. Continha pedacinhos de grãos que não estavam moídos, de gluma, de palha. Um dos meus colegas, que assistia à inspecção, observou acertadamente: "Com um pão assim, não há nada melhor para uma pessoa empastar toda a dentadura, e também não há nada melhor para encontrar um palito para a limpar."»

190 Às vezes, a pitança é feita com carne fresca. Isso significa que um urso «retalhou» uma vaca ou que sucedeu um outro acidente a um bovino do rebanho do Estado. Mas muitas vezes os prisioneiros costumam achar que é carniça e recusam-se a comê-la. Cito de novo Poliakov: «A carne salgada era também de muito má qualidade, porque provinha de carcaças de bois extenuados pelo trabalho e pelas cargas através de estradas tortuosas, que muitas vezes são abatidos na véspera da sua morte natural; e os pobres animais até se podem dar por felizes quando não os sangram ainda com vida.» Durante a migração dos peixes, os detidos têm direito a comer peixe fresco, à razão de uma libra (quatrocentos gramas) por cabeça.

191 A administração está ao corrente de todas estas situações. Em todo o caso, é importante conhecer a opinião do próprio comandante da Ilha sobre o assunto: «As operações locais de preparação da comida estão rodeadas de circunstâncias que lançam sobre elas, quer se queira quer não, uma sombra suspeita» (nota de serviço n.º 314, 1888). Quando um funcionário declara que comeu durante uma semana ou um mês inteiro do rancho da prisão, e que goza de excelente saúde, isso significa que lhe prepararam pratos especiais.

192 Podemos ver, em função das quantidades de produtos necessários para pôr na panela, como é fácil os cozinheiros enganarem-se e prepararem muitas ou poucas rações. Em 3 de Maio de 1890, na prisão de Aleksandrovsk, deu-se de comer a mil duzentas e setenta e nove pessoas. Nesse dia, gastaram-se: treze *puds* e meio de carne; cinco *puds* de arroz; um *pud* e meio de farinha (para engrossar o caldo); um *pud* de sal; vinte e quatro *puds* de batatas; um terço de libra de folhas de louro e dois terços de libra de pimenta. Na mesma prisão, a 29 de Setembro, para alimentar seiscentas e setenta e cinco pessoas, gastaram-se: dezassete *puds* de peixe; três *puds* de sêmola, um *pud* de farinha; meio *pud* de sal; doze *puds* e meio de batatas; um sexto de libra de folhas de louro e um terço de libra de pimenta.

193 Na prisão de Aleksandrovsk, em 3 de Maio, mil, duzentas e setenta e nove pessoas em duas mil, oitocentas e setenta comeram das cozinhas; em 29 de Setembro, apenas seiscentas e setenta e cinco pessoas em duas mil quatrocentas e trinta e duas utilizaram esse serviço.

194 A administração e os médicos locais consideram que a ração dos detidos é manifestamente insuficiente do ponto de vista quantitativo. Segundo os dados que recolhi num relatório médico, nos dias gordos, a ração inclui: cento e quarenta e dois gramas com nove de albuminas, trinta e sete gramas com quatro gramas de gordura e seiscentos e cinquenta e nove gramas com nove de hidratos de carbono; nos dias magros, a ração é composta por: cento e sessenta e quatro gramas com três gramas de albuminas, quarenta gramas e seiscentos e setenta e um gramas, respectivamente com quatro gramas de gordura e de hidratos de carbono. De acordo com Erisman, nos dias gordos, os operários das fábricas russas consomem setenta e nove gramas com três de gordura e, nos dias magros, consomem setenta e sete com quatro. Segundo as regras de higiene, quanto mais um indivíduo trabalha e quanto maior é o esforço físico que despende, maior é a sua necessidade de gordura e de hidratos de carbono. Assim, o leitor poderá avaliar por si próprio, a partir do que acabo de dizer, como são poucas as esperanças que se podem depositar no pão e na sopa. Os tra-

balhadores das minas recebem rações reforçadas durante os quatro meses de Verão que consistem em quatro libras (mil seiscentos e quarenta gramas) de pão, uma libra (quatrocentos e dez gramas) de carne e vinte e quatro *zolotniks* (cem gramas) de sêmola. A pedido da administração local, foi atribuída uma ração igual aos trabalhadores que estão a construir a via-férrea. Em 1887, por iniciativa do chefe da Direcção-Geral das Prisões, levantou-se a questão de saber «se era possível modificar a *Tabela* na Ilha, com o objectivo de reduzir as despesas de alimentação dos condenados sem lhes prejudicar o organismo» e fez-se uma experiência segundo o método recomendado por Dobroslávin. O falecido professor, como se pode verificar pelo relatório que deixou, considerou que era inoportuno «diminuir a quantidade de alimentos distribuída há tanto tempo aos reclusos, sem se estudarem melhor as suas condições de trabalho e de vida, porque a ideia que se tem sobre as qualidades da carne e do pão que lhes são distribuídos carece de rigor»; no entanto, achou maneira de reduzir, ao longo do ano, as rações de um produto caro como a carne, e propôs três *Tabelas*: duas, para os dias gordos; uma, para os dias magros. Essas *Tabelas* foram submetidas à análise de uma comissão presidida pelo director dos Serviços de Saúde de Sacalina e os médicos que faziam parte da equipa mostraram-se à altura da sua profissão. Declararam inequivocamente que as rações actuais eram já insuficientes, face às condições de trabalho, à severidade do clima, às tarefas duras executadas ao longo do ano, independentemente de estar bom ou mau tempo, e que o abastecimento, em função das propostas do professor Dobroslávin, seria muito mais caro, apesar da redução da carne, do que o da *Tabela* actual. Para dar resposta à questão essencial — a redução do custo da ração —, propuseram as suas próprias *Tabelas*, que prometiam economias bem diferentes das que desejava a administração da colónia penal, afirmando: «Não haverá economias materiais, mas, em contrapartida, pode esperar-se a melhoria qualitativa e quantitativa do trabalho dos detidos, a diminuição do número de doentes e de pessoas enfraquecidas, a melhoria do estado de saúde geral, que terá consequências benéficas na colonização, porque darão à Ilha colonos cheios de força e de saúde.» O *Dossiê da Chancelaria do Comandante da Ilha*, a propósito da modificação da *Tabela* para efeitos de redução de custos, contém vinte relatórios, comunicações e actas de toda a espécie e feitio, e deve ser estudado com mais atenção pelas pessoas que se interessam pela higiene das prisões.

195 Nas lojas, cada fatia de salmão fumado é vendida por trinta copeques.

196 Como já mencionei, os nativos consomem enormes quantidades de gordura, que os ajuda incontestavelmente a combater as baixas temperaturas e a extrema humidade. Disseram-me que, em alguns pontos da costa leste e nas ilhas vizinhas, os caçadores russos já começaram a introduzir óleo de baleia na alimentação.

197 Quando o capitão Machinski estava a desbravar a mata para construir a linha do telégrafo ao longo do Poronai, os operários que estavam a trabalhar sob a sua orientação receberam camisas tão pequenas que nem serviam a uma criança. O vestuário dos presos distingue-se por um mau corte, feito em série, incómodo, que dificulta os movimentos do trabalhador; por isso, quando descarregam um barco ou quando trabalham nos obras do caminho-de-ferro, os reclusos andam sem casaco e sem capote. Contudo, os inconvenientes do corte são, habitualmente, facilmente solucionados pela venda ou pela troca. Como o modelo mais prático para o trabalho e para dia-a--dia é o traje simples de camponês, a maioria dos reclusos veste «à paisana».

198 Como as Ilhas Curilhas passaram para as mãos dos japoneses, seria mais correcto daqui em diante designá-lo por «Episcopado de Sacalina».

199 Sobre a consagração do farol de Crillon, ver *Vladivostok* (n.º 28, 1883).

200 O tom dos seus escritos é muito original. Num pedido feito às autoridades, no qual solicitava que lhe dispensassem um condenado para exercer as funções de sacristão, exprimia-se do seguinte modo: «Percebo que, se o consistório não me facultou um sacristão, é porque não tem ninguém disponível; aliás, mesmo que tivesse, dado o ramerrão do clero de Sacalina, um sacristão acharia aqui a existência insuportável. Mas passado é passado. Julgo que está a chegar a hora de ter de deixar Korsakovsk para regressar ao meu agradável deserto e de vos ouvir dizer: "Vais-te embora e deixas a casa vazia."»

201 No distrito de Rikovskoie, há outra igreja em Malo-Timovo, onde só há ofício na festa do patrono da cidade, Santo António, *o Grande*; no distrito de Korsakovsk, há três capelas: a de Vladimirovka, a de Kresti e a de Galkino-Vrasskoie. Com excepção da igreja de Korsakovsk, que foi edificada graças aos fundos doados pelas tripulações do *Vsádnik* e do *Vostok* e pelos militares do Posto, todas as outras igrejas e capelas de Sacalina foram construídas com fundos da colónia penal e à custa do trabalho dos presos.

202 No seu *Manual de Direito Penal*, o professor Vladimirov diz que o anúncio da passagem de um prisioneiro para a categoria dos detidos em vias de regeneração é feito com uma certa solenidade. Refere-se provavelmente ao artigo 301 do *Regulamento de Deportação*, segundo o qual esse anúncio se deve fazer na presença de uma autoridade superior da penitenciária e também de uma personalidade eclesiástica convidada para o efeito. Mas, na prática, esse artigo é muito difícil de aplicar, porque seria necessário convidar essa personalidade eclesiástica todos os dias; além disso, este género de cerimónia enquadra-se mal num ambiente de trabalho. E, na prática, também não se cumpre a lei da isenção de trabalho nos dias de festa, nem tão-pouco a regra que determina que os presos em vias de regeneração devem ser exonerados com mais frequência do que os que ainda estão no «período probatório». Esta distinção exigiria sempre muito tempo e traria muitos incómodos.

A única actividade pastoral fora do habitual é a de alguns sacerdotes que desempenham funções missionárias. Foi o caso, na época da minha viagem, do padre Irakli, de origem buriate, sem barba nem bigode, que veio do Convento de Posolk, em Transbaikália. Passou oito anos em Sacalina, os últimos dos quais como sacerdote da paróquia de Rikovskoie. As suas obrigações de missionário levaram-no duas ou três vezes por ano à Baía de Niysk e ao vale do Poronai para baptizar, dar a comunhão e casar os nativos. Converteu mais de trezentos orochis. É evidente que, nas suas viagens pela taiga, sobretudo no Inverno, não poderia esperar grandes comodidades. O padre Irakli costumava passar as noites num saco-cama de pele de borrego, onde guardava o tabaco e o relógio. Os companheiros de viagem levantavam-se duas ou três vezes por noite para acender o lume ou fazer chá para se aquecerem, mas o padre dormia a sono solto no seu saco-cama.

203 Segundo a crença popular, o primeiro que puser o pé no lenço é quem mandará no novo lar. (*N. T.*)

204 Na totalidade das pessoas que recenseei, há 86,5% de ortodoxos, 9% de católicos e de protestantes, 2,7% de muçulmanos e os restantes professam a fé judaica ou o ri-

to arménio-gregoriano. O padre de Vladivostok vem uma vez por ano; nessa ocasião, «despacham» os deportados católicos dos dois distritos setentrionais para Aleksandrovsk, num período que coincide com as inundações da primavera. Recebi queixas de católicos por o padre vir tão poucas vezes, porque as crianças tinham de esperar muito tempo até serem baptizadas. Muitos pais, para os filhos não morrerem sem baptismo, recorriam ao padre ortodoxo. De facto, conheci crianças ortodoxas cujos pais eram católicos. Quando morre um católico, por não disporem de um sacerdote da sua confissão, os seus correligionários mandam chamar um padre ortodoxo para cantar «Deus Seja Louvado». Um protestante de Aleksandrovsk, condenado em São Petersburgo sob acusação de incendiário, veio um dia visitar-me e contou-me que os protestantes de Sacalina tinham fundado uma associação e, para mo provar, mostrou-me um carimbo onde estava gravado «Carimbo da Associação de Protestantes de Sacalina». Os protestantes reúnem-se em casa dele para rezar e trocar opiniões. Os tártaros escolhem um *mulá* entre os seus e os judeus escolhem também um rabino, ainda que não oficialmente. Em Aleksandrovsk, há uma mesquita em construção. É o *mulá* Vas-Hassan-Mamet, um homem moreno e bem-posto de trinta e oito anos, natural do Daguestão, que a está a construir à sua custa. Perguntou-me se achava que o deixariam ir a Meca, depois de cumprir a pena. Nos subúrbios de Peisikovka, há um velho moinho de vento completamente abandonado que foi, segundo se diz, construído por um tártaro e pela mulher. Os dois trabalharam nessa construção durante três anos, cortando eles próprios as árvores, carregando os troncos, serrando as tábuas, sem ajuda de ninguém. Quando obteve o estatuto de camponês, o tártaro foi para o continente depois de ter doado o moinho ao Estado e não aos compatriotas tártaros, com quem estava zangado por não o terem nomeado *mulá*.

205 No seu relatório de 27 de Fevereiro de 1890, o chefe do distrito de Aleksandrovsk, seguindo as instruções do comandante da Ilha para procurar pessoas livres ou colonos que substituíssem os prisioneiros que desempenham funções de professores nas escolas das aldeias, comunica ao seu superior hierárquico que não há, entre uns e outros, ninguém, no distrito que dirige, que possa desempenhar satisfatoriamente esse trabalho, e esclarece: «Assim, ao encontrar dificuldades insuperáveis no recrutamento de pessoas que, pelo seu nível de instrução, parecessem medianamente aptas para o trabalho numa escola, não me atrevo a indicar nenhum colono nem nenhum camponês do meu distrito a quem possa confiar as tarefas de ensino.» Embora o chefe do distrito não se atreva a confiar essas tarefas a exilados, são estes que continuam, na realidade, a desempenhar esse papel, com o seu conhecimento e pela sua nomeação. Para evitar contradições deste género, o mais simples seria, quanto a mim, contratar professores na Rússia ou na Sibéria e atribuir-lhes um salário igual ao dos vigilantes. Mas, para isso, era necessário mudar radicalmente de ponto de vista sobre a actividade docente e deixar de a considerar menos importante do que a dos vigilantes.

206 A julgar por alguns dados fragmentários e por certas insinuações, os indivíduos que sabem ler e escrever cumprem a pena em melhores condições do que os analfabetos; ao que parece, entre estes últimos, há relativamente mais reincidentes, enquanto os primeiros conseguem, com mais facilidade, obter o estatuto de camponeses. Em Siantsy, encontrei dezoito homens que sabiam ler e escrever cartas, e treze de-

les, ou seja, a maioria, tinham obtido esse estatuto. O hábito de ensinar a ler e a escrever aos adultos ainda não existe nas prisões; contudo, durante o Inverno, por causa do mau tempo, há períodos em que os prisioneiros não podem sair e ficam dias inteiros a elanguescer sem qualquer ocupação. Ora, esses dias podiam ser perfeitamente utilizados para se instruírem.

Quando os deportados são analfabetos, recorrem normalmente a escreventes que lhes redigem as cartas que mandam para casa. Descrevem a sua triste vida, a sua pobreza, as suas mágoas, pedem aos cônjuges que lhes dêem o divórcio, etc., mas fazem-no no mesmo tom com que descreveriam uma farra do dia anterior: «Bem, até que enfim que me decido a mandar-te umas palavrinhas... Liberta-me dos elos matrimoniais», etc., ou então põem-se a filosofar de tal maneira, que, por vezes, é difícil entender o sentido da carta. Devido ao estilo tão obscuro, os escreventes do Tym deram a um dos seus companheiros o epíteto de «o mandarim».

207 Ver N. V. Boussé, *A Ilha de Sacalina e a Expedição de 1853-1854*.

208 Lopátin, «Relatório ao governador-geral da Sibéria oriental», em *Jornal das Minas* (n.º 10, 1870).

209 No departamento da polícia de Korsakovsk, consultei a «Lista dos graduados que estão no Posto das minas de carvão de Putiánin, à beira do rio, em 1870», que apresento a seguir:

«Vassíli Vedérnikov: chefe de esquadra, que também é sapateiro, padeiro e cozinheiro.

Luka Pilkov: ex-chefe de esquadra, destituído por incúria, preso por embriaguez e insolência.

Khariton Milnikov: nunca foi apanhado em falta, mas é preguiçoso.

Evgraf Raspopov: cretino, incapaz de realizar qualquer trabalho.

Fiódor Tcheglokov e Grigóri Ivánov: apanhados a roubar dinheiro, deram, diante de mim, sinais de violência, de embriaguez e de insolência.

O secretário do Governo, director do Posto das minas de carvão de Putiátin, na Ilha de Sacalina.

F. Litke.»

210 N. S. conta que ainda até há bem pouco tempo (em 1885), um general, logo a seguir a tomar posse do cargo, perguntou a um soldado que estava de sentinela:

— Para que é esse revólver?

— É para *intimar* (intimidar) os prisioneiros, meu general.

— Atira àquele tronco!

Deu-se então uma grande confusão: o soldado não conseguia tirar o revólver do coldre e teve de pedir ajuda. Uma vez com o revólver na mão, começou a manejá-lo com tanta inépcia que a ordem foi revogada, porque, em lugar do tronco, a bala poderia ter atingido perfeitamente algum membro do público. *O Mensageiro de Kronstadt* (*op. cit.*, n.º 23, 1890).

211 Sintsovski, «Condições higiénicas da colónia penal», em *A Saúde* (n.º 16, 1875).

212 Na prisão de Voievodsk, encontrei um recluso, um antigo soldado de escolta, que estava detido por ter facilitado a evasão de vagabundos de Khabarovka e ter fugido com eles. No Verão de 1890, na prisão de Rikovskoie, estava uma mulher livre que tinha sido detida sob a acusação de ser incendiária. O recluso Andreiev, que estava na cela ao lado, queixava-se de que os soldados da escolta não o deixavam dormir

durante a noite, porque iam continuamente visitar a mulher e armar confusão. O chefe do distrito deu ordem para mudarem a fechadura da cela e ficou com a chave. Contudo, como os visitantes conseguiram arranjar outra chave que abria a porta, o chefe do distrito não pôde fazer *nada* e as orgias nocturnas continuaram.

213 Esta situação dá lugar a injustiças gritantes: os melhores soldados ficam nos seus destacamentos e só recebem o pré, ao passo que os piores recebem o pré e o salário de guarda. No seu *Dossiê*, o príncipe Chakhovskoi queixa-se assim: «O maior contingente dos guardas (66%) é composto por soldados rasos da guarnição que recebem doze rublos e cinquenta copeques por mês, além da alimentação. Analfabetos, limitados, muito permeáveis à prática do suborno, sempre presente no meio em que vivem, escapando aos rigores da disciplina militar e muito mais livres nas suas acções, estes guardas, salvo raras excepções, tratam os reclusos de maneira arbitrária e contrária à lei, obrigando-os a humilhar-se de forma imprópria diante deles.» O actual comandante da Ilha pensa que «a experiência de muitos anos demonstrou que era impossível contar com os guardas destacados das unidades militares».

214 O salário dos guardas-chefes é de quatrocentos e oitenta rublos por ano e o dos guardas «normais» é de duzentos e dezasseis. Ao fim de determinados prazos, esses salários têm um aumento de um terço e depois de dois terços, chegando mesmo a duplicar. É considerada uma remuneração muito interessante, que não deixa de tentar funcionários inferiores como os telegrafistas, que, logo que têm uma oportunidade, se tornam guardas. Teme-se por isso que, se alguma vez contratarem professores para Sacalina, e se lhes pagarem o vencimento estipulado de vinte e cinco rublos por mês, estes acabem por renunciar à sua profissão e se tornem vigilantes.

Ante a impossibilidade de encontrar no lugar homens de condição livre para exercerem as funções de guarda, ou de os recrutar na tropa sem a enfraquecer, o comandante da Ilha decidiu, em 1888, autorizar a incorporação de deportados com uma conduta exemplar (e com provas dadas de zelo) e de camponeses proscritos no corpo de guardas. Mas esta medida não deu bons resultados.

215 Ver, entre outros, Lukachévitch, «Os meus conhecidos em Duí», em *O Mensageiro de Kronstadt* (*op. cit.*, n.º 47 e n.º 49, 1868).

216 Antes de 1875, a colónia penal de Sacalina-Norte estava sob a autoridade do comandante do Posto de Duí, um oficial cujos superiores residiam em Nikolaievsk. A partir dessa data, Sacalina foi dividida em dois distritos: o do Norte e do Sul, ambos fazendo parte da Região do Litoral, que estavam submetidos, do ponto de vista civil, à autoridade do governador militar e, do ponto de vista militar, sob a do general que comandava as tropas da referida região. A administração local estava confiada aos chefes de distrito; na mesma altura, o título de comandante de Sacalina-Norte foi atribuído ao director dos presídios de Sacalina e da Região do Litoral, que residia em Duí, e o de comandante de Sacalina-Sul ao comandante do 4.º batalhão de infantaria da Sibéria oriental, que residia em Korsakovsk. Nas figuras dos chefes de distrito estavam concentrados os poderes locais, tanto civis como militares. A administração era composta inteiramente por militares.

217 De acordo com o novo regulamento, a direcção superior de Sacalina está entregue ao governador-geral da Região do Amur, e a direcção local ao comandante da Ilha, escolhido entre os generais. A Ilha está dividida em três distritos. As prisões e as colónias de cada distrito estão dependentes da direcção única dos chefes de distrito

(cujo posto equivale à dos nossos chefes da polícia), que dirigem também a polícia local. Cada prisão, assim como as colónias do distrito, é controlada por um inspector das prisões; no caso de haver colónias controladas por um agente especialmente nomeado para o efeito, este funcionário é designado inspector das colónias. Estas duas funções correspondem às dos nossos cabos da polícia rural. No gabinete do comandante da Ilha, trabalham um director-geral, um tesoureiro, um inspector da agricultura, um geómetra, um arquitecto, um intérprete de guiliak e de ainu, um inspector do armazém central e um director dos Serviços de Saúde. Em cada uma das quatro unidades militares, deve haver um oficial do Estado-Maior, dois oficiais superiores e um médico; além destes, há um ajudante de campo da direcção das Forças Armadas, o seu adjunto e um auditor. Também há que referir a presença de quatro padres e a dos funcionários que não têm uma relação directa com a prisão, como o director dos Correios e Telégrafos, o seu adjunto, os telegrafistas e os inspectores dos dois faróis.

218 Tendo em conta o contexto, talvez se trate da obra de Nikolai Gógol (1809-1852). (*N. T.*)

219 Basta passar-se um dia a folhear documentos numa secretaria para se ficar à beira do desespero, tantos são os números deturpados, os balanços inexactos, as conclusões sem sentido dos inspectores-adjuntos, dos chefes da guarda, e dos escriturários de toda a espécie. Não consegui encontrar nenhum registo relativo a 1886. Encontrei alguns «boletins informativos», com a seguinte anotação em rodapé, a lápis: «Provavelmente falso.» As secções que têm mais erros são as da situação familiar dos deportados, das crianças, e as da composição dos grupos em função do delito cometido. O comandante da Ilha disse-me que, no dia em que teve necessidade de saber quantos reclusos tinham vindo anualmente da Rússia, nos barcos da Frota Voluntária, a partir de 1879, teve de solicitar essa informação à Direcção-Geral das Prisões, porque não havia dados nas secretarias locais. Um chefe do distrito queixa-se desta falha num relatório: «Apesar das minhas ordens, várias vezes reiteradas, ninguém me apresentou qualquer registo relativo a 1886. Estou numa situação ainda mais desconfortável pelo facto de me ser impossível reconstituir as informações que me são solicitadas, já que nos anos anteriores também não foi recolhido qualquer tipo de dados. Assim, é-me extremamente difícil estabelecer, por exemplo, o número total de prisioneiros existentes em 1 de Janeiro de 1887, incluindo colonos e camponeses.»

220 *Derjimórda*: personagem dúplice da peça *O Inspector* (Assírio & Alvim, 2009) de N. Gógol; *Iago*: o vilão de *Otelo, o Mouro de Veneza,* de William Shakespeare (1564-1616). (*N. T.*)

221 Referência à obra *Cadernos da Casa Morta* (Editorial Presença, 2003), escrita por Fiódor Dostoiévski em 1862, e que retrata fielmente, com base na experiência sofrida pelo autor, as condições de vida dos condenados nas prisões da Sibéria. (*N. T.*)

222 No cumprimento das suas tarefas, os funcionários estão expostos a graves perigos. O senhor Butakov, chefe do distrito do Tym, apanhou uma disenteria hemorrágica, quando subiu e desceu o Poronai a pé, e ia morrendo. O senhor Béli, chefe do distrito de Korsakovsk, num dia em que se encontrava a bordo de um baleeiro, em Maúka, foi surpreendido por uma tempestade e teve de se afastar da costa. Estava acompanhado por um recluso que manejava o leme e por um soldado que, por aca-

so, se encontrava a bordo. Atordoados pelas vagas durante dois dias seguidos, todos pensaram que o seu último dia tinha chegado. Mas, por sorte, o mar lançou-os na costa perto do farol de Crillon. Uma vez em casa do inspector, o senhor Béli olhou--se ao espelho e descobriu uns cabelos brancos que não tinha dois dias antes. O soldado adormeceu e só o conseguiram acordar quarenta e oito horas depois.

223 Actualmente, é possível ter acesso a distracções como espectáculos de amadores, piqueniques, serões; antes, era até difícil organizar uma partida de *préférence*. As preocupações intelectuais também são mais fáceis de satisfazer. As pessoas fazem assinaturas de revistas, de jornais, de livros e todos os dias há telegramas da Agência do Norte. Muitas casas têm piano. Os poetas locais têm leitores e ouvintes. Durante um tempo, publicou-se em Aleksandrovsk uma revista manuscrita — *Florinhas em Botão* —, mas que não foi além do número sete. Os funcionários superiores vivem em alojamentos confortáveis, espaçosos e bem aquecidos, com cozinheiros e cavalos; os de grau inferior alugam as moradias dos colonos ocupando casas inteiras ou partes de casa mobiladas, completamente equipadas. O jovem funcionário--poeta de quem falei no princípio deste livro vivia num quarto alugado com um número impressionante de ícones, com uma cama luxuosa com baldaquino e até com uma tapeçaria na parede que representava um cavaleiro a atirar a um tigre.

O comandante da Ilha tem um vencimento de sete mil rublos, o director dos Serviços de Saúde quatro mil, o inspector da agricultura três mil e quinhentos, o arquitecto três mil e os chefes de distrito três mil e quinhentos rublos cada um. De três em três anos, cada funcionário tem direito a uma licença de seis meses paga por inteiro, e ao fim de cinco anos é aumentado em 25%. Ao fim de dez anos de serviço, tem direito a uma pensão e dois anos de serviço passam a contar por três. As ajudas de custo que recebem pelas viagens são bastante generosas. Um inspector-adjunto da prisão, e ainda não efectivo, recebe mil, novecentos e quarenta e cinco rublos e sessenta e oito copeques e três quartos para ir de Aleksandrovsk a São Petersburgo, quer dizer, recebe uma soma que chegaria para fazer uma viagem, com bastante conforto, à volta do mundo (notas de serviço n.º 302 e n.º 305, 1889). Estas ajudas são concedidas aos funcionários que se reformam, mas também são pagas àqueles que vão de licença após cinco ou dez anos de serviço, tendo estes últimos, inclusive, direito a recebê-las (mesmo que não façam a viagem), a título de prémio ou de recompensa pelos trabalhos prestados. Os padres recebem ajudas de custo para todos os membros da família. Normalmente, o funcionário que pede a aposentação exige também ajudas de custo para a deslocação, correspondentes, segundo o horário de Inverno, a treze mil *verstás* até Petropávlosk, ou a onze mil *verstás* até ao distrito de Kholmogorsk. Simultaneamente, envia um telegrama para a Direcção-Geral das Prisões, solicitando que lhe assegurem, a si e a toda a família, o transporte gratuito até Odessa, num navio da Frota Voluntária. Resta-me acrescentar que os filhos dos funcionários são educados a expensas do Estado, durante todo o período em que os pais prestam serviço na Ilha.

Apesar de tudo isto, os funcionários de Sacalina não estão satisfeitos com a sua sorte. São pessoas irritadiças, que brigam por «dá cá aquela palha», que se enervam com facilidade. Revelam, tal como a família, propensão para a tísica e para as doenças nervosas e mentais. Tive oportunidade de ver um jovem funcionário de Aleksandrovsk, o melhor homem do mundo, andar, mesmo em pleno dia, armado com um enorme revólver. Como eu lhe tivesse perguntado qual o motivo por que trazia no bolso uma arma tão perigosa, respondeu-me com um ar muito sério:

— Tenho dois colegas que têm a intenção de me derrubar; já me atacaram uma vez.

— E o que é que pretende fazer com esse revólver?

— É muito simples, mato-os como cães. Nem pense que vou estar com meias--medidas!

224 O senhor Kamorski, inspector das prisões, disse-me na presença do governador--geral: «Se, no final, conseguirmos, em cem condenados, encontrar quinze a vinte homens de bem, não devemos atribuir o mérito às medidas de regeneração a que recorremos, mas aos tribunais da Rússia que nos mandam para a colónia penal muitos homens bons e bem formados.»

225 O desejo natural e invencível do maior dos bens — a liberdade — é visto aqui como uma tendência criminal, já que a tentativa de fuga é punida com trabalhos forçados e com chicotadas, por ser considerada um dos delitos mais graves. O colono que, movido pelos impulsos mais nobres, alberga, em nome de Cristo, nem que seja só por uma noite, um evadido é punido com trabalhos forçados. Se um colono é preguiçoso ou bebe mais do que a conta, o comandante da Ilha pode deportá-lo por um ano para as minas de carvão. O endividamento também é um delito grave. Para castigar os colonos que estão nesta situação, não lhes é concedido o estatuto de camponeses. O decreto da polícia, que manda por um ano para os trabalhos forçados o colono preguiçoso, culpado de ter desprezado a organização da sua quinta, e de se ter furtado voluntariamente ao pagamento da sua dívida ao Estado, foi aprovado pelo comandante da Ilha, mas com uma condição: o delinquente deve ser previamente contratado como trabalhador remunerado pela companhia «A Sacalina», a fim de poder pagar essa dívida (nota de serviço n.º 45, 1890). Em resumo, o prisioneiro é muitas vezes castigado com o chicote e com trabalhos forçados por actos que, em condições normais, seriam objecto de uma admoestação, de uma detenção ou de uma curta estada na prisão. Por outro lado, os roubos, tão frequentes nas prisões, raramente dão lugar a aberturas de inquéritos judiciais. Assim, a fazer fé nos dados oficiais, chegar-se-ia à conclusão, totalmente falsa, de que os prisioneiros respeitam mais a propriedade alheia do que os homens livres.

226 Os prisioneiros deitam os sacos de farinha à água e vão buscá-los mais tarde, provavelmente durante a noite. O imediato de um navio disse-me: «Nem temos tempo de abrir a boca e já limparam uma encomenda inteira. Por exemplo, quando descarregam as barricas de peixe salgado, toca de encher os bolsos, a camisa, as ceroulas... E então apanham uma boa ensaboadela! Agarramos num peixe, e zás! Damos-lhes com ele nas trombas! Damos-lhes com ele nas trombas...!»

227 No entanto, a Direcção da Polícia deu-me uma lista onde só figuravam trinta mulheres que são examinadas semanalmente pelo médico.

228 Em 1889, cento e setenta e um prisioneiros foram alvo de processo ou de julgamento por delito de fuga. O caso de um tal Kolosovski, iniciado em Julho de 1887, foi suspenso porque as testemunhas não compareceram na audiência. Alguns processos complicados de evasões por arrombamento da prisão, abertos em Setembro de 1883, foram mandados pelo procurador para o tribunal distrital da Região do Litoral em Julho de 1889. O processo Lessnikov, concluído em Fevereiro de 1889, tinha sido iniciado em Março de 1885, etc. A maioria dos processos abertos em 1889 diz res-

peito a delitos de fuga (70%) e a seguir vêm os casos de homicídios e de cumplicidade em assassinatos (14%). Se abstrairmos das fugas, metade dos processos tem a
ver com casos de homicídio, que são aqui os delitos mais frequentes, provavelmente porque metade dos reclusos foi condenada por esses crimes. Em Sacalina mata-se
com a maior das facilidades. Quando estive em Rikovskoie, um prisioneiro que trabalhava na horta da administração degolou um companheiro para, segundo explicou,
não ter de trabalhar, porque, na situação de arguido, ficava numa cela sem fazer nada. Um jovem carpinteiro do Cabo Calvo chamado Pláksin matou um amigo para
lhe roubar umas moedinhas de prata. Em 1885, uns presos evadidos atacaram uma
aldeia ainu e, levados, ao que tudo parece, pelo prazer das emoções fortes, começaram a torturar homens e mulheres; estas últimas foram de seguida violadas e, para
acabar, enforcaram as crianças numas traves de madeira. A gratuitidade e a crueldade de muitos crimes causam-nos estupefacção. Os processos por homicídio
arrastam-se interminavelmente. Um deles começou em princípios de Setembro de
1881 e só terminou em Abril de 1888; outro, aberto em Abril de 1882, só ficou concluído em Agosto de 1889. E mesmo o caso do homicídio dos ainus, que acabei de
referir, ainda não está encerrado: «O caso do assassinato dos ainus foi julgado por
um tribunal militar e onze dos acusados foram executados; o departamento da polícia desconhece o veredicto do tribunal em relação aos restantes cinco acusados. Estes factos são referidos pelo comandante da Ilha nos seus relatórios de 13 de Junho
e de 23 de Outubro de 1889.» Os casos de «mudança de nome próprio e de apelido»
são particularmente longos. Assim, um deles, começado em Março de 1880, ainda
não está concluído, porque as informações pedidas ao Governo Regional de Iakutsk
ainda não vieram; um outro destes processos foi aberto em 1881 e um terceiro em
1882. Oito deportados foram levados a tribunal e condenados «por emissão e uso de
notas falsas». Diz-se que as essas notas são fabricadas mesmo em Sacalina. Quando
vão descarregar barcos estrangeiros, os presos compram a bordo tabaco e aguardente que muitas vezes pagam com dinheiro falso. Um judeu a quem roubaram cinquenta e seis mil rublos veio para a Ilha por falsificar notas; já cumpriu a pena e
deambula por Aleksandrovsk de chapéu, sobretudo e corrente de ouro; fala sempre
com os funcionários e com os guardas em voz baixa. Entre outras coisas, por denúncia desta personagem sinistra, prenderam e acorrentaram um camponês, com família numerosa e igualmente judeu, que um tribunal militar já antes tinha condenado a prisão perpétua por «rebelião»; contudo, enquanto atravessava a Sibéria, o
registo criminal foi falsificado e a pena reduzida para quatro anos. No «registo dos
arguidos do ano transacto de 1889», também é referido, entre outros, o caso do «roubo dos armazéns de roupa da guarnição de Korsakovsk»: o suspeito foi acusado em
1884, mas «as informações sobre as datas do começo e do fim da instrução não estão nos documentos do antigo chefe do distrito de Sacalina-Sul e ignora-se a data e
as conclusões do processo». Por ordem do comandante da Ilha, o caso foi remetido
para o tribunal distrital e parece que o acusado irá ser julgado de novo.

229 Segundo o *Regulamento de Deportação*, as autoridades que queiram prender um de-
gredado não têm de seguir o código de instrução judicial. O deportado pode ser detido em qualquer momento, se for suspeito de ter cometido um delito (artigo 484).

230 Antes sucedia que um processo desaparecia misteriosamente ou era bruscamente in-
terrompido «por razões enigmáticas» (ver *Vladivostok,* n.º 43, 1885). Além disso,

uma vez, roubaram até um processo que já tinha sido levado a tribunal militar. No seu relatório, Vlassov cita o caso de Aizik Chapira, condenado a prisão perpétua. Era um judeu que vivia em Duí e que negociava *vodka*. Em Julho de 1870, foi acusado de «atentado ao pudor» por ter abusado de uma menina de cinco anos; mas o caso, apesar das provas e de o homem ter sido apanhado em flagrante delito, foi abafado. A instrução foi conduzida por um oficial do destacamento militar que tinha a espingarda empenhada a esse mesmo Chapira e que estava, economicamente falando, dependente deste homem. Quando retiraram o processo a este oficial, os documentos que acusavam o comerciante (que gozava de grande estima em Duí) tinham desaparecido. Um dia, quando o chefe da polícia perguntou o que era feito de Chapira, responderam-lhe: «O senhor foi tomar chá.»

231 Numa noite de chuva, na colónia de Andréie-Ivánovskoie, roubaram um porco a S. As suspeitas recaíram em Z., por este ter as calças sujas de excrementos de porco. Fizeram uma busca a casa do suspeito, mas ninguém encontrou o animal. No entanto, a comunidade rural decidiu confiscar o porco ao proprietário A., por considerar que este podia ser culpado de encobrimento. O chefe do distrito aprovou a decisão, embora a achasse injusta. «Se não aprovarmos as decisões da comunidade rural», disse-me ele, «Sacalina ficará totalmente privada de tribunal.»

232 O *ás de ouros* nas costas, o cabelo rapado deixando à vista metade da cabeça e as correntes, que antes serviam para prevenir fugas e para reconhecer mais facilmente os prisioneiros, perderam o seu anterior significado e hoje só se conservam como um castigo infamante. O *ás de ouros*, um losango regular que pode chegar a medir dois *verchoks* (nove centímetros) de lado, deve ter, segundo o *Regulamento*, uma cor que sobressaía na roupa. Até há pouco tempo, a marca era amarela, mas como essa é a cor dos cossacos do Amur e da Transbaikália, o barão Korff ordenou que passassem a fazê-la em tecido preto. Contudo, quer os losangos sejam amarelos ou pretos, as pessoas habituaram-se de tal maneira a vê-los que já nem lhes prestam atenção.

O mesmo se pode dizer das cabeças rapadas. Em Sacalina, só se inflige esse castigo aos fugitivos capturados, aos arguidos e aos presos acorrentados a um carro de mão; no distrito de Korsakovsk, já não se rapa a cabeça a ninguém. Segundo o *Regulamento*, as correntes devem ter um peso compreendido entre cinco e cinco libras e meia (entre dois e dois quilogramas e meio). Durante a minha permanência na Ilha, só vi uma mulher (que tinha a alcunha de *Mão de Ouro*) com grilhetas nas mãos. Para os prisioneiros que estão no «período probatório», o uso de correntes é obrigatório, mas o *Regulamento* permite que lhas tirem, se a execução do trabalho o exigir, e como em quase em todos os serviços as correntes são um obstáculo, a maior parte dos condenados está livre delas. E até há muitos condenados a prisão perpétua que não estão acorrentados, que deveriam, segundo a lei, trazer grilhetas nas mãos e nos pés. Por muito leves que sejam, as correntes dificultam os movimentos. Alguns condenados acabam por se habituar, mas outros nunca se habituam. Numa ocasião, vi alguns condenados que já não eram novos tentarem disfarçar as grilhetas com as abas do capote, quando estavam perante terceiros. Tenho uma fotografia onde aparece um grupo de deportados de Duí e de Voievodsk no seu local de trabalho; a maioria dos acorrentados colocou-se em tal posição que as grilhetas não se vêem. É evidente que as correntes, como marca da infâmia, atingem o seu objectivo em muitos casos, mas o sentimento de humilhação que infligem ao criminoso nem sempre tem muito a ver com a vergonha.

233 Foi mandado para a colónia penal por ter cortado a cabeça à mulher.

234 Iadrintsev conta a história de um certo Démidov que, para descobrir os meandros de um crime, mandou torturar a esposa do assassino, uma mulher livre que, devido à sua condição, não estava sujeita a qualquer castigo corporal. Depois mandou torturar a filha de ambos, uma criança de onze anos: puseram-na ao frio e o carrasco deu-lhe chibatadas da cabeça aos pés; chegaram até a dar-lhe com o chicote e, quando a menina pediu de beber, ofereceram-lhe salmão salgado. Ter-lhe-iam ainda dado mais chicotadas, se não fosse o próprio carrasco ter-se negado a continuar. «E, contudo», escreveu Iadrintsev, «a crueldade de Démidov é a consequência natural da formação que recebeu durante o tempo em que dirigiu uma população de deportados» («Situação dos deportados na Sibéria», em *O Mensageiro da Europa*, volumes XI e XII, 1885). No seu relatório, Vlassov fala do alferes Evfronov, cuja «fraqueza» o levou, por um lado, a transformar o pavilhão dos presos numa casa de jogo e de crimes de toda a espécie, e cujos acessos de crueldade, por outro lado, provocaram reacções ainda mais violentas por parte dos prisioneiros. Para escapar a um número excessivo de chibatadas, um criminoso matou o inspector quando lhe iam aplicar o castigo.

O actual comandante da Ilha, general Kononovitch, sempre se tem mostrado contrário aos castigos corporais. Quando submetem à sua aprovação as condenações ditadas pela polícia ou pelo tribunal de Khabárovsk, escreve habitualmente: «Aprovado, com excepção do castigo corporal.» Infelizmente, por falta de tempo, o general visita raramente as prisões e desconhece a frequência com que se aplicam as chibatadas na Ilha, inclusivamente a duzentos ou a trezentos metros da sua residência. Só pode saber o número de pessoas castigadas pelas informações contidas nos *Registos*. Um dia, no salão da sua residência, disse-me na presença de alguns funcionários e de um engenheiro de minas que ali estava de passagem: «Em Sacalina, recorre-se raramente aos castigos corporais. Quase nunca.»

235 Em Vladivostok existem também casos frequentes de neurastenia entre funcionários e marinheiros; ali vi, com os meus próprios olhos, dois funcionários que enlouqueceram: um era jurista e outro era maestro do coro. Se tais casos não são raros entre homens livres e num ambiente relativamente saudável, é evidente que em Sacalina devem ser muito mais numerosos.

236 Recordo-me de, numa ocasião em que regressava ao meu barco a bordo de uma lancha, me ter cruzado com um barco a abarrotar de fugitivos; uns estavam tristes mas outros riam; um deles tinha ficado sem pés: tinham congelado. Traziam-nos de volta desde Nikolaievsk. Ao ver esta embarcação formigando de gente, podia imaginar, sem dificuldade, quantos fugitivos mais não andariam ainda vagueando pelo continente e por Sacalina.

237 Uma vez, uns evadidos de Duí roubaram uma bússola para encontrarem o norte e escaparem à vigilância do Cabo Pogóbi, mas a bússola levou-os directamente para os piquetes de guarda. Contaram-me que, há uns tempos, para não irem pela costa oeste, que é vigiada, uns fugitivos experimentaram um novo itinerário; foram para a Baía de Niysk, e daí para os cabos Maria e Elizaveta, a norte; depois continuaram pela costa do Mar de Okhotsk, e em seguida para sul, para atravessarem o Estreito em frente do Cabo de Prongue. Disseram-me que tinha sido o itinerário escolhido, nomeadamente, pelo célebre Bogdánov, que se tinha evadido pouco antes da minha chegada.

Mas esta história é pouco verosímil. É verdade que há um caminho guiliak ao longo do Tym e algumas iurtás, mas o desvio pela Baía de Niysk é longo e difícil. Basta lembrarmo-nos das privações por que passou Poliakov ao descer esta baía em direcção ao sul, para imaginarmos os riscos desse mesmo percurso em direcção ao norte. Já me referi às terríveis provações sofridas pelos fugitivos. Estes, e sobretudo os reincidentes, acostumam-se pouco a pouco à taiga e à tundra; as pernas adaptam-se a estas caminhadas, e é surpreendente que alguns até cheguem a dormir e a andar ao mesmo tempo. Disseram-me que os chineses já «batidos», os «hunhuzes», que chegam a Sacalina vindos da Região do Litoral, são os que conseguem aguentar mais tempo a fuga, porque são capazes de viver meses inteiros alimentando-se de ervas e de raízes.

238 A 29 de Julho de 1886, da ponte do navio de guerra *Tungus* foi avistado um ponto negro no mar, a vinte milhas de Duí. Quando o barco se aproximou, os marinheiros viram dois homens sentados numa prancha de cortiça fixada em quatro troncos atados uns aos outros; na jangada, tinham um balde de água doce, um pão e meio, um machado, cerca de um *pud* (dezasseis quilogramas e trezentos e oitenta gramas) de farinha, um pouco de arroz, duas velas de estearina, um pedaço de sabão e dois pacotes de chá. Levaram-nos para bordo, perguntaram-lhes quem eram e descobriram então que se tratava de prisioneiros da cadeia de Duí, que se tinham evadido a 17 de Julho (o que queria dizer que estavam em fuga há doze dias) e que iam «para lá, para a Rússia». Duas horas mais tarde, levantou-se uma enorme tempestade e o barco não pôde atracar em Sacalina. É de perguntar o que teria acontecido aos fugitivos se o navio não os tivesse recolhido. Sobre este caso, ver *Vladivostok* (n.º 31, 1886).

239 Em Junho de 1887, o *Tira* estava a carregar carvão na rada de Duí. Como sempre, a carga era levada para bordo em barcaças rebocadas por uma lancha a vapor. Ao entardecer, o tempo arrefeceu e levantou-se uma tempestade. O *Tira* não podia ficar ancorado em Duí e foi para De Castries. A barcaça foi arrastada até à costa, perto de Duí, e a lancha foi abrigar-se num rio nas cercanias de Aleksandrovsk. Durante a noite, a tempestade acalmou um pouco e a tripulação da lancha, totalmente composta por presos, apresentou ao inspector um falso telegrama de Duí, com ordem de regressar imediatamente para salvar os passageiros da barcaça que o mau tempo tinha atirado para o mar. Sem suspeitar da marosca, o inspector deu a ordem de partida, mas, em vez de se dirigir para sul, a lancha rumou para norte. A bordo iam sete homens e três mulheres. Pela manhã, o tempo voltou a piorar. Perto do Cabo de Khoê, as máquinas ficaram inundadas; nove pessoas morreram afogadas e foram atiradas para a costa; só houve um sobrevivente, o piloto da lancha que se salvou numa prancha de madeira. Este único sobrevivente, chamado Kuznetsov, trabalha agora no Posto de Aleksandrovsk, em casa do engenheiro das minas. Serviu-me chá. É um homem bem-parecido, forte, bronzeado, com cerca de quarenta anos, de aspecto altivo e arisco. Fez-me lembrar o Thomas Ayrton de *Os Filhos do Capitão Grant* (de Jules Verne).

240 «Os caçadores de baleias americanos recrutavam os evadidos de Botany Bay e farão talvez o mesmo com os fugitivos de Sacalina», escreve o «Veterano de Nértchinsk», em *O Boletim de Moscovo* (n.º 67, 1875).

241 «Os deportados de Okhotsk», em *Velhos Tempos da Rússia* (Tomo XXII). Sobre este assunto, há que contar um caso interessante. Por volta de 1885, correu a notícia

de que nove pessoas de nacionalidade desconhecida tinham naufragado perto da Ilha Sapporo, para onde as autoridades mandaram funcionários com a missão de ajudar os náufragos. Estes explicaram o melhor que puderam que eram alemães, que a escuna em que viajavam se tinha perdido e que se tinham conseguido salvar numa canoa. Logo a seguir levaram-nos para Hakodate. Os funcionários falaram-lhes em inglês e em russo, mas eles não compreendiam nenhuma destas línguas, e só repetiam: «deutsch, deutsch». À custa de grandes esforços, conseguiram identificar o capitão e deram-lhe um atlas para identificar o local do naufrágio: o capitão passeou durante algum tempo o dedo pelo mapa, sem encontrar Sapporo. Em geral, as suas respostas eram pouco claras. O governador-geral pediu ao seu comandante para lhe mandar um tradutor de alemão. O comandante enviou-lhe um oficial superior, que, suspeitando estar na presença dos fugitivos de Sacalina que tinham atacado o farol de Crillon, recorreu a um estratagema: pô-los em fila e ordenou em russo: «Esquerda, volver! Em frente, marche!» Um dos estrangeiros esqueceu-se de que era alemão e executou a ordem. Foi assim que se descobriu a nacionalidade destes engenhosos ulisses. Sobre este caso, consultar *Vladivostok*, n.º 33 e n.º 38, 1885.

242 Trata-se do actual arquipélago do Havai, descoberto pelo capitão James Cook em 1778, que lhe dá este nome em homenagem ao conde de Sandwich, seu patrocinador e na altura Lorde do Almirantado da Marinha Real Britânica. (*N. T.*).

243 Este Blokhá era célebre pelas suas fugas e por ter degolado muitas famílias de guiliaks. Nos últimos tempos estava preso no barracão dos acorrentados, com grilhetas nos pés e nas mãos. O comandante da Ilha, que acompanhou a inspecção do governador-geral a estes prisioneiros, ordenou antes dessa visita que tirassem os ferros das mãos do recluso, mas exigiu que este lhe desse a sua palavra de honra de não tentar de novo evadir-se. O mais curioso é Blokhá ser considerado *um homem de palavra*. Quando o castigam com o chicote, costuma gritar: «É muito bem feito, Excelência! É muito bem feito! Mereço tudo isto!» É muito provável que cumpra a sua palavra. Os reclusos gostam que os considerem homens de palavra.

244 Pelo grau de sanção, o *Regulamento de Deportação* estabelece uma distinção entre a fuga e a ausência, entre a fuga dentro da Sibéria e fora da Sibéria, assim como entre a primeira evasão, a segunda, a terceira, a quarta, etc. Considera-se delito de ausência, e não delito de fuga, os casos em que o preso é apanhado até ao terceiro dia depois da partida, ou se regressar voluntariamente antes de sete dias. Para um colono, esses prazos são alargados até sete dias para o primeiro caso e até catorze para o segundo. A fuga para fora da Sibéria é um crime mais grave e é punida com mais severidade do que a fuga dentro da Sibéria. Esta distinção é provavelmente baseada na ideia de que fugir para a Rússia europeia revela uma atitude mais delinquente do que ir para uma região qualquer da Sibéria. A sanção mais branda por tentativa de fuga consiste na aplicação de quarenta chibatadas e de quatro anos de prolongamento de trabalhos forçados; a mais dura traduz-se na aplicação de cem chicotadas e de trabalhos forçados para o resto da vida, três anos de acorrentamento ao carro de mão e manutenção durante vinte anos do estatuto de recluso em «período probatório» (Ver pp. 445 e 446 do *Regulamento de Deportação*, edição de 1890.)

245 Em 1874, no distrito de Korsakovsk, o número de doentes foi de 227,2% em relação à totalidade da população (Doutor Sintsovski, «Condições de higiene na penitenciária», em *A Saúde*, n.º 16, 1875).

246 Encontrei, entre outros, diagnósticos como «bebida imoderada do peito», «atrasamento vital», «doença mental do coração», «congestão do corpo», «esgotamento interno», «pneumonia curiosa», «*Speer*», etc.

247 Sobre a epidemia que atingiu toda a Ilha em 1868, e sobre a vacinação dos indígenas, ver Vassiliev, «Viagem a Sacalina», em *Arquivos de Medicina Legal* (n.º 2, 1870). Para combaterem a comichão da varicela, os guiliaks usam gordura de foca derretida, com que untam todo o corpo. Como nunca se lavam, a varicela provoca-lhes uma comichão com uma virulência que nunca se manifesta nos russos. À força de tanto se coçarem, ficam cheios de chagas. Em 1858, houve em Sacalina um surto extremamente violento de verdadeira varíola. Um velho guiliak disse ao doutor Vassiliev que, em cada três pessoas, tinham morrido duas.

248 Não houve um único caso em Julho, Agosto e Setembro em 1889. Em Outubro, só houve um caso mortal em dez anos. A confiar nestes registos, este pode ser considerado o mês mais saudável em Sacalina.

249 Nesse relatório, encontrei ainda o seguinte comentário: «Os prisioneiros são submetidos a duríssimos castigos com a chibata e a seguir são levados, inanimados, para o hospital militar.»

250 O doutor Vassiliev encontrou frequentes casos de disenteria entre os guiliaks.

251 Importa recordar que o grupo de pessoas com estas idades representa 24,2%, em relação à população total.

252 É no Posto de Aleksandrovsk que há mais casos de sífilis. O relatório explica a concentração da doença nesta região pelo número significativo de recém-chegados (prisioneiros com as famílias, soldados, artesãos e toda a população que está de passagem), pelas estadias de barcos na Baía de Aleksandrovsk e na de Duí para os trabalhos sazonais do Verão. O relatório indica também as medidas tomadas na luta contra a doença: 1. Exame dos presos no dia 1 e no dia 15 de cada mês; 2. Exame dos contingentes de prisioneiros recém-chegados à Ilha; 3. Exame semanal das mulheres de costumes duvidosos; 4. Vigilância dos antigos sifilíticos. Mas, apesar de todos estes exames e vigilâncias, há «uma grande percentagem de sifilíticos que escapa ao registo».

O doutor Vassiliev, enviado em 1869 para prestar assistência médica aos indígenas de Sacalina, não encontrou nenhum guiliak que fosse portador desta doença. Os ainus chamam à sífilis a «doença japonesa». Os japoneses que vêm trabalhar na indústria pesqueira são obrigados a apresentar ao cônsul um atestado médico garantindo que não sofrem de sífilis.

253 A permanência prolongada em prisões centrais e nos porões dos barcos é propícia ao aparecimento do escorbuto, e já se viram contingentes inteiros de reclusos ficarem doentes pouco tempo depois da sua chegada à Ilha. «O último contingente de reclusos do *Kostromá* chegou de perfeita saúde, mas agora estão todos com escorbuto», escreveu um jornalista. *Vladivostok* (n.º 30, 1885).

254 Muitas vezes, um prisioneiro que se queixe de enxaquecas ou de ciática pode tornar-se suspeito de estar a fingir e não ser admitido no hospital. Assisti um dia a uma dessas situações: um grande grupo de reclusos solicitava ao inspector autorização para ire a uma consulta, mas o pedido foi recusado a todos, sem ninguém se dar ao trabalho de tentar fazer a triagem dos doentes e dos sãos.

255 Por exemplo, os remorsos, as saudades da terra, as humilhações constantes ao amor-próprio, a solidão e todos os maus-tratos da colónia penal.

256 Afirma o doutor Vassiliev: «Nos guiliaks, a doença é muitas vezes causada pela contemplação constante dos desertos de neve. Sei por experiência própria que essa contemplação pode provocar, em poucos dias, a inflamação blenorrágica *(sic)* da conjuntivite.» Os prisioneiros são muito propensos à hemeralopia. Às vezes, essa cegueira nocturna atinge grupos inteiros de reclusos que têm de andar às apalpadelas, agarrando-se uns aos outros.

257 O autor do relatório comenta estes casos do seguinte modo: «A distribuição das prisioneiras, a título de concubinas, pelos colonos reveste-se de um carácter coercitivo para as mulheres.» Para não terem de ir trabalhar, alguns reclusos mutilam-se, cortando, por exemplo, os dedos da mão direita. Os que simulam doenças dão provas de um espírito particularmente inventivo: põem na pele moedas em brasa, deixam propositadamente congelar os pés, utilizam um pó caucasiano que, espalhado em cima de feridas ou de equimoses, lhes provoca uma ulceração nojenta com excrescências de pus; um deles até introduziu rapé na uretra, etc. Os que recorrem mais vezes à simulação são os chineses que vêm da Região do Litoral.

258 O hospital, que ocupa uma superfície de oito mil, quinhentas e setenta e quatro *sájenes* quadradas (trinta e oito mil, cento e cinquenta metros quadrados), é composto por onze edifícios agrupados em três sectores: 1. edifício administrativo, que inclui a farmácia, o bloco da cirurgia e o gabinete das consultas, quatro barracões, a cozinha, a secção das mulheres e uma capela (e é neste sector que funciona o hospital propriamente dito); 2. dois edifícios destinados ao internamento de sifilíticos (homens e mulheres), uma cozinha e uma sala de vigilantes; 3. dois barracões reservados às doenças epidémicas.

259 Trata-se decerto de Serguei Petróvitch Bótkin (1832-1889), fundador da moderna medicina russa (introdutor da triagem, da anatomia patológica e do diagnóstico *post mortem*), e não do filho, Evguéni Serguéevitch Bótkin (1865-1918), médico da família imperial, junto da qual foi executado, em Ekaterinburgo. Em 1890, Evguéni era ainda muito jovem para ter direito a um busto num hospital... *(N. T.)*

260 Mil, setecentos e noventa e cinco rublos e vinte e seis copeques para roupa; doze mil, oitocentos e trinta e dois rublos e noventa copeques para alimentação; dois mil, trezentos e nove rublos e sessenta copeques para medicamentos, instrumentos e aparelhos cirúrgicos; dois mil e quinhentos rublos e dezasseis copeques para despesas administrativas e outras; oito mil e trezentos rublos para pessoal médico. A manutenção dos edifícios é financiada pela prisão e o pessoal de serviço é gratuito. Gostaria de fazer uma comparação com o hospital de Serpukhovo, no distrito de Moscovo, *luxuosamente* equipado de maneira a satisfazer as exigências da ciência contemporânea, onde em 1893 a média diária de internamentos foi de 43 doentes, e a de pacientes no ambulatório foi de 36,2 (correspondendo a treze mil, duzentos e setenta e três por ano), onde o médico efectua quase diariamente cirurgias delicadas, controla epidemias, tem um ficheiro minucioso, etc. Este hospital, o melhor do distrito, custou ao *zemstvo*, ou seja, à administração regional, no ano em referência, doze mil oitocentos e três rublos e dezassete copeques, incluindo mil duzentos e noventa e oito rublos de seguros e de manutenção dos edifícios, assim como, mil duzentos e sessenta rublos de emolumentos do pessoal (ver *Relatório da Organização Sanitária e Clínica da Administração Regional de Serpukhovo, relativo a 1892-1893*). A medicina em Sacalina é muito cara. No entanto, o hospital penitenciário é

desinfectado por «defumação de cloro», a ventilação é inexistente e a sopa destinada aos pacientes de Aleksandrovsk, que foi preparada na minha presença, tinha excesso de sal, por ter sido feita com carne salgada. Até há pouco tempo, com a desculpa de haver «falta de utensílios que ainda não tinham sido entregues por a cozinha estar em fase de organização», a alimentação dos doentes vinha do «rancho» da prisão (nota de serviço do comandante da Ilha, n.º 66, 1890).

261 Seringa hipodérmica com êmbolo inventada por Charles Gabriel Pravaz (1791--1853), cirurgião e ortopedista francês. *(N. T.)*

Índice

OBRAS DO AUTOR NESTA EDITORA

Três Irmãs
A Gaivota
O Ginjal
Contos — Volumes I a VII
Novelas — Drama na Caça e O Duelo
O Tio Vânia
A Gaivota; O Tio Vânia; Três Irmãs; O Ginjal
Contos (Colecção Biblioteca Independente)
O Duelo